역사와 기록 연구를 위한 구술사 연구방법론

역사와 기록 연구를 위한 구술사 연구방법론

1판 1쇄 인쇄 2019년 1월 10일
1판 1쇄 발행 2019년 1월 14일
지은이 윤택림
펴낸이 이형진
펴낸곳 도서출판 아르케
출판등록 1999. 2. 25. 제2-2759호
주소 강원도 홍천군 내촌면 와야리 300-4
대표전화 (02)336-4784~6 | 팩스 (02)6442-5295
E-Mail arche21@gmail.com | Homepage www.arche.co.kr

값 28,000 원

ISBN 978-89-5803-163-5 93300

역사와 기록 연구를 위한 구술사 연구방법론

윤택림 지음

■ 차례

서문   7

제1장   왜 구술사인가   11

제2장   구술사 연구 현황   19
서양의 구술사 연구 19 | 아시아의 구술사 연구 35 | 한국의 구술사 연구 48

제3장   구술사란   77
구술사 개념 정의 77 | 구술 자료의 성격 81 | 구술 자료의 종류 92 | 구술사의 이론적 쟁점들 94

제4장   구술사와 기억 연구   105
서구 기억 연구 105 | 구술사와 기억 107 | 한국에서 기억 연구 111 | 기억 이론들 118 | 역사와 기억과의 관계 133

제5장   구술사 인터뷰   137
구술사 연구의 단계 137 | 연구주제와 구술자 선정 138 | 현지조사와 라포 형성 142 | 구술사 연구자의 역할 146 | 인터뷰 준비 147 | 인터뷰하기 149 | 인터뷰 정리 172

제6장   구술 생애사   175
구술 생애사란 175 | 구술 생애사 연구를 왜 하는가 177 | 구술 생애사 연구의 장애물들 182 | 구술 생애사 연구를 어떻게 하는가 184

제7장 　 구술 자료의 정리, 해석, 텍스트화　193

인터뷰 자료의 정리와 녹취 193 | 구술 자료의 사료 검증 205 | 구술 자료의 해석 212 | 구술 자료의 텍스트화 223 | 구술 자료로 학문적 글쓰기 236

제8장 　 구술사와 연구 윤리　243

미국의 기관연구윤리심의위원회와 구술사 연구 243 | 기관연구윤리심의위원회의 감독에서 면제된 구술사연구 246 | 구술사 연구 단계별 윤리적 쟁점들 250 | 구술 자료에 대한 법적인 문제들 258

제9장 　 구술 아카이브　267

아카이브(archives)란? 267 | 구술 아카이브 271 | 구술 자료의 관리281 | 디지털 아카이브 289 | 구술 아카이브의 활용 304

제10장 　 공동체 아카이브　309

공동체 아카이브란? 309 | 공동체 아카이브의 유형 315 | 공동체 아카이브의 한국 사례 320 | 공동체 아카이브 구축 325 | 공동체 아카이브의 활용 337

제11장 　 구술사 연구의 지평　341

여성 구술사 341 | 구술사를 통한 지방사 348 | 역사적 상흔과 치유 354 | 구술사 교육 361

부록 1 　 구술 자료의 이용 등에 관한 동의서　389
부록 2 　 미국 구술사 학회의 원칙과 기준들　391
부록 3 　 존 뉴엔쉬웬더, *Oral History and the Law*(1993)의 공개 동의서 예시　396
부록 4 　 한국구술사학회 연구 윤리　397
부록 5 　 한국구술사네트워크 윤리 원칙　402
부록 6 　 한국구술사네트워크 회원 명단　404

미주　407

참고문헌　433

찾아보기　447

서문

2006년 『새로운 역사쓰기를 위한 구술사 연구방법론』이 출간된 지 12년이 지났다. 그 동안 많은 일들이 있었다. 우선 나는 2008년에 한국 최초의 구술사 연구 기관인 한국구술사연구소를 개소하였다. 구술사가 학계에서나 기관에서 많이 알려져 있었지만 전문 연구기관이 없었기 때문에 개인 연구소나마 만들어야겠다는 생각에서였다. 2009년에는 한국구술사학회가 창립되었다. 구술사 학과나 교수, 학생도 없지만, 구술사 연구자들과 구술채록기관들이 늘어나는 상황에서 학회의 필요성이 대두되었기 때문이었다. 그 후로 8년의 세월이 흘렀고, 한국 구술사 연구에서도 많은 변화들이 있었다. 작년부터 이 변화들을 담아내어 내가 은퇴하기 전에 『새로운 역사쓰기를 위한 구술사 연구방법론』의 개정판을 써야겠다는 생각이 들었다.

그런데 지난 12년 동안 내 구술사 연구의 궤적에서 예기치 않았던 것이 있었다. 구술사를 새로운 역사쓰기로서 접근했던 나의 초기의 입장에 구술사는 또한 구술 기록이라는 기록관리학적 입장이 추가되었던 것이다. 2009년 전국기록인대회가 시작되면서 한국구술사학회도 참여하게 되었고, 그 후 나는 한국기록관리학회 이사로 활동하게 되면서 구술에 대한 기록관리학적 연구에도 관심을 가지게 되었다. 이러한 나의 학문적인 경로로 인해 이번 개정판은 단순히 수정판이 아니라 거의 새로운 집필이 되었다. 이 책의 제목인 『역사와 기록 연구를 위한 구술사 연구방법론』은 구술 기록에 대한 나의 관심사를 반영한 것이다.

또한 2006년도 책에서는 전북대학교 함한희 교수님께서 함께 집필에 참여하셨는데, 이번 책은 나의 단독 집필로 이루어졌다. 『새로운 역사쓰기를 위한 구술사 연구방법론』을 집필할 때는 내가 구술 아카이브에 대해서 별로 아는 바가 없었기 때문에, 20세기민중생활사연구단에서 이미 구술 아카이브 작업을 해 오신 함한희 교수님께서 함께 집필하셨던 것이다. 그런데 지난 12년의 세월 동안 구술 기록에 대한 공부를 하면서 나는 이제 현지조사와 구술사 인터뷰가 필수적인 공동체 아카이브에까지도 관심을 가지게 되었다. 그래서 이번 책은 단독 집필을 해도 별 무리가 없다는 생각을 가지게 되어 함한희 교수님의 승낙을 받고 개정판 집필을 시작했다.

이 책이 새로운 제목을 가지게 되었어도 『새로운 역사쓰기를 위한 구술사 연구방법론』의 구술사 연구에 대한 부분인 1, 2, 3, 4장은 기본 틀을 유지하였다. 각 장에 필요한 연구와 자료가 업데이트되었고, 구술사와 기억이 추가되었으며, 구술 생애사가 독립적인 한 장으로 다루어졌다. 반면 구술 아카이브와 활용에 대한 5, 6장은 대폭 수정되어 구술 아카이브뿐만 아니라 공동체 아카이브까지 포함하였고, 다양한 분야에서 이루어지고 있는 구술사 연구들을 소개하였다.

이러한 새로운 목차 구성은 내 구술사 연구의 길이 여기까지 다다랐기 때문이다. 2000년대 들어 구술사는 하나의 학문 분야이며 연구 방법으로 학계에서 받아들여졌다. 2004년부터 국사편찬위원회에서 구술 아카이브를 위한 구술 채록이 시작되었다. 그 이후 다양한 기관에서 구술채록사업이 시작되면서 구술사 연구자들 사이에서 구술 아카이브의 필요성이 대두되었다. 2010년으로 넘어서면서 구술채록기관들은 거의 다 아카이브 구축을 동반한 구술 채록을 하게 되었고, 그 결과 구술 사료는 양적으로 크게 증가하게 되었다. 이렇게 구술사 연구가 양적으로 성장하게 되었으나, 그에 따른 연구 논저의 출간은 뒤따라오지 못했다. 그래서 현재 한국 구술사 연구는 양적인 성장만큼 질적인 성장이 필요한 상황에 처해 있다. 구술 채록이 다양해지고 많아지면 새로운 역사쓰기로서 구술사 연구가 발전될 것이라는 장밋빛 희망은 아직 이루어지지 않고 있는 것이다. 그래서 구술사가 대안적 역사쓰기가 되기 위한 학계의 노력이 더 필요한 시점에 와 있다.

2010년을 지나면서 기관구술채록이 더 증대되어 구술 아카이브의 구축이 본격적으로 이루어졌고, 그 서비스도 이루어지고 있다. 그런데 기관구술채록은 엘리트 중심의 구술 채록이 확대되면서 평범한 지역민의 역사적 경험에 대한 구술사료 수집의 비중이 적어지게 되었다. 한편 지방지 작업에 현지조사와 구술사 인터뷰가 중요해지면서 나는 2006년부터 경기남부 지역을 중심으로 지방지 작업을 꾸준히 하게 되었다. 이 작업을 통해 지방지 간행을 위한 구술 채록이 사료 수집으로 인정이 되고 구술 자료 외에 다양하게 수집되는 지역사료들이 단순히 지방지 출판에만 국한되어서는 안 된다는 문제의식을 가지게 되었다. 그래서 지역민들이 자신들의 역사를 기록하는 주체가 되기 위해서는 공동체 아카이브를 구축해야 된다는 생각에 이르렀다.

따라서 이 책은 대안적 역사쓰기로서의 구술사 연구를 원하는 연구자들뿐만 아니라 지역민이 역사 기록의 주체로서 자리매김하고자 하는 기록연구자들을 위해서 쓰여졌다. 나의 학문적 고민들이 다 해결된 것도 아니지만, 현 시점에서 구술사 연구에 대한 나의 문제의식과 연구의 지향점에 많은 연구자들이 공감해주길 바란다. 또한 그들에게 이 책이 실제적인 도움이 되길 바란다.

2019년 새해를 맞이하며
윤택림
2019년 1월 7일

제1장
왜 구술사인가

구전이 없다면, 우리는 대부분의 세계에서 과거에 일어났던 일에 대해 거의 알 수 없을 것이며, 그것들을 내부로부터 알 수 없을 것이다. 우리는 또한 내부로부터의 해석을 만들어낼 수 없을 것이다. 역사가는 그가 가지고 있는 시각으로부터 해석한다. 그래서 하나의 해석은 항상 자신이 속해 있는 시대와 집단의 지적인 삶에 깊이 연루되어 있다. 쓰인 역사적 해석도 또한 현재의 사료다! 그래서 우리에게 다르게 말하는 자료가 없다면, 우리는 단지 오늘날 우리에게 이해되는 요소로만 과거의 발달과정을 설명할 것이다. 우리의 암시적인 또는 명백한 가설들의 문화적·사회적 가정들이 그때와 그 당시에는 헛소리일지라도.[1]

대표적인 영국의 사회사가이며 구술사가인 폴 톰슨 Paul Thompson에 의하면 구술사는 역사만큼 오래되었고 최초의 역사였다.[2] 삼천 년 전 중국의 주나라에서는 궁중 역사가들이 백성의 속담을 수집했고, 투키디데스는 펠로폰네소스 전쟁에 참여한 사람들을 인터뷰했다.[3] 1773년 새뮤얼 존슨 Samuel Johnson은 "모든 역사는 처음에는 구술이었다"(all history was at first oral)라고 주장하면서 볼테르 Voltaire도 프랑스 왕들의 역사를 쓰기 위해서 늙은 조신들, 하인들, 대군주 등에게 물어보았음을 주목했다.[4] 이렇게 서유럽에서는 19세기 말까지 구술 자료와 문서 자료가 함께 역사 서술에 사용되는 것이 정당한 것이었다. 그러나 독일의 과학적 역사를 주창하는 랑케 Leopold von Ranke는 문헌만을 객관적이고 신뢰할 수 있는 자료로 보고 다른 덜 객관적인 자료들을 배제시키면서 문헌 중심의 역사 연구를 발전시켰다. 랑케의 실증주의 학파는 역사를 엄격한 사료 검증에 기초하는 학문으로 탈바꿈시켜서, 민속, 신화와 같은 구술 자료들은 역사가들의 염두에서 사라져 버렸다. 역사가들에게 구술은 너무 주관적이었던 것이다.

한편, 미국에서는 구술에 대한 새로운 종류의 관심과 용도가 생겨났다. 미국의 저널리스트들은 남북전쟁 기간에 직업적 도구로서 인터뷰를 사용했다. 그 이후로 미국 정치가들은 저널리스트와의 인터뷰를 중요한 홍보수단으로 활용했다. 20세기에 들어와 미국의 언론은 실직한 작가들을 고용하여 1930년대 대공황기의 평범한 시민들의 삶을 인터뷰하게 했고, 제2차 세계대전 기간에는 전쟁의 경험을 기록하기 위해서 역사가들이 전장에서 병사들을 인터뷰했다.5 1948년 콜롬비아대학에서 네빈스 Allan Nevins가 최초로 근대적인 구술 아카이브(oral archives)를 만들기 전에도 인터뷰와 구술 자료는 미국에서 일반적으로 널리 통용되고 있었다. 이러한 역사적 배경으로 말미암아 미국은 세계에서 구술사가 가장 발전한 곳이 되었다.

유럽 대륙에서는 랑케 사학의 영향으로 실증주의 사학의 상아탑이 견고해서 구술사가 역사로서 인정되지 않았기에 구술사는 학계의 주류 밖에서 태어나고 발전할 수밖에 없었다. 서유럽 안에서도 나라마다 다소 차이가 있어서 이탈리아, 스칸디나비아 국가들에서는 비교적 활발하게 구술사가 진행되어 왔지만, 영국과 독일, 프랑스에서는 더디게 진행되었다.

서양과 비교해 볼 때 한국의 근대 역사학도 일제시기에 들어온 독일의 랑케 사학의 영향 하에 발전하여 왔다. 일제시기 일본 식민정부는 조선의 식민화를 정당화하기 위한 식민사학을 발전시켰고, 반면 조선 역사가들은 이에 저항하여 민족의 독립을 위해 민족주의 사학과 함께 사회경제사학을 발전시켰다.6 그러나 미군정 하의 해방정국과 한국전쟁으로 인하여 남한에서는 마르크스주의에 기반을 두는 사회경제사는 쇠퇴하고 민족주의 사학은 일제의 식민사학을 뛰어넘기 위한 방편으로 전후 실증주의 사학으로 재생되었다.7 그래서 1970년대까지 민족주의 사학은 근대화 이론 및 반공이데올로기와 연계되어 한국 역사학에서 실증주의적 역사연구를 발전시켜왔다.

그러나 1970년대 중반부터 역사학계의 소장학자들이 사회경제사의 전통을 부활시키면서 민중이라는 개념에 기반을 두는 민중사학을 주창하게 되었다. 민중사학은 기존의 역사를 지배계급의 입장에서 쓴 것이라고 비판하고 한국사를 민중의 시각에서 재조명할 것을 요구했다. 민중사가들은 역사를 계급투쟁의 과정으로 보고 계급투쟁의 역사적 주체로서 민중을 인식하였으며, 민중의 저항에 관심을 두어 농민항쟁을 부각시켰다. 1980년대 역사 감각에서 패러다임의 변환을 일으켰던 민중사학은 시간이 흐르면서 내부적인 비판에 직면하고 고민에 빠지게 되었다. 민중사는 역사적 유물론 이상을 필요로 한다는 민중사가들의 인식이 고민의 주된 내용이었다. 또한, 민중사가들의 연구방식이 기존의 실증주의 사학의 연구방식에서 한 발짝도 더 나아가지 못하고 있다는 비판 또한 거세게 일어났다.

1990년대부터 다시 한국 역사학계에서는 새로운 패러다임이 모색되었다. 유럽 공산주의 국가들의 몰락 이후 민중사 연구에는 기존의 연구를 더 진전시키려는 시도가 있었다. 민중사가들은 경제사의 영역을 뛰어넘어서 다양한 주제들을 다루기 위한 다양한 이론적 시각과 방법론을 도입할 필요성을 인식하게 되었다.[8] 한국 역사학계는 서구의 포스트모던 역사학을 국내에 소개한 서양사학계로부터 새로운 충격을 받게 되었다. 종래의 민족주의 역사학이 서구의 모더니즘에 기반을 뒀을 뿐만 아니라, 마르크스주의에 기초한 민중사도 서구의 근대적 구도 안에 있다는 것이 명백해지면서 탈근대, 탈식민에 대한 관심이 증대하기 시작했다. 또한, 서양의 미시사, 신문화사, 일상생활사가 소개되면서 한국사회사학계에서는 기존의 구조나 사건사 중심에서 벗어나 식민지 근대성에 관련된 다양한 연구주제들이 개발되고 시도되었다.

이러한 역사학계의 변화는 지난 십여 년간의 정치적 변동과 사회적 담론의 변화와 긴밀히 연관되어 있다. 한국사회는 1990년대 초 문민정부의 출현으로 사회 전반에 걸쳐서 반공이데올로기와 권위주의적 군사정권이 남긴 사회적 유제로부터 탈피하기 시작했다. 이에 30년간의 군사정권하에서 침묵 되어 왔던, 발성될 수 없었던 목소리들이 나오기 시작했다. 또한 1987년 6월 항쟁 이후 민주화의 진전과 1988년 서울 올림픽 이후 역사상 유례없는 경제적 성장 속에서 전지구화, 지방화와 정보화라는 새로운 국제적 흐름은 한국사회를 보다 민주적이고, 개방적이고 유연하게 만들기 시작했다. 그러한 가운데 사회적 관심은 민족과 국가, 사회라는 거시적 주체에서 지방과 개인이라는 미시적 주체로 이동하게 되었다.

그래서 요즘 구술과 기억은 단지 학계에서뿐만 아니라 대중매체에서도 아주 익숙한 단어가 되었다. 1980년대 말부터 구술에 대한 관심이 있기는 했지만, 1990년대 초반만 해도 구술은 사료로서 인식되지 않고 있었고, 기억은 역사와 사회과학의 연구대상으로 인식되지 않았다. 그러나 2000년대에 들어서면서 다양한 분야에서 구술에 대한 관심을 보이고 있다. 구술채록기관들이 늘어나고 구술 증언 자료집이 출간되고 있다. 한국연구재단이 지원해 진행 중인 토대연구들은 구술 자료 수집을 포함하고 있는 것이 많다. 2010년 전후로는 본격적으로 구술 아카이브를 구축하는 기관들도 늘어났다.

이러한 학계, 기관과 사회적 담론의 변화 속에서 구술사는 지방과 개인으로의 관심 이동과 탈근대적·탈식민적 역사연구를 향한 하나의 대안이 되었다. 민족, 국가, 사회라는 거시적인 주체에서는 드러날 수 없었고 권위주의적인 정치체제 내에서 발성될 수 없었던 개인적·집단적 경험과 기억들이 이제는 한국사회의 보다 나은 민주화와 역사적 진실의 규명을 위하여 귀중한 자료로서 인식되기 시작한 것이다. 그리고 그러한 개인적·집단적 경험과 기억들은 지배층이 전유하는 기록에서는 찾기가 힘들었기 때문에 구술로서 나올 수밖에 없었다. 왜냐하면 "현실의 불평등은 역사적 재현에서도 계속"되기 때문이다.9 구술사는 1990년대 한국사회의 변화 속에서 지방과 개인의 목소리에 대한 욕구와 필요성에 의해 보다 민주화된 사회 구현을 위한 하나의 수단으로 인정되면서10 2000년 이후 양적으로 크게 성장하게 되었다.

그러나 이러한 구술사의 양적인 성장이 반드시 질적인 성장을 동반한다고 말할 수는 없다. 왜냐하면 기관의 구술 아카이브의 증가와 자료집 출판에 비하여 아직도 구술사와 관련된 연구논저 출간은 상당히 미진하기 때문이다. 이렇게 양적인 발전에 비하여 질적인 발전이 더딘 것은 기본적으로 아직도 구술사를 제대로 배울 수 있는 여건이 마련되어 있지 않기 때문이다. 국내에서는 구술사를 학부나 대학원 과정에서 배울 수 있는 기회가 거의 없다. 즉 구술사를 가르치고 배울 수 있는 과정이나 기관이 없기 때문에, 현재 진행되고 있는 많은 구술사 관련 연구들이 양적인 성장을 이룰 수 있으나 질적인 성장을 담보하기가 힘든 것이다.

이러한 상황에서 이 책은 구술사를 배우고 싶어도 배울 수 없는 현실적인 여건 속에서도 구술사에 관심 있는 이들을 위하여 쓰였다. 나는 인류학자로 처음부터 구술사를 전공한 것이 아니다. 그러나 현지조사를 통해서 많은 인터뷰를 하고 한국근현대사를 경험한 많은 사람들의 구술로 된 삶이야기를 어떻게 연구할 것인가로 고민해 왔다. 특히 한국근현대사의 많은 경험들이 기록되지 않은 상황 속에서 그들의 이야기는 바로 침묵된, 또는 억압된 기억들이었고, "아래로부터의 역사"를 쓰게 할 수 있는 구술 자료들이었다. 그래서 나는 새로운 역사쓰기와 문화연구를 위해서 구술사의 방법론적·이론적 쟁점들을 고민하는 것에서부터 시작하여 구술 자료를 보존하는 구술 아카이브 구축,

구술 자료의 활용에 이르기까지 다양한 구술 관련 작업들을 해 왔다. 따라서 이 책은 구술사 연구에 대한 이러한 나의 경험과 연륜을 정리해서 구술사를 하고자 하는 이들에게 일종의 참고서를 제공하기 위한 것이다. 이 때 참고서는 항상 정답과 정도만을 가르쳐주는 것이 아니라, 구술사에 연관된 다양한 쟁점들을 다루면서 구술사 연구를 다양하고 창의적인 방식으로 실행할 것을 도와준다는 의미를 가지고 있다. 왜냐하면 나도 구술사 연구라는 긴 여정에서 지속적으로 새로운 문제에 봉착하고 그것을 고민하고 해결책을 모색하고 있기 때문이다. 그래서 이 책은 현재까지 구술사와 관련하여 출간된 자료들이 구술사에 대한 방법론적 쟁점이나 현황정리 또는 구술 증언집인 것과는 달리, 어떻게 구술사를 할 것인가, 구술사를 할 때 어떤 문제점이 있는가, 그리고 구술사를 한다는 것은 무엇을 의미하는가를 논의할 것이다.

  이 책은 제2장에서 외국과 한국에서의 구술사 연구 현황을 정리하는 것으로 시작한다. 제3장에서는 구술사의 개념 정의로부터 시작하여 구술 자료의 성격을 포함하여 구술사의 방법론적·이론적 쟁점들을 논의한다. 제4장에서는 기억 연구(memory studies)에서의 논의를 중심으로 기억 이론들을 다루고 마지막으로 역사와 기억의 관계를 정리한다. 제5장에서는 구술사 인터뷰의 각 단계를 구체적으로 설명한다. 제6장은 모든 구술이 생애사의 부분이기 때문에 구술 생애사의 개념과 생애사 인터뷰의 특성을 다룬다. 제7장에서는 수집된 구술 자료를 어떻게 정리하고 해석하고 텍스트화 하는가를 논한다. 제8장은 구술사 연구에서 부딪히는 윤리적 문제들을 다루면서 연구 윤리의 문제를 IRB(Institutional Review Board, 기관연구윤리심의위원회)와 함께 논의한다. 제9장에서는 수집한 다양한 구술 자료들을 가지고 어떻게 구술 아카이브를 구축하는지 보여주고 구술 아카이브의 활용을 다룬다. 제10장에서는 최근 근현대 지역 사료에서 구술 자료의 중요성이 증가하고 있기 때문에, 구술 자료와 지역사료를 가지고 공동체 아카이브를 어떻게 구축하는가를 다룬다. 마지막 장에서는 그간 구술사 연구의 지평이 얼마나 넓어졌는지를 특별히 여성사, 지방사, 치유, 교육 분야에서 살펴볼 것이다.

제2장
구술사 연구 현황

이것은 구술 증언의 도움으로 '평범한 사람들', 피지배민들의 세계를 망각으로부터 구하는 문제이다. 왜냐하면 "불평등은 죽음 후에도 회상의 보존에 있어서의 불평등으로 지속하기" 때문이다. 그래서 구술사의 목적 중의 하나는 "밑으로부터"의 대항역사를 서술하여 종족적 또는 문화적 소수집단, 여성 또는 노동자와 같은 '피정복민'의 판본을 재구성해내는 것이다.[1]

1. 서양의 구술사 연구

서양의 구술사 연구는 나라에 따라서 큰 편차를 가지고 발전해왔다. 톰슨 Paul Thompson에 의하면, 서양에서 구술사는 역사학 내에 현지조사의 전통이 있거나, 역사가들이 사회학, 인류학 또는 민속학과 교류를 해온 곳에서 지속적으로 발전해 왔다.[2] 또한, 구술사에 대한 저항이 적은 스웨덴, 캐나다, 호주와 미국에서는 1950년대부터 구술 자료들이 수집되어 연방과 주 아카이브들이 구축되었으나, 구술사에 대한 저항이 강한 서유럽 국가 가운데 영국에서는 1990년대가 되어서야 대영도서관 British Library이 구술사 수집과 아카이브를 시작하였다.[3]

구술사 연구의 역사와 양적인 면에서 미국은 세계에서 가장 구술사 연구가 발전한 나라다. 미국은 양적으로 가장 많은 구술 아카이브를 가지고 있지만, 오히려 구술사에 대한 이론과 방법론에 대한 논의는 구술사에 대한 저항이 강한 유럽의 영국, 이탈리아, 프랑스에서 발전하여 왔다. 유럽과 미국 사이에서 구술사 연구의 상호 교류에 다리 역할을

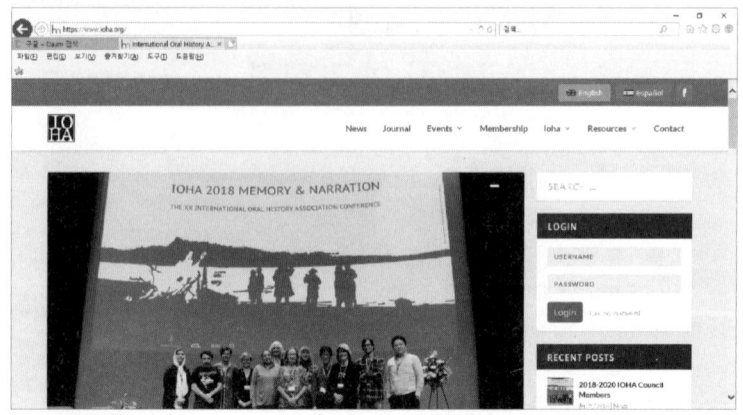

국제구술사학회 홈페이지

한 것이 1978년 영국 엑서스 Essex에서 개최되었던 제1차 국제 구술사학회 The First International Conference on Oral History였고, 이 학회의 결과로서 1980년부터 『국제구술사학회지』(International Journal of Oral History)가 출간되었다.* 이 학술잡지를 통하여 유럽과 라틴아메리카의 구술사가들이 미국에 많이 소개되었다. 이렇게 하여 유럽의 구술사 이론과 방법론에 대한 논의들이 1980년대부터 미국의 구술사 연구에 많은 영향을 주었다. 1990년대 이후부터는 프랑스와 이탈리아의 구술사 연구들이 영어로 번역되어 미국에서도 출판되고 있다. 1996년에는 전 세계의 구술사가들을 연결시켜주는 국제구술사학회 International Oral History Association, IOHA**가 창립되었고, 2년에 한 번씩 각 대륙을 옮겨 다니며 국제구술사학회를 개최하고 있다.

1) 미국

미국 구술사 연구도 학계의 중심부에서 벗어나 있는 다양한 분야의

---

* 『국제구술사학회지』는 1989년에 폐간되었다.
** 국제구술사학회 웹사이트는 http://iohanet.org

전문적·비전문적인 연구자들의 자생적인 활동을 중심으로 발전해 왔다. 19세기 말부터 유럽에서 온 이주민들과 원주민들의 구술 자료를 수집하는 대규모 프로젝트들이 있었는데, 이 채록 자료들은 이후 식민지 개척 시기를 연구하는 역사가들에게 귀중한 사료가 되고 있다.4 미국 구술사의 발전은 도시사회학으로부터 한 줄기를 찾을 수 있다. 1920년대 시카고 대학의 도시사회학 연구들은 참여관찰과 인터뷰, 기록조사와 지도, 통계 등 다양하고 창의적인 방법들을 사용했다.5 미국 구술사의 다른 한 줄기는 인류학으로부터 찾을 수 있다. 미국 인류학자들은 사회학자들, 심리학자들과 긴밀하게 협력하여 북미 인디언과 멕시코 원주민을 연구하면서 생애사 방법론을 사용했다. 1930년대 실업 타개를 위해서 만들어진 뉴딜 정책의 하나인 연방 작가 프로젝트(Federal Writers Project)를 통해서도 예전에 노예였던 사람들의 생애사들이 수집되었다.6 당시의 이러한 프로젝트들은 사회적 아젠다를 가지고 있었다. 시카고학파는 연구에서 얻은 지식을 사회문제를 해결하는 데 적용한다는 진보적인 이데올로기를 가지고 있었고, 연방 작가 프로젝트는 대중에게 그들의 목소리를 들려주고 역사를 밑으로부터 쓴다는 뉴딜정책의 포퓰리즘(populism)에 기초하고 있었다.7

1934년 네빈스 Allan Nevins는 처음으로 '구술사'(oral history)라는 용어를 사용하였다. 1948년에는 콜롬비아대학에 미국에서 구술사 연구로 가장 역사가 오래된 구술사연구소 Oral History Research Office가 세워졌고, 이 연구소에서 네빈스는 최초로 조직된 구술사 프로젝트를 시작했다. 그는 미국의 초기 구술사 연구를 대표하는 '백인 엘리트 남성들의 구술'에 관심을 두었다.8

1960년대까지 미국 구술사 연구는 급격히 팽창하였다. 이 시기를 통하여 구술사 연구를 사회운동의 한 부분으로 보는 구술사가들과 실증주의적 역사학계에 맞는 기준을 가진 역사 연구로서 보는 구술사

미국 콜롬비아대학 구술사연구소 홈페이지

가들 사이에 긴장이 있었다. 또한 기록을 이미 많이 남긴 사회변동의 주동자, 엘리트들을 인터뷰하는 것에 초점을 맞추는 연구자들과 자기 목소리를 낼 수 없는 사람들에게 목소리를 주고자 하는 연구자들 사이에 갈등도 있었다.9 미국 구술사 연구는 1966년 구술사학회Oral History Association*의 창립으로 더욱 체계적인 발전을 할 수 있었다. 1973년부터 구술사학회는 학술지인 『구술사 리뷰』(Oral History Review)**를 발간하기 시작했다.

1960년대 신좌파의 영향으로 사회적으로 소외된 집단들에 대한 사회적 담론이 형성되었고, 톰슨 E. P. Thompson***의 『영국 노동계급의 형성』(The Making of the English Working Class, Vintage, 1964)의 출간으로 새로운 사회사가 등장하였다. 이에 새로운 역사서술에 대한 욕구는 기존 역사학에서 제외되어 왔던 집단들의 역사 연구를 위한 방법론을 모색하게 하였고,

---

* www.oralhistory.org.
** 『구술사 리뷰』는 현재까지 매년 겨울/봄, 여름/가을호로 2회 발행되고 있다.
 www.oralhistory.org/publications/oral-history-review/
*** E.P. 톰슨은 영국의 대표적인 사회사가이다. 그의 이 책은 마르크시즘의 이론을 기반으로 하되, 영국 노동계급의 문화적 전통과 구술 자료를 사용하여, 노동자의 계급의식을 문화적 요소들과 연결시켰다는 점에서 기존 노동사 연구에서 진일보한 것으로 높이 평가되고 있다.

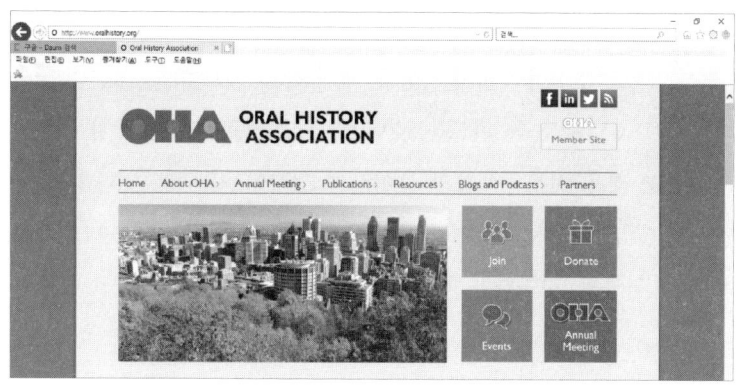

미국 구술사학회 홈페이지

구술사가 두드러질 수 있었다. 이때 미국의 구술사 연구는 채록 중심에서 벗어나 구술자들이 역사의 주체가 되는 대안적인 역사서술의 흐름의 기초가 형성되었다.10

『어려운 시기』 표지

터클 Studs Terkel은 미국의 1세대 구술사가들과 그 다음 세대를 연결해주는 역할을 했다. 그의 『어려운 시기』(Hard Times, Pantheon, 1970)는 보잘것없는 사람들의 구술 증언에 기초한 책으로 1960년대의 신좌파적 경향의 한 모델이 되었다. 기존의 구술사 연구는 실증주의적 역사연구에 충실하기 위해서 아카이브를 만드는 작업에만 몰두했지만, 이러한 신좌파적·퍼플리즘적 경향은 면담자와 구술자와의 관계, 인터뷰의 성격에 관심을 주면서도 대중적인 열광을 넘어서는 역사쓰기가 되지는 못했다.11 이러한 과정에서 그레일 Ronald J. Grele의 『소리 봉투들』(Envelopes of Sound: Six Practitioners Discuss the Theory and Practice of Oral History, Chicago, 1975)은 구술사가들로 하여금 민속학, 인류학과 같은 현지조사와 인터뷰를 요하는 학문에 눈을 돌리게 도와주었다.12

그러나 1970년대까지 미국 구술사 연구에서 구술사가들의 역할은 구술 자료를 수집하여 구술기록을 체계적으로 보존하는 것, 즉 구술 아카이브(oral archives)를 만드는 것이었고, 그 자료를 활용하여 역사를 기술하는 것은 전문역사가의 몫이라는 생각이 지배적이었다.13 이런 가운데 미국 구술사 연구의 방향에 큰 영향을 준 것이 사회사와 밑으로부터의 역사를 지향하는 톰슨 Paul Thompson*의 『과거의 목소리』(The Voice of the Past: Oral History, Oxford, 1978)였다. 그리고 1978년 제1차 국제구술사학회와『국제구술사학회지』(International Journal of Oral History)를 통해서 정치적인 당파성을 지닌 유럽 구술사가들, 특히 이탈리아 구술사가들의 이론과 방법론이 미국의 구술사가들에게 큰 영향을 주었다. 이러한 유럽 구술사가들의 영향은 미국 구술사가들을 구술사를 연구로서 보는 집단과 구술사를 운동으로 보는 집단으로 나누어지게 하였다.14 그리고 1970년대가 되어서야 미국에서는 구술사 연구방법이 인디언 역사, 흑인 역사와 민속학에서 사용되었고, 1980년대에는 여성사와 같은 새로운 분야로 확대되었다.

　미국 구술사는 서유럽과 달리 국가적으로 지원을 받는 프로젝트들이 많을 뿐만 아니라 사적인 연구기금의 지원도 많다. 그 결과, 미국의 구술사가들은 대학이나 도서관에 매이지 않고 비교적 자유롭게 연구를 해왔지만, 대부분이 구술사가라기보다는 기록연구자(archivist)의 역할을 하였다. 1980년대 초까지만 해도 미국 구술사학회는 기록연구자들이 중심을 이루었으나, 1990년대부터는 지역공동체 운동과 구술사를 접맥하려는 지역 활동가들의 비중이 높아지고 있다.15

　결론적으로 미국 구술사 연구의 특징은 첫째는 기록이 역사라는 실증주의 사관의 영향력이 유럽 대륙에 비하여 비교적 작았다는 것이

---

* 폴 톰슨은 영국의 대표적인 구술사가다. 그의 이 책은 출판된 이후로 세 차례의 수정본이 나왔으며, 세계적으로 구술사 연구에 있어서 교과서적인 책이다.

다. 둘째는 사회학이나 인류학과 같은 사회과학과 함께 구술을 통해 북미 인디언과 이민자 연구를 해왔다는 것이다. 셋째는 구술사 연구 초기부터 엘리트 집단을 연구해 왔고, 국가적으로나 사적 재단을 통해서 대대적인 지원을 받아왔다는 것이다. 이것은 미국이 "인터뷰 사회(interview society)"16라고 불리는 것과 밀접한 연관이 있을 것이다. 넷째는 구술사를 실증적 연구에 입각, 구술 채록에 한정하여 방대한 구술 아카이브를 가지고 있다는 것이다. 그러나 이러한 미국 구술사 연구의 특징은 1980년대 이후 유럽 구술사가들의 영향으로 상당히 변화하여 이론적·방법론적인 논의도 많이 발전하였고, 구술사를 구술 채록에 한정시키는 것이 아니라 새로운 역사 쓰기로서 보는 경향이 강해졌다.

2) 영국

영국은 유럽 대륙의 실증주의 역사 연구의 지배하에 있었기 때문에 구술사는 주류 역사학의 밖에 있었다. 그러나 제2차 세계대전 전후 상황이 가져온 정치적인 변화는 구술사 연구에 영향을 주었다. 전후 대영제국이 해체되면서 대부분이 영국의 식민지였던 아프리카는 자신의 역사가 필요하게 되었다. 아프리카 부족들은 무문자 사회여서 문자기록 없이 구전이 발달해 있었기 때문에 1950년대부터 벨기에 학자인 얀 반시나 Jan Vansina를 비롯한 역사가들은 현지에서 인류학자들과 함께 구술 자료들을 수집했다. 또한 전후 영국에서 노동당 정권이 들어서면서 노동운동이 힘을 가지게 되었다. 그리고 경제적 부흥은 대중들의 확신을 가져와서 1960년대에 노동사에 대한 관심은 사회사로 범위를 넓혀가서 사회적으로 노동자계급 자서전에 대한 호응이 나타났다.17

그럼에도 구술 자료를 역사 연구에 사용하는 것에 커다란 장애물이 있었는데 그것은 학제간의 벽 때문이었다. 역사가들은 사회학적 개념을 의심스러워했고, 현대사에는 거의 관심을 두지 않는 반면, 사회학자들은 거의 현대 사회에 대한 연구조사에만 초점을 맞추었다. 그래서 학제 간 장애물이 적은 엑서스 Essex와 랑카스터 Lancaster대학이 구술사 연구의 중심이 되었다.[18]

영국에서 초기 구술사가들은 미국과 달리 소위 평범한 노동자들의 경험들을 기록하는 데 관심이 있었다. 구술사는 사회학과 역사학에 중요한 연결점을 제공했다. 그래서 노동사에 대한 관심은 사회학과 역사학의 협동 연구를 장려하여 1960년대 여러 대학에서 구술 자료를 사용하는 역사연구들이 나오기 시작했다. 그 이후로 영국의 구술사는 빠르게 발전해서 1972년에는 구술사학회 Oral History Society*가 성립되었고, 학술지인 『구술사』(Oral History)**가 발행되었다.[19] 사회사에서 큰 구술사 프로젝트들은 사회학과 밀접하게 연결되어 있었다.

구술사는 지방사에도 적용되어 마을과 도시에서 지역에 기초한 많은 프로젝트가 나타났다. 공식 역사학에서 구술사가 제대로 다루어지지

영국 구술사학회 홈페이지

---

* www.ohs.org.uk
** 『구술사』는 현재까지 매년 봄, 가을호로 2회 발행되고 있다. www.ohs.org.uk/journal/

않았기 때문에 구술사는 지역사회 연구에 크게 기여했다. 구술사를 통한 지역사회 연구는 사회복지 분야, 학교, 노동자들의 생애사, 미디어, 연극 등에서 이루어졌다.[20] 구술사의 발전은 정치사에도 영향을 주어서 구술 자료는 현대정치사 부문에서 유용하게 쓰였다. 또한 구술사는 노동사에도 영향을 주어서 옥스퍼드 러스킨 대학 Ruskin College에서 노동자 계급의 노동사와 사회사연구로부터 시작된 역사작업소 History Workshop*는 그 관심의 폭을 넓히면서 1970년대에 특히 구술사를 가족사와 여성사 분야로 확대시켰다.[21] 대중기억연구회 Popular Memory Group**는 이탈리아의 구술사가 파스리니 Luisa Passerini의 영향 하에 버밍햄 Burmingham의 현대문화연구센터 Centre for Contemporary Cultural Studies에서 경험주의적 구술사 연구에 대한 비판적 접근을 시도했다.[22]

영국의 구술사 연구는 특히 세 분야에서 발전적인 역사해석을 낳았다. 그 세 분야는 노동자 의식의 형태, 도시 지역사회 연구 그리고 가족과 일이다.[23] 노동자의 의식 연구에서 구술사는 노동조합 운동 자체보다는 종종 비조직화된 노동자들의 문화 내에서 그 맥락을 탐사하는 데 이바지했다. 가족과 일 연구에서는 가부장적 가족문화에서 여성과 노동조합과의 관계, 가족과 경제를 연결하는 중요한 연결점들이 연구되었다. 도시사 (urban history) 연구에서는 도시의 크기가 큰 장애물이었으나, 제리 화이트 Jerry White의 『로스칠드 건물들』(Rothschild Buildings, Routledge, 1980)은 도시의 한 작은 거리에 사는 유대인 이민자 가족들의 구술사를 통해서 대도시에서 이민과 동화 과정에서 보이는 지역경제, 교육체계, 계급과 소수민족 간의 관계를 드러냈다.[24]

1990년대 영국의 구술사 연구는 계속 활발하게 이루어지고 있는데,

---

* 옥스퍼드 러스킨 대학의 역사작업소는 좌파적인 전통에서부터 노동사와 사회사연구를 하는 곳으로 학술잡지인 『역사작업소』(Historical Workshop Journal)을 계속 내고 있다.
** 버밍햄 현대문화연구센터의 대중기억연구회는 좌파적 입장에서 대중문화를 연구하는 곳으로 이탈리아의 구술사가들의 이론을 적극적으로 받아들여 경험주의적인 영국의 구술사 연구를 좀더 급진적으로 만들었다.

이 시기에는 두 가지 점이 강조되었다. 첫째는 사회과학 연구지원자들 사이에 주요한 인터뷰들이 미래의 연구자들을 위하여 아카이브로 구축되어야 한다는 생각이 확산하였고, 둘째는 자서전적인 기억의 형태에 대한 학제간의 관심이 늘어났다는 것이다.25

3) 독일

서유럽 나라 중에서도 독일*의 구술사 연구는 매우 늦게 시작되었다. 그 이유는 첫째 나치즘으로 말미암아서 좌파의 전통이 파괴되었으며, 민중은 나치즘과 연루된 믿을 수 없는 대중이 되어 버렸기 때문이었다.26 또 하나의 이유는 실증주의와 양적 연구에 기초한 역사학과 사회학의 전통 때문이었다. 이러한 낙인찍힌 "대중문화"와 역사학의 전통 때문에 역사가들은 사람들에게 그들의 삶의 경험을 물어보고 인터뷰에서 현대사에 대한 증거를 찾는 것에 대해서 매우 의심스러워했다. 나치즘의 과거와 비교적 빨리 현대사 연구가 시작된 것, 그리고 반나치즘 경향은 독일 역사학계가 정치사와 방법론적 보수주의에 매달리게 된 이유이다.27

그러나 1970년대 말 미국, 영국, 스웨덴으로부터 구술사가 소개되자, 독일에서 구술사는 빠르게 전파되었다. 구술사는 관점의 전환과 현대사의 방법론적 보수주의가 주는 불편함에서 벗어나는 방법을 제공했다. 또 다른 한편으로 그것은 사회의 어떤 필요와 느낌을 만족시켰다. 그래서 구술사는 유명 정치인 중심의 독일 역사학에 소위 "작은 사람들"(little people), 즉 비조직화된 노동자들, 하녀, 프티 부르주아지, 농민, 실업 여성과 소수 민족의 목소리를 드러나게 하여 역사의 지평을 넓혔다.28

또한, 역사학의 중립성이라는 허구에 대항하여, 주관적인 요소들도

---

* 이 장에서 독일은 주로 서독의 구술사 연구에 제한되어 있음을 밝힌다.

역사 안으로 들어오게 되었다. 역사가 주관적인 행위들로 기인하는 구성물로서 인식되자 당파성과 과학적 결점들이 명백하게 드러났다. 이렇게 주관적인 요소들이 인식되면서 구술사는 더욱 선호되는 연구 방법이 되었다. 구술사는 더 실제적인 일상생활사의 한 형태일 뿐만 아니라, 개인이 경험을 다루는 방식과 기억의 구조에 관한 질문들을 일으켰다. 이런 방법론적 시각에서 구술사는 1960년대까지 파시즘이라는 블랙박스를 통해서 양 차 대전 사이 기간 중 독일의 지속성에 대한 질문들을 하게 되었다. 또한 구술사가 개인의 생애사와 전기로서 이해되면서 사회의 거대구조에 대한 커지는 의구심에 부합되었다. 그래서 구술사는 중앙의 지배적인 역사해석이나 인식에 저항해서, 지방적 맥락에서 합리적인 해석을 추구하는 지방적 합리화(local reasoning)라고 볼 수 있는 새롭게 발전한 문화에 대한 강한 욕망을 일으켰다.29

1970년대 중반에 독일에서 대중적 영향을 크게 미친 구술사 관련 작업은 학생들의 경연(the pupils' contest, Deutsche Geschichte)이었다. 이것은 공립학교 학생들이 독일의 민주적이고 숨겨진 역사를 이해하기 위해서 고문서 조사와 당대의 증언들을 인터뷰하는 것이었다.30 1980년대 중반에는 생애사 인터뷰를 주요한 연구 방법으로 채택한 지방사 연구들이 나타났다. 그 대표적인 것으로는 루츠 니트함머 Lutz Niethammer가 이끄는 루르 Ruhr 노동자계급에 대한 사회사적 연구인데, 이것은 지역연구와 생애사 연구의 중간 형태로 시작되었다. 또한 구술사 연구는 아동기, 청년기, 교육, 여성에 대한 연구로 확산하였다. 개인의 아동기와 청년기의 경험에 대한 일반적인 기억 외에도 구술사 연구들은 바이마르 공화국 시기 이후 청년들의 저항, 청년 문화와 조직과 좌파 교육기관들을 다루었다. 여성 연구에는 성별 영역과 그에 대한 시각들, 몸의 경험과 섹슈얼리티가 주요한 주제들이다.

그래서 구술사가와 일상생활사가들의 연구에서 세 가지 공통 연구

주제들이 발견될 수 있다.31 첫째는 제3공화국의 역사와 다양한 동료 집단과 사회 집단의 남녀가 경험한 전후시기, 둘째는 노동계급 운동의 신화와 여성사에 대한 논의, 셋째는 여성 전기, 비행, 정치와 사회적 관계에서 숨겨진 저항의 정신세계다.

특히 독일의 구술사 연구는 국가 사회주의 시기와 전후시기에 집중되어 있는데, 가해자의 경험을 물어보는 것뿐만 아니라, 체제의 정치적 반대자들, 즉 홀로코스트에서 살아남은 유대인들, 집시들, 독일에서 망명한 독일인과 유대인들과 같은 희생자들의 관점에도 초점을 두고 있다.32

1980년대 이후 학계의 구술사 연구자들은 몇 가지 주제에 대한 방법론적인 논의를 했다. 그것은 인터뷰 상황에서 기억의 구조에 대한 질문들이며, 한편으로는 일상생활사라는 넓은 맥락에서 경험이라는 용어에 대한 논의들이다. 또한 사회학으로부터 온 생애 과정(life course)과 전기적 방식은 독일의 구술사 연구를 자극했다.33

결론적으로 서독의 구술사 연구는 "사람들이 없는 과거, 전통이 없는 과거에 저항하는 투쟁"(a struggle against a past without persons, without even traditions)으로 이해될 수 있다.34 비록 학계의 구술사가 '밑으로부터의 역사'를 구축하는 데 실패했고 구술사 운동조차도 없었지만, 구술사의 방법론적 접근은 독일의 역사 연구에 충격을 주었다.

4) 프랑스

독일과 마찬가지로 프랑스는 뒤르켐 Durkheim* 학파와 기억에 대한 선구적인 연구자인 모리스 알브바크스 Maurice Halbwachs**에도 불구하고

---

* 뒤르켐은 현대 사회학과 인류학에 큰 영향을 끼친 프랑스의 학자이다. 그는 사회를 총체적인 것으로 보고 개인을 사회적 존재로서 파악하여 개인들이 가지고 있는 기억과 종교적 믿음도 사회적인 것으로 파악하였다. 이러한 그의 생각은 후에 기능주의 학파의 모태가 되었고, 사회적 기억의 연구자인 모리스 알브바크스에게도 큰 영향을 주었다.

** 알브바크스는 뒤르켐의 영향을 받아 집합기억이라는 개념을 만들어내었다. 제4장 구술과 기억

구술사 연구가 상당히 늦었다.35 프랑스에서 구술사의 발전은 1979년 "고문서"에 대한 새로운 개념이 만들어진 것과 관계가 있다.36 이때부터 고문서는 단순히 기록이 아니라 구술을 포함하여 정보기술의 발전으로 말미암아 만들어지고 있는 다양한 자료들을 포함하게 되었다. 그래서 1982년부터 프랑스 기록학회 Association of French Archivists에서 구술 아카이브에 관련된 일을 시작하게 되었다.

한편, 이와 동시에 1970년대 중반 프랑스에서 문화유산에 대한 새로운 대중적 관심이 대두하였는데, 이로 말미암아 교육적 목적으로 생애사와 구술 증언을 사용하는 것이 1980년대 교육계에 확산되었다. 초등학생 시절부터 학생들은 조부모나 노인들을 상대로 계보와 연대기에 대해 인터뷰를 하도록 교육받았다. 이런 훈련을 통해 학생들은 개인의 역사와 연대기 사이의 연계점들을 찾고 시대감각을 가지게 되었다. 구술사가 교육에 적용된 또 하나의 분야는 생애사였다. 언어 습득과 정체성 인식의 한 방식으로 자서전을 쓰는 것이 학생들에게 요구되었고, 개인의 생애이야기는 다른 사람들을 인터뷰하기 위한 틀로 이용되었다. 구술사가 교육에 적용됨으로써 현대사 연구에서 가족 계보, 전기, 기억에 대한 관심이 두드러졌다.37

전기에 대한 관심과 함께 1980년대 중반부터 비엘리트 계층에 대한 관심이 증대하면서, 개인을 회복시키려는 경험적이고 방법론적인 노력이 있었다. 개인에 대한 관심은 가족연구로 확장되었는데, 가족 형태의 변화 연구를 넘어서 두 가지 방향으로 연구가 진전되었다. 하나는 타고난 것과 획득된 것, 개인과 사회 사이의 관계를 탐사하면서 계보와 계승에 대한 것을 포함했다. 다른 하나는 가족 연구를 넘어서서 세대에 대한 연구로 이어졌다. 즉 개인들이 특정한 세대를 구성한다면, 개인과 집합성의 관계는 어떠한가의 문제를 다루게 되었다.38

연구에서 다루어질 것이다.

마지막으로 프랑스 구술사의 주요 영역은 기억이다. 프랑스에는 역사와 기억의 관계를 탐구하는 연구들이 있었다. 제2차 세계대전과 유대인의 기억에 대한 연구들은 프랑스 구술사 연구의 전통적인 영역이다.*

5) 이탈리아

서유럽 중 이탈리아는 영국처럼 구술사에 대한 전통 역사학계의 반감이 큰 곳이다. 그러나 이탈리아 구술사가들의 연구 성과는 국제적인 회의나 학회, 학술지, 출판물에서 많이 인용되고 있다. 그만큼 이탈리아의 대표적인 구술사가들의 이론이 다른 지역의 구술사 연구를 자극하고 있다. 하지만 막상 이탈리아 내에서 구술사가들은 거의 보이지 않으며, 그들은 제도권 대학에서 자리를 잡지 못하고 있다.[39] 그 이유는 이탈리아 구술사가 다중적이고 비정통적인 기원을 가지고 있기 때문이다.

이탈리아의 구술사 연구는 학계 밖에서, 공식적인 조직의 주변에서, 종종 정치적으로, 학문적으로 입지를 가진 역사가들과 적대적인 관계 속에서 발전해 왔다. 이러한 경향에 큰 역할을 한 사람이 지아니 보시오 Gianni Bosio다. 그는 노동자들의 역사는 노동조합의 지도자나 노동당의 역사만이 아니라 비정치적이고 보수적인 형태를 포함한 모든 종류의 조직적인 형태를 포함해야 하며, 그러기 위해서는 역사학에 민속학과 인류학을 접합시켜야 한다고 생각했다. 그는 이런 이유로 비헤게모니적인 계급의 연구를 위해서 구술 자료의 중요성을 인식했고, 또한 현지조사의 중요성을 강조했다.[40]

따라서 이탈리아 구술사 연구에서 현지조사는 중심적인 위치에 있으며, 인터뷰는 단순히 자료 수집이 아니라 연구자가 구술자에게 배우

---

* 프랑스의 기억이론가들은 제4장 구술과 기억 연구에서 다루어질 것이다.

는 정치적으로 중요한 만남이었다. 이러한 상황 때문에 역사학계는 구술사를 받아들이기 어려웠다. 지아니 보시오 외에도 구술사 연구의 선구자들인 몽딸디 Montaldi와 마르띠노 Ernesto De Martino는 1950년대 극소수였던 반스탈린주의자, 자유주의자, 평조합원 좌파(rank and file Left)였고, 1960년대 학생운동과 노동운동의 주동자들이었다. 또한 그람시 Antonio Gramsci는 민속을 비헤게모니적인 계급이 가진 문화의 역사적 표현으로 보고, 노동위원회의 노동자 계급의식에 기초한 평조합원 조직을 형성했다. 그의 헤게모니 개념은 주관성의 여지를 주었는데, 이것은 이탈리아 구술사의 지속적인 유산이 되었다.41

이렇게 초기 구술사가들은 좌파적인 입장에서 주변적인 비엘리트 계층을 연구하였고, 운동과 연구를 접합시키려는 시도를 해왔다. 이런 과정에서 다양한 학술지들이 구술 자료, 민속과 대중문화에 대한 논문들, 노동자들의 "전투적인 역사"(militant history)와 "적대적인 주체성"(antagonist subjectivity)에 대한 구술사 논문들을 게재했다. 이 가운데 노동자 계급 행동에서 주체성과 기억의 관계에 대한 논의가 그 중심이 되었다.42

전후 변화하는 정치사회적 환경 속에서 농민들의 이촌향도와 노동자 계급의 의식변화는 1970년대 학제간 구술사 연구를 발전시켰다. 당시 구술사 연구들은 노동운동과 전쟁 기간 반파시즘 당원을 연구하는 지역 센터의 연계망에서 나왔다. 사회학자인 프랑코 페라로티 Franco Ferrarotti의 로마 도시 빈민가 연구, 알레산드로 포르텔리 Alessandro Portelli의 테르니 Terni 철강노동자에 대한 문화적 해석과 피에드몽 Piedmont과 투린 Turin의 농민, 노동자, 여성에 대한 사회사적 연구가 대표적인 연구이다. 파스리니 Luisa Passerini가 투린 노동자계급에 대한 연구에서 한 구술사의 주관성에 대한 이론적 논의는 영국 좌파 구술사가들에게 큰 영향을 주었다.43 그녀의 연구를 포함하여 페미니스트 시각에서 이루어진 여성사 또한 대표적인 이탈리아 구술사 연구다. 이러한 연구

자들에 의해 1980년대 구술사 학술지인 *Fonti orali* 가 만들어졌다.[44]

1970년대 중반 이후로 이탈리아 기존 학계에서 구술사에 대한 관심이 생겨났으나 역사연구와 구술 자료, 현지조사를 연결하는 시도는 지속되지 못했다. 구술사와 관련되어 논의되는 대표적인 주제들은 신뢰성, 대표성과 서사(narrative)다.[45] 이탈리아 역사가들은 구술 자료의 신뢰성을 문제 삼아서, 문헌자료만을 신뢰하기 때문에 참고하기 위한 구술 증언을 보조적인 자료로 취급할 뿐이었다. 그래서 역사연구에서 구술 자료는 아직도 농촌과 초기 산업화 사회 연구를 포함한 지방사, 도시의 노동자 계급 역사, 물질문화와 정치적 경험, 사적 생활, 느낌, 가족의 역사를 포함한 여성사와 같은 주변 분야에서만 사용되고 있다.[46]

이탈리아 사회학에서는 구술 자료의 대표성, 전기적 방법, 개인과 사회 간 관계의 문제에 초점을 맞추었다. 그래서 전기적 방법과 질적인 접근을 통해 도시 주변적 집단들과 이민, 다문화주의에 대해 연구했다. 또한, 서사와 민속 노래에 대한 민속학자들의 연구는 사회과학에서 현지조사와 연결되어 이탈리아 구술사 연구가 주로 이바지한 구술 자료의 해석, 즉 서술의 형식적 분석을 가능하게 해 주었다.[47]

이탈리아 구술사 연구의 특징은 사실적인 재구성보다는 주관성에, 자료의 수집과 보존보다는 해석에 더 초점을 두고 있다는 것이다. 또한 현지조사와 비판적·방법론적 관심과 반권위적인 정치적 입장을 결합시키고 있다. 포르텔리에 의하면 이탈리아 구술사는 비정통적인 학문 분야로서 발전해 왔기 때문에 하나의 학파로서 분류되기는 어렵고, 다양한 구술사가들의 연구가 있다고 한다.[48]

2. 아시아의 구술사 연구

동아시아에서의 구술사 연구는 일본제국주의 하 식민지 경험과 탈식민이라는 공통적인 주제 하에서 이루어져 왔다. 여기서는 국내에 소개된 일본과 대만, 중국의 구술사 연구를 살펴보겠다. 또한 인도에서 써브얼턴 연구의 외연적 확장으로 발전된 구술사 연구를 소개하겠다.

1) 일본49

일본의 구술사는 민속학으로부터 출발하였다. 일본 민속학의 창시자인 야타기타 구니오 柳田男, Yanagita Kunio의 저서들에서 제시된 민속학 연구방법론은 구술사 연구와 연관되어 있기 때문이다. 일본에서 구술사 연구가 주목받기 시작한 것은 1970년대부터인데, 그 배경에는 논픽션 작가들의 영향과 일본 역사학계에서 민중사, 저변사(低邊史), 개인사 연구가 활성화되었기 때문이다.50 일본의 논픽션 작가들은 1960년대부터 광부, 여공, 창녀, 노동자, 농민과 같이 문헌 기록을 남기기 어려운 사람들의 구술 사료를 이용하였는데, 이 작품들은 구술 사료가 역사서술에 있어 유용하다는 것을 보여주었다.51 이렇게 논픽션 작가들이 피지배층이나 소외계층의 삶을 구술 사료를 이용하여 서술한 것은 1970년대 일본 역사학계의 민중사, 저변사, 개인사 연구와도 연결되었다고 볼 수 있다.

이 시기에 중요한 구술사 연구는 태평양 전쟁 경험에 대한 것이었다. 구술자들은 문헌기록에서 드러나지 않는 다양한 전쟁경험을 보여주고, 침묵되었던 일본 제국주의의 실상을 밝힐 수 있기 때문이었다.52 전쟁 경험에 대한 일본의 구술사 연구에서 대표적인 것이 오키나와전에 대한 것이다. 오키나와현은 1965년부터 1977년까지 총 24권 『오키나와현사』를 발간하였다. 오키나와현사편찬위원회는 오키나와전에 대한 기록이 미군의 군사행동에 대한 문헌 중심이라는 것을 알게 되었다. 반면 현민들의 전쟁경험에 대한 기록이 매우 제한적이고, 조사가 불충분하여서 정확하지 않은 기록이 많고 중요한 사항들이 간과된 점을 발견하였다. 이러한 문제점을 극복하기 위하여 오키나와현사편찬위원회는 구술사 인터뷰를 통하여 구술 사료를 수집하게 되었던 것이다.53

오키나와전 외에도 구술 사료를 통해 일본 근현대사의 지평을 확대한 것은 1972년 혼다 가쓰이치本多勝一의 『중국기행』(中國の旅, 1972, 朝日新聞社)이었다. 저자는 일본군이 중국에서 저지른 잔학행위를 피해자들의 구술 증언을 통하여 드러냈다. 또한 종군위안부나 731부대의 경우 문헌 자료를 통해서 확인할 수 없는 일본군의 가해 실상을 피해자들의 구술 증언을 통해 생생하게 보여주었다.54

일본 학계에서 학술지가 구술사를 처음 다룬 것은 1987년 역사학연구회의 『역사학연구』에서 「오럴·히스토리―그 의미와 방법과 현재」라는 특집호에서였다. 이것은 일본 역사학계에서 구술사 연구의 방법과 논점에 대해서 최초로 논의한 것이었다. 역사학연구회에서는 1988년에 『오럴·히스토리와 체험사―혼다 가쓰이치의 작업을 중심으로』, 『사실과 검증과 오럴·히스토리―사와치 히사에의 작업을 중심으로』라는 두 권의 단행본에서 구술사를 더 심층적으로 검토하였다.55

이렇게 일본 학계에서 구술사가 본격적으로 다루어졌어도 일본 역사학계에서 구술사는 아직도 구술 사료의 객관성과 신빙성의 부족으로 인해 제대로 학문적으로 받아들여지지 못하고 있다. 일본 역사학계에서 문자로 된 자료에 대한 신뢰도가 아직도 매우 강하게 자리 잡고 있기 때문이다.56

일본에서 구술사는 1970년대에는 작가들의 여성사를 중심으로, 1980년대와 1990년대는 일본의 전쟁 경험을 중심으로 재야에서 진행되었다. 그런데 일본 정치학회에서도 오럴 히스토리의 중요성을 인식하였다. 국철민영화, 미일반도체분쟁, 오키나와 반환 때의 미일 정부 간의 밀약 등 정치적으로 중요하지만 문서로 기록될 수 없었던 부분이 많았기 때문이었다. 1995년 도쿄도립대학 법학부에서 '전후정책 회고 연구회'가 발족 되었고, 2004년에는 일본 정치학회 기관지 "년보 정치학"에서 오럴 히스토리 특집을 다루었다.57

2003년에는 일본 오럴 히스토리 학회Japan Oral History Association가 창립되었다. 재일교포 학자인 송연옥에 의하면 일본 역사학계에서 문서기록만 중시하고 구술 사료의 가치를 과소평가하였기 때문에 일본 오럴 히스토리 학회가 늦게 만들어졌다고 한다. 또한 학회 창립준비위원회 10명 중 9명이 여성이라고 하면서 여성사 연구에서 구술사의 입지를 확인해 주었다.58 학회 창립 당시 "지역/생활/젠더", "이민과 종족 이야기"(ethnic story), "전쟁과 그 기억"이라는 세 개의 분과회가 만들어졌다. 송연옥에 의하면 학회는 "정치나 경제 같은 특정한 분야에 한정되지 않고 근현대사에서 소외되고 결락된 목소리나 모습에 귀를 기울이고 재발견하는 작업을 목표로 하고 있다. 구체적으로 말한다면 오키나와전, 원폭 피해자, 병사의 체험, 만주개척이민, 다문화 공생(상생)의 실천, 난민문제 등이 학회에서 자주 거론되는 과제"다.59

일본 구술사 연구는 재일조선인의 존재로 인하여 한국 근현대사와도 연관되어 있다. 특히 재일조선인 여성들의 경험을 드러내는 작업은 구술사가 아니면 가능하지 않기 때문이다. 송연옥은 구술사로 재일조선인 여성사를 연구하면서 일본 식민주의와 젠더를 기록하는 것을 구술사의 과제로 보고 있다.60

2) 대만61

대만에서는 구술사 대신 구술역사(口述歷史)라는 용어를 사용한다. 대만의 구술역사는 좌담회로부터 시작되었는데, 1946년 대만문화협진회가 개최한 '음악좌담회기록'과 1952년 대북시문헌회가 개최한 "맹갑기로좌담회'가 시발점이었다. 하지만 학문적인 절차에 의해 구술역사가 시작된 것은 대만 중앙연구원의 근대사연구소였다.62 1955년부터 근대사연구소에서는 구술역사 연구방법이 근대사 연구에 중요하다고 인식되었고, 1959년에 구술사 인터뷰 작업을 정식으로 실시하였다. 1960년에는 미국 콜롬비아대학교 중국구술역사프로젝트(Columbia University Chinese Oral History Project)와 협력하였다.63 근대사연구소 구술역사 연구의 1 단계는 1962년부터 1972년까지 미국 포드재단의 지원을 받아서 이루어졌다. 이 시기 근대사연구소의 구술역사는 콜롬비아대학을 중심으로 하는 미국 구술사학계의 영향을 받았다. 그래서 인터뷰의 주제도 정치, 군사, 외교, 재정, 경제, 문교, 학술 등의 방면에서 중요한 경력을 가진 구술자들, 즉 엘리트 구술 채록에 치중하였고, 그 중에서도 특히 외성인(중국본토출신)이 대부분을 차지했다.64

1972년 이후 이러한 거대한 구술역사 프로젝트들은 한동안 중단되다가 1984년이 되어서야 다시 구술역사팀이 만들어져서 제2단계의 발전을 할 수 있었다. 이 시기에도 당정군 엘리트들을 대상으로 인터뷰가 진행되었지만 인터뷰의 주제가 더 확장되어 대만건군이나 직업부녀에 대한 인터뷰, 대만인에 대한 인터뷰, 탕룽회사, 고웅시 228 또는 도시계획선배, 농복회 등 특정 단체에 대한 인터뷰로 발전되었다. 그 결과 근대사연구소에서는 백여 편의 구술역사 단행본이 출판되었고, 수시로 '구술역사' 간행물을 출간하고 있다.65

대만에서도 점차 다양한 기관에서 구술역사 연구가 이루어졌다. 그래서 1991년에 국사관, (중국국민당) 당사회, 국방부 역사정치편역국, 대만성 문헌위원회(현재의 국사관대만문헌관), 대북, 고웅 두 도시의 문헌회 그리고 중국연구원 대만사 필드스터디 연구실(중앙연구원 대만사연구소의 전신) 등 구술채록기관들이 함께 모여 제1기 구술역사작업회의를 개최하였다. 이후로 2년에 한 번씩 각 기관에서 번갈아 주최하면서 구술역사 연구자들을 초대하여 학문적 교류의 장을 마련하고 있다.[66]

대만의 구술채록기관들을 보면 1950년부터 1980년대까지는 근대사연구소, 중국국민당당사위원회와 국방부사정편역국이 활발하게 대만의 구술역사작업을 주관하였다. 1990년대 이후에는 대만문헌위원회(국사관 대만문헌관), 고웅시 문헌위원회(현재 고웅역사박물관)과 대북시문헌위원회 그리고 중앙연구원 대만사연구소가 구술역사작업의 주요 기관이 되었다. 전자의 기관들은 주로 외성인 엘리트 구술 채록이었고, 좌담회 형식을 통해서 구술역사자료를 수집하고 단행본을 출간하였다. 반면 후자의 기관들은 대만인, 지방사, 특정 주제에 대한 인터뷰를 진행하여 대만 구술역사연구를 다원화하고 있다.[67]

대만 구술역사연구의 초기 담당 기관이었던 국사관은 구술역사팀이 구성되어 있어서 전문가들이 구술역사 프로젝트를 담당하고 있고, 장시간에 걸쳐서 상당한 성과를 이루었다. 2015년까지 국사관에서는 34종의 구술역사를 출판하였는데, 초창기 당정 엘리트 중심의 인터뷰에서 최근에는 민간산업의 뛰어난 기업인들을 대상으로 그 대상을 확대하고 있다. 특히 대만 민주화과정에 대한 구술기록으로 유명하다.[68]

또 하나의 구술채록기관인 중국국민당당사위원회에서는 1970년부터 구술역사작업을 추진하여 매년 6명을 인터뷰해왔다. 당사회에서도 대만의 당정군 및 문교의 중요 관계자들을 중심으로 인터뷰를 진행했으며 관계자들을 초청하여 테마식 좌담회를 개최하고 이를 기록하여 구술역사 사료로 보존하고 있다.[69]

국방부사정편역국은 군사편찬을 담당하고 있어서 초기 인터뷰는 주요 전장에서의 경험을 회고하는 외성인 군장성을 중심으로 진행되었다. 최근에는 인터뷰 영역을 넓혀서 군종, 민방 또는 동원을 주제로 인터뷰를 실시하고 있다. 그런데 중국국민당사위원회와 마찬가지

로 여러 내부 사정으로 인하여 구술역사 인터뷰의 비중이 줄어들고 있다.[70]

반면에 대만문헌위원회(국사관 대만문헌관), 고웅시 문헌위원회(현재 고웅역사박물관)와 대북시문헌위원회에서는 현재까지도 왕성하게 구술역사작업이 이루어지고 있다. 이들 기관들은 성통지, 시지들을 편찬하고 지방사료를 수집하는 기관들로 테마식 전문 인터뷰, 좌담회라는 두 가지 방식으로 구술역사자료를 수집해서 정기적으로 단행본을 출판하거나 기간지를 발표하고 있다.[71]

중앙연구원 대만사 필드스터디 프로젝트는 1986년에 시작되었는데 1988년에 대만사 필드스터디 연구실로 변경되어 중앙연구원에서 대만사 연구를 추진하는 기관이 되었다. 1993년에는 대만사연구소준비처가 성립되자 곧 구술사연구실이 설치되었다. 대만사연구소의 초기 작업으로는 일본국적의 대만인 병사의 인터뷰가 진행되었는데, 2002년에 구술역사위원회가 설립된 후에 인터뷰 주제는 더욱 더 다양하게 되었다.[72] 대만사연구소는 2009년에 「대만구술역사목록편람」을 출판하여 그 동안 출판된 구술역사단행본과 단편문장, 그리고 비간행 서류도 포함하여 대만구술역사작업의 성과를 정리하였다.[73]

대만의 구술역사작업 기관들을 볼 때 1990년대는 대만사연구가 부흥하고 구술역사작업이 폭발적으로 증가하는 시기였다. 1987년 계엄령 해제 이후 정치적 자유화로 인해 이 시기에 대만에서는 자신들의 고향에 대해서 알고자 하는 열정이 구술역사작업을 불붙게 했다. 각 현시의 문화중심(문화국의 전신)에서 인력과 자원을 결합하여 현지조사에 투입하였고, 지역의 개인과 단체들이 모두 활발하게 다양한 주제의 구술역사작업을 전개하였다. 이것은 대만의 민주화를 통하여 대만민중들이 자신들의 기억을 통하여 스스로의 역사를 기록할 수 있었기 때문이었다.[74]

그 결과 지방 각 현시의 문화단위는 대부분 구술역사 인터뷰를 기획하고 구술역사간행물 혹은 단행본을 출간하게 되었다. 민간에서도 오삼련대만사료재단과 같은 곳에서는 대만의 정치운동에 대해서 심층적인 구술역사를 수집하였다. 여성권익협회에서는 여성들의 구술역사를 통해 여성 및 젠더문제를 논의하였고, 새로운 대만 문교재단은 대만민주화운동 관련자들을 대상으로 구술사 인터뷰를 진행하였다. 또한 원주민운동은 원주민 구술역사에 대한 학계의 관심을 불러일으켰다.75 이러한 대만의 정치적 변화에 발맞추어 구술역사작업은 하위계층, 소외계층과 억울함을 항변하려는 사람들의 목소리를 발성시켜 구술역사를 발전하게 하였다.

1990년대를 통해 대만에서 일어난 구술역사의 부흥은 2009년 제12차 전국구술역사작업회의를 통하여 학회의 조직을 이끌어냈다. 초기에 학회는 '중화민국구술역사학회'로 명명되었으나 2013년에 '대만구술역사학회'로 개칭되었다.76

중앙연구원 대만사연구소 증숙민에 의하면 대만구술역사는 다음과 같은 특징을 가지고 있다. 첫째 서민의 시각에서 바라본 역사로써 정통역사학에 도전하였다는 것이다. 두 번째 구술역사연구의 다양화로 종족사, 환경사, 향토사, 당민사 및 젠더 연구로 확대되었다. 세 번째, 구술역사방법이 학계로부터 사회의 각 영역으로 확산되었다. 보수적인 대만학계에서 구술역사는 상응하는 지위를 구축하여 구술역사이론과 실무 강의를 통해서 대만사 연구의 중요한 연구방법으로 학생들에게 가르쳐지고 있다. 또한 정치안건의 인터뷰가 중시되어 이 기록들이 정치적 피해자들에 대한 이해를 돕고, 세대 간의 소통을 위하여 개인생애사와 가족사에 대한 인터뷰도 이루어지고 있다. 특히 1999년 대만 중부대지진 이후 복귀 과정에서 구술역사작업의 진행은 각기 다른 세대를 단합하는 중요한 역할을 하였다.77

3) 중국

박기동과 강종학[78]에 의하면 중국의 현대 구술사는 세 시기로 나누어서 볼 수 있다. 연구자는 1957년 노일배의 혁명가에 대한 회고록을 정리한 홍기표편집부의 『홍기표』와 1958년 성화료원편집부의 『성화요원』에서 중국의 현대 구술사가 시작되었다고 보고 있다.[79] 중국 현대구술사의 맹아기는 1950년부터 1980년대까지로 현대사에서 중요한 농민 혹은 인민 봉기에 대한 연구로 시작되었다. 1956년 태평천국운동에 대한 광서성태평천국문서조사단의 「태평천국봉기 조사보고」가 나왔다. 1959년에는 의화단 운동에 대한 낙승렬의 『거야 교안으로부터 산동의화단』이 나왔고, 1961년에는 신해혁명에 대한 화중사범대학 역사학부의 「홍강회 조사보고」가 나왔다.[80] 중국에서 1966년부터 1976년까지는 문화혁명시기여서 구술사를 비롯한 역사 연구가 제대로 될 수가 없었다.

중국에서 개혁개방 이후인 1980년대에 들어서서는 문화사건과 문화인물을 중심으로 구술사가 새로운 단계에 들어섰다. 미국 콜롬비아대학에서 박사학위를 받은 당덕강은 중국 구술사의 선구적인 인물로 『이종인 회고록』(1981), 『고위준 회고록』(1985), 『후스의 구술자서전』(1981)을 출간하였다. 정순의 『구술사학적 방법의 평가와 해석』(1986)과 같이 구술사 연구 방법에 대한 논의와 『중국 도시 역사와 발전의 구술사연구』(1984)와 같이 외국인 학자와의 공동 연구 성과도 있었다.[81]

1990년대는 중국 현대 구술사의 발전기로 1991년에 중국 근대구술사학회가 당덕강에 의해 창립되었다. 또한 이 시기에 여성구술사 연구가 시작되었다. 1992년에 이소강이 주도한 "20세기 부녀구술역사 계획"은 중국 역사상 최초의 여성 구술사 연구로 전국 20여 개 성, 시와 소수민족지역을 연구 범위로 한 『20세기 중국여성구술사 총서』가 나왔다.[82] 여성 인류학자들도 다수의 구술사 연구물을 출간하였다. 1996

년에는 북경대학에서 "사회생활 구술 자료 연구중심"이 만들어져서 "구술사학 연구", "구술사학적 이론과 실천"이라는 구술사 교과도 개설되었다.83

2000년대에 들어서 중국 현대구술사는 2004년 중화구술사연구회의 성립을 계기로 구술사 논문집들을 출간하여 구술사가 하나의 학문으로 정립되었다. 2000년에 영국의 구술사가 폴 톰슨의 『과거의 목소리: 구술사』가 번역되었고, 2006년에는 미국의 구술사가인 도널드 리체의 『구술사 하기』가 번역되었다. 이 시기 중국의 구술사가들도 다양한 구술사 관련 저서들을 출간하였다.84

중국 최대의 구술 아카이브를 가지고 있는 곳은 중국 전매대학(傳媒大學) 최영원(崔永元) 구술역사연구센터다. 2002년 영화인들을 인터뷰하던 중앙TV방송국 취재팀을 기반으로 연구팀이 만들어졌고, 2012년에 연구센터가 만들어져서 2015년에 최영원 구술역사연구센터로 공식적으로 개관하였다. 연구센터는 중국방송통신대학 산하의 연구소로 주요 사업은 구술사 자료의 수집, 정리, 학술연구 그리고 서비스와 교류다.85 연구센터는 2002년부터 다양한 구술채록사업을 진행하였는데, 영화인, 음악인, 방송인, 외교관, 구소련 유학생과 항일노병에 대한 구술채록을 하였다. 현재 연구센터에서 진행 중인 구술 채록은 민영기업, 서남연합대학, 지식청년과 항미원조전쟁(한국전쟁)에 대한 연구다.86 연구센터는 중앙TV방송국 인터뷰 프로그램 제작팀에서 출발하였기 때문에 스튜디오 녹화 형식으로 구술사 인터뷰가 진행되었고, 그 결과 매년 4,000여명을 인터뷰하여 80만 명에 달하는 구술사 인터뷰 영상 녹취 자료를 보유하고 있다.87

연구센터가 특별히 한국과 관련하여 항미원조전쟁 구술사 연구를 하게 된 것은 전쟁 참가자들이 70대를 넘었고, 전쟁에 어떻게 참전하게 되었고, 전쟁 이후 그들의 삶은 어떠했고 이들의 희생이 중화인민공화국에 어떤 영향을 주었는지를 알기 위한 것이었다. 항미원조전쟁 구술사 인터뷰는 4개의 범주로 나누어서 진행되었다. 첫 번째는 지원군 전쟁포로 인터뷰, 두 번째는 지원군 중 고급 장교 인터뷰, 세 번째는 지원군 전형 전쟁 사례에 참여한 관병 인터뷰, 네 번째는 조선인민군 관병 인터뷰였다.[88]

지원군 전쟁포로 인터뷰가 가장 먼저 선택된 것은 중국군 전쟁 포로 석방을 둘러싼 미국과 중국과의 갈등 때문이었다. 미국에 의한 자발적 귀환으로 인해 중국군 전쟁 포로들이 대륙으로 돌아갈 자와 대만으로 돌아갈 자로 분열되었고, 대다수의 지원군 포로들이 대만으로 갔기 때문이었다.[89] 지원군 중 고급장교 인터뷰는 전쟁 진행과 작전 수행에 비교적 정확한 상황 파악을 하고 있었기 때문이었다. 이를 통해 한국 국방부 전쟁사편찬위원회의 한국전쟁사의 기록을 수정하거나 보완하는 구술 증언을 얻을 수 있었다.[90] 지원군 전형 전쟁 사례에 참여한 관병의 인터뷰는 1951년부터 1953년 휴전까지 치열하게 벌어졌던 한강 양안에서의 전투에 대한 정보를 얻기 위한 것이었다. 이 시기의 혈전은 세계 각국의 군사학원과 군사학교에서 사용하는 교재에 넣을 수 있는 수많은 전형적인 전투사례를 남겼기 때문이었다. 이 전투들에 참여한 관병들의 구술사 인터뷰는 군사교재에 필요한 보충자료로서 수집되었다.[91] 마지막으로 조선 인민군 인터뷰는 중국에서 소속 부대를 따라서 조선으로 건너가서 조선인민군에 편입되었던 중국군들에 대한 인터뷰였다. 동북항일민주연군과 연안의 조선의용군 일부가 최초로 조선에 진입하여 조선 당정군의 지도자가 되었다. 1946년부터 한국전쟁이 발발할 때까지 다양한 중국군들이 조선으로 들어와서 조선인민군으로 개편되어 한국전쟁에 참여하였던 것이다.[92]

대만에서와 마찬가지로 중국에서도 구술사 연구는 일본의 식민지배와 한국전쟁이 주요한 주제임을 알 수 있다.

4) 인도[93]

인도의 써브얼턴 연구(subaltern studies)는 서구의 학계에서도 매우 유명하다. 써브얼턴 연구는 1980년대 이후 인도에 대한 인류학적 그리고 역사적 연구에 큰 영향을 끼치고 있다.[94] 써브얼턴 연구는 기존에 오리엔탈리즘에 기반한 식민주의 역사학, 민족주의 역사학, 마르크시스트 역사학과 같은 거대담론에 기초한 중심부에 대한 연구과 달리 사회의 피지배계층, 주변부, 주로 농민과 노동자의 저항을 다루고 있다. 즉 써브얼턴의 관점에서 과거를 재구성하는 것을 목표로 하고 있어서 이들의 연구는 '밑으로부터의 역사쓰기'로 볼 수 있다.[95]

그러나 써브얼턴 연구에 대해 다양한 문제제기가 있었다. 써브얼턴의 용어 자체의 한계에 대한 지적이 있었고, 써브얼턴 의식의 단일성과 일관성, 순수성 주장에 대한 비판도 있었다. 스피박 Spivak은 서브얼턴의 과도한 주체성 강조를 비판하였다. 이는 또한 헤게모니적 담론과 써브얼턴 문화 간의 상호관련성과 연속성을 무시한다는 비판과 연결되었다.[96] 이러한 이론적 한계와 더불어 써브얼턴 연구의 방법론적 한계도 지적되었다. 써브얼턴이 생산한 문헌 기록이 매우 한정적이어서 역사적 기록을 통해서 이들의 목소리를 복원하는 것은 쉽지 않았다. 그리고 써브얼턴은 단일한 목소리를 가지고 있는 것이 아니라 개별적인 다성성(multivocality)을 가지고 있어서 연구 방법에 있어서 대안이 필요했다.

그런데 구술적 전통이 강한 인도사회에서 구술사 연구는 활발하게 이루어지지 못했다. 1982년 봄베이에 국립구술사기록보관소 The National Archives of Oral History가 창설되었으나 큰 활동을 보이지 않고 있다.[97] 인도 근현대사의 중요한 역사적 사건들, 영국의 식민지배와 힌두-무슬림 분리 독립과 상호 폭력, 농민투쟁, 종교 코뮤널리즘(communalism), 카스트 전쟁 등은 기록된 역사 서술 속에 공적으로만 재현되었다. 이들 사건을 경험한 사람들, 특히 문헌 기록에서 배제된 써브얼턴의 구술은 역사

연구에 풍부한 사료를 제공할 수 있었음에도 불구하고 이들의 구술과 기억에 기초한 역사연구는 인도에서는 흔치 않다.98

인도에서 구술사와 관련된 연구는 상위 카스트와 상위 계급에 속한 소수의 인물들의 자전적 서술들이 있다. 반면에 하위 카스트와 같이 소외계층에 대한 구술사 연구로는 인류학자 프리만 Freeman의 『불가촉천민: 한 인도인의 생애사』(Untouchable: An Indian Life History, Stanford Univerity Press, 1979)가 있다. 한편 바튼 R. Barton은 해외로 이주하여 주변인으로 사는 인도인들 중 영국에 체류하면서 여성으로서의 주체성을 만들어 가는 한 인도 여성의 생애사인 『주홍실: 한 인도인 여성의 외침』(The Scarlet Thread: An Indian Woman Speaks, Virago Press, 1987)을 출판하기도 했다. 인도에서는 종교와 지역 문제로 인해 집단적 폭력에 대한 구술사적 연구가 필요하나 아직 사건에 관련된 생존자, 피해자들의 구술 채록이 이루어지지 않고 있다.99

이런 가운데 가장 활발한 구술사 연구가 이루어지고 있는 분야는 써브얼턴에 속하는 여성과 농민에 관한 것이다. 인도 여성 구술사 연구는 1980년대 페미니스트 역사학자들에 의해 시작되었으며, 농민 운동에 대한 구술사적 연구는 1980년대 후반에야 시작되었다. 인도에서 대중운동, 반란, 투쟁 등에 대한 전통적인 연구들은 여성에 대한 관심이 거의 없었다. 그러나 1980년대 후반에 반란에 참여한 여성들의 구술사 연구들이 등장했다. 커스터스 Custers의 『테바가 반란에서의 여성』(Women in the Tebhaga Uprising, Naya Prokash, 1987)과 스트리 상가타나 Stree Sanghatana의 『우리가 역사를 만들었다: 테렌가나 민중 투쟁에 참여한 여성들의 생애사』 (We were making History: Life Histories of Women in the Telengana People's Struggle, Zed Books, 1989)는 급진운동에서 여성들의 참여를 가시화하고, 혁명적 투쟁이 이후 여성의 지위에 어떤 변화를 가져왔는지에 대해 질문하였다.100

농민 투쟁 외에 1947년 인도-파키스탄 분리를 경험한 여성들의 구술사 연구들이 있다. 이 연구들은 이 분리 전쟁에서 인도여성들이 어떻게 폭력과 고통을 겪었는가를 사건 관련 여성 생존자, 여성 사회사업가, 여성 관리들의 구술을 이용하여 드러내고 있다. 역사적 사건을 여성의 시각에서 재구성하기 위하여 구술사 인터뷰가 사용되었는데, 이 연구들은 여성의 이야기를 통해 분리 전쟁을 복원하여 역사 연구의 지평을 넓히고 있다.101

농민 전쟁에 대한 본격적인 구술사적 연구는 1995년 아민Amin의 차우리 차우라 지역의 농민 폭동 연구, 『사건 메타포, 기억: 차우리 차우라 1922-1992』(Event, Metaphor, Memory: Chauri Chaura, 1922-1992, Oxford University Press, 1995)였다. 아민은 1988년부터 1991년까지 이 지역에서 현지조사를 수행하였고, 폭동 가담자과 관련된 사람들을 인터뷰하였다. 1922년에 일어난 농민 폭동은 간디의 비폭력에 반한 것이었지만 독립 후에 독립투쟁으로 인정되어 희생자들의 복권이 이루어졌다. 아민은 공식 기록에 불만족하여 현지조사와 구술사 인터뷰를 하였던 것이다.102

지방사 연구에서 구술사의 역할을 강조한 연구자 싱어 Singer는 1997년, 1930년대 인도 비하르 Bihar 주의 다르방가 Darbhanga 지역의 대지주들에 저항한 틴콘마 농지 투쟁 운동(Tinkonma Land Struggle Movement)을 연구하였다. 싱어는 당시에 대한 문헌 기록과 농민들의 증언이 일치하지 않는 부분이 많아서 기록 역사와 구술 증언 사이의 상호 경합과 상호 관계성을 강조하였다.103

인도를 연구한 인류학자 김경학에 의하면 써브얼턴 연구를 더 발전시키는 구술사적 연구에도 불구하고 인도에서는 역사학자들이 기록 자료에 대한 신뢰감이 매우 강하여 구술 자료를 보완적 자료로 간주하는 경향이 있다고 한다. 그러나 김경학은 인도의 구술사 연구의 긴급성을 지적하고 있다. 왜냐하면 영국 식민 지배 기간에 농민운동을 경험한 사람들, 해방 무렵 분리 전쟁을 경험한 사람들의 다수가 이미 사망했거

나 연로해 있어서 이들이 생존해 있는 동안 구술사 연구가 수행될 필요가 있기 때문이다.[104]

3. 한국의 구술사 연구

한국 구술사는 서구와 마찬가지로 실증주의 역사학의 전통으로 인해 1980년대가 되어서야 시작될 수 있었다. 한국은 유구한 기록의 역사가 있을 뿐만 아니라, 근대 역사학계도 서양 역사학으로부터 "문서 없이는 역사도 없다"라는 랑케의 실증주의 사학[105]을 받아들였기 때문이다. 해방 이후에도 한국 역사학계는 계속 실증주의 역사학의 지배하에 있었고, 1980년대가 되어서야 구술사에 대한 관심이 나타났다.

한국 구술사는 시작은 비록 늦었지만 2000년에 들어서서 꽃을 피우게 되었는데, 그것은 역설적으로 질곡과 파행의 한국근현대사 때문이었다. 조선은 『조선왕조실록』과 같이 기록의 전통을 가지고 있었고, 양반 엘리트층은 다양한 종류의 문헌 기록을 남겼다. 그러나 조선이 일본 식민 지배에 들어가자, 일제시기 항일운동이나 독립운동은 문헌 기록으로 남겨지기가 힘들었다. 해방과 분단으로 곧 좌우 이데올로기 갈등이 시작되었고, 한국전쟁을 겪으면서도 문헌 기록을 남기는 것은 매우 위험한 일이 되었다. 1960년대와 1970년대 급격한 산업화는 근대화라는 명목 하에 중앙과 지역에서의 문화유산이나 문헌 기록들을 제대로 보존하지 못하였다. 이렇듯 조선시대의 기록 전통은 끊어져 버렸던 것이다.

또한 1980년대까지 권위주의적인 군사정권 속에서 국가, 민족, 정부가 주체가 되는 집단주의적이고 획일적인 사회적 담론이 지배하고 있었다. 그러나 1986년 아시안게임, 1987년 6월 항쟁, 1988년 서울 올림픽으로 민주화가 진전되고 경제적인 풍요로움 속에서 기존의 사회적 담론이 변화하기 시작했다. 1992년 문민정부가 시작되었고, 1995년부터 지방자치시대가 열리면서 민주화, 개방화, 다양화의 물꼬가 트였다. 또한 세계화, 지방화, 정보화가 화두가 되면서 세계 속의 한국에 대한 인식이 증가하고, 지방자치단체에서 지방의 역사와 문화의 재생이 활발해지고, 정보화 사회로 진입하면서 개인과 지방에 대한 관심이 증가하였다.

그래서 1980년대와 1990년대 민주화와 과거사 진상 규명이라는 사회적·정치적 운동이 일어났을 때 문헌 기록이 없는 과거의 경험을 드러낼 수 있는 방법은 구술사 인터뷰였다. 5·18 민주항쟁 참여자, 제주 4·3의 희생자, 일본군 위안부 생존자의 구술 증언은 바로 사회적·정치적 운동으로서 구술사의 시작이었던 것이다. 이 시기 인류학자들과 사회학자들이 구술사를 하나의 학문으로 소개하였으나 실증주의 역사학의 저항에 부딪혀야 했다.

2000년대 들어서서는 김대중과 노무현 정부의 국가적 지원을 통한 다양한 과거사진상 규명이 이루어졌고, 이에 힘입어 기관에서 다양한 구술채록사업이 진행되면서 구술사는 급격하게 발전되기 시작하였다. 이 시기에는 학계와 사회에서 모두 과거사 규명을 위하여 구술사가 필요하다는 인식이 증가하였고, 구술사는 학계에서 하나의 학문으로 인정되었다. 이러한 발전에 힘입어 2008년에 한국 최초의 구술사 전문 연구소인 한국구술사연구소가 개소하였다. 또한 2009년에는 한국구술사학회가 창립되었고, 구술사 전문 학술지인 『구술사연구』가 발행되기 시작했다. 기관구술채록이 증가하면서 이명박 정부부터는 기존의 피해자 중심의 구술 채록에서 엘리트 구술 채록으로 방향이 전환되었다. 기관구술채록이 늘어나자 구술채록기관들과 연구 수행기관들이 한국구술사학회와 함께 한국구술사네트워크를 2010년에 조직하였다. 그리고 구술채록사업을 하는 기관들은 구술 아카이브를 구축하고 있어서 한국 구술사는 양적으로 크게 성장하게 되었다.

다음에서는 한국 구술사 연구의 발전 과정을 1980년대부터 2000년대까지 시기별로 살펴보고 마지막에서는 현재 구술사 연구의 현황과 과제에 대해서 논의하겠다.

1) 1980년대: 발아기

한국에서 구술사는 학계에서 시작된 것이 아니라 사회적·정치적 운동으로 시작했다. 1987년 6월 항쟁으로 사회 전반적으로 민주화의 바람이 불자, 1980년대 말부터 근현대사의 공식적인 역사에서 가려졌던 사람들과 사건들이 구술을 통해 드러나기 시작했다.

최초로 구술 자료를 이용한 책이 출간된 것은 1980년대 말 '뿌리 깊은 나무'의 민중자서전 시리즈였다. 1980년대 민중문화운동에 힘입어 서민들의 문화적 전통을 찾는 작업으로 문헌 기록을 남기지 못한 민중들의 삶의 기록을 구술에서 찾은 것이었다. 이것은 전문역사가들이 아닌 저널리스트들이 종래의 역사학에서 배제되었던 민중들의 구술을 채록한 것이었다. 이 민중자서전은 목수, 보부상, 옹기장이, 반가의 며느리, 농부와 같이 다양한 민중들의 삶을 채록하였는데, 다수의 여성이 포함되어 있고, 구술의 텍스트화에서 구술(방언)의 재현에 특별히 관심을 두었다.

전문연구자들이 구술에 대한 관심을 본격적으로 보인 것은 1980년대 말부터 1990년대 초까지 출간된 『역사비평』의 현대사 증언 시리즈다. 당시 한국근현대사 연구자들 사이에 일제시기 및 해방 이후 좌익 활동에 대한 관심이 증대되고 있었다. 그러나 이 분야는 반공이데올로기로 인해 연구의 대상이 되기 힘든 금기의 영역이어서 사료 발굴이 어려웠기 때문에, 구술 증언들을 통해 침묵 되었던 현대사의 이면을 복원하고자 한 것이었다.[106] 따라서 이 증언들은 좌익과 관련된 현대사의 주요 사건들을 중심으로 서술이 이루어질 수밖에 없었고, 구술은 여전히 기록이 없는 상황에서 취할 수밖에 없는 보조적인 자료였다.

이 시기 진실 규명 운동을 주도한 것은 5·18 민주화운동 관련 단체와 제주 4·3사건 관련 단체, 일본군위안부 문제 관련 단체들이었다.107 광주의 민주화운동가들은 현대문화연구소와 전남민주청년운동협의회를 통해서 5·18의 경험을 기록하기 위하여 구술 증언을 조사하여 구술 증언집들을 발간하였다. 이러한 노력은 한국현대사사료연구소에서 5·18민주화운동 관련자 구술 증언 채록으로 이어졌다.108 또한 한국정신대문제대책협의회가 발족되면서 한국정신대연구회와 함께 일본군 위안부 생존자들에 대한 구술 증언 조사가 시작되었다.

『이제사 말햄수다』 표지

제주에서도 4·3 사건에 대한 조사가 시작되어, 1989년 제주 4·3연구소가 설립되면서 진실 규명 작업이 본격적으로 이루어졌다. 그 결과 구술 증언 자료집인 제주 4·3연구소의 『이제사 말햄수다 1, 2』(한울, 1989)가 출간되었다. 이것은 『역사비평』의 현대사 증언 시리즈가 나온 것과 비슷한 맥락에서 친미정권과 반공이데올로기 하에서 발성될 수 없었던 제주 도민들의 4·3의 경험을 구술로서 드러내 역사를 다시 쓰려는 시도였다. 이 증언집은 민중자서전과 비슷하게 특정 주제의 제목을 가진 이야기들이 실려 있는데, 증언자의 이름을 밝히지 않고 인명색인으로 대체했다. 제주도 방언은 거의 표준말로 고쳤으며 제주말 용례보기를 첨부하였다.

이 시기는 시민사회에서 민중에 대한 관심과 억압되고 가려진 과거 사건에 대한 규명의 필요성에 의하여 학계 밖에서 구술 자료 수집과 조사가 이루어졌던 것이다. 역사학계에서 현대사에 대한 관심으로 구술 증언 수집이 시작되었지만, 아직 학문적으로 구술사가 도입이 된 것은 아니었다.

2) 1990년대: 성장기

1990년대는 1980년대 싹이 튼 구술사 연구가 인류학자들과 사회학자들의 주도로 학문적으로 자리매김하기 시작하는 시기였다. 사회적으로는 문민정부 출현과 민주화의 진전으로 과거사 진상 규명 차원에서 시민단체에서 진행되었던 구술 증언 조사가 좀 더 체계화되었다.

한국 최초로 학계에 구술사를 소개한 학자는 서울대학교 사범대학 김기석 교수다. 미국에 가서 구술사에 관하여 알게 된 김기석은 대학원 과정에서 구술사를 가르치고, 1991년부터 구술 채록을 시작했다. 그 결과 한국교육사고(史庫)를 만들었는데, 구술 채록 주제들은 서울대학교 사범대학 원로교수 인터뷰, 남북 교육 관련 문제, 가나안농군학교, 노동자대학, 비전향 장기수 생애사 등이었다.[109]

1990년대 중반부터 서양의 구술사 이론들이 소개되면서 인류학계에서는 현지조사에 기초한 구술사 연구가 활발하게 진행되었다. 또한 일부 사회학자들도 구술사 연구를 시작했다. 역사인류학*들은 구술사 사례 연구뿐만 아니라 구술사와 생애사에 대한 이론적·방법론적 논의를 정리하여 발표했다. 나는 충청도의 한 마을의 현지조사를 통해서 한국전쟁경험을 연구했다.[110] 함한희는 전라도에서 현지조사를 동반한 구술사 연구를 통해서 백 년에 걸친 농민들과 국가의 토지분쟁에 대한 연구를 발표했다.[111] 유철인과 김성례는 여성 구술 생애사에 대한 이론 및 방법론적 논의와 제주4·3과 여성들의 경험에 대한 사례연구들을 발표했다.[112]

---

* 역사인류학은 인류학 내에서 역사적 맥락과 문화를 연결시켜 분석하고자 하는 인류학의 하부분과이며, 역사인류학자들은 주로 식민지 시기로부터 토착민의 문화를 역사적 변화 속에서 해석하는 작업을 하고 있다.

『월남민의 생활경험과 정체성』 표지

한국 사회학에서 구술사 방법론은 두 가지 요인으로 인해서 진척되기 어려웠다. 첫째는 1940~50년대 미국 사회학자 파슨스가 수립한 구조기능주의 연구가 한국 사회학의 주류로 자리를 잡았기 때문이고, 둘째는 1980~1990년대 거시구조에만 관심을 둔 마르크스주의 사회학의 흐름 때문이었다.[113] 한국 사회학에서 질적 방법론의 하나인 구술사 연구는 1980년대와 90년대 계급 연구와 재외한인사회연구에서 이용되었다.[114] 선구적인 연구로 김귀옥의 『월남민의 생활경험과 정체성: 밑으로부터의 월남민 연구』(서울대 출판부, 1999)가 있다.

이 시기에는 1980년대에 시작되었던 과거사 진상 규명의 필요성이 더욱 대두되면서 보다 체계적으로 구술 증언 수집이 시작되었다. 제주 4·3에 대한 또 하나의 주요한 출판물은 1994년 제주일보 4·3 취재반이 취재 기사로 냈던 글들을 모아서 출간한 『4·3은 말한다』(전예원)다. 이 책은 구술 증언집이 아니라 기록과 구술 증언을 포함한 자료들을 가지고 전문연구자가 아닌 기자들이 4·3에 대한 새로운 역사 쓰기를 시도한 것이었다. 구술 증언은 기록이 없는 경우에 사건 전개의 필요에 따라서 인용되었으며, 구술의 재현, 즉 제주도 방언은 전혀 고려되지 않았다.

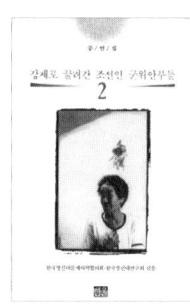

『강제로 끌려간 조선인 군위안부들』 표지

이렇게 기존의 역사에서 기록될 수 없었던 역사적 경험과 사실들을 드러내고 재구성하기 위해서 도입된 구술 증언은 1993년 한국정신대문제대책협의회에서 펴낸 『강제로 끌려간 조선인 군위안부들』(한울)에도 나타났다. 이 증언집은 2001년까지 다섯 차례에 걸쳐서 일제 식민 지배를 규탄하고 기록에 나타나지 않는 군 위안부들의 성폭력 경험을 드러내기 위해서 출간되었다. 일본군 위안부 생존자들의 구술 증언은 일제 식민지배가 조선 여성의 몸과 성을 착취한 역사적 증거로서 사용된 것이다.

이러한 시민단체들에 의한 진실 규명 운동은 1990년대 중반부터 정부로부터 공식적으로 인정받기 시작했다. 그 최초의 결실로 1995년 「5·18민주화운동특별법」이 제정되어 국가권력의 무오류성을 제도적으로 극복하고 국가폭력의 불법성을 인정하였다. 1996년에는 「거창사건 등 관련자의 명예회복에 관한 특별조치법」이 제정되어 국가형성기의 국가폭력을 인정한 최초의 사례가 되었다. 그리고 1999년 「제주 4·3사건 진상규명 및 희생자명예회복에 관한 특별법」이 제정되었다.

3) 2000년대: 도약기

(1) 배경

2000년대에 들어서서 한국 구술사는 도약하게 되는데, 그것은 기관구술채록의 증가와 구술사 연구방법을 활용하는 연구 프로젝트의 증가, 그리고 과거사진상규명을 위한 국가의 적극적인 지원 때문이었다. 국사편찬위원회와 한국문화예술위원회에서 구술채록사업을 시작하였고, 한국학중앙연구원, 한국연구재단 등 정부 관련 연구기관들에서 기초학문 육성을 위하여 구술사 연구방법을 활용하는 연구 프로젝트들을 지원하게 되었다. 또한 과거사 청산을 위하여 정부가 지원하는 민주화운동기념사업회, 진실과화해를위한과거사정리위원회, 일제강점하강제동원진상규명위원회 등이 활동을 하면서 진실 규명을 위하여 구술 증언 조사를 동반하였다.[115]

(2) 시민단체의 성과

이 시기에도 시민단체들에 의한 구술 증언 조사는 계속되었다. 한국정신대문제대책협의회는 1990년대에 이어서 지속적으로 구술 증언집을 발간하였다. 이 증언집은 여러 해를 거치면서 구술사에 대한 이론적·방법론적 관심을 증대시켰고, 특히 제4집은 구술 증언의 텍스트화와 구술의 재현에 큰 발전을 보였다.

1999년 「제주4·3사건 진상 규명 및 희생자 명예회복에 관한 특별법」이 제정된 이후에 2002년 제주 4·3 연구소는 『무덤에서 살아나온 4·3 '수형자'들』을 출간하였다. 이 증언집은 진상 규명을 위한 증거 자료로서 구술 증언의 출간에서 더 진화하여 증언 채록 과정, 녹취, 편집 등 과정에 대한 고민을 반영하였다.

5·18기념재단 구술채록집

5·18민주화운동에 관련하여서도 2000년대 들어 전남대학교 5·18연구소에서 많은 성과를 내었다. 초기의 5·18에 대한 구술 증언이 진실 규명을 위한 것이었다면, 이 시기에는 5·18 참여자들의 개인적 처지와 조건에 따라 민주화운동을 재구성하였고, 충실한 구술 재현을 위해서 방언과 구어체를 보존하였다.[116] 5·18연구소에서는 2003년부터 2005년까지 『5·18항쟁 증언 자료집』 4권을 출간하였다. 5·18기념재단이 2005년부터는 정부의 지원을 받게 되어 구술채록사업을 자체에서 진행하게 되었다. 이에 다양한 5·18민주화운동 참여자들의 구술 생애사 인터뷰를 통해서 『5·18의 기억과 역사』가 2006년부터 출간되었다.

여수지역사회연구소에서도 1948년 여순사건에 대한 진상 규명을 위하여 피해자와 유족들의 구술 증언을 수집하여 『여순사건 실태조사 보고서』가 나왔다. 또한 순천시민연대에서는 『여순사건 순천지역 피해실태 조사보고서』를, 고흥군 여순사건조사위원회는 「여순사건으로 인한 고흥지역 민간인 피해 조사보고서 I: 여순사건과 고흥의 민간인

피해」를 발간하였다.117

(3) 학계의 성과

1990년대 동안 인류학자들과 사회학자들의 노력에도 불구하고 구술사에 대한 학자들의 의구심은 강했고, 구술사는 역사 연구로서 받아들여지지 않았었다. 그런데 2000년대로 오면서 구술사의 사회적·학문적 필요성이 인정되면서 구술사는 학계에서 하나의 학문으로 인정을 받게 되었다. 또한 구술사가 학계에서 받아들여지면서 구술사 연구의 외연도 확장되었다. 구술사 연구가 가장 활발한 연구주제는 한국전쟁이었으나, 점차 지방사, 생활사, 노동사, 여성사 등으로 구술사 연구가 확대되기 시작했다.

『전쟁과 사람들』 표지

구술사를 통한 한국전쟁 연구는 지방민을 역사의 주체로 보고 그들의 관점에서 한국전쟁의 경험을 드러내는 것이었다.118 따라서 반공이데올로기나 미국과의 외교적 관계 때문에 현대사 연구에서 가려졌던 지방사 연구들이 나타났는데, 그 대표적인 것이 전남대학교 호남문화연구소의 한국전쟁 경험에 대한 구술사 연구와 전남대학교 5·18연구소의 구술 채록 및 연구다. 인류학자, 역사학자, 사회학자와 민속학자들이 함께 참여한 전남대학교 호남문화연구소에서는 『전쟁과 사람들』(한울, 2003)과 『전쟁과 기억』(한울, 2005)을 출간했다. 한성대학교 사회과학연구원 부설 전쟁과평화연구소에서는 2005년부터 2008년까지 "한국에서의 전쟁경험과 생활세계 연구"를 수행하여 『전쟁의 기억·냉전의 구술』(선인, 2008)을 출간하였다. 분단과 한국전쟁에 관한 개인 연구로는 김귀옥의 『이산가족: '반공전사'도 '빨갱이'도 아닌…』(역사비평사, 2004), 윤택림의 『인류학자의 과거여행: 한 빨갱이 마을의 역사를 찾아서』(역사비평사, 2003)가 있다.

구술사와 지역사를 결합한 연구들도 나타났는데, 서울시립대학교 서울학연구소에서는 서울토박이 4명의 구술 생애사를 수집하여 『주민 생애사를 통해 본 20세기 서울현대사: 서울 주민 네 사람의 살아온 이야기』(2000)를 출간하였다. 또한 역사인류학연구회가 충남 서산에서 현지조사와 구술사 인터뷰를 통해서 지방사를 재구성한 『인류학과 지방의 역사』(아카넷, 2004)가 있다.

구술사는 구술자를 역사의 주체로 보고 구술자의 시각으로부터 사회와 구조, 역사를 이해하려는 "밑으로부터의 역사"의 일환이며, 기존 역사에 대한 대안적인 역사 쓰기다. 구술 자료는 역사적 사건의 사실적 증거도 제공하지만, 개인들의 주관적 경험과 해석 그리고 개인들을 둘러싼 문화적 생활세계와 세계관을 보여준다. 이러한 구술사 연구의 특징으로 구술사는 지역사와 생활사 연구에 크게 활용될 수 있었다. 그래서 구술사 연구도 한국전쟁 중심에서 나아가 생활사와 생애사 연구로 확대되었다. 그 대표적인 연구가 2002년부터 2007년까지 진행된 20세기민중생활사연구다. 이 연구는 수도권, 영남, 호남으로 나누어서 연구팀을 구성하여 평범한 사람들의 구술 생애사를 수집하였다. 이것은 기록을 남길 수 없었던 소외계층의 구술 생애사 채록을 통해 20세기라는 역사의 소용돌이를 경험한 민중들의 역사를 수집하는 작업이었다. 또한 이 연구는 민중들의 삶에 대한 다양한 수집 자료를 바탕으로 국내 최초로 생활사 디지털 아카이브를 구축하였다.119

구술사는 노동사 영역에서도 많은 성과를 냈다. 성공회대학교 노동사연구소에서 2002년부터 2005년까지 사회학, 경제학, 여성학, 역사학, 복지학, 대중문화, 신학 등 다양한 분야의 연구자들이 "1960-1970년대 한국산업노동자의 형성과 생활세계 연구"를 수행했다. 이 연구 과정에서 노동자와 관리자, 노동운동가, 노동문제 관련 활동가, 종교인들을 인터뷰했고, 그 결과에 기초하여 1960-1970년대 한국의 산업화와 노동자의 정체성, 생활세계, 계급문화, 작업장 문화에 대한 연구서들을 발간하였다.[120]

구술사 연구는 또한 여성연구에도 많은 자극을 주었다. 여성학은 기존의 양적 연구중심의 사회과학 이론과 방법론을 비판하고, 질적 연구방법을 받아들였다. 여성학자들은 질적 연구방법 중에서 구술 생애사 연구방법을 선호하게 되었는데, 그것은 구술 생애사가 기록을 남기지 못하는 여성들의 목소리를 내게끔 도와주기 때문이다. 특히 구술 생애사 연구는 일본군 위안부 생존자들의 구술 증언 채록에도 영향을 주었다.[121] 여성학계에서는 다양한 한국여성들의 역사적 경험에 대한 구술 생애사 연구가 이루어지고 있다. 2010년부터 2014년까지 한국연구재단의 지원을 받아 이화여자대학교 "여성 구술 생애사를 통해 본 한국의 근대" 연구가 진행되어 본격적인 여성 구술 생애사 수집과 구술 아카이브 구축이 이루어졌다.[122]

2000년대는 사회학자와 인류학자들이 중심이 되어 구술사 연구를 주도했다면 2010년대로 가면서 고무적인 점은 역사학자들의 구술사 연구가 증가하고 있다는 것이다. 역사학계에서 진행된 구술사 연구가 가시적인 성과를 드러내기 시작한 것은 2010년 전후였다.[123] 그 중 가장 큰 성과는 한국전쟁에 대한 새로운 증거 즉 구술 증언을 수집하여 연구의 초점을 이동시켜 새로운 역사 해석을 가져왔다는 점일 것이다. 특히 문헌에 기초하여 엘리트 시각을 중심으로 국제정치적인 시각이 강조된 기존의 한국전쟁에 대한 공식적인 역사에서 탈피하여, 지역에서부터 평범한 사람들의 경험과 기억으로 해석되는 한국전쟁에 대한 '아래로부터의 역사쓰기'가 이루어졌다. 이용기의 경기도 이천 '모스크바'마을의 한국전쟁 경험[124]과 박찬승의 마을에서의 한국전쟁 연구[125]가 대표적이다. 그 동안 한국전쟁에 대한 역사 서술에서 주체는 국가,

『마을로 간 한국전쟁』 표지

사회, 민족, 더 정확히는 남한이라고 볼 수 있다. 그런데 이 두 연구에서는 국가, 사회, 민족이 주체가 아니라 마을사람들이 역사적 경험의 주체로 위치 지워지고 한국전쟁에 대한 다른 판본을 제공하였다. 종래의 한국전쟁에 대한 연구들은 계급적 갈등과 이데올로기적 갈등을 주요 변수로 보고 있으나, 박찬승은 마을에서의 갈등은 집안과 가문, 신분, 친족관계와 종교, 평소의 인간관계가 국가나 이념보다 더 중요했다고 보면서 '복합적 갈등구조론'126을 주장한다. 이용기는 종래의 전쟁 해석이 전쟁=계급투쟁, 민중=변혁주체 또는 전쟁=국가폭력, 민중=희생자라는 도식적 이분법에 근거했다고 보고, 이를 극복하여 구체적인 민중의 전쟁경험을 드러내었다. 그는 오두리 마을사람들의 한국전쟁 경험과 기억은 상대적 자율성 속에서도 권력과 지배에 구조적으로 제약, 포섭되기도 한다면서 민중의 역동성을 드러냈다.

『빨갱이의 탄생』 표지

공식적 역사의 균열에 기여한 또 하나의 연구는 김득중의 여순사건 연구다.127 여순사건에 대한 공식적 역사는 여수 제14연대 남로당 세포들이 대한민국을 전복하기 위해 일으킨 반란으로 규정하고 있다.128 그러나 여순사건 경험자, 생존자, 유가족들의 증언은 여수, 순천의 남로당 지방좌익들은 군인들의 반란을 알고 있지 못했고, 민간인 학살은 반란군이 아니라 진압 국군과 경찰에 의해 이루어졌고, 여순사건에 참여한 사람들은 공산주의자라고 보기 어렵다는 것이다. 이렇게 구술사는 공식적 역사에 도전하는 대항기억을 통하여 새로운 역사쓰기를 제공하는데, 이때 구술은 문헌

자료를 보강하는 부차적인 사료가 아니라 기존 역사서술을 전복하는 1차 사료가 되었다.

『전쟁미망인, 한국현대사의 침묵을 깨다』 표지

영국에서 구술사가 여성사, 노동사, 지방사로 확대되어 발전된 것과 마찬가지로, 한국 역사학계에서도 여성사, 노동사, 지방사 연구에 구술사가 도입되어 연구의 영역이 확대되었다. 여성사에 있어서도 구술사를 적극적으로 활용한 연구는 여성의 한국전쟁 경험 연구이다.[129] 한국전쟁에 대한 역사 서술에서 드러나는 전쟁 경험의 주체는 대부분이 남성이다. 정보 기록물에 기초하여 전투와 전선을 중심으로 기술되는 한국전쟁사에서는 전장과 전투에 존재했던 남성들만이 가시화된다. 그래서 여성사 연구자들은 전쟁과 전쟁 기록물에서 비가시적인 여성의 전쟁 경험을 구술을 통해서 가시화하였다. 이것은 단순히 '전쟁 속에 여성도 있었다'라는 차원의 여성사라기보다는 전쟁이 기존의 여성의 성역할에 준 영향과 그 파열을 보여주고 있다. 특히 이임하는 전쟁의 최대 피해자라고 볼 수 있는 전쟁미망인 연구를 통해서 여성들의 전쟁 경험뿐만 아니라 기존의 젠더화된 여성의 생활세계가 전쟁을 통하여 균열되면서 전쟁미망인들이 여성 가장으로서 전후 경제활동의 중요한 주체로 부상되었음을 보여주었다.[130]

1990년대부터 활성화된 지역사/지방사 연구 논의에 구술사는 구체적인 현지조사와 구술사 인터뷰를 동반하여 지역성을 드러내는 지역사 연구 발전에 자극을 주었다. 지역사에서도 특정 마을에서의 한국전쟁 경험[131]에 주목하여 지역적 특성과 한국전쟁 경험을 연결시켰다. 그런데 전후 1950년대에 대한 지역사 연구는 국가에 의한 지역 사회의 통제 연구로 연구의 초점이 이동되었다. 이용기는 경기도 이천 한 마을

『그들의 새마을운동』
표지

에서 전후 국가의 마을 질서 개편 개입과 마을에서의 대응을 분석하였다.132 국가와 마을과의 관계에 대한 가장 대표적인 연구는 김영미의 새마을운동 연구다.133 김영미는 경기도 이천의 한 마을에서의 새마을운동 경험이 기존의 공식적 역사에서 제공하는 국가주도의 성공적인 농촌개발운동이었다는 역사 해석에 도전하였다. 그녀는 이 마을에서는 새마을운동 이전에 자율적이고 자치적인 공동체 문화를 가지고 있었고, 마을 내에서 자생적인 리더쉽이 만들어져 있었다고 주장한다. 그래서 박정희 정부가 제공한 새마을운동은 근대화 운동의 주체를 마을로 설정하여 마을공동체의 자치력을 활용하였던 것이다.134 이와 같은 연구들은 전후, 지역에서의 변화에서 국가와 마을과의 관계를 국가 주도의 일방적인 관계가 아니라 역동적인 상호작용으로 이해할 수 있게 해주었다.

최근에 허영란은 현지조사와 구술사 인터뷰에서 드러나는 집합기억의 재구성을 통하여 지역성을 드러내는 지역사 연구를 시도했다.135 허영란은 장생포의 포경업에 대한 구술을 통해서 드러난 집합기억이 울산이라는 공업화된 도시의 역사와 괴리되어 존재함을 논하면서 기억과 역사와의 균열성 속에서 지역사에 접근하였다.

한국 역사학계에서 여성사와 지역사 연구에 비하여 노동사 연구는 초기 단계에 있다고 보여진다. 노동자 계급의 역사가 길고, 그 연구도 또한 오래된 영국에 비하여 한국의 산업화는 1960년대부터 본격적으로 시작되었다. 그리고 1970년대에서야 노동운동이 시작되었고, 1980년대 노동조합이 활성화되어서 한국 노동사 연구는 매우 최근의 역사를 다루기 때문이다. 한국 노동사 연구는 주로 사회학자들에 의해 이루어졌는데 노동조합사와 노동운동사로 볼 수 있다. 그런데 폴 톰슨에 의하면 영국의 노동사는 평조합원이나 비조합원 노동자들의 생활사와 문화를 포함한다. 현재열, 김호연, 양상열은 구술사를 도입하여 기존 조합사와 운동사 위주의 노동사 연구에 새로운 지평을 열고자 하였다.136 원영미는 1980년대 울산의 현대중공업과 자동차 산업 노동자에 대한 구술사 연구를 통하여 지역사와 구술사를 연결시켰다.137 그녀는 구술 자료를 통하여 노동운동보다는 노동자의 생활세계와 정체성 형성에 주목하였다. 이는 기존의 노동운동사나 노동조합사 중심의 노동사 연구에서 구술을 통하여 노동자의 일상세계에 다가선 것이었다.

역사학계에서도 1960-80년대 학생운동에 주목하기 시작했다. 이 시기가 비교적 가까운 과거이고 아직 당시를 체험한 증언자들이 생존해 있기 때문에 구술 자료가 적극적으로 활용되었다. 오제연은 4·19 민주 항쟁으로부터 박정희 군사정권 초기 대학생들의 생활세계에 주목하여 대학생들이 대학문화 속에서 하나의 운동 주체로서 형성되어 대정부 투쟁 전선을 어떻게 만들어갔는지를 고찰하였다.138 유경순은 1980년대 학출운동가들의 구술 생애사 인터뷰를 통하여 1980년대 변혁운동을 기록하고 재구성하였다.139 필자는 학출운동가들이 노동현장에 투신하여 노동운동을 변혁적으로 만들어 가는 집단과 조직의 역사를 정리하면서 동시에 학출운동가들의 개인적 삶을 따로 정리하였다.

역사학계에서 구술사의 활용이 많은 분야는 또한 재외한인사다. 재외한인들에 대한 기록이 많지 않고, 재외한인 1세들이 사라지고 있는 상황에서 구술사를 통한 재외한인 연구가 비교적 많이 진행되었다. 재외한인사는 지역적으로는 중앙아시아, 러시아 시베리아, 일본, 미국 등 다양하다. 중앙아시아에서 고려인의 이주를 젠더적인 시각에서 분석하는 연구도 있고,140 구술 생애사를 통하여 시베리아 고려인 과학자를 연구141하기도 했다. 일본에서는 사할린 교포의 디아스포라와 민족주의와의 관계에 대한 연구와 재일조선인 2세의 정체성의 문제를 다룬 연구142도 있다. 또한 미국 워싱턴 DC의 재미교포 1.5세의 한인민족주의를 다룬 연구143도 있다. 재외한인사 연구는 디아스포라의 다양한 형태에 대한 기록이면서 동시에 민족주의 내지는 민족정체성의 문제와 연결되어 분석되었다.

최근에 구술사가 역사학계에 도입한 주제는 치유다. 인문치료라는 연구 영역이 만들어지면서 역사학자들이 구술사가 가지고 있는 치유적 요소를 다루기 시작했다. 한국사회와 같이 파행과 질곡의 근현대사는 많은 이들에게 역사적 상흔(트라우마, trauma)을 주었고, 구술사 인터뷰가 치유의 한 방법으로 인식되었다.144 부산의 피난민들 연구에서도 구술사와 역사적 상흔의 치유에 대한 사례 연구가 이루어졌다.145

이와 같은 역사학자들의 구술사 연구는 평범한 사람들의 구술을 통하여 문헌기록 밖에 있었던 개인적 경험들을 역사화하고 사적 기억들을 대항기억으로 드러내어 기존의 공식적 역사 서술에 도전하거나 기존의 역사해석의 지평을 확대하였다. 이 과정에서 개인적 경험들이 역사 속에 편입되었고, 마을사람들, 농부들, 여성들, 노동자들, 재외한인들, 학생운동가들이 역사의 주체가 되었을 뿐만 아니라 역사서술의 주체가 되었다. 즉 공식적 역사 밖에 있었던 많은 과거의 경험이 역사 안으로 편입되어 역사는 그만큼 민주화된 것이다.

(4) 한국구술사학회의 창립

2000년대 중반에 이르러서 구술사 연구프로젝트가 늘어나고 또한 구술사 연구자의 수도 늘어갔다. 국내 최초의 구술사 연구모임은 한국구술사연구회다. 2002년부터 구술사 세미나에 참여한 연구자들이 2005년에 한국구술사연구회를 만들었고 첫 번째 작업으로 구술사 연구 입문서라고 볼 수 있는 『구술사: 방법과 사례』(선인, 2005)를 출간하였다.

한국구술사연구소 홈페이지

이 연구회는 2014년에 『구술사: 아카이브 구축 길라잡이 I, 기획과 수집』(선인)을 출간하여 구술사 연구 및 아카이브 구축 지침서를 제공하였다. 2017년에는 『구술사: 아카이브 구축 길라잡이 II, 관리와 활용』(선인)을 출간하였다. 그런데 구술사를 교육하는 기관도 없이 구술사 연구를 수행하고 있는 연구자들이 늘어가는 상황 속에서 개인 연구소지만 한국 최초의 구술사 전문 연구소인 한국구술사연구소*가 2008년 개소하였다. 한국구술사연구소는 구술 채록사 과정을 제공하여 구술사를 배우고 싶은 연구자들에게 교육의 기회를 제공하였고 다양한 구술사 강좌를 거쳐 현재는 5개의 구술사 관련 인터넷 동영상 강좌를 개설하고 있다. 한국구술사연구소는 구술사 교육 외에도 다양한 기관 구술채록사업에도 참여하고 있다.

구술채록사업과 구술사 연구 프로젝트는 증가하는데, 구술사 학과, 교수, 학생도 없는 상태에서 구술사 연구에 대한 전문성이 더욱 요청되면서 학회가 만들어질 필요성이 대두되었다. 이에 2009년 초 한국구술

---

* 한국구술사연구소 홈페이지 www.oralhistory.kr

한국구술사학회 홈페이지

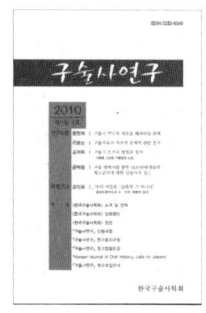

『구술사연구』 표지

사학회 창립준비위원회가 결성되었고, 당해 6월에 한성대학교에서 한국구술사학회 창립대회가 개최되어 함한희가 초대 회장이 되었다. 한국구술사학회*는 학제 간 학회로서 다양한 분야에서 구술사 연구를 하고 있는 연구자들을 위한 학문적 논의와 소통의 장이 되었고, 2010년에 국내 최초의 구술사 전문 학술지인 『구술사연구』를 발간하게 되었다.

한국의 구술사 연구의 특징은 학과나 교육 과정이 없으나 구술사 연구 프로젝트가 많고, 기관구술채록 사업이 많다는 것이다. 그래서 각 기관에서는 구술사에 대한 전문적인 지식이 없이 구술채록사업을 발주 및 진행을 해야 하는 상황에서 기관들이 가지고 있는 고충이나 문제들을 함께 논의할 장이 필요했다. 이에 2010년 한국구술사학회가 중심이 되어 한국구술사네트워크**를 발족하게 되었다. 현재 네트워크

---

* 한국구술사학회 홈페이지 www.koha2009.or.kr
** 한국구술사네트워크는 공식적인 홈페이지는 없고, 참여기관들의 담당자들이 네이버 카페를 운영하고

에는 40여개의 구술사 관련 기관들이 회원으로 가입되어 있다. 이 중에서 몇 개의 기관에서 공동간사를 맡고 있고, 공동간사 기관들은 한 해씩 돌아가면서 한국구술사네트워크 워크숍을 개최하고 또한 네트워크 총회를 열고 있다. 매해 구술채록기관의 입장에서 논의하고 싶은 주제들이 선정되어 워크숍이 개최되어 기관들과 학회, 연구자들의 연계가 만들어지고 있다. 한국구술사네트워크에서 가장 먼저 한 작업은 「구술사 연구 윤리 원칙」을 제정한 것이고, 2013년에는 10개의 구술채록사업기관들의 노력으로 「구술 자료 공동 목록집」이 발간되기도 하였다. 그리고 2017년에는 한국구술사네트워크의 14개 기관들이 공동 목록 파일을 만들기도 하였다.

(5) 기관구술채록과 구술 아카이브 구축

2000년대에 들어서 한국 구술사에서 가장 큰 특징 중 하나는 기관구술채록의 증가다. 1990년대까지는 인류학자와 사회학자들을 중심으로 개별 구술사 사례 연구들이 이루어졌다. 그런데 2000년대부터는 한국연구재단의 기초학문 육성 사업으로 구술사 관련 연구 프로젝트들이 만들어졌고, 뿐만 아니라 구술채록사업을 하는 기관들이 증가하기 시작했다. 기관구술채록의 증가는 구술사의 발전에 큰 영향을 주었다. 우선 구술 증언 중심의 구술 채록에서 생애사 중심의 구술 채록으로 변화되었고, 피해자나 희생자 중심의 구술 채록에서 엘리트 중심의 구술 채록이 증가했다는 것이다. 또한 수집된 구술 자료를 바탕으로 구술 아카이브 구축을 목표로 하는 기관이 증가하였다.

한국구술사학회의 창립을 전후로 구술사 연구자들은 과거사 진상규명을 위한 구술 증언 채록이 증언집 출판으로 끝나는 상황에 대한 문제의식을 가지게 되었다. 1980년대부터 시작된 시민단체들의 구술

있다.

증언 채록이 증언집 출판 이후, 실제로 원사료가 되는 구술 자료는 거의 방치되고 있는 상황이었던 것이다. 이는 구술 채록의 기획부터 아카이브 구축을 목표로 하는 미국 구술사 연구와는 달리 사회적·정치적 운동으로 시작된 한국 구술사의 역사적 맥락 때문이었다. 이에 구술증언이 사료로서 후대에 전해지기 위해서는 구술 아카이브 구축이 필요하다는 인식이 강화되었다.

  구술 아카이브 구축의 필요성이 대두하는 상황 속에서 가장 먼저 구술 아카이브 구축을 전제로 기관구술채록을 시작한 기관이 국사편찬위원회다. 국사편찬위원회는 2004년부터 자유공모와 주제 공모의 형식으로 개인 연구자들이 구술사 연구를 할 수 있도록 지원하는 구술채록사업을 해왔다. 그 결과 다양한 연구주제 하에 구술 채록이 되어 왔고, 특히 지역사 관련 구술 채록에 방점을 가지고 있으며, 현재 전자사료관에서 구술 자료 목록이 서비스 되고 있다. 민주화운동기념사업회는 2002년부터 2012년까지 민주화운동 관련 구술조사 사업을 해왔고 오픈 아카이브(open archives) 내에 구술 아카이브를 구축하였다. 2004년에 일제강점하강제동원피해진상규명위원회가 출범하여 2005년부터 2013년

오픈 아카이브 홈페이지

까지 강제 동원된 피해자들의 구술 증언을 수집하여 총 12권의 증언집을 발간하였다.146 한국문화예술위원회에서는 2004년부터 다양한 분야의 원로 예술인들의 구술 생애사를 수집하는 예술사 구술채록사업을 진행하였다. 그 결과물을 가지고 한국예술디지털아카이브를 구축하고 있다. 한국영상자료원은 2004년부터 원로 영화인들의 구술 생애사를 수집하는 한국 영화사 구술채록사업을 하여 영화사구술사아카이브를 구축하였다. 부산민주항쟁기념사업회 민주주의사회연구소에서도 1979년 부마민주항쟁의 진상을 규명하는 구술 증언 채록을 하여『치열했던 기억의 말들을 엮다』라는 증언집을 2013년에 출간하였다.147 2010년 한국학중앙연구원에서 한국현대사에 대한 구술 채록을 시작하여 현대한국구술자료관이라는 디지털 구술 아카이브를 구축하여 서비스하고 있다. 2010년을 전후로 구술채록사업을 하는 기관들은 구술 아카이브를 전제로 사업을 진행하기 시작했다. 현재 구술채록기관들은 다양한 구술 아카이브를 구축하고 서비스를 하고 있다. 다음 표는 한국구술사네트워크 구술 자료 공동 목록집에 기초하여 주요 기관 구술 아카이브 현황을 보여준다.

[표 1] 한국구술사네트워크 구술 자료 공동 목록집 정리표(2013)

기관명	주제	형태	생산년도	총시간	자료 서비스
국사편찬위원회 www.history.go.kr	정치경제, 지역사, 사회문화, 여성가족, 생애사, 학술교육, 북한사, 해외동포	구술 증언 생애사*	2004-2013	3.786	전자사료관에서 목록만 서비스. 구술 자료는 off-line 서비스
한국문화예술위원회 http://archive.arko.or.kr	예술사: 시각예술, 공연예술, 문학	생애사	2003-2012	1.722	한국예술디지털 아카이브에서 상세목록 공개
민족문제연구소 www.minjok.or.kr	주제사 일본식민지배: 강제동원, 근현대, 자이니치	구술 증언 구술 증언 생애사	2003-2013	621	서비스 안됨

기관명	주제	형태	생산년도	총시간	자료 서비스
민주주의사회연구소 http://demostudy.blogspot.kr/	부마민주항쟁, 6월민주항쟁	구술 증언	2006-2012	134	서비스 안됨
민주화운동기념사업회 www.kdemo.or.kr	민주화운동: 노조, 농민, 지역, 빈민, 교회, 교수, 학생, 외국인선교사, 4·19, 유신관련, 유가협, 한일협정반대	구술 증언	2002-2012	2.104	open archives 구술아카이브즈 4월혁명구술 아카이브즈만 서비스 됨
성공회대학교 민주자료관 www.demos-archives.or.kr	새마을운동	구술 증언	2008-2011	229	구술아카이브: 박정희시대 생활사 연구 구술 생애사로 서비스 일부 됨
연세대학교 김대중도서관 http://kdjlibrary.org	김대중 대통령 개인사, 해외한인민주화운동사, 재야운동사, 외국인 한국 민주화 운동 지원, 한국 야당사, 재임시 정책사	구술 증언	2005-2009	378	사료관 구술사프로젝트에서 동영상 서비스
무형문화연구소 www.minjung20.org	지방사, 농업, 어업, 노동, 운동, 일상사, 민중사. 직업, 학교, 마을	구술 증언 생애사	2002-2012	1,398	디지털아카이브에서 서비스
한국영상자료원 영화사연구소 www.koreafilm.or.kr	영화사: 영화인, 신필름, 1950년대 영화, 1960 - 70년대 영화관, 대구경북지역의 영화사	생애사 구술 증언	2007-2011	474	영화사 구술사 아카이브에서 off-line 서비스
한국학중앙연구원 현대한국구술자료관 http://mkoha.aks.ac.kr/indexMain.do	경제외교, 한국군 민주화와 종교, 정당과 정치	생애사	2010-2014	4.704 [a]	현대한국구술 자료관에서 서비스

[a] 경제외교-17건, 한국군-10건, 민주화와종교-5건, 정당과 정치-22건

* 구술 자료가 생애사로 분류하는 기준은 1인 구술자 당 2회 이상 5시간 이상의 인터뷰를 한 경우에 생애사 자료로 간주했음.

[표 1]에 의하면 대체로 다양한 기관들의 구술채록사업은 전체를 아우를 수 있는 대주제를 가지고 있다. 예를 들면 한국문화예술위원회의 경우는 예술사, 영화사연구소는 영화사, 민족문제연구소는 일본 식민 지배, 민주주의연구소는 부마민주항쟁, 민주화기념사업회는 민주화운동, 성공회대학교 민주사료관은 새마을운동, 김대중도서관은 김대중 대통령이 대주제다. 이에 비하여 대주제가 잘 드러나지 않은 구술 채록은 국사편찬위원회, 무형문화연구소, 한국학중앙연구원 현대한국구술자료관이다. 국사편찬위원회는 기본적으로 한국사 연구에서 기록이 부재하거나 빈약한 부분에 대한 개인 내지 소규모의 연구자 집단의 연구를 지원하기 위한 구술 채록으로 시작되었기 때문에 매우 다양한 연구주제들의 구술 자료가 수집되었다. 무형문화연구소는 20세기민중생활사연구의 연장선에서 성립된 연구소로서 다양한 주제들을 다루고 있지만, 국사편찬위원회와 달리 생활사, 일상사적 성격이 매우 강하다. 다양한 지역에서 다양한 직업을 가진 대체로 평범한 사람들의 경험들을 수집해 놓고 있어서 20세기민중생활사연구의 맥을 그대로 이어가고 있다. 현대한국구술자료관도 정치, 경제·외교, 군, 종교 분야에서 엘리트 구술 채록을 하고 있어서 이 중분류에 해당하는 분야를 아우르는 대주제는 명확하지 않다.

　이들 기관의 구술 자료의 형태는 대부분 구술 증언과 생애사 모두를 포함하고 있으나, 비중에 있어서는 다소 차이가 있다. 한국문화예술위원회와 한국학중앙연구원, 한국영상자료원의 경우는 생애사 중심의 구술 채록을 하고 있고, 구술자들은 대체로 유명인사들이다. 반면 사건 중심의 구술 채록을 하는 민족문제연구소, 민주주의연구소, 민주화운동기념사업회, 성공회대 민주사료관, 대통령 관련 구술 증언을 수집하는 김대중 도서관은 구술 증언의 형태가 대부분이다. 또한 다양한 연구주제가 있는 국사편찬위원회와 무형문화연구소의 구술 자료도 대부분

현대한국구술자료관 홈페이지

이 구술 증언의 형태다. 따라서 전체적으로 보았을 때 아직도 한국의 구술 채록에서는 구술 증언이 비중이 매우 크다고 볼 수 있다. 그런데 한국학중앙연구원의 구술 채록 규모가 워낙 방대해서 앞으로는 생애사 형태의 비중이 더 커질 것으로 보인다.

  이들 기관이 구술 자료를 생산하기 시작한 때는 빠르게는 2002년부터여서 이제 한국에서 구술 아카이브를 구축하는 기관구술채록사업도 15년이 되었다. 그런데 위의 표를 보면 실제로 사료관에서 열람이 가능하거나 디지털 아카이브를 통해서 구술 자료가 서비스되는 것은 이제 시작이 되었다. 일단 사료관에서 열람은 가능한지 안한지도 확실하지 않은 기관도 많다. 사료관 홈페이지 상에서 열람에 대한 정보가 확실히 있는 곳이 적고, 또한 디지털 아카이브를 통해서 구술 자료 서비스를 하는 곳도 현재 2-3곳뿐이다. 구술 채록의 양적인 성장에 비하여 구술 자료의 활용을 위한 서비스는 아직도 매우 빈약하다. 이는 그 동안 기관구술채록사업이 수집에만 급급하고 자료의 정리와 활용에는 큰 노력을 하지 않았다는 것을 말해준다. 한국구술사네트워크의 회원인 기관들 중에서 아직도 목록집을 내지 않은 기관도 있고, 대통령

기록관과 국가기록원의 구술 채록 목록도 포함되어 있지 않다. 목록을 가지지 못한다는 것은 그만큼 구술 자료가 정리되어 있지 않다는 말이다. 정리 및 분류가 되어 있지 않다면 구술 자료가 어떻게 활용될 수 있을까. 이제 기관구술채록사업은 수집과 더불어 정리, 분류, 활용에 더 많은 노력을 쏟아야 할 것이다.

(6) 한국 구술사의 전망과 과제

1980년대에 사회적 정치적 운동으로 시작된 한국의 구술사 연구는 1990년대에 학문으로 연구되기 시작되었고, 2000년대에는 학문으로 자리매김하면서 기관구술채록의 증가로 양적인 성장을 하였다. 그런데 구술채록사업으로 인해 구술 아카이브가 구축되고 상당한 구술 자료가 축적되었으나 역사쓰기로서의 구술사 연구는 아직도 부진하다. 역사학자 이용기에 의하면 한국의 구술사 연구의 특징은 구술사와 구술 채록의 분리라는 것이다.[148] 그렇다면 왜 한국 구술사에서는 구술 채록과 구술사 연구가 분리되어 있을까? 여러 가지 이유가 있겠지만 나는 그 이유를 역사학과 구술사의 어색한 관계에 있다고 본다.

인류학자들과 사회학자들이 주도한 구술사 연구 성과들은 1990년대 말부터 역사학계에도 그 영향력을 미치기 시작했다. 1999년부터 한국정신문화연구원 현대사연구소가 출간한 증언집들은 해방, 건국, 분단, 한국전쟁, 박정희 정부 등 현대사의 주요한 사건들을 직접 경험한 인물들의 구술 생애사를 채록한 것이다.[149] 이 증언집들은 위의 현대사 증언 시리즈와 마찬가지로 정치사건사 중심의 서술이라는 한계가 있지만, 구술의 텍스트화를 보다 세심하게 다루고 있다. 또한 한국근현대사 전공자들은 구술사를 1980년대 민중사를 더욱 충실히 할 수 있는 연구방법으로 보고 지역으로 가서 민중을 목소리를 듣는 작업을 시도하기도 했다. 이렇듯 "구술은 문헌자료와 동등한 가치를 갖는 추가 자료라는 인식에서 한발 더 나아가 독창적인 역사연구의 지평을 열어 가는 새로운 분야로서 구술사의 가능성을 타진하게 되었다."150 이러한 인식의 변화를 통한 신진 연구자들의 연구 성과들에도 불구하고 구술 사는 역사학계의 변방에 위치하고 있다.

　구술사가 역사학계에서 아직도 부분적으로 받아들여지고 있는 상황 은 과거의 경험의 사실성과 재구성에 대한 역사학자들의 본령과 구술 이 제기하는 기억과 서술의 주관성 사이의 불협화음으로 이해된다.151 구술사와 역사학의 어색한 관계가 생산적인 것이 되기 위해서는 구술 채록과 구술사 연구가 분리되어 있는 현실을 극복하는 것이 무엇보다 도 필요하다. 이를 위해 나는 한국근현대사를 연구하는 역사학자들의 역할이 매우 중요하다고 생각한다. 왜냐하면 이들은 구술사를 역사학 과 연결시켜주는 고리 역할을 하기 때문이다.152 이제는 실증주의 역사 학에 대한 구술사의 도전이라는 단계에서 벗어나 한국 근현대사 전공 역사학자들이 어떻게 구술사로 역사학을 바꿀 수 있는지에 대한 고민 이 더 필요하다. 즉 구술사가 주는 많은 가능성, 구술 자료만이 줄 수 있는 특성들을 어떻게 분석하고 그것을 역사 서술 안에서 드러내어 새로운 역사쓰기를 할수 있을까에 대한 고민이 필요하다.153

　김귀옥은 한국 구술사는 당분간 두 가지 흐름을 유지할 것으로 보고 있다. 하나는 국가기관주도형 구술사 연구로 기관구술채록을 말한다. 나머지 하나는 개인화와 다양성을 추구하는 포스트모던형 구술사 연 구다.154 기관구술채록은 우선 각 구술채록사업의 시스템을 정비할 필요가 있다. 현재 각 구술채록기관에서는 각자의 구술 채록 매뉴얼을 개발하여 가지고 있는 경우도 있지만, 아직도 기관 자체의 구술 채록 매뉴얼을 가지고 있지 않는 경우도 많다. 그럴 경우에는 결과물을 정리 하여 서비스 가능한 사료로 만드는 것이 어려워질 수 있다. 따라서 지금이라도 구술채록기관은 자신의 구술 채록의 특수성을 반영하는 매뉴얼을 개발하여 관리할 필요가 있다.155 또한 서비스를 효율적으로 하기 위해서는 구술 아카이브의 분류체계의 정비도 필요하다. 분류체계는 또한 구술 아카이브의 특성화와 연결되어 있다. 여러 기관에서 비슷한 주제로 구술 채록을 하다 보면 겹치는 구술자도 많고, 그러다 보면 구술 아카이브의 특성이 약화될 수 있다. 각 기관구술채록은 대주제의 특성을 반영하는 콜렉션이 필요하다. 마지막으로 막대한 양이 수집된 구술 자료의 활용이 활발해져야 한다. 아카이브는 활용하기 위해서 만드는 것이기 때문에 현재와 같이 기관에서 자료집 형태의 출판이 아니라, 전시, 공연 등 문화 컨텐츠화를 시도하고 아카이브 자체를 알리는 것이 절실하다. 또한 구술 채록에 참여한 연구자들이 수집된 구술 자료를 가지고 적극적으로 연구논저를 집필할 수 있도록 집필비를 지원하는 것도 필요하다.156

이제 한국 구술사 연구는 양적 성장에서 질적인 성장으로 발전할 필요가 있다. 구술 아카이브의 축적으로 양적으로 증대된 구술 사료에 걸맞게 대안적 역사쓰기로서 구술사 연구논저가 활발히 생산되어야 한다. 또한 위에서 언급된 바와 같이 질적인 성장을 위해서 역사학자들이 구술사로 새로운 역사쓰기에 도전해야 한다. 질적인 성장을 위한 조건인 전문적인 구술사 연구자의 교육과 양성은 아직도 해결되지 못한 문제다. 국내 대학에 구술사학과나 교육과정이 없기 때문에 대부분의 기관구술채록에서는 특정 주제 분야의 전문가가 인터뷰를 하기를 원하고 있으나, 그 전문가가 인터뷰를 잘 한다는 보장은 없기 때문이다.

현재 구술사는 스포츠학, 무용과 같은 공연예술 등 다양한 분야에서 연구가 진행되고 있지만, 교육에도 적용될 필요가 있다. 구술사 인터뷰는 지역민의 역사 찾기, 지역민의 정체성 찾기에 적합한 도구다. 또한 구술사 인터뷰는 세대 간의 소통을 가능하게 한다. 초등학생부터 대학생까지 수준에 맞는 구술사 교육은 가능하다. 지역에서의 구술사 연구는 지역 사료 수집과 공동체 아카이브 구축에 필수적이다. 구술사는 학자들의 전유물이 아니라, 지역민들이 구술사를 통해서 자신들의 역사와 문화를 찾고 만들어갈 때 구술사가 가지고 있는 대안적 역사쓰기로서의 가능성을 구현하는 것이 될 것이다.

제3장

구술사란

대중기억의 시각 또는 대중기억의 한 측면에 가장 가까운 것이 바로 구술사, 즉 과거에 대한 개인적 기억들의 환기와 기록이다. 사실 구술사라는 용어는 '공통의' 연구방법으로서 그저 약하게 연결된 광범위한 연구 행위들을 포괄한다. 구술사가 우리에게 가장 흥미있게 여겨지는 것은 구술사가 경합 중인 역사적·정치적 목적들이 가장 명백한 곳이라는 것이다. 전문적인 연구 절차들과 아마추어적 열정 사이에서, 재창조로서의 구술사와 정치로서의 구술사 사이에서, 객관성의 경전과 주관성과 문화적 형태에 대한 관심 사이에 있는 경합 말이다.[1]

1. 구술사 개념 정의

구술사도 다른 분야와 마찬가지로 구술사란 무엇인가에 대한 다양한 개념 정의들이 있다. 벨기에 구술사가이며 역사학자인 반시나 Jan Vansina는 아프리카의 구전을 연구하면서 구전(oral tradition)을 여러 세대에 걸쳐 구두로 전해오는 구술 증언(oral testimony)이라고 정의하였다.[2] 이러한 정의는 반시나가 구술 자료(oral sources)라고 간주한 목격자의 증언을 제외하게 된다. 대부분의 구술사가들은 과거에 대한 목격자의 증언을 포함해서 구술사(oral history)라고 하고, 한 세대에서 다음 세대로 전해지는 구술 자료를 구전이라고 부른다.

서양의 주요한 구술사가들의 개념 정의를 살펴보면 구술사의 성격에 대한 인식에 따라서 다양하게 정의되고 있음을 알 수 있다. 구술사의 개념 정의는 대체로 두 가지 방향에서 만들어지고 있다. 우선 주요한 역사적 기록을 인터뷰를 통하여 수집하여 아카이브를 만드는 기록관리학적 전통이 있다. 두 번째로는 '밑으로부터의 역사쓰기'로서 대안적 역사서술을 지향하는 사회사적 전통이 있다. 첫 번째 흐름은 수집과 보존에 방점을 찍는 미국 구술사에서 볼 수 있다. 미국 구술사가인 스타 Louis Starr는 "이제까지 이용되지 않았지만 보존할 가치가 있는 구술을 기록함으로써 생기는 1차적 자료"3라고 정의를 내렸다. 또 한 사람의 미국 구술사가인 릿치Donald Ritchie에 의하면 "구술사는 기록된 인터뷰를 통해서 역사적으로 중요한 구술된 기억과 개인적 논평들을 수집하는 것"4이라고 한다. 두 미국 구술사가의 개념 정의를 보면 미국의 구술사는 구술을 기록하고 수집하는 구술 채록이라는 것을 알 수 있고, 이것은 미국의 구술사 발전의 역사적 맥락과 같이 기록연구사 (archivist) 중심의 개념 정의라고 볼 수 있다.

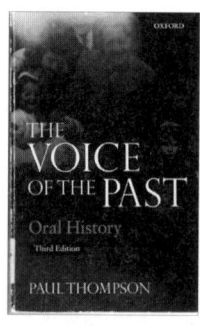

『과거의 목소리』 표지

구술사 개념 정의의 두 번째 흐름은 영국을 비롯하여 유럽 구술사에서 볼 수 있다. 영국의 대표적인 구술사가인 톰슨 Paul Thompson은 그의 대표적인 저서인 『과거의 목소리』(The Voice of the Past: Oral History, Oxford, 2000)에서 명확하게 구술사란 무엇인가를 말하지는 않는다. 그러나 아래의 인용문에서 볼 수 있는 바와 같이 톰슨은 구술사가 피지배층의 구술 자료를 통해서 '밑으로부터의 역사'를 쓰는 작업이라고 정의한다. 이러한 개념은 영국의 사회사적 전통으로부터 나온 것으로 구술의 기록과 수집보다는 구술사의 대안적 역사쓰기에 방점을 두고 있다고 볼 수 있다.

"구술사는 사람들 주위에 세워진 역사다. 그것은 역사에 삶을 강제로 떠밀어서 역사의 폭을 넓힌다. 구술사는 지도자들만이 아니라, 다수의 알려지지 않은 사람이 영웅임을 드러낸다. 그것은 교사와 학생이 공동작업자가 되게 장려하고, 역사를 지역사회 안으로, 밖으로 데려간다. 구술사는 비특권적인, 특히 나이 많은 사람이 존엄성과 자기 확신을 가지게 도와주고, 사회계급 간에, 세대 간에 접촉을 유발시켜 (상호)이해를 가능케 해준다. 그리고 개별 역사가들과 다른 이들에게는 공유된 의미들로 한 장소 또는 한 시대에 속해 있다는 소속감을 줄 수 있다. 즉, 더 충만한 인간 존재로 향한다. 마찬가지로 구술사는 이미 용인된 역사의 신화 속에, 전통 속에 내재한 권위주의적인 판단들에 도전한다. 구술사는 역사의 사회적 의미를 급진적으로 변화시킬 수단을 제공한다."5

영국의 신좌파(New left) 문화연구(cultural studies) 집단인 대중기억연구회Popular Memory Group는 구술사를 "과거에 대한 개인적 기억들의 환기와 기록"이라고 정의하고 있다.6 톰슨보다는 다소 기계적인 정의라는 느낌이 들지만 실제로 이 연구회가 구술사를 이해하고 다루는 방식은 톰슨의 경험주의를 넘어서서 정치적 급진성을 띠고 있다. 이 연구회의 논의는 본 장의 4절 구술사 연구의 인식론적 쟁점들에서 다루어질 것이다.

『발 기울라의 전투』 표지

반면 유명한 이탈리아 구술사가인 포르텔리Alessandro Portelli는 "구술사는 특정한 형태의 담론, 즉 구술을 표현의 매개로 하는 과거에 대한 서술"이라고 본다.7 그는 구술 자료가 아니라 구술 자료를 다루는 역사가의 존재를 강조하면서 구술사를 애매모호한 성격을 가진 대화적 담론으로 정의한다.

"반면에 구술사가들은 점점 구술사가 구술자가 말한 것뿐만 아니라 우리 역사가들이 하는 것—현지에서 역사가의 존재, 역사가가 재료를 발표하는 것—에 의해서 만들어지는 대화적인 담론(dialogical discourse)이라는 것을 깨닫게 되었다. 그래서 구술사라는 표현은 내가 이 논문에서 의도적으로 가지고 있는 애매모호함이 있다.

그것은 역사가들이 듣는 것(구술 자료)과 역사가들이 말하거나 쓰는 것 모두를 말한다. 좀 더 수긍할 수 있게 말하자면, 그것은 인터뷰라는 만남의 순간에 자료와 역사가가 함께할 수 있는 것을 말한다."[8]

한국 구술사 분야에서도 구술사에 대한 다양한 개념 정의들이 있다. 한국에서 구술사의 개념은 단순히 구술 자료를 채록하는 것이 아니라 역사의 지평을 넓히는 밑으로부터의 역사로서 받아들이는 경향이 있다. 역사인류학자인 나는 구술 자료를 "구술자가 면담자 앞에서 자신의 과거의 경험을 기억을 통해 현재로 불러오는 작업으로 얻은 자료"로 정의한다.[9] 이러한 개념 정의는 영국의 대중기억연구회의 것과 비슷한데, 포르텔리와 같이 구술자와 연구자의 상호작용과 관계를 드러내고 있으며 또한 구술사가 현재와 과거와의 대화임을 제시하고 있다. 그래서 나는 구술사는 '과거의 경험을 기억을 통해서 현재로 불러와서 구술자와 역사가의 대화를 통해서 쓰인 역사'라고 정의한다.

또 한 사람의 역사인류학자인 함한희는 다음의 인용구에서 보는 바와 같이 구술사를 기억을 통한 과거에 대한 서술로 정의하면서도 구술이 가지고 있는 과거와 현재의 문화적인 배경을 파악할 것을 강조하고 있다. 즉 구술사는 단순한 구술자의 서술이 아니라 문화에 대한 이야기다.

"구술사는 글의 뜻 그대로 개인이 과거를 회상하면서 이야기하는 것이다. 그러나 과거에 일어난 사실을 말한다고 하는 것만 가지고는 연구의 자료로서 충분하다고는 할 수 없다. 또 지금까지 잘 알려지지 않은 과거의 사건들을 들추어냈다고 하는 점만으로도 충분하지 않기는 마찬가지이다. 다시 말해서 과거의 사실을 단순하게 나열하는 것만 가지고는 구술사의 역할을 말하는 데 한계가 있다는 말이다. 구술자의 이야기를 통해서 그것이 가지고 있는 과거와 현재의 문화적인 배경을 파악하는 일이 아울러 요구되는 것이다."[10]

역사학자 김기석은 구술사를 "구술 기록에 근거한 역사 기술"이라고 정의한다.[11] 이는 구술사가 단순히 구술 채록이 아니라 그것에 근거한 역사 쓰기임을 제시하는 것이다. 역사학자 허영란은 구술사를 역사 속에 녹아들지 못했던 "개인의 기억 또는 경험을 역사화하기 위한 기획"으로 정의한다.[12] 그러면서 한국에서 통용되는 구술사라는 의미에는 "① 구술에 기반을 둔 역사서술뿐만 아니라 ② 구술의 방법에 의해 생산된 자료라는 두 가지 의미를 모두 포함하고 있다"고 본다.[13] 역사학자인 이용기는 "구술사란 구술(자료)을 통해 쓰인 역사를 말한다"[14]고 한다. 이와 같이 역사학자들은 구술사를 구술 채록이라기보다는 역사 쓰기로 이해하고 있다.

사회학자인 김귀옥은 "구술사는 구술자의 기억이 연구자와의 구술 과정을 통해 이야기되고 문자화되면서 역사적 자료로서 지위를 부여받는 것"이라고 정의하고 있다.[15] 그녀는 광의적 의미로서 "구술을 매개로 하는 모든 종류의 구술 연구"이지만 협의적으로는 구술사는 "구술 생애사"라고 보고 있다.

이렇게 한국에서는 구술사가 구술을 가지고 쓰는 역사라는 개념이 일반적으로 개념 정의에서 논의되고 있다. 그러나 실제 구술사 연구에서는 역사 쓰기보다는 구술 채록이 더 많이 이뤄지고 있는 것이 현실이다. 따라서 허영란이 말하는 바와 같이 실제로 구술사란 구술에 기반을 둔 역사서술뿐만 아니라 구술 채록 모두를 말한다고 볼 수 있다.

2. 구술 자료의 성격

1) 구술성(orality)

구술 자료를 다른 자료와 구별 짓는 가장 큰 특징은 그것이 구술(oral)이라는 것이다. 구술의 특징은 그것이 문어가 아니라 구어라는 것이고,

그렇기 때문에 구술은 구술이 이루어지는 상황에 크게 영향을 받는다는 것이다. 구술은 우선 구술자의 언어적 행위의 특성을 반영한다. 예를 들면 사회언어학(sociolinguistics)*에서 보여주는 것처럼, 구술자가 어떤 방언을 쓰는가 또는 어떤 악센트를 가지고 있는가는 구술자의 사회문화적 위치에 대한 많은 정보를 준다. 또한 언어적 행위는 구술자의 계층적 차이, 성별, 직업, 세대에 대해서도 많은 정보를 준다.

구술은 또한 구술자의 비언어적인 행위를 포함한다. 구술 상황에서 구술자는 특정한 몸짓, 얼굴 표정이나 동작을 동반하게 된다. 또한 구술에는 음정의 고저나 떨림, 간투사, 인터벌, 침묵 등이 다 포함된다. 그리고 구술은 독백이 아니다. 청자가 있고 청자와의 상호 작용이 구술 상황의 맥락을 구성하기 때문에 구술은 연행적(performance)인 성격을 가지고 있다. 구술 행위가 이루어지고 있는 상황, 면담자와 구술자와의 관계, 라포 형성 정도 등이 구술에 영향을 주게 된다. 따라서 구술은 누구에게, 언제, 무엇 때문에, 어디에서 되고 있느냐에 크게 영향을 받는다.16

이 구술성 때문에 녹취문은 음성이 담긴 녹음테이프나 음성파일을 대체하지 못한다. 녹취문은 소리로 녹음된 것 외에는 재현할 수 없기 때문이다. 그런데 대부분의 학자는 거의 녹취문(transcript)을 가지고 작업을 하고, 출판되는 것은 녹취문일 뿐이다.17 이탈리아의 구술사가인 포르텔리는 녹취문은 결코 녹음테이프를 완벽하게 재현할 수 없다고 주장한다. 이것은 구술이 문헌에 기록되기 어려운 구술 상황에 동반되는 몸짓, 얼굴 표정, 음성의 고저와 떨림 등을 모두 포함하기 때문이다.

"(…) 말을 중단하는 정확한 길이와 위치는 말의 의미를 이해하는 데 중요한 기능을

---

* 사회언어학은 사회와 언어와의 관계를 연구하는 학문이다. 한국에서는 언어학이 독립된 분야이나, 미국에서는 인류학의 하부분야이기도 하다. 사회언어학자들은 개인들과 집단들이 다양한 사회적 요인에 따라서 보이는 다양한 언어 행위들을 관찰하고 분석한다.

가지고 있다. 규칙적인 문법적 중단은 말해진 것을 기본적으로 설명적이고 참고적인 패턴으로 조직하는 경향이 있다. 반면 불규칙한 길이로 불규칙한 위치에서 말을 멈추는 것은 감정적 내용을 강조하고, 매우 무거운 리듬을 지닌 말의 중단은 서사적 서술 스타일을 생각나게 한다. 논의되고 있는 주제에 대한 구술자의 태도가 변하면서 같은 인터뷰 내에서도 많은 구술자는 한 형태의 리듬에서 다른 형태의 리듬으로 바꾼다. 물론 이것은 읽는 것이 아니라, 들어야만 감지될 수 있다."[18]

따라서 구술성의 포착은 구술자의 언어적 행위, 비언어적 행위와 언어 행위가 이루어지는 상황을 재현하는 것이 된다. 그럼에도 구술 자료가 문자화 될 필요가 있기 때문에 구술성을 어떻게 재현하는가는 제7장 구술 자료의 정리 부분에서 다루어질 것이다.

2) 주관성과 개인성

구술 자료는 개인의 주관적 경험을 회상을 통해 현재로 불러내는 작업이기 때문에 지극히 주관적이고 또한 개인적일 수밖에 없다. 이러한 구술 자료의 특성 때문에 대표성과 신뢰성을 요구하는 역사연구나 다른 사회과학 연구에서 구술 자료는 사적(史的) 자료로서의 가치를 그다지 인정받지 못하는 것이다. 따라서 많은 구술사가들은 구술 자료를 사적(史的) 자료로서 인정받기 위한 방어적 주장과 변명으로 논의를 시작하는 경향이 있다.[19]

한국의 역사연구에서도 구술의 주관성과 개인성은 커다란 장애물이다. 역사학자인 이용기는 다음과 같이 구술의 특징이 주는 객관성의 문제, 즉 구술의 주관성을 지적한다.

"그런데 구술은 ① 개인의 경험에 관한 이야기이기 때문에 개인적이고 부분적이라는 점, ② 과거에 관한 현재의 기억이기 때문에 과거를 온전하게 담지 못한다는 점, ③ 면담상황에 영향을 받기 때문에 일관성이 없다는 점 등을 이유로 소위 객관성을 의심받는다. 이러한 지적은 일면 타당하다."[20]

어떤 개인도 완벽하게 자신의 경험을 이야기하지 못하고, 기억하는 행위는 항상 현재에 이루어지기 때문에 현재의 사회적·경제적·정치적 상황에 영향을 받는다. 또한 면담자와 구술자의 관계와 라포 정도, 그리고 구술자의 육체적·심리적 상태에 따라서 구술자의 서술은 여러 가지 판본(version)을 가질 수 있다. 그러나 역설적으로 구술 자료의 가치는 바로 그 주관성과 개인성으로부터 온다. 포르텔리는 다음과 같이 구술사의 주관성을 옹호하고 있다.

> "다른 자료들은 비교할 수 없게 구술 자료가 역사가들에게 떠맡기는 유일하고 소중한 요소는 구술자의 주관성(subjectivity)이다. 연구에 대한 접근이 충분히 넓고 정교하다면, 한 집단 또는 계급의 주관성의 단면도가 출현할지도 모른다. 구술 자료는 단순히 사람들이 했던 것만이 아니라, 그들이 하길 원했던 것, 그들이 하고 있었다고 믿었던 것, 그리고 그들이 했다고 지금 생각하는 것도 말해준다."[21]

이용기 또한 그러한 생각을 공유하고 있다.

> "구술은 과거에 대한 부분적 진실을 담고 있음에도 거기에는 과거의 사실만이 아니라 그것을 구체적인 인간이 '어떻게' 그리고 '왜' 그렇게 경험, 인식했는가도 담겨있다. 구술사는 개인의 주관적 경험과 인식을 적극적으로 담아냄으로써 그 강점을 발휘할 수 있기에, 구술은 주관적일수록 가치가 있다는 역설이 성립될 수 있는 것이다."[22]

뿐만 아니라 포르텔리의 주장처럼, "주관성은 더 가시적인 '사실들' 만큼이나 역사의 일이다. 제보자들이 믿는 것은 정말 일어난 것만큼이나 정말로 역사적 사실, 즉 그들이 그것을 믿는다는 사실이다."[23] 역사가들은 과거에 일어난 사건, 행위, 활동에만 관심을 가지는 경향이 있다. 그런데 사건, 행위, 활동의 주체들인 사람들은 어떤 의도, 가치, 신념, 세계관 속에서 행위하고 사건에 연루된다. 그들은 예전에 일어난 사건에 대한 의견과 판단 하에서 행위를 하고 그 행위들이 하나의 사건으로 나타나게 된다. 이 때 그들의 주관적인 가치, 신념, 희망, 좌절, 분노는 바로 그들의 행위와 활동만큼이나 역사적인 사실이고 역사가의 탐구 영역이다. 이미 역사학에서는 이러한 영역을 다루는 심성사(history of mentality)라는 연구 분야가 있다.

이와 같이 구술사는 다른 사회과학연구에서 다루기 어려운 개인의 사적·주관적 경험을 드러나게 하고, 그 개인의 주관적 경험이 개인에게 어떤 의미가 있고 어떻게 객관적 구조와 상호 연관되어 있는지를 보여준다. 개인의 삶은 바로 그 개인이 있는 특수한 역사적 상황 속에서 이루어지고 있기 때문에 개인의 삶은 단순히 개인적인 것이 아니라, 정치적이며 또한 역사적인 것이 된다. 따라서 구술사의 주관성과 개인성은 민족과 국가가 주체가 되는 중앙 중심적, 국가 전체사적(national history) 역사연구에서 가려지는 개인들의 경험을 드러내는 구술사의 강점이다.24

3) 서술성(narrativity)

구술 자료는 또한 무엇보다도 서술(narrative)이다. 즉 구술자가 내어놓는 이야기라는 것이다. 그래서 구술자가 실제적인 경험의 재현을 어떻게 서술하는가, 어떤 방식 또는 어느 이야기체나 플롯을 사용하는가, 어떻게 시간을 나누는가(periodization), 얼마나 길고 짧게 이야기하는가, 그리고 어떤 말씨를 사용하는가도 구술 자료의 특성에 속한다. 대체로 구술사를 연구하는 많은 학자들이 구술 자료의 서술성에 대해서는 관심이 없는 경향이 있다. 즉 구술의 내용에만 관심이 있지 구술의 내용을 담고 있는 형식에는 무관심하다. 그러나 구술자들은 자신이 전달하고 싶은 구술의 내용을 어떤 방식으로 어떤 틀로 전달할 것인지를 결정하고 이야기를 한다. 따라서 구술을 해석할 때 무엇을 했는지, 무엇이 일어났는지에 대한 심층적인 해석은 그 내용을 담고 있는 서술의 형식에 대한 분석도 필요로 한다.

구술 자료의 서술성에 대해서 포르텔리는 다음과 같이 말한다.

> "구술적 역사 자료는 서술 자료다. 그래서 구술사 자료의 분석에는 문학과 민속에서 서사 이론에 의해 발전한 일반적인 범주들을 이용해야 한다. 이것은 자유로운 인터뷰에서 주어진 증언뿐만 아니라 좀 더 형식적으로 조직된 민속자료에서도 적용된다.
>
> 예를 들자면, 어떤 서술들은 서술의 '속도'에서, 즉 기술되는 사건의 지속과 그에 대한 서술의 지속 사이의 비율에서 상당한 차이를 가지고 있다. 한 제보자는 오랫동안 지속하였던 경험들을 몇 마디로 다시 이야기할 수도 있고, 짧은 일화에 긴 시간을 보낼 수 있다. 이러한 차이는 비록 해석의 일반적인 규범을 세울 수는 없지만 중요하다. 한 에피소드에 계속 머무는 것은 그 중요성을 강조하는 방법일 수 있지만, 다른 좀 더 예민한 점들로부터 주의를 분산시키기 위한 전략일 수도 있다. 모든 경우에서 서술의 속도와 화자의 의미 사이에는 어떤 관계가 있다."[25]

구술자들의 이야기체는 크게 연대기적 서술과 에피소드적 서술로 나눌 수 있다. 연대기적 서술은 단선적인(linear) 서술로 유아기, 아동기, 청년기, 장년기, 노년기와 같이 생애단계에 따라서, 혹은 일제시기, 해방, 한국전쟁, 전 후 산업화 시기와 같이 공식적인 시대구분에 따라서 서술하는 방식이다. 연대기적 서술은 대체로 엘리트 남성, 특히 공직 생활을 한 구술자들에게 나타나고 대부분 구술자들은 에피소드적인 서술을 한다. 에피소드적인 서술은 시간적·공간적으로 자유롭게 움직이면서 특정한 에피소드를 중심으로 서술을 하는 방식이다. 이 때 선택된 에피소드들은 구술자에게 중요하기 때문에 선정된 것이고, 에피소드들의 순서와 조합 방식은 구술자가 자신의 삶을 이해하고 구성하는 방식을 보여준다.

또한 구술자들은 다변형과 과묵형으로 나눌 수 있는데, 다변형은 바로 이야기꾼(storyteller)들이다. 이야기꾼들은 학력이나 계층, 직업, 성별과 무관하게 이야기를 잘 하는 타고난 재주를 가지고 있는 사람들이다. 이들은 첫 번째 질문에 대해서 단번에 한 시간 이상 이야기를 할 수 있다. 이들은 5분이면 설명될 수 있는 하나의 에피소드를 30분간 구체적으로 생생하게 이야기할 수 있는 능력이 있다. 그래서 이들은 무엇이 일어났는지에 관련된 정황들에 대한 세밀한 정보도 제공해 줄 수 있다. 과묵형인 구술자들도 학력, 계층, 직업, 성별과 무관하게 이야기를 정리하여 간략하게 이야기하는 사람들이다. 말을 하는 재주가 없을 수도 있지만, 성격적으로 말을 많이 하는 것을 좋아하지 않기 때문이기도 하다.

서술의 시기 구분에서도 연대기적 서술을 하는 구술자들은 공식적인 역사 속에 등장하는 주요한 사건이나 시기구분을 사용하는 경향이 있다. 반면에 에피소드적인 서술을 하는 구술자들은 공식적인 시기 구분보다는 개인적으로 중요한 사건을 중심으로 시기 구분을 한다. 예를 들면 1920년대 출생한 여성 구술자들은 "내가 시집갔을 때", "첫 아들이 태어났을 때", "남편이 전장에 갔을 때" 등을 통해 시기 구분을 한다. 남성 구술자들이 여성 구술자들보다 공식적 역사에 더 노출이 되어 있어서 공식적인 시기 구분을 선택하는 경향이 있다.

포르텔리가 위에서 말한 바와 같이 특정한 사건의 실제 기간과 서술의 속도는 무관하다. 특정한 사건이나 경험의 중요도는 개인에 따라 다르기 때문이고 개인이 생각하는 사건의 중요도는 대체로 서술의 길이와 비례하게 된다. 내가 인터뷰했던 한 개성실향민 여성은 1951년 12월 말 개성집을 떠나 남하하여 1952년 9월에 외삼촌이 피난 가 있었던 대구에 도착하게 되기까지의 10개월의 피난 여정을 가장 길게 이야기하였다. 왜냐하면 그녀에게 이 피난길이 부모와의 생이별이 되었고, 그녀가 고아가 되어버린 사건이었기 때문이었다. 따라서 얼마나 길게

개성실향민과의 인터뷰

또는 짧게 이야기하는가는 구술자 개인들에 따라 공식적 역사에서 다루어지는 중요도와는 크게 다를 수 있다.

구술자의 말씨도 면담자와의 관계에 따라 달라질 수 있다. 대학원생과 같은 면담자에게 1930년대 생 구술자는 조부모처럼 손자 손녀에게 이야기하듯 서술할 수 있다. 구술자가 제주도 사람이라고 해도 면담자가 서울 사람이면 서울 말씨를 쓸 수 있다. 왜냐하면 구술은 면담자와 구술자의 관계 속에서 생산되기 때문이다.

그런데 구술 자료의 서술성은 단순히 개인적 차원이 아니고 문화적차원이 있다. 세대, 계급, 젠더 등은 역사적 경험의 차별성을 생산하는 변수들이나, 개인들이 전유하는 서술 방식들은 문화적 레퍼토리로부터 나오기 때문이다. 그에 개인의 창조성이 가미될 수 있다. 한국 사람들은 자신의 삶의 이야기를 하는데 '신세타령'이라는 서술의 형태를 많이 이용한다. 인류학자 유철인에 의하면 신세타령[26]은 구술자가 살아온 삶의 경로가 자신이 원한 것이 아니지만 현재의 상태에까지 이르렀음을 청자에게 공감해달라고 요구하는 서술의 형식이다. 이 서술 형식은 남녀를 불문하고 현재 자신의 삶에 만족하지 않는 구술자들에게 흔히 발견된다. 인류학자 김성례는 제주도 문심방의 생애이야기가 제주도 민담의 형식을 전유하여 영웅 신화적 서사, 제주 무속신화와 유사하고 독립적이고 자율적인 제주 여성의 자질에 대한 문화적 신화를 이용했다고 본다. 즉 문심방의 생애이야기는 "문심방이 살고 있는 문화세계의 서사 전통에서 창안된 것"이라는 것이다.27 서구 여성들의 구술 생애사 연구에서도 계층과 민족이 다른 여성들은 다른 방식으로 이야기한다는 것이 밝혀졌다.28 리스만 Catherine K. Riessman은 미국 여성들의 이혼 과정에 대한 연구를 위하여 인터뷰를 하였는데, 여성들의 문화적 배경에 따라 서술의 형식이 다르다는 것을 발견했다. 백인 중산층 연구자는 백인 중산층 여성의 이혼 과정에 대한 서술이 연대기적으로 이루어져서 잘 이해할 수 있었으나, 푸에르토리코 출신의 하층민 여성의 서술은 에피소드 중심으로 이루어져서 연구자가 이해하기 어려웠음을 밝혔다.

4) 공동작업*

구술 자료의 또 하나의 특징은 공동작업의 결과물이라는 것이다. 구술사는 질적 연구 방법의 하나로서 연구자(면담자, 해석자)와 연구 참여자(구술자)의 상호작용 속에서 자료가 만들어지기 때문이다. 이러한 상호작용은 구술사 연구에 연구자와 구술자의 공동작업적 성격을 부여한다. 서구 페미니스트들은 특히 구술사 연구의 공동작업적 성격을 강조해 왔다. 그들은 연구자가 인터뷰에서 중립적일 수 없다고 보고, 젠더, 계급, 문화, 학문적 지향성을 포함한 연구자의 시각을 고려하고 인식해야 한다고 주장한다. 그리고 구술사의 개인적 서술들은 구술자와 연구자 사이의 대화라는 교환을 통해서 이루어지고 이것은 텍스트의 생산에까지 연장된다고 주장한다.29 그래서 구술 자료는 구술이 언제, 어디서, 누구에게, 어떤

---

* 구술사 인터뷰를 하고 그 결과물을 가지고 연구하는 연구자는 면담자이면서 동시에 해석자이다. 그러나 연구자가 직접 인터뷰하지 않고 구술 아카이브에 있는 구술 자료를 가지고 연구하는 경우에는 연구자는 해석자이지 면담자는 아니다.

목적으로 수행되느냐에 따라 그 판본이 달라질 수 있고, 다양한 해석이 가능하다. 즉 연구자와 구술자의 상호 관계와 상황에 따라서 다양한 이야기들이 가능하다는 것이다. 또한, 구술은 단순히 연구자의 질문에 따라 수동적으로 만들어지는 것이 아니라, 구술자가 구술 상황에서 능동적으로 자신의 과거의 경험을 해석해내는 작업이다. 따라서 구술자는 단순히 연구 대상이라고 볼 수 없다. 구술자는 바로 그 구술의 주체이고 해석자이기 때문에 구술사 연구는 연구자가 모든 공을 인정받는 것이 아니라 연구자와 구술자가 함께 만들어내는 것이다.

연구자와 구술자의 공동작업적 성격 때문에, 구술사 연구에서는 연구자와 구술자가 동시에 저자라고 볼 수 있다. 공동작업이라고 해서 항상 공동의 저자가 같은 목소리 또는 관점을 가지는 것은 아니다. 연구자와 구술자는 충분히 서로 다른 목소리를 가질 수 있다. 그렇기 때문에 구술사 연구에서 연구자와 구술자의 목소리를 구분하는 것이 매우 중요하다. 또한, 구술자에게 공동저자로서의 권위를 부여하여 구술자가 구술 자료의 편집과 글쓰기에도 함께 참여하는 것이 바람직하다.

5) 구술 자료의 신뢰성

위와 같은 구술 자료의 성격 때문에 구술 자료는 객관적이지 않다. 포르텔리에 의하면 구술 자료의 내재적인 비객관성은 특수한 내적 특성, 즉 "구술 자료는 인공적이고, 가변적이고 부분적"인 특성에 있다.[30] 구술 자료는 인터뷰라는 인공적인 상황에서 만들어지며, 연구자가 구술자와 함께 관계를 맺으면서 나오는 것이기 때문에 연구자와 상황에 따라서 다양한 판본의 이야기가 나올 수 있다. 또한, 어떤 종류의 구술이건 간에 구술자의 과거의 경험 자체가 부분적이고 파편적일 뿐만 아니라, 그것에 대한 완벽한 구술 재현은 불가능하기 때문에 구술 자료는 부분적일 수밖에 없다. 따라서 구술 자료에 의한 과거의 재구성이란 언제나 미완성이며 부분적일 수밖에 없다. 마찬가지로 문헌자료를 통한 과거의 재구성도 미완성이며 부분적이라는 것을 부인할 수 없다.

이렇게 구술 자료가 객관성이 없다 해도 신뢰할 수 있다. 왜냐하면, 포르텔리에 의하면 구술 자료는 다른 종류의 신빙성이 있기 때문이다.

> "구술 자료는 믿을 만하지만 다른 종류의 신빙성이 있다. 구술 증언의 중요성은 사실에 대한 집착에 있기보다는 상상, 상징 그리고 욕망이 출현하면서 사실로부터 떠나는 데에 있다. 기존 언어학적 비평과 모든 종류의 자료에서 필요한 사실적 증명의 모든 범주를 가지고 구술 자료의 사실적 신빙성을 검사한다면, 구술사의 다양성은 '틀린' 진술이 심리적으로 계속 '진실'이고, 이러한 진실은 사실적으로 믿을 수 있는 설명과 동일하게 중요하다는 사실에 있다."[31]

한국의 과거사 진상 규명에서는 문헌기록에 의하면 '틀린' 진술이 심리적으로 계속 '진실'인 많은 사례들을 보여준다. 일본군 위안부 생존자들의 진술은 일본의 문헌 기록에는 없는 '틀린' 진술이지만, 생존자뿐만 아니라 한국인들에게는 이제 모두 '진실'이다. 그래서 구술 자료는 과거의 사건에 대한 사실적 진실(factual truth)뿐만 아니라 서사적 진실(narrative truth)을 보여준다. 한국에서 구술사가 발전되어온 특수한 역사적 조건들은 구술 증언을 통한 과거사 진상 규명을 필요로 했다. 따라서 문헌 기록이 없는 사건에 대한 사실적 진실을 찾기 위하여 구술 증언 채록이 되어왔다. 사실적 진실을 제공하는 구술 증언들은 과거 진실 규명에 큰 기여를 해왔다. 하지만 서사적 진실은 사실적 진실만큼 중요하다. 구술자들이 서사적 진실을 믿고 있기 때문이다. 그 믿는다는 사실은 역사적 사실이기 때문이다.

3. 구술 자료의 종류

구술 자료는 대체로 구전, 구술 증언, 구술 생애사, 이 세 종류로 나누어 볼 수 있다. 구술 자료를 수집할 때, 연구자가 구술 증언을 요구했건 구술 생애사를 요구했건 실제로 상당 부분은 이 세 종류가 혼재되어 있는 경우가 많다. 왜냐하면 특정 개인의 생애사를 인터뷰한다 해도, 그 개인은 자신이 살아온 지역사회에서 세대를 통해 전승되어 오는 구전과 특정 역사적 사건에 대한 구술 증언을 모두 자신의 생애사에 담아낼 수 있기 때문이다. 그러나 연구자는 그 구술 자료를 분석하는 데 있어서는 구술 자료의 성격을 구별할 필요가 있다.

1) 구전(oral tradition)

구전은 여러 세대를 거쳐서 입에서 입으로 전승되는 구술로 된 기록을 말한다. 대부분의 부족사회는 무문자 사회다. 아프리카와 같이 문자가 없어서, 기록이 없는 소위 '역사가 없는 사람들'(people without history)*에게는 구전이 남아 있다. 그러나 월터 옹 Ong이 주장하는 바와 같이, 현대 사회에서는 순수한 의미의 1차적인 구술 문화는 거의 존재하지 않는다.[32] 아프리카의 많은 식민지도 독립한 이후에 많은 구전이 기록되었고, 문자를 해독할 수 있는 엘리트 집단의 전유물이 되어왔다.[33]

한국과 같이 문자 기록이 발달한 사회에서는 역사는 바로 기록으로 인식되어 있기 때문에, 구전은 비공식적이고 주변적인 구술 기록으로 취급되고 있다. 구전은 구비문학이나 민속학에서 연구되어 왔는데, 구전은 구술자 자신의 경험을 이야기하는 것이 아니라 전승된 이야기를 구연하는 것이다. 그런데 최근에는 구전을 구연할 수 있는 구술자들

---

* 역사가 없는 사람들은 미국의 인류학자인 에릭 울프(Eric Wolf)가 쓴 『유럽과 역사가 없는 사람들』 (Europe and the People Without History)(University of California Press, 1982)에서 나온 것이다.

이 사라지고 있어서 구비문학 연구자들이 '시집살이 이야기'[34]와 '전쟁이야기'를 인터뷰를 통하여 수집하기도 한다.

2) 구술 증언(oral testimony)

구전과 같이 여러 세대를 거치지 않고, 한 개인이 과거의 특정 사건이나 경험을 현재로 불러내어 서술하는 것을 구술 증언이라고 한다. 예를 들면 한국전쟁이나 제주도 4·3사건과 같은 특정한 역사적 사건에 대해 회고를 하여 진술하는 구술들은 구술 증언이라고 볼 수 있다. 구술 증언들은 모두가 반드시 직접 경험한 것이라고는 볼 수 없다. 왜냐하면 사건의 참여자나 목격자들은 특정한 사회적 역할, 계급, 신분 등의 사회적 위치(social position)를 가지고 전체 사건의 일부분에만 참여하고 일부분을 목격할 뿐이기 때문이다. 그렇기 때문에 연구자는 구술 증언의 신뢰도를 높이기 위해서 직접 경험을 통한 구술 증언과 간접 경험을 통한 구술 증언을 구별해낼 필요가 있다.

3) 구술 생애사(life history)

구전이나 구술 증언과 달리, 구술 생애사는 한 개인이 태어나서부터 현재까지 살아온 경험을 현재로 불러내어 서술하는 것을 말한다. 구술 생애사는 한 개인의 살아온 이야기이기 때문에, 그 안에는 자신이 직접·간접 경험한 특정 사건에 대한 구술 증언도 포함될 수 있다. 그런데 한 개인의 구술 생애사를 완전히 복원한다는 것은 불가능하다. 왜냐하면 인터뷰 질문에 따라서, 구술자와 면담자와의 관계에 따라서, 구술자가 인식하는 청중이나 독자에 따라서 구술자는 자신의 인생을 편집하여 여러 가지 판본을 내놓기 때문이다. 구술 생애사는 역사적 경험을 재구성하는 사적(史的) 자료로서뿐만 아니라, 자기 진술 내지 자기 표현적 성격을 가지고 있어서 삶 이야기, 생애이야기(life story)라는 용어로 쓰이기도 한다. 이때 생애사는 역사적 측면보다는 문학적 측면이 두드러진다고 볼 수 있다.

4. 구술사의 이론적 쟁점들

1) 구술사의 사회적 목적

영국의 사회사가이며 구술사가인 폴 톰슨은 『과거의 목소리』(The Voice of the Past: Oral History, Oxford, 2000)에서 역사는 사회적 목적을 가지고 있다고 주장한다. 구술사는 평범한 사람, 기록을 남길 수 없는 사람들의 목소리를 불러와 복수적 관점에서 역사를 다시 쓰게 하여 역사의 내용과 목적을 변형시킨다고 보고 있다.[35] 구술사는 노동사, 지방사, 여성사, 가족사 분야에서 드러나지 않는 과거의 목소리들을 들리게 하여 역사의 지평을 넓히고, 지역 사회에서 자기 역사를 쓰는 것을 가능하게 하여 역사의식을 가지게 도와준다. 그래서 역사는 더 민주적으로 서술된다고 주장한다.[36] 또한 구술사가 주는 연구 방법인 공동 연구적 성격과 연구자와 구술자 간의 윤리적 문제는 기존의 역사 연구 방식에도 도전한다.[37] 따라서 구술사는 역사의 사회적 의미를 급진적으로 변화시킬 수 있는 수단을 제공한다는 것이다.[38]

2) 구술사에 대한 비판과 대응

그러나 구술사의 역사학에 대한 도전은 실증주의에 기반한 역사학에 의해 크게 비판을 받았다. 실증주의 역사학은 서구 근대적 학문에 기초한 것인데 서구 근대적 학문에서 지식이란 과학적 지식(scientific knowledge)을 말한다. 과학적 지식은 객관성(objectivity)에 기초하고 객관성을 떠받치는 두 개의 기둥은 신뢰성(reliability)과 유효성(validity)이다. 과학적 지식은 유효성보다는 경험적인 자료의 신뢰성을 가지고 있는 지식을 말했다. 따라서 이러한 과학적 지식 패러다임의 영향 하에 실증주의 역사학은 문헌고증학이 될 수밖에 없었다. 근대 역사학은 문헌만을 객관적인 사료로서 인정했고, 문헌 고증을 통해서 과학적인 지식을 생산할 수 있다고 믿었던 것이다. 이러한 실증주의 역사학의 입장에서는 구술은 객관적인 사료가 아니다. 포르텔리가 말한 바와 같이 구술 자료는 내재적으로 비객관적이다. 또한 이용기가 지적한 바와 같이 개인적·주관적·상황적이고 부정확하다.

이러한 역사학의 비판에 대해서 초기 구술사가들은 소극적이고 방어적인 태도를 취했다. 대표적으로 폴 톰슨이 『과거의 목소리』에서 취한 방식이다. 우선 구술사가들은 문헌기록에 대한 비판을 시작하여 기록의 신빙성에 문제를 제기한다. 문헌 기록에는 기록자의 주관성과 한계가 들어가 있고, 다수의 문헌 기록들은 구술 증언에 토대하고 있었다는 것, 그리고 기록도 왜곡될 수 있다는 점, 무엇보다도 기록을 남길 수 있는 사람들은 지배계층들이라는 것이다. 역사가 마로는 "모든 역사 연구는 목격자의 주관성과 역사가의 주관성 사이의 비율로 만들어진 산물이다"라고 주장했다.[39] 폴 톰슨은 사회사가로서 사회과학적·생리학적 연구 기법을 활용하여 구술사 연구의 정당성을 주장하였다.

그러나 1980년대 이후로 구술사가들은 소극적이고 방어적인 태도에서 적극적으로 구술사의 장점을 드러내고 주장하는 방식으로 대응하기 시작했다. 즉 구술 자료의 내재적인 특성을 밝히며 적극적으로 문헌고증을 통해서는 읽을 수 없는 역사 해석의 증거 능력을 보여주기 시작했다. 그 대표적인 연구자가 이태리의 구술사가인 루이자 파스리니 Luisa Passerini이다. 파스리니는 구술사는 역사학과 두 가지 논쟁 중에 있는데 첫 번째는 구술 자료의 유효성을 주장하여 다른 사료와 같은 중요성을 부여받는 것이고, 두 번째는 역사 연구의 지평을 확대하려는 시도라고 했다.40 구술사는 발전 과정 중에서 억압당한 사람들이 이야기하게 함으로써 역사 쓰기를 일종의 포퓰리즘(populism)으로 만들어버리는 오류를 범했다고 지적하면서 이를 극복하기 위해서는 구술 자료를 더 정교하게 분석해야 한다고 주장했다.41 이를 위해서는 구술사가들이 구술 자료를 너무 사실적으로만 사용해 온 것을 지양하고 구술 자료의 특수성을 도출해 내야 한다는 것이다. 왜냐하면 구술사의 원자료는 사실적 진술이 아니라 문화의 표현과 재현으로 문학적 서술일 뿐만 아니라 기억, 이데올로기, 잠재적인 욕망의 차원을 가지고 있다는 것이다. 즉 구술 자료는 주관성(subjectivity)의 영역에서 오는 자료라는 것이다.42 또한 이제까지 구술사의 역사학에 대한 비판은 외양적인 것이며, 구술사는 유럽 역사학이 사회가 일련의 사실들로 만들어져 있어서 사료들을 과거의 진정한 일부로서 보고, 그것들을 가지고 과거가 재구성될 수 있다고 보는 견해에 도전해야 한다고 주장한다.43

파스르니에게 주관성은 "태도, 행위와 언어에 포함되고 재현되는 즉각적이고 주관적인 면들뿐만 아니라 정체성, 자아의식과 같은 인식의 형태와 더 사려 깊은 지적인 활동의 형태들을 포함하는 충분히 유연한 개념"이라고 말하고 있다.44 파스르니는 구술사 인터뷰를 통한 파시즘에 대한 이태리 노동자계급의 태도 연구에서 전통 역사학에서는 고려되지 않았던 새로운 차원의 역사를 다시 쓰게 되었다고 하였다. 파스르니는 투린 노동자들에게 양차대전 사이 기간에 대해서 질문을 했을 때 그들은 침묵, 회피, 농담으로 반응하여 그들의 구술을 이해하기가 힘들었다. 양차 대전 사이 시기에 파시즘에 의해 노동자의 운동이 파편화되었고, 1930년대 정치적·경제적 요소들이 개인의 일상적 삶을 중재하는 경향이 강해짐에 따라 노동자들 중 혁명적으로 혹은 파시즘에 적응하는 방향으로 가는 애매함(ambiguity)이 있었기 때문이었다. 즉 노동자들이 부분적으로 파시즘이 강제하는 질서를 채택하거나 따랐기 때문이었다. 이것은 기존의 반파시즘적인 전투적 노동자 계급이라는 이미지에 반하는 것이었기에 파스리니는 그들의 구술을 이해하기 힘들었던 것이었다. 이렇게 구술 자료에서 드러나는 애매함은 파시즘 하의 노동계급의 조건을 이해하는 데 전제 조건이라고 파스리니는 주장하였다.[45] 파스리니는 구술 자료에 나타나는 무관함과 모순들은 오히려 역사가에게 중요한 어떤 작동들이 있었다는 것을 알려주는 것으로 받아들여져야 하고, 구술 자료는 문화의 형식이고 문화 변화의 증언으로서 간주되어야 한다고 주장하였다.[46] 파스리니는 구술사는 이렇게 주류 역사학자들의 관심 밖에 있는 역사적 자료를 제공하고, 다양한 매체의 사료 공개와 발굴을 촉진하여 역사 연구의 형태와 방식을 바꾼다고 하였다.

3) 구술사의 인식론적 쟁점들

이렇게 구술사가들의 적극적인 대응에도 불구하고 구술사 연구에는 인식론적 장애물들이 있다. 영국의 대중기억연구회는 구술사에 대중기억이 가장 잘 반영되어 있다고 보면서 대중기억을 연구 대상 그리고 정치적 실천의 차원으로 정의하고 있다.[47] 이 집단은 학문적 역사 쓰기의 한계를 넘어 역사의 생산을 확장시킬 필요가 있다고 주장하면서 과거에 대한 의미화가 구성되는 모든 방식을 포함하여 기억의 사회적 생산을 살펴보아야 한다고 주장한다.

대중기억연구회는 구술사를 통한 대중기억 연구를 위해 인식론적 전환이 필요한데, 이를 위해서 네 가지 영역의 장애물들이 극복되어야 한다고 주장한다. 이 집단이 제시하는 첫 번째 장애물은 그 성격상 인식론적인 것으로 연구의 '역사적' 대상을 규정하는 방식으로부터 오고 정통 역사 연구의 경험주의(empiricism)에 기초하고 있다.[48] 역사가의 경험주의는 역사가와 증거 사이의 대화라고 볼 수 있는 고문서 연구라는 특별한 형태로부터 온다. 문헌중심의 연구는 대부분 지배계층 편에서 기록된 것임을 상기한다면 고문서 연구는 특별히 선택된 종류의 역사만을 다룬다고 볼 수 있다. 이에 폴 톰슨는 『과거의 목소리』에서 구술사 연구가 학문적 기준에 맞는다는 것을 증명고자 하였다. 톰슨은 모든 사료에 있어서 사회적 목적, 편견, 선입견이 존재한다고 주장하면서, 구술사 연구의 정확성을 위해 사료를 충실하게 비교하고, 실험적 사회심리학에서 기억과 망각의 패턴, 노화과정에서 뇌의 생화학, 회상적 편견을 피하는 질문, 계량사회학적 표본조사의 대표성을 사용하였다.[49] 그러나 이러한 해결 방식의 대가는 표준화된 질문지의 사용, 위계적인 연구 분업, 문화적 결정체들과 그 효과들을 매우 주변적으로 만드는 것이었다. 또한 역사가 자신의 문화를 비가시화하고 설명의 이론적 전제들을 숨기고, 사료가 지닌 문화적으로 구성된 특질을 감추고 과거 행위의 사실성의 순서에만 관심을 두게 하는 것이었다.[50] 대중기억연구회는 폴 톰슨의 이러한 해결 방식을 보수적으로 보고, 그의 연구는 전문적인 역사이지 대중적·사회주의적 실천으로서의 역사는 아니라고 주장하였다. 연구회는 이는 구술사의 급진성을 이론적·정치적인 관점이 아니라 연구 방법 그 자체에만 두는 것이라고 주장하였다. 그리고 이들은 이러한 경험주의적 입장은 구술사의 진보적인 가능성을 제한시킨다고 보고, 구술사는 경험주의적·실증주의적 규범이 무너질 때 비로소 시작될 수 있다고 제안하였다.[51]

대중기억연구회는 역사연구에서 경험적인 규범에 대한 대안으로서 구술에 대한 구조적 그리고 문화적 읽기를 제시한다. 왜냐하면 기억을 통한 개인적 서술은 역사가 만들어진 것과 마찬가지로 문화적 구조물이기 때문이다. 구조적 읽기(structural reading)란 구술자가 주관적으로 전유하는 조건들, 즉 그의 또는 그녀의 특별한 삶의 경험을 형성하는 조건, 구조, 과정에 관심이 있다.[52] 구조적 읽기는 서술에서 의미화되는 것은 텍스트 밖에 어떤 진정한 존재가 있고, 글쓰기 자체에만 전적으로 구성되는 것이 아님을 가정하여 사실주의적 전제에 기초하고 있다. 이것은 사건과 그 서술 관계 사이를 의심하기 때문에 경험주의로부터는 떨어져 있다. 구조적 읽기는 "하나의 서술을 그 '사실적' 하위 층위까지 '충분히 읽어내는' 과정"이기 때문에,53 이러한 읽기는 두 가지 조건이 필요하다. 하나는 구술과 관련된 지식을 제공하는 사료로서 구술 속의 내용 밖에서 구술자의 경험을 결정하는 요소들을 보게 해 주는 것이다. 또 하나는 "사회적 관계들과 의식에 대한 명백하고 생산적인 이론"인데, 이것은 구술자들이 자신들이 처한 "사회적 조건과 역사를 의식하게 되는 사회적 존재와 형태 간의 관계에 대해 이해하게 해 준다."54

문화적 읽기(cultural reading)는 구술자의 서술이 어떻게 일반적인 문화적 레퍼토리로부터 구조화된 경험, 또는 생애사의 의미를 이루는지에 초점을 둔다. 문화적 읽기는 두 전제에 기초하고 있다. 하나는 모든 서술이 구성된 텍스트 내지 연행이라는 것이고 또 하나는 서술의 문화적 특질들이 단순히 개인 저자의 산물이 아니라는 것이다.55 서술은 무엇이 말하여질 수 있고, 어떤 효과를 가지는지를 결정하는 일반적인 문화적 레퍼토리, 언어의 특질, 그리고 표현의 코드에 의존한다. "가장 중요한 해석은 이 두 읽기, 구조적 읽기와 문화적 읽기의 관계에서 만들어질 수 있다고 보고 있다."56

구술사 연구의 두 번째 장애물은 구술사의 '원재료'(raw material)인 개인적 증언, 서술 또는 자서전이 나오는 형태로부터 오는 것으로, 개인적 구술 주체와 그 또는 그녀가 처한 사회적 맥락을 연결하는 문제를 말한다. 즉 한 개인의 경험이 어떻게 사회적 대표성을 가질 수 있는가의 문제다. 이 문제에 대해서 폴 톰슨은『에드워드시기 사람들』(The Edwardians)에서 재구성적 교차분석(reconstructive cross-analysis)과 생애사를 결합시키고 있다. 그러나 대중기억연구회에 의하면 톰슨의 재구성적 교차 분석의 문제점은 첫째 구술자의 삶의 맥락에 대해서, 서술의 방식에 대해서, 구술자의 의미 부여에 대해서 알 수 없다는 것이며, 둘째, 인용된 구술들은 전체적인 주장을 더 발전시키는 것이 없다는 것이다.[57] 왜냐하면 구술 자료들이 새로운 역사해석을 주기보다는 역사가의 해석에 대한 증거 자료로 사용되기 때문이다. 그 결과 구술이 주는 풍성함이라는 감각을 통해서 볼 수 있는 문화적 형태들과 적극적으로 재구조적 과정으로서의 기억을 다루지 못하게 한다. 대중기억연구회는 톰슨의 이론에서 없는 것은 역사적 설명의 대상인 거시적·사회적 과정들과 개인의 기억들의 바로 그 재료인 미시적인 사적 서술들 사이의 다리를 놓는 방법이라고 보고 있다.[58] 이 집단은 생애사 저자들은 특정한 역사적 시기에 사회들을 특징짓는 복합적인 사회적 관계 속에 있는 특정한 위치로부터 말하고 있다고 보고, 이 서술들은 저자들이 연루되어 있는 사회적 관계들, 그들이 행위하고 투쟁한 사회적 관계들의 현저한 특질들을 전유하고 의미화 한다고 주장한다. 그래서 구술사가들은 일반적인 역사의 한 부분으로서 개인 생애사들의 중요한 요소들을 보기 위하여 사회적 관계와 구조에 대한 이론이 필요한 것이다.[59] 이에 그람시(Antonio Gramsci)는 인간이 사회적 존재일 뿐만 아니라 역사적 존재라는 어쩌면 너무나 당연한 시각을 제공한다. 그람시에 따르면, "관계들의 앙상블을 주어진 시기에 주어진 체계로서 아는 것으로는 충분하지 않다. 그것들이 형성된 움직임이 발생론적으로 알려져야 한다. 왜냐하면 각 개인은 관계들뿐만 아니라 이들 관계의 역사의 종합(synthesis)이기 때문에 인간은 모든 과거의 요약체다."[60]

따라서 각 개인적 삶의 경험은 단순히 사적이고 개인적이 아니라, 특정한 역사적 상황과 과정이 개인의 삶에 녹아있는 것이다. 이것은 개인이라는 창을 통한 구조 읽기를 제공하는 것이지 개인 경험의 사회적 대표성의 문제는 아니다.

대중기억연구회는 역사 연구의 대상을 과거로만 인식하는 경향을 세 번째 장애물로 보고 있다. 이 집단은 구술 증언이나 자서전의 형태에서 흥미로운 것은 대중기억들이 과거에 대한 '사실' 조각들이 아니라, 현재 의식의 일부로서 구성되고 재구성되는 전체적인 방식에 있다고 주장한다.61 기억과 그 서술인 구술사는 단지 과거만이 아니라 '과거-현재'62 관계를 수반한다. 구술사의 증언들은 필연적으로 현재의 사건들에 영향을 받으며, 생각하고 이야기 가능한 것을 재구성한 것이다. 그것들은 과거와 현재의 대화이며, 사적인(private) 기억들과 공공(public)의 재현들과, 과거의 경험과 현재의 상황과의 상호관계이다.63 이러한 인식은 단지 구술사에만 적용되는 것은 아니다. 카 E.H. Carr가 역사는 현재와 과거와의 대화라고 지적했듯이, 역사는 현재의 이해관계와 관점에서 항상 재해석되는 것이다. 화이트 Hayden White가 주장하듯이, 새로운 사적 자료가 발굴된다고 새로운 역사가 쓰인다기보다는 역사가 쓰이는 당대의 주도적인 시각 또는 패러다임에 따라 다른 종류의 역사가 쓰이는 것이다.64 그렇기 때문에 과거에 쓰인 역사서가 그 가치를 잃지 않고 다시 역사적 자료로 이용될 수 있는 것이다. 따라서 구술에서 드러나는 기억 자체가 복잡한 구성물이고 적극적인 과정임을 이해해야 하고, 구술 사료는 죽은 문서가 아니라 살아있는 인간들이라는 인식이 필요하다. 과거는 우리가 보존해야 할 것이 아니라, 현재에 끊임없이 울리고 새로운 소리와 의미를 생산하는 힘으로서 이해될 필요가 있다.

대중기억연구회에 의하면 네 번째 장애물은 역사 연구에 내재하는 역사가와 연구 참여자 간의 권력 관계라고 한다. 이 집단은 아래의 인용문에서 볼 수 있는 바와 같이 이 문제를 좀 더 근본적이라고 보고 있다.

"(…) 구술사와 비슷한 연구에서 인식론적인 문제, 즉 역사가들이 어떻게 자신들의 '사료'(sources)를 사용할 것인가는 또한 인간관계의 문제이기도 하다. 연구하는 것은 실제로 권력과 불평등의 관계이기도 한 사회적 분업에 일치하고, 실제로 그 분업을 심화시킬지도 모른다. 물론 여기에서 중요한 것은 경제적인 힘 또는 정치적 강압보다는 문화적 권력이다. 그렇다 할지라도 연구는 분명히 그 결과가 대체로 불평등한 것이라는 점에서 '착취적인' 하나의 경제적 관계, 즉 경제적 그리고 문화적 이익의 균형 관계를 형성한다. 한편에서 설명과 해석의 생산을 전문적으로 하고, 자신을 그러한 과정의 가장 적극적이고 사고하는 부분으로 만드는 것은 바로 '역사가'다. 또 다른 한편으로 이 경우에는 정보를 내주기 위해서 이 과정에서 자리를 잡은 살아있는 인간인 그의 '사료'가 있다. 피면담자는 분명히 그 또는 그녀를 찾고 질문하는데 주도권을 가진 면담자의 전문적인 권력에 종속되어 있다. 물론 그 문제는 수사적으로 또는 개인적 관계의 수준에서 해결될지도 모른다. 역사가는 '노동계급 증인들의 발밑에 꿇어앉았다', 그리고 그럴 듯하게 불편한 자세에서 피면담자가 아는 모든 것을 배웠다고 주장할지 모른다. 그러나 마지막 설명을 하는 것도 역사가이고, 지배적인 해석을 하는 것도 역사가이고, 무엇이 진실이고 아닌지, 신빙성이 있는지, 거짓인지 판단하는 것도 역사가다. 그의 단행본의 표지에 나타나는 것도 그의 이름이고 그것의 출판으로 향상되는 것은 그의 학문적 경력이다. 로열티의 일부와 무엇보다도 저작권에 포함된 '문화적 자본'을 가지는 것도 역사가다. 여기서 '창조자'로서 그의 자존심이 충족된다. '성공'할 경우에 동료 사이에서 역사가로서 전문가적 위치는 높아진다. 이 모든 것에서 역사적 설명들을 첫 번째로 만들었던 '사료'인 사람들은 잘해야 그들이 주어버린 것, 즉 이야기하는 것을 제외하고 모든 과정에서 소외되고 아무런 변화가 없다. 그들은 참여하는 것이 아니라, 단지 간접적으로 최종적인 설명이 만들어지는 교육적 작업에 참여한다. 그들은 자신들이 부분적으로 저자이기도 한 책을 결코 읽게 되지도 않고, 읽어도 그것을 충분히 이해하지 못한다."[65]

이와 같이 구술사를 연구한다고 해서 이러한 역사가와 그의 사료인 구술자 사이의 권력의 비대칭을 극복할 수 있는 것은 아니다. 구술사 프로젝트는 사회적 분업을 통해 문화적 권력이 연구자에게 간다는 문제가 있기 때문이다. 미국에서와 같은 대규모 구술사 프로젝트에서는 사회적 분업이 강화된다. 영국에서는 대규모 프로젝트가 흔치 않지만, 그럼에도 노동 분업이 남아있다.[66] 그리고 프로젝트가 끝나고 나서 프로젝트를 통해서 생산된 지식이 누구의 소유가 되고 누가 전유하는가의 문제가 있다. 한국에서도 기관구술채록의 증가로 인해 연구의 사회적 분업이 강화되어 왔으나 엘리트 구술 채록의 증가로 연구자와 연구 참여자의 권력 관계의 역전이 일어나기도 한다. 또한 구술 아카이브의 구축이 기관의 소유물이 되어 버리면 이 연구회가 제기한 연구자와 연구 참여자의 권력 관계의 변화가 힘들다.

그러므로 기존의 역사 연구에 내재한 불평등성이 구술사에서 어떻게 해결의 실마리를 찾을 것인가에 대한 고민이 필요하다. 그러기 위해서는 대중기억연구회는 역사 연구 자체에 대한 급진적인 인식의 전환이 필요하다고 주장한다. 그리고 그 대안으로 구술사 연구를 공동작업 내지는 공동 저자의 형식으로 가거나, 지역사회에서 대중들로 하여금 자신의 역사를 쓰게끔 하는 것을 제시하고 있다.[67] 이 대안적 형태는 지역사회에 기초한 글쓰기와 출판이라고 볼 수 있고, 이것은 기존의 지적인 생산, 분배, 독자층의 사회적 관계들에 도전하고 재구성하는 것을 목적으로 한다. 그러나 연구회에 의하면 여기에도 두 가지 장애물이 있다고 한다. 하나는 수정된 분업과 권력관계가 다른 쪽에서 다시 나타나는 것이고, 또 하나는 대중적 역사쓰기와 역사의 공공 재현의 장 사이의 관계에서 지배적인 재현의 일반화가 나타나는 것이다.[68] 지식생산에서의 권력 관계는 계속 성찰되어야 하고, 공공 역사(public history) 내에서 특정한 재현이 지배적이 되더라도 개인적 기억을 종속시킬 수 없다는 점이 환기되어야 할 것이다.

최근 한국에서도 역사가 대중화됨에 따라 구술사 연구는 공공 역사와 긴밀히 연결되어 있다는 점이 인식되고 있다. 이제까지 구술사가 학문적 역사에 도전하였다면 구술사를 통해 공공 역사의 장에서 기억의 정치학에 대한 분석으로 나아가야 하는 시점이 되었다.

제4장
구술사와 기억 연구

일단 우리가 '집합적' 기억이 개인들의 기억들이 아닌 것을 깨달으면, 우리는 더 이상 그것을 고통, 애도, 또는 스캔들의 직접적이고 즉각적인 표현으로 묘사할 수 없고, 이데올로기, 언어, 상식, 제도들이 개입하는 동일하게 정당하고 의미있는 형식화된 것으로서 봐야 한다. 우리는 기억들의 장(field) 사이에서만 아니라, 그것들 안에 있는 대립들을 찾아야만 한다. 훌륭한 정의인 '분열된 기억'은 레지스탕스의 제도적인 기억과 지역사회의 집합기억 사이의 이분법(그것이 암시하는 위계질서)뿐만 아니라, 다른 기억들의 파편화된 다수성을 규정하기 위하여 확대되고 급진화되어야 한다.[1]

1. 서구 기억 연구

독일의 기억 연구가인 엘 Astrid Erll은 1990년대부터 기억 연구(memory studies)라는 학문 영역이 생겨나면서 다양한 분야에서 기억 연구가 진행되고 있다고 한다. 특히 기억 연구는 다학제적이고 초국가적인 연구들이 많고, 역사학에서도 기억이 중요시되고 있다고 지적하면서 이를 기억 붐(memory boom) 현상이라고 보고 있다.[2] 그렇다면 왜 기억인가? 엘에 의하면 기억 연구의 역사적 배경은 홀로코스트나 2차 세계대전을 직접 경험한 세대가 사라지고 있다는 것이다. 중요한 역사적 사건의 증언자들이 사라짐으로써 매체에 의존한 기억들이 나타나면서 아스만 Aleida Assmann이 주장하는 문화적 기억(cultural memory)이 등장하고 있다는 것이다. 즉 직접 증언에서 문화적 기억으로의 전이가 일어나고 있는 것이다.[3] 또한 냉전의 종식, 민주화, 탈식민과 이주를 통해서 다양한 종족들과 종교집단들이 자신들의 기억과 과거에 대한 해석을 내놓아서 기억이 근본적으로 정치적인 현상이 되고 있다는 것이다.4 엘이 지적하는 두 번째 배경은 미디어 기술과 대중 매체의 역할 변화다. 미디어 기술의 획기적인 발전으로 인터넷, 디지털 정보를 통해 전지구적인 미디어 문화와 과거에 대한 대중적 재현들이 기억 붐(memory boom)에 기여하고 있다는 것이다.5 세 번째 배경은 학계에서의 변화로서 포스트구조주의, 포스트모더니즘의 역사에 대한 개념 변화로 역사와 거대 서사의 종말(the end of history, the end of grand narrative)이 오고, 대신 기억 패러다임(memory paradigm)이 도래했다는 것이다.6

그렇다면 기억 연구에서 기억은 무엇인가. 엘에 의하면 기억은 '담론적 구성물'(a discursive construct)7로서 언어적, 역사적, 사회적, 국가적, 또는 학문적인 다양한 맥락에서 다르게 구성되는 것이다. 엘은 기억은 기본적으로 회상(remembering)과 망각(forgetting)이라는 동전의 양면으로 구성되어 있다고 본다. 회상은 기억들이 만들어지는 과정이어서 기억은 하나의 능력으로 이해되어야 한다. 회상은 현재와의 관계 속에 이루어진다는 것과 구성적인 것이라는 두 가지 특징을 가지고 있다.8 따라서 "기억들은 지각된 과거의 객관적인 이미지도 아니고 과거 현실은 더 아니다. 기억은 호출되는 상황에 의존하는 주관적이고 매우 선택적인 재구성물이다. 회상은 현재에 사용할 수 있는 자료들을 수집하는 행위이다. 회상이 될 때마다 변화된 현재의 상황에 따라서 과거에 대한 판본은 변화한다. 개인적·집단적 기억들은 과거를 반영한 이미지가 아니라 그 개인과 집단의 필요와 이해의 표지다. 그러므로 기억 연구는 회상된 과거의 모양새가 아니라 회상하고 있는 특수한 현재에 관심을 가지고 있다."9

엘은 또한 기억의 다른 한 면인 망각은 기억이 패턴을 인식할 수 있도록 효과적으로 작동하기 위하여 필수적이라고 보고 있다.10 사실상 "기억들은 망각의 바다 위에 있는 작은 섬들"[11]이라는 것이다. 우리의 현실 경험을 처리하는 데 있어서 망각이 일반적이고 회상은 오히려 예외적인 것이라고 한다. 그러나 망각은 기억만큼이나 관찰하기 힘들어서 회상의 분석을 통해서만 무엇이 망각되고 있는지를 알 수 있다.[12]

2. 구술사와 기억

기억은 구술사 연구에서 매우 중요한 주제였음에도 불구하고 연구 소재, 사료로서 다루어져 왔다. 구술사가인 아브람스 Lynn Abrams에 의하면 구술사가가 인터뷰에서 하는 일은 네 가지라고 한다. 첫째는 무엇이 일어났는가, 둘째는 그것에 대해서 어떻게 느꼈는가, 셋째는 그것을 어떻게 기억하는가, 그리고 마지막으로 구술자가 어떤 공공의 기억 (public memory)에 의존하는가라는 것이다.[13] 그렇기 때문에 아브람스는 구술사 연구에서 기억은 구술사의 사료가 아니라 연구 주제가 된다고 주장한다. 그런데 실상 초기 구술사가들은 기억을 문헌 사료와 같이 사료로서 다루어왔고, 이를 아브람스는 기억의 텍스트 모델(textual model of memory)이라고 한다.[14]

그러나 현재 구술사가들은 기억을 "경쟁적인 의미들의 투쟁의 장소"[15]로 보고 있다. 이태리 구술사가인 포르텔리 A. Portelli에 따르면 "그러나 기억이 수동적인 사실의 보관소가 아니라 의미를 창조해내는 적극적인 과정이라는 것이다."[16] 구술사가에게 기억은 추상적인 것이 아니라 과거의 흔적들이 서로 연결되어 하나의 이야기를 만들어내는 실제적이고 적극적인 재구성 과정인 것이다. 기억은 개인적, 지역사회, 집합적, 국가에 대한 것이고, 개인적이건 집합적이건, 과거의 대한 공공의 기념과 공생의 관계에 있다. 따라서 개인적 기억은 심리적 현상이 아니라 사회적으로 공유된 경험의 일부라고 볼 수 있다. 더 나아가서 포르텔리는 사실과 기억의 불일치는 오히려 구술 자료의 사료로서의 가치를 더 높인다고 주장한다. 그는 루이기 트라스툴리 Luigi Trastulli라는 이태리 테르니 Terni의 제철공장 노동자의 죽음을 사례로 들었다. 신문 자료에 의하면 트라스툴리는 1949년에 쟁의에 참여하려고 나가다가 경찰과의 충돌로 죽었다는 것이 사실이다. 그러나 노동자들은 그가 1953년 2천명의 노동자가 실직되면서 시작된 노동 쟁의 시 죽은 것으로 기억하였다. 포르텔리는 이러한 사실과 기억의 불일치를 분석함으로써 트라스툴리의 죽음을 둘러싼 제철공장 노동자들과 테르니 지역사를 더 잘 이해할 수 있다고 주장하였다.17 포르텔리에 따르면 기억은 물질적 사실들과 개인적 주관성 사이의 관계에 대한 것이고 무엇을, 어떻게 기억하는가와 왜 기억하는가 사이의 상호작용이라는 것이다.18

반면 구술사가인 알리스 호프만 Alice Hoffman은 제2차 세계대전에 참전했던 자신의 남편을 인터뷰하여 참전 기억이 상당히 정확할 뿐만 아니라 문헌 자료에 누락된 경험에 대한 자료를 보충할 수 있었다고 하였다. 그녀는 경험 당시에 중요해서 계속 되풀이하여 결합된 사건들의 기억들, 즉 지속적이고 약화되지 않는 고문서 기억(archival memory)이 있다고 주장하였다.19 아브람스는 이러한 기억에 대한 구술사가들의 논의를 통하여 구술사가들은 기억에 기초한 연구에 대해서 더 자신감을 가지게 되었다고 보았다.20

아브람스는 기억의 작동을 설명하기 전에 기억 체계의 네 가지 종류를 소개하였다. 첫 번째는 어의적 기억(semantic memory)으로 인명, 지명 등과 같은 참고적인 사항에 대한 기억체계를 말한다. 두 번째는 절차적 기억(procedural memory)으로 기술이나 습관을 습득하는 것을 돕는 기억체계를 말한다. 세 번째는 일화 기억(episodic memory)으로 특별한 사건이나 에피소드를 기억하는 체계를 말한다. 이는 구술사가들이 다루는 기억으로, 인터뷰를 통해서 정신적 시간 여행(mental time travel)이라는 과거로의 여행을 하는 것이다. 마지막은 섬광 기억(flash-bulb memory)으로 아주 생생한 기억인데 이러한 기억은 일화 기억에 들어있다.[21]

아브람스는 기억이 일반적으로 작동되는 과정을 다음과 같이 설명하였다.[22]

(1) 경험했을 때 기록된 것만 기억한다. 그런데 기록은 항상 부분적이고 여러 가지 조건에 의존한다.
(2) 기억하는 과정은 기록된 기억의 파편들을 불러오는 것이다. 따라서 상기할 수 있도록 단서가 주어지면(cueing) 기억을 하게 된다. 이것을 기억 반응(memory response)[23]이라고 한다.
(3) 기억된 경험과 사건은 구술자에 의해 정돈된다. 개인적 기억 또는 자전적 기억들은 단순히 저장되었다가 새롭게 불러지는 것이 아니라, 당시의 상황과 함께 저장된 정보들을 결합하여 새롭게 구성된다.
(4) 따라서 무엇을 어떻게 기억하는가에 영향을 주는 요소들, 즉 환경이 중요하다. 그래서 구술자가 편안하게 기억을 열 수 있게 하는 환경을 만들 필요가 있다.
(5) 잘못 기억하는 것은 면담자가 유인하는 질문을 할 때나 위세 전환(prestige enhancing shift)[24]으로 현재 자신의 가치관에서 과거의 경험을 판단하기 때문인데, 잘못 기억하는 것은 개인적 차원에서, 집단적 차원에서 다 일어난다.

구술사 인터뷰에서 구술사가들이 다루는 기억은 기본적으로 자전적 기억(autobiographical memory)이다. 구술 증언도 생애사의 일부이기 때문이다. 자전적 기억은 개인적 삶에 대한 기억인데 아브람스에 의하면 몇 가지 특징이 있다. 무엇보다도 구술자들은 자신에게 중요한 것만 기억한다는 것이다.[25] 면담자에게 중요한 질문이 구술자에게는 중요하지 않을 수도 있다는 것이다. 또한 구술자들이 가지고 있는 일상적인 루틴에 대한 세세한 기억은 확고하고 정확하다. 그런데 구술자들은 경험 당시의 감정을 기억하는 것은 어렵고, 감정을 일으키는 사건과 경험을 잘 기억한다고 한다. 트라우마적인 사건을 제외하고 사건 그 자체에 대한 기억보다 사건을 경험할 때의 감정을 기억하는 것은 더 힘들다는 것이다.26 구술사가인 루미스 Trevor Lummis에 의하면 대부분의 생애사 인터뷰는 개인적 기억과 공공의 기억이 결합된 것이다.27 그래서 구술자들이 사용하는 생애연보(personal chronology)28를 이용하여 이야기를 조립하면서 개인적 사건에 영향을 준 공공의 사건들을 참조하는 것이 좋다. 역사가인 쿤 Annette Kuhn은 개인적 기억은 공공 기억(public memory)과 얽혀 있어서, 개인적 기억이라고 해도 그 개인을 둘러싼 다양한 사회적 관계 속의 공공 기억과 함께 하나의 기억 텍스트(memory text)29가 만들어진다고 주장한다. 그리고 기억 텍스트는 기억하는 개인만이 아니라 기억이라는 집합적인 행위에 의해 그 모양새가 영향을 받는다고 한다.30

개인적 기억들이 사회적이 되는 과정은 기억을 말하고 글을 쓰는 행위로 이루어진다. 개인적 기억들이 집합기억이 될 때 구술사가들은 문화적 각본(cultural scripts or templates)31을 중요하게 생각한다. 구술사가들의 일은 개인적 경험과 문화적 각본 사이의 상호작용을 알아내는 것이다. 집합기억은 홀로코스트 생존자들의 기억과 같이 아직 생존한 사람들의 의식을 통하여 과거를 보존하고 재해석하는 사회집단 속에 있다. 집합기억은 사회적 과정들, 즉 이야기하기, 다른 사람들과 경험을 재구성하기, 과거의 경험을 회상하는 언어의 공유를 통한 산물이라고 볼 수 있다. 그러나 구술사가들은 개인적 기억이 집합기억에 종속되는 것은 아니며 공존하고 있다고 본다.32

아브람스는 이제 구술사가들은 기억을 사료로 보는 것이 아니라, 과거가 기억되는 방식에 관심을 두고 있다고 주장한다.33 그는 "회상의 문화사"(cultural history of remembering)는 "개인적 기억과 역사적 기억*의

---

* 알박스에 의하면 역사적 기억은 살아있는 사람들이 공유하는 집합기억이 아니라 과거에 대해서 학습에 의하여 사람들이 가지고 있는 기억을 말한다.

복합적인 교직물"(a complex interweaving of personal memory with historical memory)이라고 본다.34 구술사가들은 기억 이야기들을 창조하는 일을 하는데, 이것은 해밀턴 Linda Hamilton이 말하는 "기억을 사회적으로 만드는 작업"(making memory social)35을 하고 있기 때문이다. 무엇보다도 구술사가의 일은 기억을 잘 할 수 있도록 돕는 것이다. 그런데 개인들은 중요한 것만 기억하고, 상황에 따라서 중요한 것이 달라진다. 따라서 무엇을 기억하고 어떻게 기억하는가가 변한다는 점에 주의할 필요가 있다. 그래서 사람들의 회상에 영향을 주는 다양한 변수들을 고려하여 분석할 필요가 있다. 뿐만 아니라 구술사가에게는 발화된 말뿐 아니라, 침묵, 갭들(gaps), 망각, 회피, 기억하지만 말하지 않는 것, 서술 간 간격(interval), 이 모든 것이 분석에 의미가 있다. 결론적으로 기억은 구술자의 자신의 경험에 대한 해석이다. 그래서 복합적이고 창조적이고 유동적이다.36

3. 한국에서 기억 연구

1) 한국에서 기억 투쟁의 흐름

사회학자 정근식에 따르면 한국에서 기억 투쟁의 흐름은 동아시아에서의 기억의 정치와 연관이 있다. 동아시아는 19세기 후반에서 1945년까지 일본의 식민주의의 문제를 중심으로 기억 투쟁이 형성되었기 때문이다. 1982년 일본 교과서 파동, 1985년 남경대학살 기념관 설립, 1987년 독립기념관 설립이 바로 그러한 맥락 속에 있다.37

한국에서 기억 투쟁은 1980년대 후반부터 시작되어 국가권력에 의해 공인된 공식적 역사나 담론에 도전하는 형식으로 진행되었고, 이때 구술과 증언이 중요한 사회적 행위로 간주되었다. 대표적인 것이

철거 전 조선총독부 건물

1980년대 후반 광주민주항쟁 증언과 일본군 위안부 생존자들의 구술 증언이다. 정근식은 1990년대부터 한국에서의 기억 투쟁을 탈식민과 민족주의 프로젝트라는 구도 속에서 설명하고 있다. 우선 식민지적 기억을 둘러싼 논쟁으로 1992년 서대문형무소 이전 프로젝트와 1995년 조선총독부 건물 해체를 들 수 있다.[38] 또한 건국 논쟁으로 1948년 8.15를 건국으로 볼 것인가, 정부수립으로 볼 것인가의 문제이다.[39] 그리고 탈냉전과 소비에트 기억의 해체로 한국의 기억 연구가 국내의 지평을 넘어 동아시아나 세계적인 지평에 눈을 돌릴 수 있었다고 보고 있다.[40]

한국에서 1990년대부터 전쟁 기억은 탈냉전 프로젝트로 전환되었다. 동아시아에서 혁명과 전쟁은 국가형성과 밀접히 관련되어 있어서 이에 대한 사회적 기억은 국가에 의해 독점되거나 통제의 대상이 되었고, 전쟁 기억은 국가에 의한 기념으로 쉽게 전환되었다.[41] 그러나 점차 전쟁 기억은 전투중심으로부터 민간인들의 경험 중심으로 옮겨

가고 있으며 탈국민 국가화하면서 평화적 이념으로 수렴되는 현상을 보이고 있다.42 전쟁 기억에 대한 연구에서도 구술 채록과 증언을 통한 연구에서 민간인들의 고통이나 포로의 기억이 중요한 비중을 차지하고 있다. 한국에서 전쟁기억은 한국전쟁을 중심으로 구성되고 있는데, 한국전쟁에 대한 기억은 민주화나 탈냉전의 흐름에서 전쟁 기억에 대한 국가 독점이 해체되는 과정에 있다.43 이제는 전쟁을 겪은 민간인들과 전쟁 피해에 대한 기억이 중요해져서 국가의 전쟁 기억과 개인이나 공동체의 전쟁 기억은 서로 충돌하고 있다.44

한국에서 기억 투쟁은 1990년대 말에 들어서 국가폭력으로 접근되면서 과거사진상규명 프로젝트가 되었다. 1988년 제주 4·3 항쟁 40주년 기념으로 4·3진상규명운동이 시작되어 4·3연구소가 발족하여 구술 채록사업을 전개하였고, 희생자의 다수가 이념에 의한 활동가가 아니라 국가폭력의 희생자라는 것이 밝혀졌다.45 이것은 제주 4·3 기억의 새로운 구성을 의미했다. 1999년 「제주 4·3사건 진상규명 및 희생자명

제주 4·3 평화공원

예회복에 관한 특별법」이 제정되었다. 1995년 5·18특별법은 국가권력의 무오류성을 제도적으로 극복하고 국가폭력의 불법성을 인정한 것이었고, 1996년 거창사건 등 관련자의 명예회복에 관한 특별조치법은 국가형성기의 국가폭력을 인정한 최초의 사례였기.[46]

2000년대 들어서 기억투쟁은 2005년 진실 화해를 위한 특별법 제정을 통해 진실 화해를 위한 과거사정리위원회(2005-2010)가 발족되어 세계적인 과거사청산의 흐름 속에 들어섰다.[47] 이로써 국가에 대한 사과 및 피해회복 조치 권고, 진실규명 결정 후 재심 등 사법적인 구제절차의 진행이 가능하게 되었다. 현재 과거사정리위원회의 활동이 끝났지만 민간인 학살에 대한 진상 규명은 아직도 진행 중이다. 2010년대에도 한국에서의 기억 투쟁은 국가폭력을 둘러싸고 진행될 것으로 보인다.

1980년대 이후 한국에서의 기억 투쟁은 반공이데올로기에 기반한 공식적인 역사에 구술 증언을 통해 드러난 대항 기억(counter memory)이 도전하고 이것을 국가가 포용하는 형태로 진행되었다. 1987년 6월 항쟁 이후 민주화의 진전 속에서 대항 기억이었던 제주 4·3, 5·18민주항쟁, 일본군위안부, 부마항쟁 등이 모두 공식적인 역사 속에 편입되면서 이제는 공식 기억(official memory)으로 자리매김하게 되었다.

2) 기억 연구의 지형도

이러한 한국에서 기억 투쟁의 양상은 공식 기억 대 대항 기억의 투쟁으로 기억의 정치(politics of memory)가 되어왔다. 역사학자인 전진성은 한국 사회의 정치지형에서 진보와 보수 진영 간의 헤게모니 투쟁이 기억투쟁에 반영되고 있다고 주장한다.[48] 한국의 기억 투쟁은 진보와 보수의 대립구도에 의해 지나치게 좌우되고 있고, 보수나 진보나 모두 자신이 '기억의 진실'을 독점하고 있다고 주장한다. 따라서 담론적 헤게모니의 장악이 기억투쟁의 목표라는 것이다.[49] 이러한 한국사회의 담론 지형에서 기억은 특수한 지위를 가지고 보수와 진보 사이의 차이의 정치학의 장이 되었다는 것이다.[50] 전진성은 이 치열한 기억 투쟁에서 역사가의 일은 기억의 정치학을 넘어서는 것으로 보고 있다. 기억투쟁이 정치투쟁이라는 점이 아니라 기억을 정치투쟁으로 변환시키는 한국적 담론 형성의 메커니즘을 밝힐 필요가 있다는 것이다.[51] 전진성은 담론의 내용보다는 구성 형식, 재현의 문제에 천착한다는 점에서 (신)문화사적 연구[52]가 필요하다고 보았다.

전진성은 기억의 정치학의 연구가 대부분 과거 청산과 관련하여 대항 기억을 드러내는 기억투쟁의 일환이라고 보고 있다. 그는 김영범, 정호기, 조희연, 정근식, 신주백의 연구를 검토하면서 이들의 연구는 과거청산을 기억투쟁으로 보고 있다고 주장한다.[53] 그러나 "과거청산은 정치적 사안일 뿐만 아니라, 역사해석, 윤리적 가치의 관계, 트라우마의 재현 가능성 여부 등 까다로운 이론적 사안이며, 더 나아가 트라우마의 양상과 유형들, 어두운 과거를 처리하는 각 지역, 시기마다의 상이한 방식과 노선들에 대한 경험적 연구를 필요로 하는 사안"[54]이라고 주장한다.

전진성은 과거청산담론에서 기억의 정치학의 한계를 지적하면서도 구술사 연구가 기억 연구에 방법론적 활로를 제시하고 있다고 생각한다.[55] 나의 충남 예산 시양리에 대한 역사인류학적 연구는 대안적 역사쓰기를 추구하지만 여전히 기억의 정치학에 머물러 있다고 보고 있다. 나의 구술사 연구는 연구자의 해석 쪽에 주안점을 두고 있다는 문제점이 있으며, 구술자 스스로가 자신의 기억을 구조화하는 방식에 주목하지 않는다면, 연구대상을 타자화한 것이라고 주장한다.[56] 반면 이용기의 경기도의 한 모스크바 마을 사례 연구나 전남대 호남문화연구의 전쟁과 기억 연구는 구술자들의 기억과 망각 전략에 세심하게 접근하

고 있으며 민중의 기억 전략과 사회적 차원, 기억의 문화적 전략을 다루고 있다고 평가하고 있다.[57]

전진성은 한국 학계의 기억 연구는 기억의 정치학에서 기억의 문화사로 변모하고 있다고 보고 있다.[58] 그런데 이 과정에서는 연구 소재의 변화가 아니라 관점의 변화가 필요하고, 역사로부터 기억으로 관심이 이동되어야 한다고 보고 있다.[59] 그는 기억의 문화사 연구를 위해서 알박스와 아스만의 이론과 함께 한국의 구술사 연구들이 접목되어야 한다고 보고 있다. 또한 구술사 연구가 새로운 활로를 찾기 위해서는 구미의 신문화사를 흡수할 필요가 있다고 주장한다.[60] 기억 연구가 더 진전되기 위해서는 누구를 위한, 무엇을 위한 기억인가 고민할 필요가 있다고 주장한다.[61]

한국에서 기억 연구가 기억 투쟁으로 기억의 정치학에 머물러 있는 것에 대해서 전진성은 비판하였지만, 나는 기억은 항상 권력과 밀접하게 연결되어 있기 때문에 기억의 문화사도 결국 기억의 정치학을 문화적으로 읽어내는 작업일 수밖에 없다고 생각한다. 나는 한국에서 기억의 정치학은 다섯 가지의 특징을 가지고 있다고 본다. 첫 번째는 국가의 공식적인 기억 대 비공식적인 대항기억의 경합이다. 정근식이 살펴본 바와 같이 2000년대로 가면서 국가가 사회적 기억을 독점하는 시대는 끝났고, 비공식적이었던 대항 기억이 드러나 공식 기억과 경합을 하다가 그 중 일부가 공식적 기억에 포함되게 되었다. 아직도 공식적 기억에 들어가지 못한 집합기억들은 거창학살, 여순사건, 민간인 학살, 베트남 전쟁 등이 있다.

두 번째는 대중기억의 헤게모니 쟁탈전이 더욱 거세졌다는 것이다. 스마트폰과 SNS, YouTube와 같은 다양한 디지털 매체의 보급과 확대로 개체화된 개인들이 신속하게 행동할 수 있는 집단 변신이 가능해지면서, 이들의 집합기억을 만들어내는 것이 용이해졌다. 가까운 과거의 사건, 경험, 인물에 대한 영화나 다큐멘터리들의 성황은 영국의 대중기억연구회가 지적했듯이, 대중기억의 헤게모니 장악이 정치적으로 매우 중요해졌기 때문이다.

세 번째는 기억의 지형도가 불균질하다는 것이다. 비공식 기억이었던 대항기억들이 모두 동등하게 인정받거나 공식적 기억으로 인정되어 제도권 역사에 진입한 것이 아니다. 특정 집합기억들이 사회적 기억의 장을 더 많이 점유하고 있는 반면, 다른 집합기억들은 소외되고 있다. 진보적 역사학자들이 주도하는 민족주의에 기반한 민족기억이나 민주화 운동 기억, 1980년대에 대한 기억은 이제 대항기억이 아니라 공식적인 기억이 된 반면 민간인학살에 대한 기억은 아직도 비공식적인 기억으로 남아있다. 특히 국가 폭력에 대한 기억으로 제주 4·3 사건을 제외하고 아직도 대다수는 인정을 받지 못하고 있다.

네 번째는 집합기억 내 개인적 기억의 다양성에 무관심하다는 것이다. 이것은 한국의 대항기억들은 국가의 공식적인 기억에 저항하는 투쟁과 국가의 인정과 기념이 가장 중요한 과제이기 때문이다. 집합기억 내 다양한 개인적 기억의 이질성이나 불균질성은 중요하지 않다. 어떤 면에서는 개인적 기억이 집합기억에 종속되어 있지 않음을 드러내는 것이 공식적인 기억화가 되는 데 불리할 수도 있는 사회적 장이 있기 때문이다.

다섯째는 기억의 한 면인 침묵과 망각에 대해서는 관심이 없다는 것이다. 특히 구술 증언을 통한 대항 기억의 출현은 발화를 중심으로 하는 회상만을 중시하고, 회상의 다른 면인 망각과 침묵에는 관심이 없다. 그렇다면 어떤 기억들이 침묵당하고 있는가. 언어화될 수 없는 기억들은 무엇인가. 어떤 기억들은 왜 망각되고 있는가에 대한 논의가 필요하다.

여섯 번째는 대항 기억을 가진 사람들이 대개 겪고 있는 역사적 상흔, 즉 트라우마 치료에는 관심이 없다는 것이다. 물론 민간인 희생자 유가족의 고통에 대한 연구도 있지만,62 홀로코스트 생존자들의 기억 연구에서 트라우마는 매우 중요한 위치를 차지하고 있다. 반면 진화위의 과거사정리위원회의 경우도 진실 규명이 우선이었지 피해자나 희생자 유가족이 현재의 삶 속에서 겪고 있는 역사적 상처를 치료하는 것이 목표가 아니었다.63

4. 기억 이론들

1) 구전(oral tradition)

기억 연구에서는 구전은 다루어지지 않지만 구술사 연구에서는 다루어질 필요가 있다. 월터 옹 Walter Ong이 말했듯이, 현대 사회는 무문자사회인 부족사회에서와 같은 1차적인 구술 문화는 없다.64 한국도 문자 해독률이 매우 높아서 구비문학과 같은 구전 연구도 이제는 쉽지 않다. 구전이 남아있는 지역공동체도 개발과 도시화로 인해 많이 해체되었고, 구전을 구연할 수 있는 구술자들도 사라지고 있기 때문이다. 하지만 구전에 대한 이해는 구술사 연구에 도움이 된다. 왜냐하면 천혜숙이 연구한 경북 청송 청운리 신당 수난 사건65과 같이 현대사회에서도 구전은 완전히 사라진 것은 아니기 때문이다.

초기 구술사가이며 역사가인 반시나 Jan Vansina나 톰슨은 기억을 역사적 사료로서, 그 내용과 신빙성을 논의하는 데 관심이 있었다. 반시나에 의하면 기억은 내부화된 행동으로 사건 또는 상황을 재현하는 것, 즉 이미지를 회상하는 것이라고 한다.66 기억은 도서관과 같이 경험 하나하나를 기억 코드에 의해 다 저장하고 있다. 기억 코드에는 세 가지가 있다. 첫째는 언어 코드이고 두 번째는 어의 코드로서 인식

반시나, 『역사로서의 구전』 표지

범주 또는 정신의 지도(mental map)이고 세 번째는 시각적 차원이다.67 기억은 한번 저장하면 결코 잃어버리지 않지만 경험이 잘못 저장되어 있으면, 즉 코드화가 잘못되면 기억을 못 하게 된다고 한다. 기억을 못하는 것은 코드화와 해독화 과정에 문제가 있기 때문이다.68 이때 어의 코드가 전체 기억을 작동시키는 열쇠인데, 어의 코드는 사람들이 유아시절에 획득하는 세계관 또는 인식범주다. 이것은 문화마다 다르고, 나이, 성, 교육, 직업에 따라 다르기 때문에 보편적인 인간 기억은 없다.69

반시나는 아프리카의 구전을 연구하면서 구전은 개인적 기억으로부터 시작된다고 보고 있다. 개인적 기억이 하나의 생애사로 발전하고 그것이 어떠한 과정을 거쳐서 구전으로 정착하게 된다는 것이다. 생애사는 역사의 모든 다른 장르들을 위한 자료가 나오는 주맥인데 완전한 생애사를 재현하는 것은 불가능하고 대부분의 생애사는 개인이 가지고 있는 기억의 편집된 판본이라고 하였다.70 개인적 회상은 가족 내에서 구전되거나 시, 노래 등으로 전승되는데 이것들은 암송이 되기보다는 연행되고 이에 개인적인 창의성이 삽입되면서 집합적 관심사에 맞게 변형된다고 한다. 개인적인 기억들이 하나의 공동 판본으로 만들어지기 위해서 합성되는 과정을 거치고, 이 과정에서 일반화, 논리적인 전개, 모순적 기억 제거 등 선택 과정이 일어난다. 결과적으로 하나의 단순한 판본이 만들어지고 그중 가장 잘 연행된 것이 우두머리 판본이 된다.71 따라서 반시나는 구전은 "기억들에 대한 기억"72이라고 하였다. 연구자는 또한 구전은 언어적인 특성에 의존하여 암송을 쉽게 하고, 기억 코드가 구전이 전해지는 언어의 의미론적 코드와 일치하기 때문에 자국의 언어로 수집되어야 한다고 주장하였다.73 그리고 구전은 집합기억이기 때문에 느리게 변해서 몇 세기동안 변형되지 않았다면 걱정할 필요가 없다고 하였다. 그리고 정신의 지도를 알아낼 수 있다면 전승 동안 일어나는 변형의 주요한 원인을 알아낼 수 있다고 하였다. 구전이 담보하고 있는 의미론적 영역을 문화의 중심으로 이끌기 때문이라고 하였다.74

반시나는 기억은 과거로부터의 인상에 기초한 하나의 재창조여서 기억을 연구하는 것은 구전 연구자들에게 한 문화에서 어떤 종류의 편견이 일어나고 언제 의심해야 하는 지를 가르쳐준다고 주장하였다. 그러나 일단 의심이 들면 자료를 제거하는 것이 아니라 더 면밀하게 조사해야 한다고 하였다. 따라서 기억을 연구하는 것은 모든 역사적 자료들이 시작부터 주관성이 들어가 있다는 것을 가르쳐준다고 하였다. 목격자들의 주관성은 과거의 부분이고 조각이어서 일단 설명이 되면 역사가가 그것을 재구성할 때 더 많은 진실성을 담보할 수 있다는 것이다. 즉 과거를 더 잘 이해하게 돕는다는 것이다.75

반시나와 달리 잭 구디 Jack Goody는 문자 문화에서 구전은 글의 존재에 영향을 받기 때문에 구술 문화에서의 구전과는 다르다고 주장하였다.76 구술 기억(oral memory)은 인간의 삶 속에서 배워가는 과정 속에서 형성되기 때문에 단어 하나하나를 암송하는 기억(verbatim memory)과는 다르다는 것이다.77 문자 문화에서는 상황이 변해도 사람들은 같은 기도문을 되풀이하여 정확하게 암송하기 때문이다. 따라서 글은 종교 서적과 같이 일치, 정통을 만들어내기도 한다. 구디는 문화가 지속되기 위해 필요한 방대한 자료를 정확하게 기억해내는 것은 문자해독과 학교교육과 함께 시작되었다고 주장한다. 글이 외울 필요가 없는 저장 체계를 제공하는 순간, 학문은 정확한 말 그대로의 기억을 강요하는 역설이 여기에 있다고 하였다.78

2) 집합기억(collective memory)

기억 연구의 선구자인 프랑스의 모리스 알브바크스 Maurice Halbwachs는 1924년 "기억의 사회적 틀"이라는 논문을 발표하면서 집합기억이라는 개념을 만들어냈다.[79] 그에 의하면 개인적 회상들이 존재하지만, 개인들은 사회적 집단의 한 성원으로서만 기억한다는 것이다. 개인적 회상은 사회적 집단, 가족, 친구들, 정당, 계급, 국가들에 상응하는 일련의 기억들의 교차점이라고 하면서 개인의 기억은 그가 속한 사회적 연대의 중첩적인 연계망의 접점이라고 하였다.[80] 그래서 실제적 집단들의 집합기억은 사회적 사고(social thought)라는 것이다. 알브바크스는 집합기억은 현재 행위의 필요에 반응하고, 집단이 변함에 따라 전통이 변형되도록 잊어버릴 전통과 전승할 전통을 선택한다고 하였다. 변화 속에서 집단들은 안정된 준거틀과 준거의 자원을 필요로 하는데, 이때 회상의 보존은 경관들, 도시 성벽의 암석들과 같이 공간 속에서 어디에 머무르는가에 달렸다고 하였다. 알브바크스는 이러한 집합기억의 공간적 재구성은 사회적 관계의 물리적 장소로부터 집합 이미지의 상징적 체계로 나아간다고 보았다. 그래서 "복음서의 성지에 대한 전설적 지형도"에서 그는 예루살렘이 가지고 있는 기억의 세 개 층위를 분석하고 있다.[81]

알브바크스에 의하면 기억은 사회집단의 성원들을 통해서만, 즉 세대 간의 '살아있는 연계'(living link)를 통해서 지속된다고 보았다.[82] 그래서 집단들의 외부와 위에 있는 역사에도 불구하고 사회적 집단들이 시간을 통해서 정체성을 인식하게 하는 집합기억의 지속성을 주장하였다. 또한, 그는 보편적 기억이란 없고, 모든 집합기억은 공간과 시간적으로 제한되어 있는 한 집단이 유지하는 것이라고 하였다.[83]

알브바크스의 집합기억이라는 개념을 더욱 발전시킨 로제 바스티드 Roger Bastide는 아프리카 종교의 사례를 통해서 집합기억의 공간적 차원이 사회적 지속성과 보존의 중심들을 재창조함으로써만 살아남는다는 것을 확인했다.[84] 아메리카의 해방된 도시 흑인들 가운데 집합기억은 주로 아프리카에서 온 흑인들이 아프리카 종족 집단으로서 재구성될 수 있었던 곳에서만 보존되어왔기 때문이다. 바스티드가 알브바크스의 이론을 발전시킨 점은 첫째 회상이 사회적 배경에 뿌리를 두고 있지만 개인은 기억을 보존하는 장소로서 복원되어야 한다는 것이다.[85]

두 번째는 사회적 집단은 보완적인 연계망에 기초하고 있는 일련의 상호교환 속에 있는 개인들로 구성되기 때문에 집합기억을 설명하는 것은 집단 그 자체가 아니라, 집합기억의 틀을 제공하는 집단의 구조라는 것이다. 따라서 집합기억은 더 이상 집합의식(collective consciousness)이 아니라 서로 연결되어 있는 개인적 기억들의 체계, 즉 기억의 연계망(memory networks)라는 것이다. 그러므로 집합기억은 개인들 간의 관계의 체계나 오래된 전통 전체가 아니라 파편들만 살아남는다는 것이다.[86]

세 번째는 기억의 연계망으로서 집합기억은 연결될 수 없는 파편들이 있기 때문에 집합기억의 틈이 생기고 따라서 이 틈을 메우기 위해서 사용할 새로운 이미지를 찾게 되어 자발적으로 기억을 구성하게 된다는 것이다. 이 때 단순히 새로운 요소들을 첨가하는 것이 아니라 그 요소들이 조직되는 방식으로부터 생성되는 의미를 회복시킨다는 것이다. 이로써 제설혼합주의(sycretism)와 문화접변(acculturation)이 나타난다고 하였다. 따라서 자발적 기억 구성은 기억의 보존과 착오를 설명할 뿐만 아니라 집합기억의 변형을 설명할 수 있다고 하였다.[87]

바스티드는 또한 집합기억의 변형은 한 사회체계의 논리에 새겨져 있고, 동시에 집합기억을 가지고 있는 사회 집단들 사이의 권력관계에 의존한다고 하였다. 그래서 그는 기억들은 사회의 정체성을 정의하는데 도움을 주고, 그 사회들의 운명에 따라서 기억들은 서로 도전하고 서로 합해져서 융해되거나 서로를 제거한다고 주장하였다.[88]

알브바크스와 바스티드의 기억 연구를 소개하면서 바슈텔Nathan Wachtel은 기억을 현재의 한 부분으로 취급하고 기억 자체가 역사를 가지고 있다고 주장하면서 기억의 작동에 더 관심을 둘 것을 요구하였다. 바슈텔은 미국과 프랑스에서 이루어진 구술사의 발전 상황이 구술 아카이브를 목표로 한다는 점에서 실증주의적 역사학과 본질적으로 같다고 비판하였다.[89] 바슈텔은 폴 톰슨을 비롯하여 다수의 구술사가들의 논지는 항상 구술사에 대한 변명 내지 실증주의 역사학의 공격에 대한 방어로 시작한다고 지적하였다.[90] 그리고는 역사가는 사실적 자료로서 기억의 내용보다는 기억의 발달 단계에, 그 신빙성보다는 기억의 작동에 더 관심을 둬야 한다고 주장하였다 그리고 회상은 이제는 과거의 반영이 아니라 현재의 한 부분인 재현으로 다루어져야 한다고 보았다.[91]

3) 기억의 정치학(politics of memory)

프랑스에서 기억에 대한 논의들은 후에 푸코 Michel Foucault의 영화와 대중기억에 대한 논의로 발전하였고, 이것은 또한 영국의 대중기억연구회(popular memory group)에 영향을 주었다. 푸코는 기억의 상황성이 대중기억에 대한 통제와 밀접히 연관되어 있다고 보았다. 푸코는 현대 사회에서는 각종 미디어를 통해서 대중들의 기억에 대한 경합이 진행되고 있다고 주장하였다. 즉 사람들은 TV나 영화 등을 통해 과거의 그대로가 아니라 사람들이 과거에 대해 기억해야 한다고 판단된 것을 기억하도록 강요당하고 있다는 것이다.[92] 반면에 과거에 대한 특정한 기억을 강요하는 이데올로기를 해체하는 작업도 또한 회상, 즉 대항기억(counter-memory)을 통해서다.[93] 따라서 기억을 소유하고 그것을 통제하고, 그것의 내용을 정하는 일이 사회적으로 중대한 것이라고 주장하였다.[94] 이것이 기억이 과거뿐만 아니라 현재를 이해하는 데서 정치적·사회적 투쟁의 초점이 되는 까닭이다.

영국의 대중기억연구회에 따르면 기억을 사회적으로 생산하는 방식은 공적 재현(public representation)과 사적 기억(private memory)의 두 가지 방식을 통해서 일어난다.95 역사의 공적 재현에서는 과거에 대한 여러 해석의 경합을 통해서 지배적인 기억이 나타나고, 지배적인 역사적 재현은 가장 이데올로기적이고 전형적인 신화에 가까운 것일 수 있다. 과거에 대한 공식적인(official) 재현은 국가와의 관계에서 가장 첨예하게 드러난다. 민족사와 민족유산은 국가가 유용하는 지배적이고 공식적인 기억의 대표적인 예다. 공적인 미디어 역시 공적 재현의 주요한 원천이다. 반면 사적 기억은 일상적인 생활 중에 만들어지지만 "기록되지 않을 뿐만 아니라 실제로 침묵 된다."96 사적 기억은 사람들의 종속된, 또는 사적인 삶의 경험을 반영한다.

대중기억연구회는 사회적 기억의 생산에는 두 가지 종류의 관계가 있음을 주목하였다. 첫 번째는 학계를 포함하여 공적인 분야에서 나타나는 지배적 기억(dominant memory)과 대항기억(counter memory) 사이의 관계이다. 두 번째는 현대 국가 체제에서 공적인 담론들과 생활문화에서 생성된 좀 더 사적인 기억 사이의 관계다.97 과거에 대한 다수의 공적인 재현 사이에서 끊임없이 경쟁이 일어나고 그 중 하나가 지배적인 기억이 되면 다른 것들은 대항기억이 된다. 이 두 형태의 기억은 그것들이 만드는 역사적 진실의 정당성을 주장하면서 두 개의 대립하는 역사적 해석을 내 놓는다. 따라서 헤게모니를 쟁취하기 위해 지배적인 기억과 대항기억 사이에 계속적인 경쟁이 일어나고 있는 것이다.

또한 지배적인 기억과 대중기억과의 관계는 고정된 것이 아니라 끊임없는 협상 속에 있다.98 지배적인 기억의 재현들은 국가 기구들에 의해 공식적인 역사 속에서 계속 형식화되고 재생산된다. 그러나 공식적인 기억과 삶의 경험에서부터 오는 사적 기억과의 사이에는 잠재적인 괴리가 있다.99 이 괴리는 대중 대항 기억이 출현할 수 있는 가능한 공간을 열어준다. 대항기억은 종속되거나 억압받는 사람들의 사적이지만 집합적인 기억이다. 이러한 사적인 기억은 헤게모니적인 기억과 담론에 대항하는 대항 담론을 구성하는 대항기억으로서 하나의 공공 역사의 재현이 된다.

『구술사, 기억으로 쓰는 역사』
표지

따라서 기억은 개인적 또는 생리학적·심리적 차원의 것만이 아니라 사회적·문화적·역사적임을 알 수 있다. 또한, 기억은 단지 과거의 경험에 대한 것이 아니라, 과거와 현재의 관계의 양상을 드러낸다.[100] 왜냐하면, 과거가 현재에 살아서 현재 사회적 관계에 영향을 주기 때문이다. 그리고 사회적 기억은 다양한 층위가 있고, 지배적 기억과 대항기억들이 서로 경합함을 알 수 있다. 따라서 기억이 사회 내에서 어떠한 방식과 기제를 통하여 생산되고 통용되는지, 그리고 개인적 기억은 그러한 기억의 생산과 어떤 관계 속에 있는지를 분석할 필요가 있다. 결론적으로 대중기억연구회는 기억은 현재의 시각에서 과거를 이해하고 진리를 생산하기 위해 역사를 재창안하고 정체성을 부여하는 역동적인 것으로 이해되어야 한다고 보았다.[101]

이태리의 구술사가인 포르텔리도 이태리 키비텔라 발 디 키아나 학살 사건에 대한 공식적인 기억과 대항 기억의 경합을 분석하였다.[102] 공식적인 역사에서는 이 학살을 레지스탕스의 한 에피소드로서 기념하고, 그 희생자들을 자유를 위해 쓰러진 순교자에 비유하였다. 반면 생존자들, 과부들과 아이들이 만들어내고 보존해온 기억은 그들의 개인적·집합적 애도와 상실에 거의 전적으로 초점을 맞추어 레지스탕스와의 어떤 관련도 부정할 뿐만 아니라, 무책임한 공격을 해서 독일군의 보복을 야기한 것에 대해서 레지스탕스 당원들을 비난하였다. 이 "분열된 기억"은 순수하고 공동체적인 기억 대 공적이고 이데올로기적인 기억 사이의 대립만이 아니고, 다수의 파편화되고 내적으로 분열된 기억들로 그 기억들은 모두가 한편으로 또는 다른 이데올로기에 의해 그리고 문화적으로 중재된 것이었다.103 그러나 포르텔리는 "집합적" 기억이 개인들의 기억들이 아니고, 이데올로기, 언어, 상식, 제도들이 개입하는 동일하게 정당하고 의미 있는 형식화된 것, 즉 기억들의 장(field)이 아니라, 기억들 안에 있는 대립들을 찾아야만 한다고 보았다.104 분열된 기억은 단지 레지스탕스의 제도적인 기억과 지역사회의 집합 기억 사이의 이분법, 그리고 그것이 암시하는 위계질서뿐만 아니라, 다른 기억들의 파편화된 다수성을 규정하기 위하여 확대되고 급진적으로 되어야만 한다고 주장하였다. 그리고 도시의 기억, 기관의 기억, 레지스탕스의 기억도 분열되어 있다고 하였다.105

4) 기억의 장소들(sites of memory)

프랑스의 기억 연구의 계보를 따라 노라 Pierre Nora는 "기억의 장소들"(Les Lièux de Mémoire)이라는 개념을 이용하여 바슈텔의 기억에 대한 이론적 논의를 더욱 발전시키고 있다.106 노라는 근대의 산업화와 도시화로 인한 급격한 변화 속에서 과거가 급속히 역사가 되어 가고 있고, 이러한 상황 속에서 기억과 역사는 급격히 분리되고 있다고 보았다.107 그래서 기억의 장소들은 오늘날 역사적인 움직임, 즉 기억의 전통이 없어지면서 나타났다고 보았다.108 노라는 역사가 가속화하면서 역사와 기억의 분리가 일어나서 기억과 역사는 현재 근본적으로 반대인 것처럼 보인다는 것이다. 기억은 영원한 진화 속에 있는 생명체인데, 역사는 과거의 재현이라는 것이다. 따라서 역사의 진정한 사명은 기억을 억압하고 파괴하는 것이라고 한다.109 노라는 기억, 역사, 국가의 마지막 통합체가 민족사(national history)라고 하였다.110

따라서 노라는 기억의 장소들은 거대하고 친밀한 기억의 보고가 사라지는 것과 동시에 나타나고, 비판적 역사의 응시를 통해 재구성된 대상으로서만 살아남는다고 하였다.[111] 노라에 의하면 이제 오늘날 우리가 기억이라고 하는 것은 기억이 아니라 이미 역사여서 기억을 추구하는 것은 역사를 추구하는 것이다.[112] 따라서 진정한 기억과 역사를 통과하면서 변형된 기억을 구별할 필요가 있다고 주장하였다. 그리고 역사에 의해 변형된 기억을 근대적 기억의 탄생으로 보고 현대 사회의 기억은 이른바 고문서 기억, 의무 기억, 거리 기억이라고 하였다.[113] 따라서 기억의 장소들은 기억의 전통이 없어지면서 역사에 의해 재구성된 대상으로 나타난 것으로 근본적으로 유재라는 것이다. 노라는 기억하고자 하는 역사적 시대에 겨우 살아남은 기념적 의식의 궁극적인 구현이고 한 시대의 경계석이고 영원한 환영들이라고 하였다.[114]

노라는 기억의 장소들이 세 가지 기능적 의미를 가진다고 주장하였다. 기억의 장소들은 물질적·상징적·기능적 장소들로서[115] 베르샤이유 성 또는 스트라스부르그 대성당과 같은 기념비일 수도 있고, 기장들, 기념식들, 그리고 프랑스 삼색기, 7월 14일, 프랑스 국가와 같은 상징들일 수 있고, 왕의 즉위식과 같은 의례뿐만 아니라, 망령비(monuments aux morts)와 같은 기념비도 될 수 있고, 모든 프랑스 어린이들이 사용한 교과서, 사전과 같은 소책자들, 인권선언문 또는 시민법전(Code civil)과 같은 기본 텍스트나 예를 들면 자유, 평등, 박애와 같은 구호들일 수 있다고 보았다. 이와 같은 기억의 장소들의 특질은 우리에게 익숙한 역사의 모든 형태로부터 자신들을 분리시킨다는 것이다. 또한 현실에 준거하지 않고, 자신들이 준거가 되고 순수하고 단지 자기 준거적인 기호가 된다는 것이다. 이것은 기억의 장소로 만든 것이 바로 역사로부터 도망 나왔기 때문이라는 것이다. 따라서 기억의 장소들은 과도하게

폐쇄되어 그 자체의 이름에 집중되기도 하지만, 동시에 가능한 의미화 전체에 영원히 개방되어 있다.116

5) 기억과 정체성(memory and identity)

노라가 위에서 기억을 추구하는 것은 역사를 추구하는 것이라고 하는 것은 바로 기억과 정체성이 긴밀하게 연결되어 있음을 알게 해 준다. 내가 누구인가는 내가 무엇을 기억하는가와 연관이 있기 때문이다. 기억과 정체성은 지속적인 상호작용을 거치는 사회적·정치적·역사적 구성물이다. 기억과 정체성은 매우 선택적으로 조정되고 각인된다. 프랑스의 경우 근대적 기억은 프랑스혁명 이후 민족기억의 출현으로부터 시작되었다. 반면 유대인은 기억의 민족이라고 하는데 유대인의 민족기억은 종교적 기억과 역사적 기억이 결합되어 있기 때문이다. 그런데 전지구화, 탈식민, 초국적 상황은 민족적·국민적 기억이 탈국가적 기억으로 변화하게 하고 있다. 루세트 발랑시 Lucette Valensi는 북아프리카에 살다가 제2차 세계대전 이후 프랑스로 이주한 유대인들의 구술 자서전을 중심으로 유대인의 경험에서 역사와 기억과의 관계를 다루었다.117

발랑시는 유대인들에게 성스러운 역사는 집합기억이라고 하면서 이들에게 종교적 실천은 과거를 기념하는 것이라고 하였다.118 유대인들에게 중요한 과거의 에피스드들을 다시 연행함으로써 사건을 기념하는 것이다. 유대인들은 대이산으로 역사를 공유할 수 없기 때문에 기억을 보존해야 했고, 기억은 집합적 정체성의 구성 요소 그 이상인 전승과 재생산의 기반이 되었던 것이다. 그래서 유대인 집단은 사회적 실천에서 기억할 것을 선택하였고, 종교적 기억은 기억의 정책(policy of memory)의 결과로서 보존되거나 잊힐 인물들과 사건들이 정교화의 과정을 거치는 전략적 선택의 결과였다. 그래서 유대인의 집합기억은 지역적 차원에서 개인들의 전기에 영향을 주고 또한 성스런 역사를 조작하였다.[119] 그렇지만 유대인들의 역사적 경험이 집합기억의 일부가 되고 결합되는 방식은 종교적 기억의 패러다임* 안에서 일어났다.

19세기 유럽 유대인들을 둘러싼 사회적·정치적·지적 변화로 인해 유대인 게토의 개방, 역사주의 전파로 종교적 전통에 속하지 않은 요소들이 유대인 기억 형성에 삽입되었고, 이스라엘 민족국가의 성립으로 유대인의 공적인 역사가 존재하게 되었다.[120] 그럼에도 유대인 역사학과 집합기억 사이의 상호작용에서 성스런 역사가 정통기억을 주장하였다.[121] 그 사례로 발랑시는 1956년-1960년대 말까지 북아프리카에서 일어났던 대규모의 유대인 이민 후 북아프리카 유대인들이 대대적으로 출간한 자서전을 분석해보았다. 이 자서전들에서 북아프리카 유대인에게서 종교적 기억의 도식이 개인적 기억의 층위들에 깊이 들어가 있음을 알 수 있었다. 자서전에서 그들의 운명을 표현할 수 있는 유일한 방식은 새로운 언어를 가지고 유대인 전통으로부터 배운 교훈들을 암송하는 것이었다.[122] 즉, 이주한 유대인들도 자신들의 생애사를 종교적 전통의 패러다임 안에서 조직하고 있음을 알 수 있었다.[123]

6) 문화적 기억(cultural memory)

기억 연구에서 가장 많이 인용되는 연구자는 얀 아스만 Jan Assmann과 알라이다 아스만 Aleida Assmann이다. 이들은 제2차 세계대전이나 홀로코스트와 같은 역사적 사건을 직접 경험하고 증언할 수 있는 사람들이 줄어들고 다양한 매체를 통해서 사람들이 특정 기억들을 전수, 보존하게 되는 현상에 주목하였다. 알라이다 아스만은 직접 경험한 증언자의 기억을 의사소통적 기억(communicative memory)이라고 하고 다양한 매체를 통해서 보존, 전승되는 기억을 문화적 기억(cultural memory)이라고 구별하

---

* 유대인들의 종교적 기억의 패러다임: 박해-해방-구원(메시아를 기다리는 것)

였다.[124] 의사소통적 기억은 개인적 전기 내의 역사적 기억으로, 비공식적이고 덜 조직적이고 자연적이며 상호작용과 일상의 경험에서 만들어진다. 이는 개인의 생각, 경험이 살아있는 기억으로 80-100년, 3-4세대를 거슬러 올라가며 기억 공동체 안의 불특정 증인들의 담지자다. 의사소통적 기억은 구술사의 영역이라고 볼 수 있다. 반면, 문화적 기억은 신화적 과거, 고대 역사, 절대적 과거의 사건들에 대한 것으로, 의식적으로 만들어지고 매우 형식적이고 의례적 의사소통과 축제와 관련이 있다. 문화적 기억은 객체화, 전통적인 상징적 코드화, 말, 이미지, 춤 등을 사용하며 신화적 고대로부터 가까운 과거로까지에 대한 것으로 전문적인 전통 운반자가 담지자다.

[표 2] 아스만의 의사소통적 기억과 문화적 기억의 비교 [126]

	의사소통적 기억	문화적 기억
내용	개인적 전기 내의 역사적 기억	신화적 과거, 고대 역사, 절대적 과거의 사건들
형식	비공식적, 덜 조직적, 자연적, 상호작용과 일상의 경험에서 만들어짐	의식적으로 만들어짐, 매우 형식적, 기념의례적 의사소통, 축제
매체	개인의 생각, 경험에 살아있는 기억	객체화, 전통적인 상징적 코드화, 말, 이미지, 춤 등 사용
시간 구조	80-100년, 3-4세대	신화적 고대로부터
담지자	기억 공동체 안의 불특정 증인들	전문적인 전통 운반자

[표 3] 아스만의 저장기억과 기능기억 비교 [127]

	저장기억	기능기억
내용	the Other, 현재가 아닌 과거 전체	the Self, 현재는 특정한 과거의 토대 위에 있다.
시간구조	무시간적, 이중적 시간 체제: 과거가 현재와 공존	통시적, 과거와 현재의 지속성
형식	텍스트의 절대성, 자율적인 문서의 지위	선택적=전략적 기억을 접근 각도에 따라 사용
미디어와 기관	문학, 예술, 박물관, 과학	축제, 집합 기념의 공공 의례들
담지자	문화적 집단 내의 개인들	집단화된 주체들

알라이다 아스만은 기억을 두 가지 양태로 구분하면서 노라와 달리 기억과 역사의 대립에 반대하였다. 그녀에게 역사와 기억은 상호 배제하지도 않고 억압하지도 않아야 할 두 가지의 기억의 양태이기 때문이다. 역사와 기억의 상호 배타성을 극복하기 위하여 그녀는 기억을 활성적 기억(기능 기억, functional memory)과 비활성적 기억(저장 기억, stored memory)으로 나누었다.

[표 4] 활성적 기억과 비활성적 기억 [128]

기능기억(활성적 기억)	저장 기억 (비활성적 기억)
• 집단, 제도, 개인이 보유 • 과거, 현재, 미래를 연결 • 사건을 선별적으로 처리 • 가치들을 중개 • 그 가치에서 정체성의 특성과 행동규범이 생기게 된다	• 특수한 보유자로부터 분리되어 있다. • 현재와 미래로부터 과거를 철저하게 분리한다. • 모든 것에 관심이 있고, 모든 것이 동등하게 중요하다. • 진리를 찾아내지만 동시에 가치와 규범을 멀리한다.
• 선별되고 해석되어 하나의 스토리 형식 • 의미화를 통해 집단기억으로 수용 가능성 • 활성화된 저장기억의 토막 • 민족, 국가는 기능 기억위에 지은 집	• 무정형의 덩어리 • 사용되지 않고 정돈되지 않은 기억의 마당 • 기능기억의 배경 • 무제한의 기록물보관소

알라이다 아스만에 의하면 기능 기억은 세 가지 역할을 한다. 첫 번째로 공식적이거나 정치적인 기억의 주 관심사와 지배와 기억 사이의 연합으로 계보학적 기억을 형성하여 정통성을 만들어낸다.[128] 두 번째는 공적 기억은 비판적으로 전복된 기능 기억인 비공식적인 반대 기억(대항 기억)을 생산하여 정통성을 소멸시키는 기억이 나오게 하는 탈정당화의 역할을 한다.[129] 세 번째로는 상징적인 표현형식들을 통해 집단적 정체성을 부각하고 민족적 기억을 확실하게 하는 명징화의 역할을 한다.[130] 이러한 세 가지 역할은 곧 기억의 정치학으로 이끈다. 이와 대조적으로 저장기억은 미래 기능기억의 비축 창고로서 문화적 지식을 복구하는 기본적인 자원이자 문화적 전환 가능성의 조건이

[그림 1] 의사소통적 기억, 문화적 기억, 기능기억, 저장기억의 관계

된다.131 또한 활성적인 기능기억에 대한 교정책이 되는데, 따라서 기능기억과 저장 기억의 경계가 허물어져 상호왕래가 가능할 때 끊임없는 혁신이 가능해진다. 저장기억은 자연발생적이지 않아서 문화적인 지식을 보존하고 비축하고 추론하고 순환시키는 제도를 통하여 지원받아야 한다. 따라서 기록물보관소, 박물관, 유적지, 연구소, 대학 등 기관에서 가능하며 다양한 기능기억의 콘텍스트가 된다.132

알라이다 아스만은 기능기억과 저장기억이 역사서술을 가치 없는 것으로, 기억을 신화적인 것으로 만들면서 문제성 있는 잠재적인 요소들을 드러내어 이 두 가지 기억의 교차 속에 서로를 위한 상보적인 치유책이 존재한다고 주장하였다. 왜냐하면 저장기억은 기능기억을 입증하고 지지하고 교정하는 만큼, 기능기억은 저장 기억에 방향을 제시하고 동기를 유발시키기 때문이다. 이 두 기억은 하나이면서 서로의 내적 차이의 다양성을 추구하며 외부로 발현하는 다양한 문화현상이 되기 때문에133 역사와 기억의 대립에 반대하였다. 그녀는 기억이 저장 기억과 기능기억이라는 두 양태가 있음으로써 역사 서술이 지속적으로 새로운 해석으로 나아갈 수 있다고 보았다.

5. 역사와 기억과의 관계

서구에서는 1970년대 초부터 역사와 기억의 관계에 대한 관심이 증가하기 시작했다. 이에 역사학이 문화적 기억의 한 형태인가에 대한 논쟁이 나타났다. 이 논쟁에서 사료도 과거의 현실을 반영한 것이 아니라 재구성된 문화적 구성물이라는 점과 기억처럼 역사도 문화와 이데올로기가 깊이 침투된 구성적 서사과정이라는 점이 지적되었다.134 이러한 논쟁에서 역사와 기억의 관계에 대한 세 가지 견해가 출현했는데, 첫째는 역사를 기억과 대립적으로 보는 견해(history or memory)이고, 둘째는 역사를 기억으로서 보는 견해(history as memory)이고, 마지막은 역사와 기억을 상호보완적으로 보는 입장(history and memory)이다.

역사와 기억을 대립적으로 보는 대표적인 학자는 피에르 노라다. 그에게 기억은 살아있는 사람들이 끊임없이 변형시키는 생명체인 반면, 역사는 과거의 재현이다. 이렇게 그는 역사와 기억을 대치되는 두 개의 문화적 모델로 보고, 역사학의 부흥으로 전통적인 기억의 위기가 와서 기억이 추진력과 정체성을 상실하게 되었다고 보았다. 기억의 전통이 사라지면서 역사에 의해 재구성된 대상으로 나타난 것이 바로 기억의 장소들이라고 주장하였다.135 기억 연구자 에스트리드 엘에 의하면 역사를 기억과 대립적으로 보는 입장은 1960년대 톰슨 E.P. Thompson과 같이 '밑으로부터의 역사쓰기'를 주장한 역사가들과 써브얼턴 연구자(Subaltern Studies)들과 같은 탈식민 역사학을 주장하는 역사학자들에게서도 나타났다. 이들에게 기억은 헤게모니적인 기억에 도전하는 민중들의 대항기억이다. 여기에서 기억은 공식적인 역사에 의해 잊혔거나 억압된 과거의 경험을 회복하는 것을 말한다.136 이들의 연구에서는 공식적인 역사는 공식적인 기억을 대변하고 공식적인 기억과 대항기억 사이의 기억의 정치학이 중요했다.

역사를 기억으로서 보는 대표적인 학자는 피터 버크 Peter Burke다. 그는 역사를 사회적 기억(social memory)로 보면서 기억이 실제로 일어났던 것을 반영하고 역사는 기억을 반영한다는 종래의 입장을 반박하였다. 그는 역사에 대한 상대주의적 견해를 가지고 시간과 장소에 따라 역사가들이 기억할만하다고 하는 것이 다르다고 주장하였다.137 그래서 기억을 역사적 현상으로 보고 회상의 사회사(social history of remembering) 연구를 주장하여 역사가는 사회적 기억의 작동을 분석하여야 한다고 주장하였다. 피터 버크와 비슷하게 역사를 기억으로 보는 입장은 대중기억연구회와 루세트 발랑시다. 대중기억연구회는 대중기억과 구술사를 통하여 기존의 역사와 기억의 경계를 부정한다. 이들은 기억의 사회적 생산에 관심을 두어 과거에 대한 의미화는 공공의 영역과 사적 영역에서 동시에 일어나며 그 의미화들이 지배적 담론과 대항담론으로 발전하는 양자의 관계에 주목한다. 이들에게 역사는 지배적 기억과 사적 기억 내지는 대항기억의 경합 속에 있다. 발랑시는 유대인들의 역사적 경험이 집합기억의 일부가 되어 결합하는 방식은 종교적 기억의 패러다임 안에서 일어나서 성스런 역사의 일부로 편입된다고 주장하였다. 따라서 유대인에게 성스런 역사는 그들의 집합기억인 것이다.

　마지막으로 기억과 역사의 상호보완적 공존을 주장하는 대표적인 학자는 르 고프 J. Le Goff다. 에스트리드 엘에 의하면 르 고프에게 기억은 역사의 원자료이고 따라서 역사가는 기억을 북돋아서 기억과 망각의 변증법적 관계를 다루어야 한다고 보았다.138 이와 같은 입장은 나탕 바슈텔 Nathan Wachtel과 전진성에게서도 나타난다. 바슈텔은 한 사회, 한 개인 안에 다양한 기억들이 함께 존재하기 때문에 기억의 역사들을 추구할 것을 제안하였다. 따라서 역사가의 작업은 사회적 집단들의 삶 속에서 회상들의 형태, 기제, 기능뿐만 아니라 서로의 상호작용과 갈등을 분석하는 것이다. 전진성은 1980년대 이래 국제 역사학계의 주요 흐름이 역사를 기억에 접근시키려는 경향이라고 하면서, 역사와 기억의 비교를 통하여 서로의 차이를 인정하지만 대립적인 것이 아니라 상호보완적인 것으로 보았다. 그는 역사와 기억의 대립적 관계라는 이분법은 기억의 정치학을 과열시켰다고 보고, 현재 공식적 기억과 대항 기억 사이의 대립과 갈등을 드러내는 기억의 정치학에 초점을 두는 기억 연구에서 나아가 아스만 부부의 문화적 기억 이론을 도입하여 기억의 문화사 연구로 나아갈 것을 주장하였다.

[표 5] 전진성의 기억과 역사 비교 [140]

	기억	역사(역사학?)
내용	개인이나 집단의 체험	기념비적 사건 또는 구조의 전개
형식	이미지: 본원적, 자발적, 주관적, 비정형적, 복수적, 구체적, 감성적, 일상적	지식: 인위적, 강제적, 객관적, 체계적, 단일적, 추상적, 지성적, 전문적
매체	말, 문자, 활자, 전자매체, 여타의 문화적 행위(예술, 축제)	책(활자), 공공기관(박물관), 부분적으로는 전자매체
재현방법	상상력(기억술), 기념	증거의 분석, 비판, 논증
구성원리	공간스키마의 반복적 재생	기간 스키마의 창조
시간구조	지속성(무시간성)	연속성(균질성), 역사성(시간의 절대화)
지향점	전통(과거의 신성화)	진리(과거의 탈주술화)
담지자	개인이나 특정집단	보편집단(민족, 계급, 인류)

위에서 보는 바와 같이 역사와 기억의 관계에 대한 입장은 간단하지 않다. 세 입장들이 각각 별개이기보다는 서로 연결되는 지점들도 있다. 예를 들면 역사 대 기억의 대립적 입장에서 주장하는 '기억의 정치학'이나 역사를 기억으로 보는 입장에서의 '회상의 사회사', '기억의 사회적 생산'이나 역사와 기억을 보완적으로 보는 입장에서의 '기억의 문화사' 내지 '기억의 역사'는 서로 완전히 다른 논의라고 볼 수 없다.

나는 박사학위논문에서 역사와 기억을 대립적으로 보는 견해를 가지고 있었다. 충남 예산 시양리 마을사람들의 한국전쟁에 대한 기억을

『인류학자의 과거 여행』
표지

공식적 역사에 대한 대항기억으로 이해했기 때문이다. 그러나 현재는 역사를 사회적 기억으로 보고 역사학은 넓은 의미의 문화적 기억(cultural memory)의 한 매체로 생각한다. 대중기억 연구회가 주장하듯이 과거를 재현하는 다양한 방식 중에 공식적인 기억은 역사학과 역사서술에서 재현된다. 그런데 침묵 당하는 사적 기억들도 집합기억으로 발전되면서 공식적인 기억에 도전하는 대항기억이 될 수 있다. 그리고 그 대항기억 또한 공식적인 역사에 편입할 수 있다. 따라서 기억의 정치학은 항상 진행되고 있으나 또한 특정 기억의 역사 연구도 가능해지고 있다.[140]

요즘 역사의 대중화와 공공 역사(public history)에 역사가들이 관심을 가지게 되면서 구술의 매개인 기억을 역사학 속으로 도입하는 데 있어서 논의가 막 시작되고 있다. 역사와 기억의 관계에 대한 입장은 역사학자마다 다를 수 있지만, 역사와 기억의 접맥은 역사 연구를 더 활성화하고, 현대 역사학, 역사 연구에 자극을 줄 것으로 생각한다.

제5장

구술사 인터뷰

밑바닥으로부터 새로운 증거를 도입하고 초점을 이동시키고, 연구의 새로운 영역을 열고, 역사가들의 가정들과 이미 용인된 판정들에 도전하고, 무시되었던 실제적인 집단을 인정하게 함으로써, 이러한 역사의 모든 분야에서 누적적인 변화의 과정이 진행되고 있다. 역사서술 자체의 폭도 넓어지고 풍성해지고, 동시에 그 사회적 메시지도 변화한다. 역사는 단순하게 말하면 더 민주적이 된다. 왕들의 연대기는 평범한 사람들의 삶의 경험을 고려해 왔다. 그러나 이러한 변화에 똑같이 중요한 다른 차원이 있다. 역사를 쓰는 과정은 그 내용과 함께 변화한다. 구술 증거의 사용은 연대기 학자들과 청중 사이의 벽을, 교육 기관과 외부 세계와의 벽을 무너뜨린다.[1]

1. 구술사 연구의 단계

사회학자 김귀옥에 의하면 구술사 연구 단계[2]는 7가지로 구성되어 있다. 이 구술사 연구의 단계들을 정리해보면 크게 4단계―예비조사, 본 조사, 자료 정리와 분석, 글쓰기―로 볼 수 있다. 첫 번째 단계는 연구주제를 선택하여 예비조사를 하는 것이다. 예비조사는 크게 문헌조사와 현지조사로 나눌 수 있다. 대체로 연구자들은 연구 주제와 관련 있는 연구논저 및 보고서를 중심으로 조사하는 문헌조사만 하는 경우가 많다. 하지만 연구 주제와 관련된 자료가 빈약할 경우에는 연구 주제에 해당하는 사람들이나 집단이 거주하거나 활동하는 지역에서의 참여관찰과 심층면접을 동반하는 현지조사가 필요하기도 하다. 초기에 연구자가 가지고 있었던 연구 주제에 대한 문제의식은 예비조사를 통해서 수정 보완되고 더 정교하게 될 수 있다. 이 시기에 학위 논문을 쓸 때 작성하는 프로포절(proposal)과 같은 연구계획서를 만들어 놓는 것도 좋다.

두 번째 단계인 본 조사는 현지조사와 구술사 인터뷰를 통하여 구술 자료를 수집하는 단계다. 연구 주제와 관련된 사람들이나 집단이 활동하는 지역에서 참여관찰을 하면서 라포를 형성하고 문화기술지적 자료들도 수집한다. 그리고 연구 주제에 타당한 구술 자료를 제공할 구술자들을 선택해서 구술사 인터뷰를 실시한다. 구술사 인터뷰 시 구술 자료만을 수집하는 것이 아니라 구술과 관련된 물증 자료도 수집하는 것이 좋다.

세 번째 단계는 수집된 구술 자료를 녹취하고 분석하는 것이다. 구술 자료는 음성 자료이기 때문에 글쓰기를 위해서는 문자화할 필요가 있다. 구술성을 반영하는 녹취문을 만들어서 구술 자료의 특성을 염두에 두면서 구술의 내용과 형식에 대해서 분석한다. 구체적인 해석의 양식들은 제7장에서 다루어질 것이다.

네 번째 단계는 분석한 자료들을 가지고 학문적 글쓰기를 하는 것이다. 구술 자료로 학문적 글쓰기를 한다고 해서 구술 자료만을 사용하는 것이 아니다. 현지조사 시 수집한 다양한 문화기술지적 자료와 문헌 사료들이 함께 해석되어야 한다. 구술 자료에 기초하는 학술 논문이나 단행본 출판을 위한 글쓰기는 제7장에서 다루어질 것이다.

이 장에서는 두 번째 단계에 해당하는 본 조사 부분이 구체적으로 다루어질 것이다.

2. 연구주제와 구술자 선정

여느 연구와 마찬가지로 구술사 연구의 시작은 연구주제의 선택이다. 구술사에 적합한 연구주제가 따로 있다고 말할 수는 없다. 그러나 한국에서 이루어져 온 구술사 연구들의 경향을 살펴보면 구술사 연구가 두드러진 주제들이 있는 것도 사실이다. 이제까지는 주로 한국근현대사에서 기록을 구하기 어려운 연구주제에 관해서는 구술 자료들이 적극적으로 수집되고 연구되었다. 또한, 기록을 남기기 어려운 집단들, 소외된 사람들, 특히 여성들의 삶의 경험을 연구하는 데 구술이 적극적으로 이용되어 왔다. 그러나 최근에는 특정 사건에 대한 증언이나 경험뿐만 아니라 생활문화사나 일상생활사의 영역에까지 구술사 연구가 확장되고 있다. 따라서 구술에 적합한 연구주제를 선택하는 것이 아니라 기존의 연구주제를 구술로 접근해보는 시도들도 가능해졌다.

이렇게 연구주제를 먼저 선택하고 구술사 연구를 시작할 수도 있지만, 인류학적 현지조사에서는 인류학자가 대단한 이야기꾼을 만나면 구술 생애사 연구를 시작하기도 한다. 즉 연구할만한 가치가 있는 흥미로운 구술자를 만나면 그 구술사를 통해서 어떤 특정 주제를 연구하거나, 그 구술자의 생애사를 연구하게 되기도 한다.

사실 인류학적 현지조사에서 구술자와의 만남은 우연을 통한 필연이게 마련이다. 특히 장기간의 현지조사에서 연구자가 현지민을 통제할 수 없기 때문에, 현지에 들어가는 것에서조차 연구자는 거의 선택이 가능하지 않는 경우도 있다. 현지조사를 해본 사람이라면, 현지민이나 현지에 관계된 어떤 사람에게라도 매달리고 싶게 된다. 그래서 구술자를 선정하는 것도 어떤 의미에서는 연구자가 구술자에게 선택될 수도 있고, 상황에 의해 결정될 수도 있다.

또한, 현지조사를 동반하는 구술사 연구에서 구술자를 선정하는 데 주요한 요소는 현지의 상황이다. 현지의 상황이 특정 집단과 친밀해지는 것이 불리할 경우에는 다양한 집단에서 구술자들을 찾는 것이 현명한 일이다. 또한, 연구자 자신의 성향과 라포 형성의 정도도 구술자 선정에 영향을 준다. 연구자 자신도 인간이기 때문에, 어떤 현지민이 적절한 구술자라고 판단이 되어도 첫인상이나, 성격, 매너 등으로 말미암아 다른 적절한 구술자를 찾게 될 수도 있다. 마지막으로 구술자 자신도 연구자를 도와주려는 의지를 가져야 한다. 구술자 자신이 연구자를 도와주려는 의지를 갖게 되는 데는 다양한 이유가 있고 자신이 구술자가 되는 것에 어떤 의미가 있어야 한다. 물질적인 이유이건 단지 흥미 때문이건 간에 구술자 자신도 연구자를 적극적으로 도와주는 것에 대한 정당성이 필요하다. 따라서 구술자가 준 자료 및 정보를 분석할 때, 구술자 선정에 영향을 주는 다양한 요인을 고려하면서 그 구술자가 자신의 연구에 충분한 신뢰성을 주는 자료를 주는지, 그 구술자의 해석은 얼마나 유용성이 있는지를 검토하는 것이 중요하다.

강원도 속초 아바이 마을에서 현지조사를 수행한 사회학자 김귀옥은 소개를 통한 접근과 눈덩이식 조사 방법을 사용하여, 동네 유지를 통해 구술자를 소개받아 구술자들의 신뢰를 얻고 마을의 권력관계를 파악할 수 있었다고 한다.3 이렇게 구술자의 선택은 연구주제에 맞는 한 사람을 소개받고 그 사람을 통해서 다른 사람을 소개받는 고리의 형태로 이루어지는 경우가 많다. 상황과 연줄에 의해서 구술자를 찾는다고 하더라도 누구나 다 구술자가 되는 것은 아니다.

연구자가 선택한 연구주제에 적합한 구술자를 선정하는 데 필요한 것이 이론적 대표성(theoretical representativeness)4이다. 우리가 보통 사회과학에서 사례 연구나 표본(sample)을 사용할 때 가장 주요하게 보는 것이 대표성이다. 이때 대표성은 바로 통계적 대표성(statistical representativeness)을 말한다. 그러나 구술사와 같은 질적 연구에서는 구술자들은 통계적 대표성은 없어도 되지만, 이론적 대표성이 있어야 한다. 이론적 대표성이 있어야 구술자가 준 정보의 신뢰도를 높일 수 있다. 이론적 대표성은 구술자의 이론적 자격(theoretical qualification, competence)과 인성(personality)으로 구성되어 있다.5 이론적 자격이란 구술자의 사회적 위치(social position)

와 역할(role)이 연구자의 연구주제에 타당한 정보와 자료를 줄 수 있는 것을 말한다. 그리고 인성은 구술자의 성격이라기보다는 연구에 협조하는 구술자의 성의를 말한다. 구술자가 협조해주지 않으면 구술사 연구 자체가 되지 않기 때문이다.

이론적 자격이 있는 구술자를 선정하는 방식에는 두 가지가 있다. 첫 번째는 현지조사와 인터뷰 시작 전에 미리 구술자가 될 자격 조건을 만들어서 찾아보는 방식이다. 이 방식을 선험적 분석틀(a priori analytical framework)이라고 하는데, 이론에 의해서 유도되는(theory-driven) 방식이라고 볼 수 있다.6 연구자는 자신의 연구주제와 목적에 맞는 구술자가 누구일까를 미리 생각하고 현지에 가서 자신이 설정한 범주 내에서 인터뷰할 수 있는 구술자 집단(pool)을 만들고 그 안에서 구술자를 찾는다. 이때 선정 범주는 그 조직이나 집단 내에서 결정된 역할, 지위, 위치, 전문지식, 성원권 등이다. 물론 이 경우에도 구술자는 연구자가 필요한 이론적 자격을 모두 갖추었을 뿐만 아니라 협조해 주어야 한다. 이 방식은 현지조사에서 시간을 절약하게 해 주어 빠른 시간 내에 효과적으로 구술자를 선택하게 해준다. 그러나 빨리 구술자를 선정하는 것이 항상 유리한 것은 아니다. 왜냐하면, 현지의 상황을 충분히 파악하지 않은 상태에서 특정 구술자를 먼저 선정하는 것이 나중에 문제가 될 수도 있다. 또한, 미리 만들어진 구술자 자격 조건 내에서만 구술자를 찾게 되어 다양하고 돌출적인 기회로 만날 수 있는 구술자들의 가능성을 조기에 차단하게 된다.

두 번째 방식은 출현하는 분석틀(emergent analytical framework)로서 현지조사를 진행하면서 적절한 구술자를 선택하는 방식이다.7 이 방식은 현지조사 시작 전에 일정한 구술자 선정의 틀을 가지지 않고 현지조사를 수행하다가, 자료가 모이면 연구자의 주제와 목적에 적합한 구술자를 선정하는 방식이다. 따라서 이 방식은 자료로부터 유도되고 탐사적인(data-driven/exploratory) 성격을 가지고 있다고 볼 수 있다. 이 틀에서 구술자 선정은 현지조사라는 총체적 상황에서 나타나는 다차원적인 기준들에 의해 측정된다. 여기서도 또한 구술자의 인성이 작용한다. 선험적 분석틀과는 달리 이 방식은 미리 구술자의 조건을 전제하지 않기 때문에 더 다양한 구술자를 만날 가능성이 있다는 장점이 있고, 또한 현실적으로 접근 가능한, 라포 형성이 가능한 구술자를 선택할 수 있다는 장점이 있다. 그러나 동시에 현지조사 때 시행착오를 거쳐야 하기 때문에 시간과 노력이 더 많이 들 수도 있다.

3. 현지조사와 라포 형성

구술사 연구 방식은 나라마다 구술사 발전의 전통에 따라서 차이가 있다. 미국 구술사 연구에서는 해당 지역에서 구술사 프로젝트가 공지되어 인터뷰 지원자를 모집하기도 하고 연구자가 가능한 구술자를 선택하여 전화나 편지로 인터뷰 의사를 확인하여 확답을 받으면 면담자(연구자)가 구술자를 방문하여 일정 시간 내에 인터뷰를 하고 그에 대한 금전적인 보상을 한다. 이러한 구술사 연구에서 연구자는 대개 현지조사를 동반하지 않고 구술자의 동의(면담자와 구술자 간의 라포가 아니라) 하에 구술 자료를 수집한다. 그러나 영국이나 이탈리아에서는 전통적으로 구술사 연구가 현지조사를 동반하여 연구자는 구술자의 삶을 참여관찰하고 라포를 형성하여 인터뷰를 실행한다.

한국에서는 다양한 분야에서 많은 구술사 연구가 이루어지고 있으나, 현지조사의 훈련을 받지 못한 분야의 연구자들은 현지조사 없이 구술사 연구를 하고 있다. 또한 구술채록사업을 하는 기관들의 구술사 프로젝트에서도 현지조사를 수행하는 경우는 거의 없다. 그러나 나는 현지조사를 동반하는 구술사 연구가 더 바람직하다고 생각한다. 특히

현지조사 중인 필자

지역사나 특정 집단 연구에 있어서는 더욱 그렇다. 왜냐하면, 구술자의 이야기를 잘 이해하기 위해서는 구술자의 삶의 맥락을 아는 것이 유리하기 때문이다. 그래서 이 책에서는 현지조사, 그중에서도 참여관찰을 동반하는 인터뷰 방법을 제시하고자 한다.

현지조사를 동반하지 않는 구술사 연구의 전통이 있는 미국의 구술사가들은 인터뷰 자체보다는 인터뷰의 결과물인 녹음테이프와 녹취문을 어떻게 잘 기록하고 보존하는가에 더 관심을 두어왔다. 이때 구술자는 면담자의 질문에 순수한 경험을 명백하게 고백하는 것이 전제되었고, 구술사가들은 기록관리자로서 역사가들이 구술 자료를 가지고 역사적 해석과 역사 쓰기를 하도록 도와주는 사람이다. 그러나 미국에서도 인터뷰는 명백하게 자극과 반응이라는 기계적인 작동이 아니라 면담자와 구술자의 상호관계의 맥락 속에서 이루어진다는 것을 무시할 수 없었다.

현지조사를 동반하는 구술사 연구에서 구술사가는 인류학자와 마찬가지로 자신을 연구의 도구로 삼아서 연구하고자 하는 연구 대상, 즉 사람들, 집단, 조직과 관계를 맺어야 한다. 이렇게 연구자가 현지민들과 관계를 맺을 때 가장 중요한 것이 바로 라포다. 라포는 감정이입, 상호 신뢰, 이해, 공감대, 우정 등으로 해석되기도 하지만 정의를 내리기는 쉽지 않다. 왜냐하면, 라포는 측정될 수 없는 인간관계의 한 면에 대한 개념을 말하기 때문이다.

인류학적 현지조사에서 라포는 현지조사의 성패를 좌우한다고 볼 수 있다. 왜냐하면, 라포가 형성되지 않으면 인류학자는 자신이 원하는 정보와 자료를 얻을 수 없을 가능성이 크고, 따라서 성공적인 연구를 수행할 수 없을 가능성이 높기 때문이다. 그런데 모든 인간관계가 그렇듯이 어떻게 해서 라포가 생기는지는 정확히 말하기가 어렵다. 라포는 단순히 첫인상으로 시작될 수도 있고, 부단한 의사소통 및 설득을 통해서일 수도 있고, 상호 호혜성을 바탕으로 하는, 즉 '서로에게 서비스를 교환하는 방식'일 수도 있고, 단순히 느낌 때문일 수도 있다.

많은 문화기술지에서 현지조사 중 일정 시간이 지나서 인류학자가 "어느 가족의 친구가 되었다" 또는 "어느 가족의 아들, 딸 또는 조카와 같은 관계가 되었다"라고 명시함으로써 매우 친밀한 라포를 형성한 것을 읽어볼 수 있다. 그러나 현지조사가 특수한 역사적 상황에서 수행되고 있고, 인류학자나 현지민들이 특정한 인종, 민족, 종교, 계급, 성별 등의 정체성으로 규정되고 있는 상황에서 인류학자가 현지민들과 우정, 친구, 유사친족과 같은 관계를 형성해야만 라포를 형성했다고 말하는 것은 무리다. 실제로 그러한 관계를 맺는 것은 힘들다.

현지조사나 참여관찰을 동반하지 않더라도 면담자는 구술자와 어느 정도 라포를 형성해야 한다. 그래야, 구술자가 자신의 감정까지도 편안하게 말할 수 있기 때문이다.[8] 이때 서로 잘 모르는 또는 처음 만난 면담자와 구술자 사이에서 중요한 것은 상대방에 대한 신뢰감이다. 구술자는 면담자가 자신의 이야기를 잘 들어주고 이해할 수 있는 사람이며, 구술자의 이야기가 면담자에게 매우 중요하며, 자신의 이야기가 인터뷰 후에 구술자에게 유해하게 사용되지 않을 것이라는 믿음이 필요하다. 반면 면담자는 구술자가 객관적 사실과 일치한다는 면에서 진실성이 아니라 주관적인 경험을 진솔하게 서술한다는 진정성에 대한 믿음이 필요하다.

면담자가 구술자의 신뢰감을 얻기 위해서는 인터뷰가 시작되기 전에 구술자에게 구술 채록의 중요성과 수집된 구술 자료의 용도에 대해서 정확한 정보를 주고 확신을 주어야 한다. 또한, 면담자와 구술자의 관계 맺기의 학술적 성격에 대해서도 언급해서, 구술자가 가질 수도 있는 경제적, 정치적, 또는 감정적 기대가 실망 내지는 이용당했다는 느낌으로 바뀌지 않도록 해야 한다. 면담자와 구술자는 인터뷰 후에도 계속 개인적인 관계를 유지할 수 있지만, 다시는 만날 일이 없을 수도 있기 때문이다.

결론적으로 구술사 인터뷰에서 라포의 형성은 연구자(면담자)와 구술자간의 관계를 형성하는 여러 변수에 영향을 받고, 그것은 권력 관계와도 무관하지 않다는 것을 명심할 필요가 있다. 그리고 연구자(면담자)와 구술자와의 관계의 성격이 바로 자료와 자료 수집에 영향을 준다는 것을 인식하고, 그 관계에 대한 자기성찰적 분석이 반드시 필요하다. 즉 구술자는 연구자(면담자)를 어떻게 이해하는가, 왜 구술자는 협조하는가, 구술자가 되는 것은 그 또는 그녀에게 무슨 의미가 있는가, 그 구술자는 현지에서 어떤 사회적 위치가 있고, 그래서 그의 또는 그녀의 정보와 시각은 어떤 한계를 가지고 있는가를 인지하는 것이 중요하다.

4. 구술사 연구자의 역할

구술사가 무엇인가라는 정의는 구술사가 또는 구술사 연구자의 역할에 대한 정의와 연관되어 있다. 한국에서는 다양한 분야에서 구술사 연구를 하고 있고, 역사쓰기로서의 구술사 보다는 구술 채록으로서의 구술사가 더 많이 진행되다 보니 구술사가라는 용어보다는 구술채록가 또는 구술사 연구자라는 용어가 더 많이 사용되고 있다. 즉 구술사를 새로운 역사쓰기로서 실천하는 역사가로서 구술사가라는 용어 보다는 구술 채록 프로젝트에 참여하는 구술채록가 또는 구술사 연구자들이 더 많기 때문이다.

미국의 구술사적 전통은 구술사 연구자를 역사가라기보다 기록관리자로서 이해해 왔으나 구술사가라고 불린다. 미국의 구술사가가 인터뷰할 때 면담자의 역할은 객관적인 역사 서술을 위해서 중립적 입장에서 구술자가 정직하게 신뢰할 수 있는 과거에 대해 진술을 하면 그것을 잘 듣는 것이었다. 즉 구술자가 객관적인 자료를 제공하면 그것을 정확하게 기록하는 것이 구술사가의 역할이었다.

그러나 미국에서도 1970년대 이후에 구술사가들이 중립적인 면담자의 역할이 아니라 구술사 연구 과정의 적극적인 행위자(agent)로서 인식되기 시작했다.9 방법론에 더 관심을 두는 구술사가들은 구술 증언을 비판 없이 받아들이는 것을 비판하고 방법론적으로 더 정교해질 것을 주장했다. 1990년대부터는 구술사는 면담자와 구술자가 함께 권위를 공유하는 공동작업으로 이해되기 시작했다. 그러나 구술사의 궁극적인 가치가 구술자의 이야기에 있다는 점에서 면담자는 동등한 협력자로서 보기는 어렵다. 그래서 최근에는 피면담자(interviewee)라는 용어 대신에 제보자(informant), 구술 저자(oral author), 구술자(narrator) 등의 용어가 사용되고 있다. 이 책에서도 마찬가지로 수동적인 의미의 피면담자

대신에 구술자라는 용어를 사용하고 있다.

　반면 구술사 인터뷰를 준비하고 진행하고, 기록·편집·출판하는 것은 구술사가 또는 면담자다. 그리고 인터뷰는 면담자와 구술자간의 상호작용을 통해서 함께 만들어진다. 따라서 구술사가 또는 면담자는 객관적인 구술을 채록하는 중립적인 역할을 하기보다는 구술자와 적극적인 관계 맺기를 통해서 구술 자료를 생산해 내고 역사적 해석을 만들어내는 행위자임이 틀림없다. 하지만, 여기서 절대로 잊지 말아야 할 것은 이야기의 주체는 구술자라는 것이다. 따라서 구술사가는 구술자가 자연스럽게 자신의 주관적 세계를 드러내어 서술하도록 도와주고 열심히 듣는 적극적인 행위자로서 이해되어야 한다.

5. 인터뷰 준비

구술사 인터뷰는 구술사 연구에서 가장 중요한 부분이다. 왜냐하면, 구술사의 주재료가 바로 인터뷰에서 나오기 때문이다. 인터뷰에 관해서는 두 가지 의견이 있다. 하나는 인터뷰는 무작정 부딪혀 보면서 배우는 것이라는 의견과 또 하나는 준비 없는 인터뷰가 구술자에게 상처를 줄 수도 있기 때문에 되도록 철저한 준비를 하는 것이 좋다는 것이다.[10] 나는 인터뷰는 해 볼수록 늘기 때문에 경험을 통해서 배우는 것이라는 점을 수긍한다. 그러나 준비 없는 인터뷰는 실패하기 쉽고, 그런 인터뷰는 구술자에게 부당하다고 생각하기 때문에, 되도록 준비된 인터뷰를 할 것을 권하고 싶다.

　성공적인 인터뷰를 위해서 준비해야 할 사항들이 있다. 우선 구술자에 따라서 준비 사항도 달라진다. 이명박 정부가 시작된 2008년 이전에는 대부분의 구술자들이 평범한 사람들 또는 피해자들이었지만, 이후에 엘리트 구술 채록이 본격적으로 시작되면서 명망가와 공직자들에 대한 인터뷰가 늘어났다. 그래서 구술자도 엘리트와 비엘리트로 나누어서 인터뷰를 준비할 필요가 있다. 엘리트 인터뷰에서는 이미 기존에 엘리트에 대한 기록들, 신문기사와 잡지, 전기, 또는 자신이 쓴 비망록과 자서전이 있거나 연구자들의 연구 논저도 있다. 따라서 문헌 조사를 통해서 인터뷰를 준비하고 예비 질문지를 만들어야 한다. 엘리트 인터뷰[11]는 평범한 사람들의 인터뷰와 달리 공식적인 성격을 띠고 있고 면담자가 특정 분야의 전문적인 지식이 있지 않으면 진행되기가 힘들다.

　반면 평범한 사람들의 인터뷰는 사전에 참조할 문헌들이 거의 없다. 왜냐하면 대부분의 사람들은 신문기사, 잡지에 잘 드러나지 않고, 전기도 없을 뿐더러 자서전이나 일기를 남기는 일이 매우 드물기 때문이다. 그래서 면담자는 구술자가 살았던 시대, 지역, 삶의 조건에 대해서 잘 숙지할 필요가 있다. 이를 위해서 면담자는 문헌자료뿐만 아니라 사진이나 기타 물증을 찾아볼 필요가 있다. 구술자의 삶을 이해하기 위해서, 구술자가 이야기하는 구술의 내용을 잘 따라가기 위해서는 면담자는 구술자의 삶의 질감에 친근해질 필요(familiarity with the texture of life)[12]가 있기 때문이다.

　구술자가 선정되고 인터뷰를 하기 전에 예비접촉이 필요하다. 물론 현지조사에 가서 즉석에서 인터뷰를 할 수도 있다. 그러나 이런 경우는 심층적인 인터뷰보다는 예비조사적인 성격이 더 강하다. 그래서 면담자는 구술자와 정식으로 인터뷰를 하기 전에 먼저 만나서 인터뷰에 대해서 알려주는 것이 좋다. 혼사를 위해서 신랑과 신부 가족이 처음 만나는 의례를 상견례하고 하듯이, 구술사 인터뷰에서도 면담자와 구술자가 처음 만나는 것이 중요하다. 처음 구술자를 대할 때 면담자는 최대한 예의를 갖추는 것이 좋고, 방문 시에는 방문 확인 전화가 필수적이고, 자택으로 방문 시에는 간단한 음료나 과자, 과일을 사가는 것이 좋다. 면담자는 구술자에게 신뢰감을 주기 위해서 연구자의 정체성을 보여주는 명함을 가져가고, 연구와 연구 프로젝트에 대해서 충분히 설명하는 것이 중요하다. 연구기관과 연구비 지원 기관에 대해서 알리고, 특히 왜 이 연구가 연구자에게 중요한지를 설명하고 또한 연구자 자신에 대해서도 공개하는 것이 좋다. 구술 아카이브를 구축하는 연구뿐만 아니라 모든 구술사 인터뷰에서는 공개동의서가 필요하다는 것을 알려야 하고, 녹음, 녹화, 사진 촬영에 대해서도 허락을 받아야 한다. 또한 연구비를 지원 받아서 인터뷰 사례비가 있다면 알려주고, 인터뷰 결과물이 어떤 형태가 될 것인지-보고서, 단행본 또는 아카이브-에 대해서도 알려야 한다. 처음 만남의 마지막 부분에서 정식 인터뷰 날짜, 시간과 장소를 정한다. 인터뷰는 구술자가 여유로운 시간에 구술자가 편하게 이야기할 수 있는 장소로 정한다.

6. 인터뷰하기[13]

1) 구술사 인터뷰의 종류

미국의 여성 구술사가인 글럭 Sherna Gluck에 의하면 구술사 인터뷰에는 세 가지 종류가 있다.[14] 주제적 인터뷰(topical interview)는 특정한 사건에 대한 정보 수집을 위한 인터뷰이고 특정 주제에 초점을 둔다. 이 주제적 인터뷰가 보통 특정 주제에 대해 심층적으로 질문하는 심층면접 (in-depth interview)과 같은 것이다. 두 번째는 전기적 인터뷰(biographical interview)로 특정 주제 중심의 인터뷰와 비슷하지만 대개 공적인 인물을 주로 인터뷰하는 것이다. 이 두 인터뷰는 다 구술자의 삶의 한 부분에 대한 인터뷰다. 세 번째 종류는 자전적 인터뷰(autobiographical interview)로 구술자의 전체 삶에 대한 인터뷰다. 즉 구술자가 태어나서 현재까지 살아온 삶 전체에 대한 생애사 인터뷰다. 이 세 가지 인터뷰는 서로 중복될 수 있어서 구술자 전체의 삶 중에서 특정 부분이나, 특정 주제가 선택되어 분석되어질 수 있다.

이 장에서는 세 가지 종류의 인터뷰를 따로 다루는 것이 아니라 표준적인 인터뷰(standard interview)를 다루고 세 번째 인터뷰인 생애사 인터뷰는 제6장에서 구체적으로 다루어질 것이다.

2) 인터뷰의 성격

구술사 인터뷰는 대화나 다른 구술 상황과는 다른 특징들을 가지고 있다. 그 특징들을 잘 이해해야지만 인터뷰를 제대로 진행시킬 수 있다. 인터뷰는 일상적인 생활에서 벗어난 일종의 의례적 시간(ritual time)과 같다. 왜냐하면, 면담자는 자신이 인터뷰하고자 하는 구술자와 특정 시간과 장소에서 일대일로 대면하여 직접적으로 특정 질문들을 질문하여 답을 듣는 것이기 때문이다. 이것은 일상적 궤도에서 벗어나는 것, 즉 의례와 같이 일상이 갑자기 멈추어지고, 면담자와 구술자가 만나서 집중적으로 매우 강도 있게 특정한 주제에 대해서 구술자가 일방적으로 이야기하고 면담자가 듣는 것이다. 공식적인 의식에서 국민의례가 시작되면 참석자들은 모두 움직임을 멈추고 의례에 참여한다. 또는 영화관에 가면 영화가 시작되면 관람객들의 일상이 멈추고 영화 속의 시간이 시작되며, 영화가 끝나면 관람객들은 다시 현재의 일상으로 돌아오는 것과 같다.

따라서 인터뷰는 자연스러운 일상생활과 다른 인공적인 구조물(artificial construct)로서 특정한 임무를 수행하기 위하여 면담자가 만들어 내는 것이다. 그러므로 인터뷰는 일상적인 대화와는 다르다. 일상적인 대화는 대화에 참여하는 사람들이 서로 말을 주고받는 것이고 면담자는 이러한 대화에 통제력을 행사할 수 없다. 인터뷰는 면담자와 구술자가 일대일로 만나서 직접적이고 대면적인 접촉을 통해서 면담자가

인터뷰 중인 필자(1)

필요한 정보를 얻는 것이다. 그래서 면담자와 구술자의 관계는 인터뷰의 진행에도 영향을 준다. 예를 들면, 면담자가 20~30대의 젊은 학생이고 구술자가 70~80대의 노인이라면, 구술자는 면담자에게 반말을 사용할 수 있고, 어른으로서 적당한 훈육적인 태도를 보일 수 있다. 구술자가 면담자와 관계를 어떻게 인식하느냐는 구술자가 이야기를 하는 이유와 연관된다.

  사람들이 인터뷰에 응할 때는 인터뷰에 어떤 의미가 있기 때문이다. 면담자가 순수한 연구 목적으로 인터뷰를 해도 구술자는 그것을 자신의 이해관계의 맥락 속에서 받아들일 수 있다. 예를 들면 내가 1989년과 1990년에 현지조사를 한 충남 예산과 1994년에 현지조사를 한 충남 서산의 농촌 지역에서 농부들은 나의 학문적 목표와 무관하게 대개 외부자인 연구자들을 통해서 농촌의 경제적인 어려움이 외부에 알려지길 바라는 의도에서 학문적인 인터뷰에 응했다. 따라서 구술자들이 면담자와 자신들의 관계, 예를 들면, 나이, 성, 학력, 직업, 계층, 지역 등의 변수를 가지고 어떻게 생각하고 있는가를 파악하고, 인터뷰에 응하는 의도에 주의해야 한다.

3) 인터뷰 전략

비록 인터뷰가 인공적인 구조물로서 하나의 의례적 시간이라고 해도, 최고의 인터뷰는 대화와 인터뷰의 차이를 가능하면 보이지 않게 하는 것이라고 말할 수 있다. 즉 구술자가 자연스럽고 편하게 이야기하게끔 하는 것이 면담자가 가장 먼저 해야 할 일이다. 다음은 성공적인 인터뷰를 위한 구체적인 전략이다.

(1) 자연스럽게 행동하라

인터뷰가 일상생활에서 벗어난 부자연스럽고 익숙하지 않은 상황인 만큼, 면담자 만큼이나 구술자도 당황하거나 불안해하게 된다. 대화와 인터뷰의 차이를 좁히기 위해서, 가능한 한 면담자는 구술자가 편안하게 이야기할 수 있는 상황을 만드는 것이 중요하다. 예를 들면 구술자가 원하는 따뜻한 차 한 잔이나 시원한 음료수를 권하고, 인터뷰 장소로 딱딱한 사무실보다는 편안하고 안락한 분위기의 장소를 선택한다. 구술자의 자택을 방문해서 인터뷰를 하는 것이 좋은 것은 구술자 자신이 집에서 편안하게 이야기할 수 있고, 또한 면담자는 구술자의 말 이외에도 집안에 있는 사진, 물건, 다른 가족들을 통해서 더 많은 자료와 정보를 수집할 수 있기 때문이다. 그러나 모든 구술자들이 자택에서의 인터뷰를 선호하는 것은 아니다. 오히려 집 밖에서 훨씬 더 편안하고 자유롭게 이야기할 수 있는 구술자들도 있다.

면담자가 구술자를 편안하게 만들어주는 것만큼 중요한 것은 면담자 스스로가 자연스럽고 편안하게 행동해야 하는 것이다. 인터뷰가 대면적이고 직접적이어서, 면담자의 기분과 행동은 곧바로 구술자에게 전달되기 때문이다. 그래서 면담자가 자연스럽고 편안하게 인터뷰를 하면, 구술자도 그 편안함을 전달받아서 좀 더 편안하게 인터뷰에 임할 수 있게 된다.

인터뷰 중인 필자(2)

(2) 인터뷰 시 면담자의 모든 행위가 구술자에게 어떤 신호를 준다.

인터뷰가 시작되면 면담자는 계속 구술자의 눈을 바라보면서 진지하게 열심히 들어야 한다. 기본적으로 면담자는 '나에게 당신의 이야기가 너무나 중요하고 매우 흥미롭습니다'라는 태도를 가져야 한다. 사실 구술자의 모든 이야기가 다 면담자에게 중요한 것은 아니다. 그러나 구술자의 모든 이야기가 면담자에게 매우 귀중한 자료가 된다는 것을 눈과 태도에서 보여야 한다.

면담자가 진지하게 듣고, 흥미를 보이는 것은 좋으나, 면담자의 연구주제에 너무 치우치지 말도록 해야 한다. 구술자가 하는 이야기가 모두 면담자에게 중요한 정보는 아니기 때문에, 면담자의 연구주제에 가까운 이야기가 나오면 면담자는 더욱 눈을 반짝이면서 고갯짓을 하며 듣게 된다. 그런데 이러한 면담자의 반응은 구술자로 하여금 면담자가 어떤 정보를 원하는가를 알게 한다. 그래서 구술자가 정보를 통제하게 된다.

구술자가 정보를 통제하게 되면, 면담자는 특정 정보만을 수집하게 되고 자신의 연구주제와 관련된 다른 이야기들을 폭넓게 듣지 못하게 된다. 그래서 계속 눈을 맞추면서 어떤 부분이 면담자에게 중요한지 모르게 하는 것이 중요하다. 구술자의 서술 방향을 지시하지 않고 새로운 정보에 대한 가능성을 갖도록 하는 것이 좋다.

그런데 구술자가 계속 면담자의 질문에 대한 이야기를 하지 않고, 자신이 하고 싶은 이야기만 한다면 면담자도 인내심을 잃을 수가 있다. 인터뷰의 장점은 구술자가 살아있는 한 다시 물어볼 수 있다는 것이기 때문에, 이런 경우에는 면담자가 시간적 여유가 있다면 구술자의 이야기를 다 들어주고 다음 인터뷰에서 면담자가 필요한 정보를 알아낼 수 있다. 대개의 경우 면담자는 시간에 쫓기기 때문에, 이런 경우에는 적당한 시점에서 구술자에게 다시 본래의 질문을 환기시키면서 이야기의 흐름의 방향을 수정하는 것이 좋다.

(3) 구술자가 침묵을 채우게 하라

인터뷰는 대화가 아니라, 일방적으로 면담자가 질문을 하고 구술자가 그에 대답을 하는 것이다. 그래서 면담자가 너무 말을 많이 하지 말도록 해야 한다. 물론 과묵한 구술자일 경우 이야기를 끌어내기 위해서 면담자가 많은 질문을 해야 할 경우도 있다. 그러나 대부분의 면담자는 알고 싶은 것이 너무나 많아서, 또는 자신의 관심사에 대해서만 알고 싶기 때문에 말을 많이 하게 된다. 그러나 면담자가 말을 적게 할수록 더 좋은 인터뷰라는 것을 명심해야 한다.

인터뷰가 도중에 중단이 되어 면담자와 구술자가 모두 침묵하게 되는 경우도 있다. 이럴 때도 면담자가 부자연스러운 상황을 빨리 모면하기 위해서 말을 시작하지 말고, 구술자가 그 침묵을 채우게 해야 한다. 면담자가 말을 아끼면, 구술자는 자신이 인터뷰를 채워야 한다는 것을 알게 된다.

인터뷰의 기본적인 형식은 면담자가 일방적으로 질문하고 구술자가 일방적으로 답하는 것이다. 그러나 토론 형식의 인터뷰도 가능하다. 토론 형식의 인터뷰는 처음 만나서는 하지 않는 것이 좋다. 가능한 한 구술자에 대해서 많은 것을 알고 난 다음에 특정 주제에 대해서 토론식의 인터뷰가 좋다고 본다. 또한, 토론식 인터뷰는 대등한 관계 내지 대등한 지식 소유자 사이에서나 가능하다는 것을 알 필요가 있다. 예를 들면, 면담자가 한국 현대 정치사 연구자라면 4·19민주혁명 참여 구술자와 토론식의 인터뷰도 가능하다. 그러나 처음 만나자마자 토론식의 인터뷰를 해서 면담자의 생각과 의견이 구술자와 충돌하게 되면, 그 후에 추후면접을 기대하기 어려울지도 모르기 때문에 처음에는 피하는 것이 좋다.

(4) 각 구술자에 맞는 인터뷰 전략을 개발하라

위에서 언급한 것들은 대체로 일반적인 인터뷰 전략이라고 볼 수 있다. 그러나 인터뷰는 누구에게 어떤 질문을 하느냐가 관건이기 때문에, 연구에서 그 주제를 다루는 인터뷰 전략을 발전시킬 필요 있다. 또한 그 구술자만이 줄 수 있는 정보는 무엇인가를 파악하여 인터뷰에서 어떤 것이 중요한지 결정하고, 더 질문할 기준들을 만들 필요가 있다.

위에서 글럭이 제시한 바와 같이 구술사 인터뷰는 대체로 사건을 중심으로 하는 주제적 인터뷰와 자전적 인터뷰인 생애사 인터뷰로 나누어볼 수 있다. 특정 사건이나 경험에 초점을 두는 주제적 인터뷰는 "에피소드적 인터뷰(episodic interview)라고도 할 수 있다. 특정 사건과 경험에 초점을 두는 에피소드적 인터뷰라 해도 많은 구술사 연구자들은 시간이 허락하면 생애사 인터뷰 방식을 취하면서 그 사건에 접근하는 것을 권유하고 있다. 왜냐하면, 사건이 주체가 되어서 사건에 대한 구술자의 증언을 수집하는 것과 구술자의 삶에서 그 사건의 의미를 이해하는 것은 때로는 별개의 문제이기 때문이다. 더욱 주관적인 구술자료를 수집하고자 한다면 생애사 인터뷰를 사용하여 사건에 접근하는 것이 유리하다.

마지막으로 면담자에 따라 다르겠으나, 인터뷰는 강한 집중력을 요하는 작업이기 때문에, 장시간을 하게 되면 면담자도 구술자도 지치게 되어서 주의력이 떨어지게 된다. 따라서 아무리 길어야 한 번에 4시간 이상을 넘지 않게 해야 한다. 대체로 2시간 정도가 좋고, 그 이상의 인터뷰가 필요하면 2시간 정도로 여러 번 나눠 하는 것이 좋다. 또한 나이가 많은 구술자들은 건강 상태에 따라서 기억과 구술의 정도가 매우 다르기 때문에 되도록 구술자의 몸 컨디션이 좋을 때, 그리고 시간적으로 여유가 있을 때 인터뷰하는 것이 효과적이다.

4) 녹음기 사용

인터뷰에는 녹음이 필수적이다. 인터뷰에서 녹음기 사용을 권장하는 이유는 첫째로 구술을 받아 적기가 너무 힘들다는 것이다. 기록에서

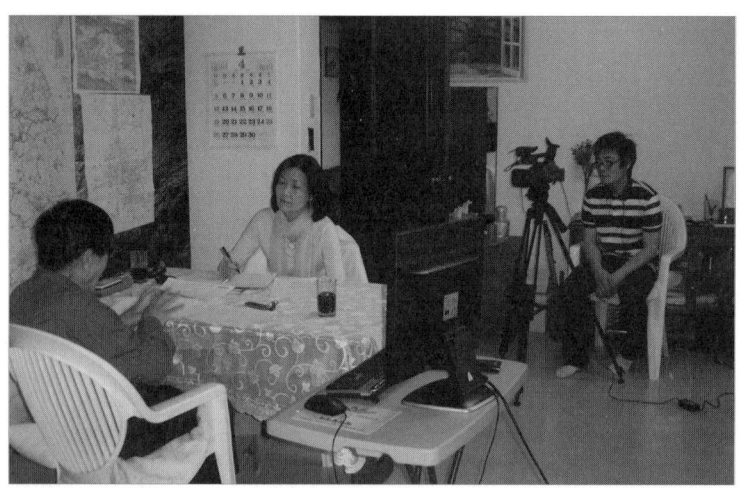

녹음기를 사용한 인터뷰

세 가지 원칙, 즉 언어 분별의 원칙, 말 그대로의 원칙, 구체적 언어원칙15을 따르면서 필기를 한다는 것은 매우 어렵다. 둘째로 필기를 하다 보면 적절하게 질문을 하기가 어렵다는 것이다. 받아 적는 것이 우선이 되어서 질문을 해야 하는 순간을 놓치게 된다. 셋째는 녹음을 하면 구술자의 이야기를 더 정확하게 기록할 수 있다는 것이다. 미국의 여성 구술사가들 중에는 노트 필기를 전혀 하지 않는 것이 좋다고 하는 연구자도 있고 글럭은 노트 필기는 중요한 단어 정도로 최소화하는 것이 좋다고 한다.16

그러나 녹음기를 사용하는데 문제점도 있다. 연구자가 구술자를 대상화하는 위험이 있는 동시에, 구술자도 녹음기의 존재를 의식하여 연구자를 대상화할 위험이 있다. 또한, 녹음기에 너무 의존하여 메모나 노트 필기를 소홀히 하게 되어서 녹음이 안 되었을 경우 낭패를 보기 쉽다. 인터뷰 경험이 많은 연구자도 한 번 정도는 건전지 부족, 녹음기 고장, 녹음기의 버튼 오작동 등으로 말미암아 인터뷰 후에 녹음이 안 된 것을 발견하는 사고를 경험한다.

한국사회는 인터뷰나 녹음에 호의적인 사회는 아니다. 파행과 질곡의 한국근현대사의 경험은 인터뷰가 증거 자료가 되는 것에 거부감을 가지게 했기 때문이다. 그러나 최근에는 스마트폰의 보급으로 누구나 다 녹음을 할 수 있게 되어서, 녹음기 사용에 대한 두려움이 많이 없어졌다. 우선 면담자 자신은 녹음을 시작하기 전에 구술자에게 녹음에 대한 허락을 받아야 한다. 그러나 허락을 받지 않았으나 녹음이 필요한 경우에는 인터뷰가 본격적으로 시작되기 전에 자연스럽게 녹음기를 꺼내어 놓으면서 인터뷰 내용을 정확하게 기록하기 위하여, 또는 일일이 다 받아 적기가 어려워서 녹음기를 사용하겠다는 양해를 구한다. 이때 면담자 자신이 머뭇거리거나 어려워하기보다는 녹음기 사용이 자연스럽고 당연한 것으로 대하는 것이 구술자에게 신뢰를 줄 수 있다. 그러나 구술자가 녹음을 완강히 거부할 때는 포기하고, 필기를 열심히 해서 24시간 이내에 다시 정리해야 한다. 대체로 사람들은 이야기를 하길 원하면, 면담자가 똑바로 정확하게 알길 원한다. 구술자 측에서도 녹음기를 사용해서 정확하게 자신의 이야기가 기록되길 원할 것이다.

요즘은 녹음을 위해서 전통적으로 사용되었던 아날로그 녹음기는 거의 사용되지 않고 있다. 아날로그 녹음기는 건전지와 테이프를 교체해야 하는 번거로움이 있고, 교체 시에는 인터뷰가 중단되는 단점도 있다. 구술을 기록하고 녹취문을 제출해야 하는 연구에는 반드시 녹음 전용기기를 사용할 것을 권한다. 스마트 폰으로 녹음할 수 있으나 고질의 음성을 보장하는 디지털 녹음기를 사용할 것을 권한다. 디지털 녹음기는 음성을 디지털파일로 컴퓨터에 보관할 수 있고, 녹취에도 용이하다. 특히 디지털화된 음성자료는 보관과 이용에서 뛰어난 장점이 있다.

인터뷰에서는 아날로그 녹음기와 디지털 녹음기 둘 다를 사용하는 것이 만일을 위해서 좋다. 아무리 준비를 해도 하나가 제대로 작동이 안 될 수도 있기 때문이다. 나는 서울 토박이 구술 생애사 연구에서 한 할머니의 구술 생애사의 마지막 부분이 녹음이 안 된 것을 발견하고 다시 가서 인터뷰를 녹음하였다. 그런데 두 번째 녹음을 위한 구술은 첫 번째 부분보다 더 간략하고 축약되어 있었다. 녹음의 실패가 어떤 대가를 가져오는지를 잘 명심해야 한다. 그런데 최근에는 아날로그 녹음기를 사용하지 않기 때문에 디지털 녹음기를 두 대 사용하는 것이 좋다. 디지털 녹음기는 가능한 한 용량이 큰 것이 좋고, 성능이 좋은 외장 마이크를 사용하는 것도 좋다. 왜냐하면 이야기꾼을 만나서 예측하지 않았던 장시간의 인터뷰가 있을 수도 있기 때문이다. 녹음기 사용에 있어서 가장 중요한 것을 결코 녹음에 실패해서는 안 된다는 것이다.

위에서 언급한 것처럼, 녹음기에만 의존하는 것은 금물이다. 녹음기는 단지 말소리만 기록할 뿐이다. 말소리 외에 인터뷰 시 보이는 구술자의 몸짓과 표정들은 녹음기가 기록할 수 없다. 그렇기 때문에 면담자는 인터뷰 메모나 노트에 인터뷰 상황과 구술자의 비언어적 행위, 그리고 추후질문 사항들을 적으면서 인터뷰를 진행해야 한다.

5) 인터뷰 질문

인터뷰 질문을 얼마나 잘 준비했는가도 인터뷰의 성패에 영향을 준다. 면담자가 제대로 적절한 때에 적당한 질문을 하느냐 못하느냐가 인터뷰의 진행과 방향 그리고 그 결과에 큰 영향을 주기 때문이다. 다음은 성공적인 인터뷰를 위한 질문 만들기와 질문하기에 대한 전략들이다.

(1) 질문 만들기

① 질문은 인터뷰 전에 준비한다.

인터뷰는 단시간(짧으면 30분에서 길면 몇 시간) 내에 연구자가 필요한 정보를 수집하는 것이기 때문에 사전에 많은 준비를 해야 한다. 성공적인 인터뷰를 위해서 참여관찰 및 구술자에게 물어볼 주제에 대한 문헌자료 조사가 동반되어야 한다. 일단 참고문헌에 많이 의존하여 인터뷰 질문을 만들게 되지만, 그렇다고 그 질문들이 다 유용한 것은 아니다. 가장 좋은 인터뷰는 자연스럽게 구술자의 이야기의 흐름을 따라가는 것이다. 이 흐름을 차단하거나 중단시키면서 연구자가 만들어온 질문에 충실할 필요는 없다.

따라서 인터뷰 전에 예비 질문지를 만드는 것이 필요하다. 일단 연구주제에 적합한 주요 질문(커다란 질문)들을 만들고, 다시 그 주요 질문들 밑에 세부 질문(작은 질문)들을 만들어 놓는다. 그리고 이 질문들을 대체로 머릿속에 정리해 놓고 인터뷰에 임한다. 주요 질문들을 암기하지 못하면, 그때그때 질문이 적혀 있는 노트를 들추어보며 질문을 하는 것은 구술자와의 눈 맞춤을 방해하기 때문에 좋지 않다.

　질문들을 많이, 자세하게 만든다고 해서 그 질문을 다 할 수 있는 것도 아니고, 그것이 성공적인 인터뷰를 보장하지 않는다. 또한, 연구자가 만든 질문을 다 해야만 좋은 인터뷰라고 볼 수도 없다. 인터뷰는 구술자의 서술의 흐름을 따라가기 때문에 질문지는 그 흐름이 잘 진행되도록 진로를 만들어주는 것으로 이해하면 된다. 적절한 질문들을 만들어서 머릿속에 넣고 인터뷰 시 참고한다고 생각하면 된다.

　설사 질문지에 있는 질문을 다 못해도 다음 인터뷰에서 다시 질문할 수 있기 때문에 질문에 대한 조급증은 버리는 것이 좋다. 한 번의 인터뷰가 끝나면 다음 회 차 인터뷰나 혹은 추후 인터뷰를 해야 하기 때문에 못한 질문들이나 새로 추가된 질문들을 다음 회 차 인터뷰 질문지에 넣어서 진행하면 된다.

② 외부인의 이점(stranger's value) 이용[17]
외부인의 이점이란 타문화를 연구하는 인류학자들의 순진함과 비슷한 것이다. 인류학자들은 마치 어린이처럼 타문화에 대해서 너무나 당연한 질문들을 할 수 있다. 즉 외부인들은 내부인들이 당연하다고 간주하거나 어리석다고 생각할 수 있는 질문들을 할 수 있다. 왜냐하면 내부인들은 외부인들이 자신들에 대해서 잘 모르기 때문이라고 이해하기 때문이다. 그래서 면담자들은 외부인의 이점을 충분히 활용할 필요가 있다. 자문화를 연구하는 경우에는 외부인의 이점을 이용할 수 없다고 말할 수도 있으나 사실은 그렇지 않다. 왜냐하면, 외부인과 내부인의 경계는 단순히 타문화와 자문화 사이에만 있는 것이 아니기 때문이다. 하나의 문화 내에서도 하부문화 사이의 경계들이 있다. 따라서 연구자가 자기가 직접적으로 속한 집단이나 조직을 연구하는 것이 아닌 이상 사회적·문화적 경계를 넘어야 하며, 이때 외부인의 이점을 최대한 이용

하는 것이 바람직하다.

③ 논의를 이끄는 질문을 해라

가장 나쁜 종류의 인터뷰 질문이 바로 "예" 또는 "아니오"라는 대답이 나오게 하는 질문이다. 인터뷰 질문의 기본 원칙은 논의를 이끄는 질문을 하는 것이다. 그래서 구술자가 스스로 지속적으로 이야기를 할 수 있도록 돕는 질문을 하는 것이다. 구술자의 이야기의 물꼬를 트는 적절한 질문을 하는 것이 중요하다. 그래서 언제, 어디서, 무엇을, 어떻게, 왜로 시작하는 질문을 만드는 것이 좋다. 특정한 날짜, 시간, 장소 등을 확인하기 위한 것이 아니면, 예, 아니오가 나오는 질문은 피해야 한다.

④ 추상적인 것에 대해 이야기하기 어렵다

연구자들은 학문 세계에 몸담고 있기 때문에 추상적인 개념에 익숙하다. 하지만, 대부분 사람들은 세계관, 사상, 신념, 도덕, 이념과 같이 추상적인 것에 대해 이야기하기 어렵다. 예를 들면 '전업 주부' 혹은 '계층', '계급' 이라는 단어도 사회과학적인 용어라서 일반적인 사람들의 구술에서는 잘 사용되지 않는다. 또한 인생관이나 교육관 등도 구술자에 따라서는 매우 답하기 어려운 추상적인 개념이다.

그리고 숫자도 추상적인 것이라서 몇 년도 몇 월과 같이 숫자를 질문하면 대답하기 어렵다. 예를 들면 "서울로 이사 온 것이 몇 년도였나요?"라고 물으면 대부분의 구술자들은 년도를 답하기 보다는 "내가 10살 때" 혹은 "전쟁이 일어나기 직전에"라는 식으로 대답한다. 일반적으로 사람들은 공식적인 역사에 있는 년도에 따라서 기억하는 것이 아니라, 자신의 나이, 가족의 중요 사건, 특정 경험에 따라서 시기 구분을 하고 년도와 날짜를 잘 기억하지 못한다. 그것은 숫자가 추상적이기 때문이다. 따라서 인터뷰 시 추상적인 용어나 개념을 피하는 것이 바람직하다. 반면 물질적인 자료, 예를 들면 사진, 선물, 소장품들을 이용해서 질문을 하는 것이 많은 정보를 얻을 수 있다.

(2) 질문하기

① 광범위한 질문에서 구체적인 질문으로 진행하라

인터뷰에는 특정한 질문(specific questions)을 하는 지시적 인터뷰(directive interviews)와 개방적 질문(open questions)을 하는 비지시적 인터뷰(indirective interviews)가 있다. 인터뷰의 초기에는 개방적인 질문으로 비지시적인 인터뷰를 하는 것이 좋다. 그래야, 구술자가 누구인가, 어떤 사람인가, 어떤 삶을 살았는가에 대한 전반적인 이해를 할 수 있다. 인터뷰가 점차 진행됨에 따라서 연구자의 연주 주제에 관한 특정한 질문을 하며 지시적 인터뷰로 이동하는 것이 좋다. 또한 질문은 논란의 여지가 적은 것부터 시작하고 논란의 여지가 많은 질문은 나중에 하는 것이 좋다.

② 구체적인 질문은 되도록 피하라

논의를 이끄는 질문을 하기 위해서는 구체적인 질문은 피하는 것이 좋다. 가장 구체적인 질문의 예가 바로 예, 아니오라는 대답이 나오게 하는 질문이기도 하다. 그러나 구체적 질문이 상황에 따라서는 필요할 수도 있다. 나는 충남 예산 시양리에서 현지조사를 할 때, 마을 할아버지, 할머니들을 인터뷰하면서, "할아버지(또는 할머니), 옛날에 이 마을에서 어떻게 살았는지 이야기해 주세요"라고 하면 모두 한결같이 살기 어려웠다는 대답뿐이었다. 구체적인 질문보다는 구술자가 자유롭게 이야기할 수 있도록 개방적인 질문을 하였으나, 그 마을 노인들에게서 과거에 대한 이야기를 끌어내기 위해서는 좀 더 구체적인 질문이 필요했다. 그래서 한 질문이 "할아버지(또는 할머니)께서 태어났을 때, 가족이 누구누구였어요?" 혹은 "할아버지(또는 할머니)가 어렸을 때, 마을은 어떤 모습이었어요?"였다. 구술자가 학력이 높을수록 추상적인 개념에 익숙한 것 같고, 구술자가 학력이 낮을수록 더욱 구체적인 질문이 이야기를 끌어내는 데 유용할 수도 있다.

③ 간단하게 질문하라

긴 질문은 구술자가 이해하기 힘들다. 또한 한 번에 한 가지 질문만을 하는 것이 좋다. 간단하고 명확하게 질문을 하여 구술자가 질문의 내용을 정확하게 이해할 수 있도록 하는 것이다. 면담자의 질문이 장황하게 길수록 구술자는 자신이 무슨 이야기를 해야 할지 망설이게 된다. 면담자는 간단하게 질문하고 구술자가 계속적으로 자신의 이야기를 하게끔 하는 것이 좋은 인터뷰다.

④ 질문의 눈높이를 맞춰라

면담자들은 대개 고학력자들이라 전문적인 용어와 단어, 추상적인 개념에 익숙해 있고, 학문 세계에서는 그러한 용어들을 일상적으로 쓴다. 그러나 구술자들은 거의 면담자들보다 학력이 낮은 경우가 대부분이며, 직업상을 제외하고는 전문적인 용어나 추상적인 개념을 일상적인 구술에서 사용하지 않는다. 인터뷰는 구어적 상황이기 때문에 인터뷰 질문도 구어적으로 만들어져야 한다. 구술자가 질문을 잘 이해해야 면담자가 원하는 대답을 할 수 있기 때문에, 질문 자체를 구술자의 눈높이에 맞추어야 한다. 그래야, 구술자도 질문을 잘 이해하고 편안하게 이야기할 수 있다.

⑤ 어떻게 이야기되는가에 주의하라

대개 연구자들은 인터뷰에서 구술된 내용에만 관심을 둔다. 즉 무엇이 이야기되는가에만 주의를 기울인다. 하지만, 인터뷰는 구술이고, 구술의 특성상 어떻게 이야기되는가도 중요하다. 그리고 어떻게 이야기되는가는 무엇이 이야기되는가의 한 부분이다. 왜냐하면, 이야기되는 내용이 구술자에게 얼마나 중요한가, 구술자는 그것에 대해서 어떤 느낌을 가지는가, 어떤 의미를 부여하는가가 어떻게 이야기되는가를 결정짓고, 따라서 그 내용, 즉 무엇의 중요도와 의미를 알 수 있기 때문이다. 그래서 이야기하는 형식, 몸짓, 표정, 억양, 발음의 리듬과 길이 등에 주의해야 한다.

⑥ 사실이 이야기되는 순서도 또한 사실이다

사람들이 항상 자신들의 삶에 대해서 연대기적으로 이야기하거나, 또는 어떤 사건에 대해서 차례대로 이야기하는 것은 아니다. 사람들의 기억은 항상 시기별로 정렬되어 있지 않아서 연대기적 시간에 익숙한 연구자들은 구술자의 이야기를 따라가기가 어려운 경우가 종종 있다. 그런데 여기서 주의할 것은 사실이나 사건이 이야기되는 순서도 또한 사실이라는 것이다. 어떤 사건이나 사실이 이야기될 때, 가장 먼저 이야기하는 것이 실제적인 시간적 순서와 관계없이 구술자에게 가장 중요한 것일 수 있다. 또는 더 중요한 것을 숨기기 위해서 먼저 어떤 사건에 대해서 더 장황하게 이야기할 수도 있다.

⑦ 추후 인터뷰(follow up interview)를 하라

인터뷰는 시간과 비용이 많이 들고 한 번 인터뷰 한 사람을 다시 찾아가는 것이 쑥스럽기도 해서 1회로 끝나는 경우도 많다. 하지만, 인터뷰 자료의 유용성과 신빙성을 높이기 위해서는 반드시 추후질문을 해야 한다. 면담자가 인터뷰 시 문헌 자료와 모순이 되는 구술을 발견할 수 있다. 그렇다고 해서 그 즉시 구술자에게 부정확하다고 지적하지 말아야 한다. 대신 추후 질문을 통해 그것을 바로 잡을 수 있다.

어떤 인터뷰라도 최소한 2회 내지 3회 정도를 해야 바람직하다.

1차 인터뷰는 개방적 질문을 통한 비지시적 인터뷰를 하고, 2차 인터뷰는 좀 더 초점을 가지고 인터뷰를 한다. 3차 인터뷰는 최종적으로 면담자가 추가 질문할 사항이나 인터뷰 자료 중에 혼란스러운 부분, 의심스러운 부분, 이해가 가지 않는 부분, 예를 들면 연도나 아이들의 나이, 사건의 시기 등이 잘 들어맞지 않는 것들에 대해 특정한 질문들을 한다. 문헌자료나 다른 구술 자료와 비교검토를 통해서 이해가 잘 안 되거나, 맞지 않는 부분에 대해서 연구자는 어떤 판단, 즉 잘못된 사실인가 또는 구술자가 거짓말을 했는가에 대한 판단은 일단 미루고, 구술자가 스스로 그 이유를 찾아내어 설명하게끔 하는 것이 좋다.

6) 예비 질문지 사례

『서울 토박이의 사대문
안 기억』 표지

다음은 2009년 서울시사편찬위원회(현 서울역사편찬원)가 발주한 "서울토박이들이 들려주는 사대문 안 이야기" 구술 채록 프로젝트에서 사용했던 예비 질문지이다. 이 연구는 사회학자인 오유석과 함께 서울을 서대문과 종로, 남대문과 북촌으로 나누어서 진행하였다. 나는 1920년대와 1930년대 출생한 서대문과 종로 토박이 7명에 대한 생애사 인터뷰를 진행하였다. 그 결과물은 『서울토박이의 사대문안 기억』(서울시, 2010)로 출판되었다.

아래의 예비 질문지를 보면 일단 연대기적으로 일제시기, 해방, 한국전쟁, 1950년대, 1960년대와 1970년대로 큰 단락을 만들고 그 시기의 경험에 대해 필요한 작은 질문들을 만들었다. 그리고 되도록 구어체에 가깝게 간단한 질문들을 만들었다.

《예비 질문지》

1. 공통 질문들: 1935년 전 후 출생자에 해당하는 질문들

(1) 일제시기 어린 시절

- 서울의 어느 동네에서 태어나셨나요?
- 당시 가족 상황은 어떠했나요?(가족 수, 가족 형태, 사는 곳)
- 부모님은 어떤 분들이었나요?(출생년도, 출신지, 학력, 직업, 성품)
- 형제들은 어떠했나요?(출생년도, 출생 순, 형제 관계)
- 가족들은 어떻게 먹고 살았나요?(생계 방식, 재산의 규모, 부모의 직업)
- 어린 시절 살았던 동네에 대해서 생각나는 것들을 말씀해 주십시오.
- (사대문 안 권역별로)

(2) 일제시기와 학교 생활

- 국민학교는 어디로 가셨나요?
- 국민학교는 동네에 있는 것이었는지, 아니면 다른 곳에 있었는지요.
- 다른 곳에 있었다면 통학은 어떻게 했는지요?
- 국민학교 시절의 학교 생활은 어떠했나요?
- 당시 국민학교의 교과 내용과 교사들은 어떠했나요?
- 중학교 진학과 중학교에서의 생활은 어떠했나요?
- (학교의 소재와 통학 방식에 대해서)
- 일제 말 전쟁 동원의 영향은 학교 생활에 어떠했나요?
- 일제 말 서울 사대문안 (특히 현재 세운상가 일대) 疏槪(소개)때 어떻게 되었나요?

(3) 해방

- 해방이 되었을 때 학교와 서울의 상황은 어떠했나요?
- 해방이 되어서 가족생활에 변화가 있었나요?
- 해방 이후 서울과 학교에 나타난 좌우익 갈등은 어떠했나요?
- 구체적으로 예를 든다면 서울역과 남산에서 각기 벌어진 3.1운동 기념식에 대해서 알고 계시나요?
- 미소공동위원회와 신탁통치와 관련하여 목격한 것들은 무엇입니까?
- 여운형이나 김구, 이승만, 김규식 등 해방 직후 주요 인물에 대해서 당시 어떻게 알고 계셨나요?

(4) 한국전쟁과 1950년대

- 한국전쟁이 났다는 것을 어떻게 알게 되었나요?
- 한국전쟁 발발 당시 가족들과 학교 상황은 어떠했나요?
- 북한 인민군이 서울에 들어왔을 때의 상황은 어떠했나요?
- 서울이 9·28 수복까지 북한 인민군의 지배하에 있었던 당시의 상황에 대해서 말씀해 주십시오.
- 서울시 내에서 북한 인민군이 무엇을 했으며, 지방 좌익들은 무엇을 했습니까?

- 서울에서 피난을 간 사람들은 어떤 사람들이었습니까?
- 북한 인민군에 협조하고, 지지한 사람들은 어떤 사람들이었습니까?
- 서울이 수복되었을 때 상황을 말씀해 주십시오.
- 1·4후퇴 때 어떻게 어디로 피난을 가셨습니까?
- 휴전이 된다는 것을 어떻게 알게 되었습니까?
- 휴전 직후 서울의 상황은 어떠하였습니까?
- 한국전쟁이 끝나고 가족생활은 어떠하였나요?

(5) 1960년대와 1970년대

- 이승만 정권 말기 상황에 대해서 사대문 안에서 목격했던 것들에 대해서 말씀해 주십시오.
- 예를 들면 학생 동원 정치, 정치 깡패, 이승만 남산 동상, 이승만 회관(지금의 서울시의회) 등.
- 4·19혁명 당시 서울의 상황은 어떠하였나요?
- 5·16 군사쿠데타 당시 서울의 상황은 어떠하였나요?
- 전 후 중학/고등학교 진학 및 입학시험은 어떠하였습니까?
- 일류 중/고등학교가 밀집해 있던 종로, 광화문에 대한 기억들은 무엇입니까?
- 학교 졸업 후 취업은 어떻게 하셨나요?
- 결혼은 어떻게 하였나요?
- 결혼 후 신혼살림은 어디에서 시작하셨나요?
- 박정희 대통령의 경제개발로 인한 서울에서의 변화들은 무엇이었나요?

2. 사대문 권역별 질문들: 출생하신 동네에 따라서

(1) 종로와 청계천 일대

- 태평로~세종로에 이르는 길에서의 주요 관공서와 그 경관에 관한 기억들
- 피맛골(청진동~종로) 등 먹거리 골목들에서의 음식문화
- 화신백화점·주변 종로 상가들에서의 소비생활
- 광교~동대문·광장시장까지의 시장문화
- 탑골공원에 대한 추억
- 궁궐·종묘에서의 관광과 여가생활
- 전차 관련 기억들
- 청계천 관련 빨래터·염색장으로 쓰이던 기억
- 청계천 복개 전후 이야기
- 청계천변 판자촌과 시민생활에 대한 기억
- 청진동해장국집 주인·동대문시장 포목상의 회고
- 종로 우민관과 그 주변 깡패들(김두한을 비롯하여) 그리고 기생집 들
- 종로 비단집, 포목점들에 대한 기억
- 조흥은행 본점(3·1고가 밑) 근처에 대한 기억들

(2) 서대문과 서소문 일대

- 덕수궁에서의 주요 행사들에 대한 기억

- 덕수궁 돌담길에 대한 기억
- 정동과 새문안길의 주요 건물과 행사들에 대한 기억
- 독립문 관련된 기억들
- 주변 풍경과 지역적 특징에 대한 기억
- 철도 관련 기억들
- 당시 러시아공사관, 영국대사관, 미공보관 등에 대한 기억
- 독립문 넘어 고개와 화장터에 대한 기억

(3) 남대문과 명동 일대

- 남대문로 주요 건물들과 그 경관에 대한 기억들
- 재래시장인 남대문시장과 미츠코시 백화점 등과 관련된 서울사람들의 다양한 소비생활
- 남산의 경관과 남산·장충단공원을 찾았던 여가생활상의 기억들
- 충무로 극장과 필동의 음식점들과 관련된 기억들
- 화교촌에 대한 기억
- 명동의 다방·음악 살롱에 대한 기억
- 명동, 서소문 양복점(당시 마카오 신사복 등 마카오 무역을 통해 들어 온 양복지에 대한 기억들)
- 지금의 동국대 근처 및 명동 뒤쪽 옛 대한극장 근처의 일본가옥, 일본기생집(공창들), 전차 길 등에 대한 기억
- 대한극장, 국제극장, 스카이 극장 등 서울 주요 극장 들 기억

(4) 북촌 일대

- 북촌 일대 명문학교 풍경과 주변 이야기(군것질, 빵집, 등)
- 대표적 거주지역으로서의 서울 거주문화
- 골목길에 대한 기억
- 한옥 관련 시민생활상
- 청와대 근처 및 세검정/삼청동 근처의 기억
- 계동 일대 일제말 명문가들에 대한 기억이나 궁궐에 대한 기억(경복궁, 비원, 창경궁 등)

7) 묻기에서 듣기로, 다시 묻기로

대부분의 구술사 인터뷰에서 가장 큰 문제점은 면담자가 듣기보다는 묻기에 바쁘다는 것이다. 한국의 구술 채록들은 대개 현대사의 주요한 사건에 대한 구술 증언을 수집하기 위해서 이루어져 왔다. 따라서 면담자들은 문헌에 나타나지 않는, 기록되지 않은 특정 사건의 원인, 전개

과정, 결말을 알고자 하는 강한 아젠다를 가지고 인터뷰를 하게 된다. 면담자는 그 사건에 참여했거나 그 사건을 목격했던 구술자들에게 그 사건에 대한 구술 증언을 요구한다. 이때 구술 증언자들은 그 사건의 진상 내지 이면을 밝혀내는 데 필요한 증거를 제공하는 도구적 역할을 하게 된다. 즉 이러한 구술 채록에서 구술자는 그 사건의 주체 내지, 행위자가 아니고, 그 사건이 주인공이 된다. 그래서 구술자가 가지고 있는 그 사건에 대한 주관적 의미화나 해석은 그다지 중요하지 않게 된다. 또한, 묻기 중심의 인터뷰에서는 사건의 맥락은 드러날지 모르지만, 구술자의 삶의 맥락은 드러나지 않는다. 이때 구술자의 진술은 사건을 위해 존재할 뿐, 구술자 자신의 삶이 면담자에게 중요한 것이 아니기 때문이다. 이렇게 묻기 중심의 인터뷰는 정보 수집 중심의 인터뷰가 될 수밖에 없기 때문에 약탈적 인터뷰가 될 가능성이 크다. 이렇게 될 때 구술의 주체인 구술자는 서술의 주체이지만 역사적 주체가 되기가 어렵다.

구술사가 기록을 남길 수 없는, 그 목소리가 억압되었던 사람들의 역사를 복원하는 작업이라면, 구술자를 서술의 주체로서 역사적 행위자로서 자리매김해야 된다. 그렇게 하기 위해서는 듣기 중심의 인터뷰가 되어야 한다. 미국의 여성 구술사가인 앤더슨 Kathryn Anderson은 자신이 한 구술사 인터뷰에서 구술자 여성들의 주관적 느낌이나 의미화가 드러나지 않고, 구술자 자신들이 사용하는 용어, 단어가 충분히 설명되지 않고, 면담자가 활동과 사실에 치중하고 있음을 발견했다.[18] 이러한 문제점을 해결하기 위해서 앤더슨은 분석이 듣기에 종속되어야 한다고 주장한다. 그래서 구술사 연구는 방법론에서 정보 수집에서부터 상호작용과 과정으로 전환되어서 구술자 여성들이 자신의 경험을 재구성하는 것에 대한 주관적인 관점이 동적으로 펼쳐지는 것을 드러내야 한다고 주장한다.[19]

듣기 중심의 인터뷰, 그리고 구술자가 행위자가 되는 인터뷰는 생애사적 접근을 하면 더 쉽다. 구술 증언을 요구하는 특정한 사건들은 현재 생존하는 구술자의 삶에서 한 시기일 뿐이다. 아마도 그 사건들은 구술자들의 삶에 큰 영향을 끼쳤을 것이고, 그 여파의 파장은 구술자마다 다를 것이다. 또한, 현재 구술자의 사회적 위치(social position)에 따라서 그 사건은 구술자에게 면담자나 연구자가 생각한 의미와는 다른 의미가 있을 수도 있다. 또한, 생애사 인터뷰는 구술자가 겪은 특정한 사건만이 아니라, 구술자의 전체 삶의 맥락을 이해할 수 있게 하고, 따라서 그 사건이 구술자의 삶에서 어떤 위치를 차지하는가를 알 수 있게 해 준다.

나는 충남 예산 시양리에서 현지조사를 시작할 때 가장 궁금했던 것이 '이 마을에서 과연 어떤 일이 있었을까', '빨갱이 마을의 6·25는 어떠했을까' 하는 질문이었다. 즉 마을 사람들의 생애사나 가족사를 통해서 마을의 근현대사를 재구성하는 것이었다. 그리고 마을 사람들의 구술은 마을의 근현대사라는 그림을 맞추는 퍼즐 조각과 같은 것이었다. 이때 다양한 마을 사람들이 행위의 주체로서 각각의 입장에서 해방과 한국전쟁을 어떻게 겪고 어떤 해석들을 하고 있는지를 드러내고자 했다. 그러나 각 마을 사람들의 구술을 각자의 삶에 비추어서 충분히 분석한 것은 아니었다.

나는 그 이후로 계속 구술사에 대해 공부를 하면서, 주로 여성들을 인터뷰하게 되었고, 여성들의 주관적인 의미 부여와 해석을 더 듣고자 노력해 오고 있다. 이러한 가운데 깨달은 바는 면담자가 자신의 아젠다에 매달리기보다는 우선 열심히 듣는다면 면담자가 예상치 못한 다양한 구술자들의 세계가 펼쳐질 수 있다는 것이다. 한 편의 소설보다도, 한 편의 영화보다도 더 다양하고 흥미로운 세계를 접한다는 것이 바로 구술사의 즐거움이다. 그것이 바로 구술자와 연구자 사이의 소통이라는 진정한 가치일 것이다.

또한, 듣기 중심의 인터뷰를 하면 구술사의 다른 측면, 즉 구술자의 서술형식, 표정과 몸짓, 비언어적 의사소통, 느낌과 감정, 사건의 주관적 해석과 자기표현, 정체성 성립 등이 드러나게 된다. 이러한 측면들은 구술사 연구가 다양한 연구주제들을 다룰 수 있게 하여, 구술사 연구를 더 풍성하게 할 수 있다.

이렇게 듣기를 열심히 한 다음, 일단 구술자의 삶의 맥락에 대한 전반적인 이해를 얻었다고 판단되었을 때부터 면담자는 구술자가 이미 구술한 내용을 중심으로 좀 더 적극적으로 비평적 질문하기(critical questioning)를 시작해야 한다. 이때 면담자가 연구 내지 역사 쓰기를 위하여 구술 채록을 하지 않고, 단지 구술 채록만을 하는 경우라도 마찬가지다. 그 구술 자료를 후대의 다른 연구자들이 사용할 수 있다는 전제하에 적극적으로 질문을 해야 한다. 그래야만 그 구술 채록이 구술 아카이브에 보관되었을 때, 사료로서의 가치가 더해진다.

나는 인류학자이기 때문에 문화적 상대주의와 "현지민의 관점에서"(from the native's point of view)를 원칙으로 하여 인터뷰를 해왔다. 그러다 보니 감정이입을 통하여 구술자의 의견을 존중하게 되는 방향으로 인터뷰가 진행되게 되었다. 그래서 구술자들이 가지고 있는 가부장적 의식들을 문제시하지 않고 지나치게 되는 경우가 많았다. 내가 수행한 모성 연구에서도 도시 중산층 어머니들이 하는 어머니 노릇과 교육의 문제점에 대해서도 비평적인 질문을 통해서 더 논의를 할 수도 있었는데, 그렇게 하지 못했다. 특히 페미니스트적 시각에서 구술사를 단지 학문적인 연구가 아니라 운동으로 인식한다면, 더욱더 비평적인 질문을 통해 여성들을 의식화하는 작업까지도 포함해야 한다고 생각한다.

7. 인터뷰 정리

인터뷰가 다 끝나면 해야 할 작업들이 있다. 일단 구술 자료는 저작권과 개인정보에 관련되어 있기 때문에 개인적 연구라고 하더라도 「구술 자료 사용 및 공개 동의서」(부록 참조)를 받아야 한다. 공개 동의서는 인터뷰를 시작하기 전에 받기보다는 인터뷰 후에 받는 것이 좋다. 엘리트 구술 채록을 하는 기관에서는 인터뷰 전에 구술 동의서를 받고 인터뷰 후에 구술자의 녹취록 검수 후에 전면 공개 혹은 부분적 공개를 정하고 공개동의서를 받는 경우도 있다. 일반적으로는 인터뷰가 끝나기 전까지는 구술이 어디까지 될지 모르기 때문에, 인터뷰가 다 끝나고 공개 및 비공개 부분을 정하고 공개 동의서를 받는 것이 좋다. 이때는 녹취록이 완성되지 않았기 때문에 구술자가 구두로 요구한 비공개 부분을 기재하고, 후에 녹취록과 음성파일의 구체적인 부분이 명시되어야 한다.

또한 구술 채록 프로젝트의 경우에는 구술자에게 사례비가 책정되어 있기 때문에 인터뷰가 끝나고 나서 사례비를 주는 것이 좋다. 사례비는 구술의 가치에 비례하는 것이 아니고 구술 기록을 생산하는데 참여해 준 것에 대한 고마움의 표시라고 볼 수 있다. 그래서 이러한 사례비의 의미를 구술자에게 설명하는 것이 좋다. 그렇지 않으면 구술자가 구술의 대가로 여기는 경향이 있기 때문이다. 구술은 돈이라는 가치로 매길 수 없는 자료다.

인터뷰가 끝나면 면담일지와 면담 후기를 쓰는 것이 좋다. 면담일지는 전체 면담 일정을 보여주고 면담 후기는 각 인터뷰의 상황 정보를 준다. 따라서 면담일지는 전체 인터뷰가 끝난 다음에 작성해도 좋지만, 면담 후기는 각 인터뷰가 끝나고 다음 인터뷰를 준비할 때 작성하는 것이 좋다. 면담일지와 면담 후기 예시는 부록을 참조하기 바란다.

만약 구술사 인터뷰가 개인적인 연구로 이루어졌다 하더라도 나중에 구술 기록으로서의 가치를 지니기 위해서는 녹취록 전문이 없다면 요약문과 인덱스는 만들어 놓아야 한다. 특히 음성 파일은 구술자 이름, 연월일, 장소를 기입해 놓지 않으면 나중에 누구의 구술인지 알 수 없다.

제6장

구술 생애사

나는 이미 생애사 연구가 전형성 또는 대표성의 문제를 다루어야 한다고 주장해왔다. 사람들은 생애사가 독자에게 그 문화에서 전형적인 것을 보여줄 것으로 기대할지 모른다. 그러나 그 삶이 그 문화 안에서 얼마나 대표적인가는 아니다. 정말 생애사를 수집한 많은 이들이 의식적으로 그러한 목적으로 생애사를 사용하는 것을 거부해왔다. 만약 목적이 있다면 그것은 대개 그 삶 자체를 "이해되게" 하는 것에 있다. 내가 "만약 목적이 있다면"이라고 한 것은 많은 인류학적 생애사들은 대부분 스스로 이야기하게 하려는 의도로 쓰인 묘사적인 서술이기 때문이다. 그러나 그것들은 수집자 자신이 누구인지를 그리고 무엇보다도 왜 그 생애사가 수집되었는지를 말했다면 더 유용했을 것이다.[1]

그래서 생애사는 살아있는 것이다. 그것은 항상 진행 중에 있어서 구술자들은 살아가면서 그들 자신의 과거의 이미지를 수정한다. 면담자들(그리고 구술자들)이 종종 인터뷰의 마지막에서 경험하는 어려움은 구술자들이 서술해온 이야기가 개방적이며 임시적이고 부분적이라는 느낌이 있다는 것이다.[2]

1. 구술 생애사란

구술사 인터뷰가 주제적 인터뷰이건, 전기적 인터뷰이건 모두 생애사(life history)의 일부다.[3] 생애사를 나타내는 용어들은 생애사를 비롯하여 생애이야기, 삶 이야기, 살아온 이야기, 전기, 자서전, 또는 이를 다 포괄하여 개인적 서술(personal narrative)이라고도 한다. 한국의 구술사 연구 발전 과정에서 다른 용어들보다 현재는 생애사가 일반적으로 사용되기 때문에 이 책에서는 생애사라는 용어를 사용한다. 생애사는 개인적 서술로서 구술자의 개인적 경험과 자신과 타자들에 대한 개념을 그 주제로 하는 자기성찰적인 1인칭 서술을 말한다.4 생애사는 시간에 따른 구술자의 삶의 과정과 역사적·문화적 맥락에서 그 삶의 과정에 대한 구술자의 해석을 보여준다.5 그런데 생애사는 구술이 아닌 문헌의 형태로도 많이 연구되어 왔다. 자서전, 전기, 일기, 편지, 메모, 비망록, 자전적 소설 등을 통해서 생애사 연구가 되어왔기 때문이다. 따라서 구술 생애사(oral life history)*는 구술사 연구와 생애사 연구가 공유하는 교집합 부분이라고 할 수 있다.

구술 생애사는 한 개인이 지나온 삶을 자신의 말로 다른 사람에게 이야기한 기록이다. 한국의 구술사가 초기에 사회적·정치적 필요에 의하여 시작되어 구술 증언 수집이 주로 이루어졌지만, 최근에는 기관 구술채록에서도 구술 생애사 인터뷰가 주류를 이루고 있다. 모든 구술은 생애사의 일부분이기 때문에 사건의 진상 규명을 위한 구술 증언 채록도 구술자의 생애사적 맥락 속에 있다고 볼 수 있다. 따라서 최근의 구술사 연구에서 한 개인의 삶 자체에 초점을 둔 구술 생애사 연구가 점차 증가하고 있다.

생애사 연구는 주로 인류학자들을 중심으로 이루어져 왔으나 최근에는 역사학과 사회학 등에서도 관심이 증가하고 있다. 한 개인의 살아온 이야기 속에는 특정 사건이나 경험에 대한 증언이 포함되기도 하며, 비록 개인적 기억에 의존한 것이지만 집단과 사회의 구성원으로서의 개인이 기억하는 것이므로 의미 있는 구술사의 자료가 된다. 구술 생애사가 한 개인의 이야기라는 점에서 보면 자서전과 크게 다를 바는 없다. 다만, 자서전은 자신의 생애이야기를 펼쳐낼 때 글이라는 매개를 우선적으로 선택하기 때문에 구술 생애사가 쓰이는 방법과는 차이가 난다. 두 장르의 차이를 굳이 확대해서 구별하자면, 자서전은 기본적으

---

* 구술 생애사의 영문 표기는 한국적 합성어다. 미국에서는 연구자에 따라서 life history 또는 oral history라고 쓴다.

로 자신과의 대화를 통해서 나오고, 구술 생애사는 구술자와 청자라고 하는 두 사람 사이의 대화에서 나온다. 물론 요즘은 자서전의 주인공이 전문 작가를 고용하여 저술하는 경우도 있다. 이때도 주인공과 작가의 관계는 구술 생애사에서의 구술자와 청자와의 관계는 아니다. 후자에서처럼 두 사람 사이의 상호작용의 결과로 이야기가 쓰이기보다는 자서전의 작가에게는 충실한 기록자라고 하는 역할이 주어질 뿐이다. 이렇게 자기에게 말 걸기 식으로 풀어내는 자서전과 앞에 사람을 두고 주고받으며 이야기하는 구술 생애사는 이야기방식에서부터 차이가 난다. 구술 생애사에 대한 관심이 늘어나면서 작가를 통해서가 아니라 생애사 인터뷰를 통하여 수집한 구술 자료를 문자화한 녹취문을 편집하여 자서전의 형태로 출판하는 구술 자서전도 출판되고 있다.

2. 구술 생애사 연구를 왜 하는가

구술 생애사를 수집하는 목적은 한 개인이 가진 생애이야기 또는 개인의 경험이 사회적·문화적으로 의미가 있다고 판단되어서 그것을 후대에 남기고자 하는 데 있다. 특히 지금까지 역사의 주류에서 벗어나 있던 사람들의 이야기를 통해서 새로운 역사를 재구성할 수 있다는 점에서 구술 생애사는 구술사가들에게도 매력적인 자료수집의 방법이다. 기존의 남겨 놓은 기록 자료가 많지 않은 계층이나 지역을 주목하게 되면 구술 생애사는 미처 알려지지 않은 사실과 이미 알려진 내용에 대한 다른 사실을 발견할 수 있는 장점이 있다.

그런가 하면 생애사에서는 구술자가 행위의 주체가 되므로 그의 이야기 속에서 나타난 의식구조를 통해서 당대의 문화를 알게 된다. 또 구술자가 어떠한 이야기를 선택하는가를 통해서 개인의 정체성, 시대감각, 사회의식 그리고 역사인식도 드러난다. 이처럼 특정한 사람

구술 생애사 인터뷰(1)

들의 생애사가 단순히 과거에 일어난 일을 이야기하는 것에 그치는 것은 아니라는 점이 분명하다. 그러므로 생애사를 수집하는 목적이 지금까지 잘 알려졌지 않은 과거의 사건이나 몰랐던 일들을 들추어내는 것이 전부는 아니다. 구술 생애사에는 구술자의 삶과 그 삶에 대한 자신의 해석이 들어있기에 구술을 대상으로 서사분석이나 구술자의 해석을 중심으로 문화적 맥락을 분석하는 일도 중요하다.

생애사에서는 개인적인 경험을 말하는 것이지만, 그의 경험적 맥락(context)이 중시될 경우 마을사, 지역사 또는 국가사를 재구성하는 데 1차 사료가 된다. 맥락은 개인이 환경에 영향을 주고 환경이 개인의 삶을 형성하는 역동적인 과정을 말한다. 개인의 삶과 그러한 삶이 이루어진 사회문화적 환경의 관계는 어떠한 구술 자료를 해석하는 경우라도 매우 중요하다. 맥락에 대한 분석은 구술자의 주관적 경험이 어떤 식으로 구성되었는지를 드러내어 구술자 주체가 역사적으로, 사회적으로 어떠한 위치에 있었는가를 밝힐 수 있다. 다시 말해 구술자의 경험의 맥락을 분석하는 것은 단순히 사건이나 행위 그리고 활동을 중심으로 경험을 드러내는 것이 아니라, 왜, 어떻게 '그' 경험이 만들어졌는지를 밝히는 것으로 그 경험을 역사화하는 것이다. 예를 들어서 같은 장소에서 같은 사건을 경험했다고 하더라도 여성구술자와 남성구술자는 서로 다른 이야기를 할 것이며, 또 연령이나 계층에 따라서도 다른 경험을 말할 수도 있다. 이럴 때 구술 생애사가 일관성이 없다거나 신뢰도가 떨어지기 때문에 사료로서의 가치가 없다고 하는 판단은 옳지 못하거나 성급한 결론이다. 구술자의 서로 다른 경험과 그에 대한 해석이야말로 이야기의 주체인 구술자가 제시하고 있는 삶의 맥락을 이해할 수 있는 좋은 열쇠이기 때문이다. 즉 구술 생애사를 통해서 당대의 성, 연령 그리고 계층과 같은 사회적 구조의 실체를 이해할 좋은 기회가 되기 때문이다.

따라서 생애사 연구는 면담자의 의도나 연구목적에 따라서 달라진다. 자료수집 차원에서 시도하는 것이 있고, 생애사의 재구성이나 해석에 더 주목하는 것도 있다. 생애사 수집방법이 일정하지 않은 더 중요한 이유는 생애사는 말하는 주체의 주관적인 산물이기 때문이다. 따라서 구술자의 주관성과 즉흥성을 해치지 않는 한도에서 수집방법의 틀이 만들어져야 한다. 연구자에 따라서 생애사는 첫째, 구술자가 살았던 시대의 여러 가지 객관적인 사실들을 제공한다. 둘째, 생애사는 구술자가 말하는 내용을 통해서 주관적 선택이나 해석을 제공한다. 셋째, 생애사는 구술자가 말하는 내용의 형식, 즉 서술의 형식에 대한 분석자료를 제공한다.

첫 번째, 객관적인 사실을 수집하기 위해서는 우선 개인의 생애주기에 대한 일반적인 구분을 만들어둘 필요가 있다. 기초적인 구분은 아동기, 청소년기, 성년기, 중년기, 노년기로 나누어서 각 생애 주기 속에서 겪었던 구술자의 경험들을 수집할 수 있다. 나는 1930년대 서울 사대문 안에서 태어난 서울토박이들의 청소년기에 대한 심성사적 연구를 한적이 있다.6 구술자들은 1930년대 일본 식민 지배가 확고해지면서 근대적인 도시로 변신하고 있었던 경성에서 유아기를 거쳤다. 또한 이들은 사대문 안 명문 국민학교에 진학하여 일제 말 황국식민화 정책 속에서 청소년기를 보내고 해방을 맞이하였다. 해방 이후 이데올로기적인 갈등 속에서 청소년기를 보내고 한국전쟁을 겪은 이 세대 서울토박이들의 아동기와 청소년기의 경험7은 1930년대에서부터 1950년대까지 서울에 대한, 그리고 당시 청소년기에 대한 사료를 제공했다.

이렇게 개인이 생애 과정에서 얻는 경험은 역사적으로 중요한 사건이나 시대에 대한 사료를 제공할 수 있다. 예를 들면 생애과정에서 얻는 경험, 즉 학교, 성관계, 일탈행위, 가족의 위기, 직업, 결혼, 질병과 개인적·사회적인 사건으로 특별한 역사적 경험에 관한 증언을 수집할 수 있다. 구술자 자신이 생각하는 삶의 전기(轉機, turning point)에 초점을 맞추면서, 이때 겪은 경험을 전체 삶과 연결해 보기도 한다. 즉 사람들이 자기의 경험 중에서 어떤 것을 전기로 생각하며, 왜 그것을 전기로 생각하는가, 나아가서 그러한 전기에 겪은 경험이 전체의 삶과 생애과정에 어떠한 영향을 끼쳐왔는가 등을 생각해 보는 것은 중요하다. 나는 미수복경기도 실향민들의 구술 생애사를 수집하였는데8, 구술자들은 대개가 1920년대와 1930년대 개성, 개풍군, 장단군에서 태어났다. 이들은 유아기를 일제 말 일제 식민 자본에 맞서는 개성상인들이 대변하는 개성문화권 내에서 보냈다. 해방이 되자 이들은 곧 38선을 인식하게 되었고, 한국전쟁이 시작되기 전에 이미 개성 지역은 전쟁의 전야에 있었다. 미수복경기도 실향민의 아동기와 청소년기는 일제 말과 한국전쟁 사이의 개성, 개풍, 장단 지역의 지역사 사료를 제공한다. 그런데 이 실향민들에게 한

『구술로 쓰는 역사』 표지

국전쟁은 삶의 전기가 되었다. 38선 이남이었던 자신들의 고향이 정전이 되면서 북한이 되어버렸고, 피난민이었던 이들은 실향민 또는 월남민이 되었기 때문이다.

둘째, 생애사는 구술자가 말하는 내용을 통해서 주관적 선택이나 해석을 제공한다. 여기에서는 구술자가 살아온 위치에서 그의 삶을 이해하는 것이 중요하다. 구술자들은 각자의 위치에서 하나의 사건을 다르게 경험한다. 구술자의 사회적 위치는 나이, 세대, 지역, 가족사, 계급, 성별, 교육 정도, 직업 등 다양한 변수에 의해 자리매김될 수 있고, 그에 따라 같은 사건을 다르게 경험하는 것이다. 그래서 같은 사건에 대해서도 구술자들은 주관적 선택과 해석을 하는데, 그것은 그 사건이 구술자 각자의 삶에 지니는 의미와 비중이 다르기 때문이다. 서울토박이나 미수복경기도 실향민의 경우는 특정 지역을 기반으로 하는 구술자들의 사적인 경험을 드러내고 구술자들이 가지고 있는 해석을 드러내는 작업이었다. 마찬가지로 여성들의 구술 생애사는 남성중심적이고 문헌중심적인 역사 해석에서 드러나지 않는 여성들의 역사적 경험을 제공한다. 나는 미수복경기도 실향민 여성 두 명의 구술 생애사를 분석하여 한국전쟁을 통하여 다른 선택을 할 수 밖에 없었던 역사적 맥락을 재구성하였고, 그 의미를 분석하였다.9 두 여성 실향민은 전쟁을 통해서 지주 계급의 딸에서 하층 피난민으로 전락하였지만 교사직과 장사를 통해서 어머니 외의 사회적 지위를 가지게 되어 이전 세대 여성들과는 달리 다중적인 주체를 가질 수 있었다. 이렇게 생애사는 역사적 사건과 과정, 구조적 변화 속에서 개인의 대응 과정을 보여주고 그에 대한 구술자들의 선택과 해석을 보여준다.

셋째, 생애사는 구술자가 말하는 내용의 형식, 즉 서술의 형식에 대한 분석 자료를 제공한다. 생애사는 단지 구술자가 말하는 내용, 즉 활동, 사건, 행위에 대한 자료를 제공하는 것이 아니다. 구술자들은 자신의 삶을 이야기할 때 그것은 또한 자신이 누구인가를 드러내는 것이다. 그래서 어떤 서술의 형식으로 자신의 삶을 이야기하는가도 분석의 대상이 될 수 있다. 나는 시집살이 이야기 분석을 통해서 3명의 여성 구술자들의 삶이야기의 형식을 분석하고 그들이 드러내고자 하는 자신의 정체성을 알아보았다.10 이 여성 구술자들의 시집살이 이야기는 곧 생애사였는데, 이들의 서술의 구조는 고난 극복의 서사였다. 이 고난 극복의 서사를 통해서 각 구술자들은 돌봄자로서, 아들을 낳은 어머니로서, 집안을 일으키는 며느리로서의 정체성을 드러냈다.

그러므로 생애사는 국가 전체사 속에서 드러나지 않는 개인, 집단, 세대, 지역에 대한 자료를 제공한다. 생애사는 개인이라는 창구를 통해서 사회 구조와 역사적 과정들이 어떻게 개인에 영향을 주고 개인은 그에 어떻게 대응내지 적응하는가를 보여준다. 생애사 연구는 따라서 한 사회나 국가에 속했지만 다른 이야기를 가지고 있는 사람들의 다양한 진실들을 보여준다.

3. 구술 생애사 연구의 장애물들

최근에 사회과학과 역사학에서 증가하고 있는 생애사에 대한 관심에도 불구하고, 생애사를 이용하는 데는 두 가지의 인식론적 문제점이 있다. 하나는 개인의 삶의 대표성의 문제이고, 또 하나는 생애사가 가지고 있는 주관성의 문제다.11 첫 번째 문제점은 구술사의 인식론적 전환에서 논의된 것으로 개개인은 역사적 산물이며 개인의 삶들은 사회적 과정이나 구조에 의해 구성되고 또한 그 구조들을 만든다는 것을 인식할 때 해결될 수 있다. 즉 생애사는 구술자가 속한 사회를 대표하는 것이 아니라 구술자의 삶을 통하여 그 사회를 들여다 볼 수 있는 창구 역할을 한다.

두 번째 문제의 해결에는 순수한 객관성이란 존재하지 않는다는 인식이 필요하다. 구술 자료의 특징 중 하나인 주관성은 생애사 연구의 특징이기도 하다. 반시나의 기억과 구술사에 대한 연구에 의하면 모든 역사적 자료가 시작부터 주관성이 들어가 있다는 것을 알려준다고 한다. 즉 목격자들의 사건에 대한 지각 행위에서부터 목격자의 주관성이 들어가 있다는 것이다. 따라서 생애사의 주관성은 오히려 구술자의 위치에서 사회, 구조, 역사적 사건을 바라보는 자료를 제공하는 것이다.

이러한 인식론적 문제점들은 실증주의적인 사회과학 연구와 역사학에 기인한 것이다. 그래서 프리만 Freeman과 크란츠 Krantz는 생애사를 평가하는 사회과학적 범주들이 잘못되었다고 주장하고,12 페미니스트들은 그러한 잘못된 범주들은 남성중심적인 사회과학의 시각에서부터 출발한다고 한다.13

구술로 된 생애사 연구에서 또 하나의 중요한 문제는 구술자와 연구자와의 관계이다. 연구자들은 연구자의 결정적인 역할에 대해서 간과해 왔으나, 최근 증대하고 있는 자기성찰적 흐름은 이 점을 부각시키고 있다. 왜냐하면 구술 생애사에서는 이야기가 전개되는 상황이 중요하기 때문이다. 이는 청자의 역할도 구술자 못지않게 중요하다는 뜻이다. 구술 생애사 인터뷰는 구술자와 청자가 편안하고 친밀해진 이후에 하는 것이 이상적이다. 두 사람의 관계가 생애사의 내용을 결정하는데 중요한 역할을 한다는 점은 여러 차례 강조해 왔다. 청자인 면담자는 구술자의 이야기를 들으면서 구술자 자신이 가지고 있던 과거의 경험을 기억하도록 유도한다. 이 과정에서 구술자는 자신이 간직하고 있던 기억을 자연스럽게 불러내게 된다. 또 청자가 구술자의 경험의 특정한 부분을 끌어내기 위해 그때그때 질문과 정황을 만들어야만 한다. 면담자인 청자의 질문을 통해 구술자는 특정한 기억을 현재로 불러와서 이야기를 하게 된다. 크레판자노 Vincent Grapanzano와 같은 생애사 연구학자들은 생애사는 구술자와 연구자 간의 대화 또는 공동 연구의 결과라고 주장한다. 파타이 Daphne Patai는 생애사는 구술자와 연구자 간의 대화의 전체적 맥락에 달렸기 때문에, 같은 개인을 다른 연구자가 연구한다면 다른 종류의 삶 이야기가 될지도 모른다고 주장한다.14

4. 구술 생애사 연구를 어떻게 하는가

구술 생애사 연구는 인터뷰를 통해서 구술자 또는 구술자의 살아온 이야기를 듣는 것이다. 그래서 기본적으로 생애사 인터뷰는 다른 인터뷰와 같으나* 질문 내용은 특정한 사건보다는 구술자의 개인적 삶에 관한 것이라는 점에서 다르다. 다음은 구술 생애사 인터뷰에 필요한 절차들이다.

1) 구술 생애사 인터뷰 준비

개인의 구술 생애사라고 하더라도 주변 사람들로부터도 가능한 많은 정보를 얻는 것이 필요하다. 특히 가족이나 이웃들과의 면담이 유용한 자료가 된다. 구술자가 자신에 대해서 가지고 있는 생각과 다른 사람들이 그에 대해 가지고 있는 생각 사이의 차이를 파악함으로써 구술자의 주관적 해석을 이해하기 쉬워진다. 또한, 주위 사람들로부터의 이야기는 구술자가 이야기하기를 꺼리거나 혹은 부정확하게 제공한 정보들을 검증하는 데도 도움이 된다. 그래서 구술자와의 인터뷰를 시작하기 전에 그가 속한 집단이나 사회를 참여관찰 할 필요가 있다.

구술 생애사 연구를 위해서 가장 중요한 것은 이야기꾼인 구술자를 확보하는 것이다. 보통 다른 목적을 위한 인터뷰는 구술자가 과묵하더

---

* 제5장 6절 '인터뷰하기'에서도 기술적인 문제를 다루었으므로 이를 참고하기 바란다.

라도 그 구술자가 주요한 정보를 가졌을 경우에는 반드시 해야 할 것이다. 그러나 구술 생애사의 경우에는 구술자가 과묵하다면, 연구가 매우 힘들어진다. 왜냐하면, 자신과 자신의 삶에 대해서 많은 이야기를 해주는 구술자가 더 많은 정보를 주기 때문이다. 따라서 구술 생애사 연구에서만큼은 연구 자료를 많이 제공하는 이야기꾼을 찾는 것이 바람직하다.

다른 인터뷰에서와 마찬가지로 구술 생애사 인터뷰에서도 구술자와의 라포가 중요하므로 성공적인 인터뷰를 위해서 구술자의 일상에 대해 참여관찰을 하는 것이 좋다. 참여관찰 동안 구술자와 라포를 형성할 기회를 가질 수 있기 때문이다. 라포를 형성하면서 구술자가 연구자와 연구에 대해서 어떤 생각과 이해를 하고 있는지를 파악하고, 관계 형성의 성격에 대해서도 분석해야 한다.

생애사의 수집 방법은 간단할 것 같으나 쉽지 않다. 한 사람이 태어나면서부터 성장하는 순서에 따라서 이야기가 전개될 것 같지만, 인간의 기억이 연대기적으로 정리되어 있지는 못하다. 기억되는 순

구술 생애사 인터뷰(2)

서나 양 등은 개인마다 다르고 철저하게 사적인 경험에 바탕을 두고 있다. 따라서 객관적이고 표준적인 모델을 정하여 면담을 하더라도 그것을 그대로 따라가기는 대단히 힘들다. 면담자는 구술자의 기억의 실마리를 제공하며 이야기를 풀어내는 자극제 역할에서 만족하여야 한다.

2) 구술 생애사 인터뷰 질문

인터뷰의 시간과 중심주제에 따라서 인터뷰 전략이 달라지기 때문에, 질문의 내용과 순차도 달라질 수 있다. 아래는 구술 생애사 인터뷰에 일반적으로 필요한 질문 내용이고 해방, 한국전쟁이나 이촌향도와 같은 구술자에게 중요한 역사적 사건을 보충하여 질문지를 만들 수 있다. 연구자가 특정 주제 하에 구술 생애사 인터뷰를 한다고 하더라도 구술자의 삶의 맥락에 대한 많은 정보를 가지는 것이 중요하다. 그리고 특정 구술자만이 줄 수 있는 역사적 경험에 대한 사료를 최대한 수집한다는 태도를 가지고 질문지를 만드는 것이 바람직하다.

(1) 출생 시의 상황: 연도, 거주지, 가족(부부관계, 부모-자식관계), 친족 관계, 생계방식(부모의 직업과 교육 정도), 계층, 사회적 지위
(2) 사회화 과정: 유년기, 청소년기의 가정교육 및 제도권 교육, 지역사회 교육, 학교생활
(3) 직업: 최초의 직업과 직장으로부터 시작하여 직업 변화 과정(남성은 군대생활 포함)
(4) 결혼: 연애, 중매 여부, 결혼 동기, 결혼 생활 내용, 부부관계(여성은 임신과 출산 포함)
(5) 가족생활: 부모-자식관계, 친족관계, 육아와 자녀 교육, 가사노동, 레저, 취미
(6) 일상생활: 주거지, 식생활, 의생활, 활동반경, 일상적으로 반복하는 일

(7) 구술자의 나이에 따라서 생애과정 중 중년의 삶, 노년의 삶에 대한 질문

다음은 미수복경기도 실향민 구술 생애사 인터뷰 예비 질문지다.

《 예비 질문지 》

(1) 일제시기 어린 시절

- 태어났을 때 가족 상황은 어떠했나요?(가족 수, 가족 형태, 사는 곳)
- 부모님은 어떤 분들이었나요?(출생년도, 출신지, 학력, 직업, 성품)
- 형제들은 어떠했나요?(출생년도, 출생 순, 형제 관계)
- 가족들은 어떻게 먹고 살았나요?(생계 방식, 재산의 규모, 부모의 직업)
- 본인이 어렸을 때 가장 먼저 떠오르는 것은 무엇인가요? 왜 그렇습니까?

(2) 일제시기와 학교 생활

- 국민 학교 시절의 학교 생활은 어떠했나요?
- 당시 국민 학교의 교과 내용과 교사들은 어떠했나요?
- 중학교 진학과 중학교에서의 생활은 어떠했나요?
- 일제 말 전쟁 동원의 영향은 학교 생활에 어떠했나요?

(3) 해방

- 해방이 되었을 때 학교와 개성시의 상황은 어떠했나요?
- 해방이 되어서 가족생활에 변화가 있었나요?
- 3·8선으로 된 분단이 개성시에 미친 영향은 무엇이었나요?
- 해방 정국에서 개성시와 학교에 나타난 좌우의 갈등은 어떠했나요?
- 1948년 남한만의 정부 수립이 개성사람들에게 어떤 영향을 주었나요?

(4) 한국전쟁

- 한국전쟁이 났다는 것을 어떻게 알게 되었나요?
- 한국전쟁 발발 당시 가족들과 학교 상황은 어떠했나요?
- 북한 인민군이 개성시에 들어왔을 때의 상황은 어떠했나요?
- 개성시가 9·28 수복까지 북한 인민군의 지배하에 있었던 당시의 상황에 대해서 말씀해 주십시오.
- 개성시 내에서 북한 인민군이 무엇을 했으며, 지방 좌익들은 무엇을 했습니까?
- 개성시에서 피난을 간 사람들은 어떤 사람들이었습니까?
- 북한 인민군에 협조하고, 지지한 사람들은 어떤 사람들이었습니까?

- 개성시가 수복되었을 때 상황을 말씀해 주십시오
- 1·4후퇴 때 어떻게 어디로 피난을 가셨습니까?
- 피난지에서의 생활은 어떠하였습니까?

(5) 휴전 이후 남한에서의 정착

- 휴전이 된다는 것을 어떻게 알게 되었습니까?
- 마지막으로 고향에 있었던 때가 언제이고, 누구를 만났습니까?
- 남한으로 어떻게, 어떤 경로로 남하했습니까?
- 고향에 남은 가족들은 누구이고, 그 이유는 무엇입니까?
- 남한의 어느 곳에서 어떻게 해서 정착하게 되었습니까?
- 어떻게 학업을 계속하고, 생계를 꾸리게 되었습니까?
- 결혼은 언제, 어떻게 하게 되었습니까?
- 결혼 이후의 생활은 어떠하였습니까?

(6) 남한에서의 생활과 실향민의 모임

- 개성사람들의 생활방식은 어떤 특색이 있습니까?
- 남한에서 살면서 개성 음식이나 개성 풍속을 어떻게 유지하고 있습니까?
- 언제부터 고향사람들이 모이기 시작했나요? (군민회, 면민회)
- 미수복경기도도민회는 어떻게 해서 참여하시게 되었나요?
- 실향민들의 모임에서 주로 어떤 활동을 하시나요?
- 도민회, 군민회, 면민회 활동이 본인에게 어떤 의미가 있나요?
- 실향민으로서 남한 생활에서 가장 큰 어려움은 무엇이었습니까?
- 실향민이라는 것이 남한에서 사회 생활하는데 어떤 영향을 주었습니까?

(7) 분단과 통일

- 개성실향민이 된 것은 무엇 때문이라고 생각하십니까?
- 개성실향민이 되어서 가장 고통스러운 것은 무엇입니까?
- 고향의 가족들을 만나볼 어떤 시도들을 해 보았습니까? (이산가족상봉이나 중국을 통한 가족 찾기)
- 개성공단과 개성관광에 대해서 어떻게 생각하십니까?
- 통일에 대해서 어떻게 생각하십니까?

3) 구술 생애사 인터뷰 전략

구술 생애사 인터뷰는 기본적으로 태어난 시기부터 현재까지의 구술자의 삶에 대한 것이기 때문에 출생 시점에서부터 인터뷰를 시작한다. 내가 했던 구술 생애사 인터뷰 중 가장 긴 것은 20시간이었고, 가장 짧은 인터뷰는 4시간이었다. 구술자가 이야기꾼이면 20시간도 가능하지만, 구술자가 과묵하면 3~4시간 정도밖에 할 수가 없다. 따라서 생애사 인터뷰는 최소한 5시간 정도는 되어야 하고, 10시간 정도면 충분하다. 그래서 5시간을 기준으로 인터뷰 전략을 구상해 보면 다음과 같다.

(1) 1차 인터뷰

최초의 인터뷰는 개방적 인터뷰로 자연스럽게 구술자가 이야기하는 데로 따라가는 것이 좋다. 왜냐하면, 사실보다도 사실이 이야기되는 순서가 구술자의 삶의 경험들의 경중을 잘 나타내기 때문이다. 따라서 1차 인터뷰 시는 연구자의 개입을 최대한 줄이고, 일단 구술자의 전반적인 삶에 대한 주관적 구술을 경청할 필요가 있다. 그리고 1차 인터뷰를 통하여 구술자의 특성을 파악하는 것이 중요하다. 구술자의 서술의 특징, 기억의 작동 방식 등을 파악하여 전체적인 인터뷰 전략을 만들어야 하기 때문이다.

(2) 2차 인터뷰와 그 이후

1차 인터뷰 내용을 바탕으로 개괄적인 구술자의 생애 연보(personal chronology)를 작성한다. 구술자들은 연대기적으로 서술하지 않기 때문에 생애 연보를 작성하면 구술자의 이야기가 어느 시기에 대한 것인지를 이해하기가 쉽다. 또한 1차 인터뷰 전에 만들었던 예비 질문지에 추가적인 질문을 더 넣고, 1차 인터뷰에서 하지 못한 질문을 중심으로 다시 질문지를 구성한다.

ㄱ. 5시간 이상의 생애사 인터뷰를 계획할 경우

만약 10시간의 인터뷰를 계획한다면 2~3시간 정도로 나누어서 해야 바람직하며 각 인터뷰 시 인터뷰를 끌고나갈 특정 주제를 설정할 필요가 있다. 또한 마지막 인터뷰에서는 자신의 삶에 대한 주관적인 의미 부여를 할 수 있는 질문을 해서 구술자가 가지고 있는 자신의 삶에 대한 주관적인 평가를 들어본다.

5시간 이상의 구술 생애사 인터뷰가 어떻게 진행될 수 있는가에 대한 예시로서 서울토박이 구술 생애사 인터뷰의 사례를 살펴볼 수 있다. 1999년 서울시립대학교 서울학연구소 지원의 서울토박이 구술 생애사 인터뷰는 20시간으로 지정되어 있어서 이야기꾼이 필요했다.[15] 나는 동료 교수의 소개로 1927년생 이야기꾼인 신현경씨를 만나게 되어 10회 차 20시간 인터뷰를 진행하였다. 첫 번째 인터뷰는 개방적인 인터뷰로, 살아오신 이야기를 일방적으로 들었다. 두 번째 인터뷰도 개방적인 인터뷰로 진행하였는데, 나머지 인터뷰는 다양한 주제로 인터뷰 전략을 만들었다. 인터뷰의 목표가 구술자의 삶을 통하여 서울토박이의 독특한 역사적 경험을 드러내는 것이었기 때문에, 일제시기의 어린시절과 학교 교육, 해방 이후 대학 진학, 한국전쟁, 결혼, 육아와 교육, 친족 관계, 약국 경영, 서울의 민속, 서울 음식을 주제로 각 인터뷰를 진행하였다.

『주민 생애사를 통해 본 20세기 서울 현대사』 표지

또 다른 구술 생애사 인터뷰 전략은 2000년에 서울시립대학교 서울학연구소에서 지원한 서울이주민 구술 생애사 인터뷰였다. 이 때도 10시간 인터뷰를 해야 해서 이야기꾼이 필요했다. 나는 연구 조교의 소개로 1929년생 이야기꾼 이성순(가명)씨를 만나서 5회차 10시간 인터뷰를 진행하였다. 이성순씨는 신현경씨와 달리 전업주부였고 서울토박이가 아니어서 다른 인터뷰 전략을 선택했다. 이성순씨는 일제시기 서울로 이주해 와서 여러 곳을 이사 다니면서 서울 생활을 하였기 때문에, 나는 이사한 집을 중심으로 인터뷰를 진행하였다. 국가전체사의 연대기에 나오는 중요한 사건보다는 이사한 집이 서울 이주민들의 생활사를 더 잘 드러낼 수 있다고 생각되었기 때문이었다.

또 다른 구술 생애사 인터뷰 전략은 2009년 국사편찬위원회 구술채록사업에서 지원을 받은 "개성실향민의 이산"에 대한 구술 생애사 인터뷰였다. 나는 개성토박이인 아버지의 동창 분을 통해서 1932년생 이야기꾼 이상은씨를 만나게 되었다. 이때는 각 구술자에 인터뷰 시간이 지정된 것이 아니었는데 6회차 18시간의 인터뷰가 진행되었다. 개성실향민들에게 고향이 이북 땅이 되어버려 실향을 하게 된 한국전쟁이 가장 중요한 사건이기 때문에 인터뷰는 연대기적으로 진행되었다. 첫 번째 인터뷰는 개방적인 인터뷰였으나, 그 후로는 일제시기 개성에서의 어린 시절과 해방, 전쟁 전야와 한국전쟁, 피난과 서울 정착, 전후 남한에서의 정착생활, 삶의 회고라는 주제로 진행되었다.

ㄴ. 5시간 이하의 생애사 인터뷰를 계획할 경우
1차 인터뷰의 내용이 더욱 구체적으로 나올 수 있게 2차 인터뷰를 한다. 2차 인터뷰 내용을 바탕으로 연구자가 묻고 싶거나 확인이 필요한 것들을 가지고 추후질문을 해서 마무리한다. 구술 생애사 인터뷰는 5시간 이상을 하고 싶어도 구술자가 과묵하면 할 수가 없다. 2007년 20세기민중생활사연구의 일환으로 나는 동료 연구자를 통해서 서울 이주민인 1929년생 강명숙(가명) 구술자를 만났고 인터뷰는 3회차 5시간으로 진행되었다. 구술자는 평북 강계 출신으로 해방이 되자 북한이 공산화되어 1946년에 서울로 남하한 월남민이다. 첫 번째 인터뷰에서 구술자는 고향에서 어떻게 해방 후 남하하게 되었고 한국전쟁을 겪었는지를 이야기해주었다. 두 번째 인터뷰는 한국전쟁 이후의 남한에서의 정착생활에 대한 인터뷰였는데, 구술자는 이 시기 힘든 생활에 대해서 구체적으로 이야기하고 싶어 하지 않았다. 그래서 마지막 인터뷰는 생애연보를 확인하고 추후질문을 하는 것으로 마무리되었다.

구술 생애사 인터뷰(3)

　구술 생애사 인터뷰는 구술자가 충분히 자신의 삶을 펼칠 수 있게 하는 것이 가장 중요하다. 그러기 위해서 면담자는 잘 듣고 여유를 가지고 기다려주어야 한다. 그리고 구술자의 삶의 특수성이 가장 잘 드러날 수 있는 인터뷰 전략을 고안하여 구술자만이 남길 수 있는 구술기록을 얻는 것이 면담자의 의무라고 생각된다.

제7장

구술 자료의 정리, 해석, 텍스트화

글쓰기의 존재는 구술성을 기억의 부담으로부터 해방시킨다. 텍스트의 보존, 계약 확인서, 사건의 연대기들은 모두 글쓰기에 의해 더 효과적으로 이루어진다. 그래서 사회적 그리고 개인적 기억은 "공동체의" 텍스트들이 전승되도록 보존하는 의무에서 벗어났고, (정확하게 개인적 텍스트들이 가치 있게 되는 시점에서)구술성은 개인적이고 단명한 담론을 위해 구속받지 않게 되었다. 한때 구술 담론이 극복할 필요가 있는 장애물이었던 시간은 이제 구술의 주요한 자산이 되었다. 구술과 시간 사이의 연계는 즉시성, 즉흥성과 자발성이라는 가치들을 높여준다. 글쓰기가 [보존의] 책무를 가져가서 구술성은 어떤 대가를 치르더라도 시간에 저항하기보다는 자유롭게 시간과 함께 흐르고 변화할 수 있게 되었다. 사회적 기억에 대한 의무로부터 자유롭게 구술자들은 그들 자신의 주체성과 경험을 이야기의 중심에 놓을 수 있게 되었다.[1]

1. 인터뷰 자료의 정리와 녹취

미국의 구술사가인 릿치 Ritchie, Donald는 인터뷰가 기록되어서 어떤 방식으로든 도서관에서 볼 수 있거나, 또는 구술 그대로의 형태로서 출판될 때 비로소 구술사가 된다고 주장한다.[2] 그러나 사회적·정치적 운동으로 시작한 한국의 구술사는 진상 규명을 위한 구술 증거 확보에 주력해왔기 때문에 2000년대에 들어서서 구술 아카이브가 구축되기 시작했다. 그 전까지는 대부분의 구술사 연구자들이나 기관들은 인터뷰를 부분적으로 녹취하거나 편집하여 구술 증언집을 출판하였기 때문에 구술 아카이브에 대한 개념을 가지고 있지 않았다. 그러나 2000년대에 들어서서 구술사 연구자들 사이에 구술 아카이브 구축에 대한 문제의식이 더욱 강화되었고, 국사편찬위원회나 한국문화예술위원회에서 아카이브 구축을 전제로 하는 구술채록사업이 시작되면서 구술 아카이브에 대한 인식이 확산되었다. 2010년을 전후하여 구술채록사업을 시작한 기관들은 대부분 구술 아카이브 구축을 전제로 하였고, 1980년대와 1990년대 구술 증언 수집을 했던 기관들도 소장 구술 자료들을 아카이브로 만들기 시작했다. 2017년 현재에는 다양한 기관에서 구술 아카이브를 구축하고 온라인과 오프라인 서비스를 하고 있다. 구술 아카이브는 제9장에서 더 자세하게 다루어질 것이다.

일단 인터뷰가 끝나면 연구논문을 쓰기 위해서건, 구술 아카이브를 만들기 위해서건, 출판을 위해서건 간에 인터뷰 시 수집된 자료들을 정리해야 한다. 구술사 인터뷰는 구술 자료만을 생산해내는 것이 아니다. 구술채록사업은 물론 개인 연구에서도 인터뷰 시에 이미지 및 영상 촬영을 동반할 수 있고, 또한 구술자의 소장 자료들이 수집될 수 있다. 그래서 인터뷰 시 수집된 다양한 자료들을 어떻게 정리해야하는지를 살펴보도록 하겠다.

1) 구술(음성) 자료의 정리

최근 한국 구술사 연구자들 사이에는 인터뷰가 아니라 녹취가 더 어려워서 구술 채록을 하기가 힘들다는 소리가 나오고 있다. 대부분의 구술 채록기관에서는 녹취문은 필수적인데 인터뷰보다 정확한 녹취문을 생산하는데 더 많은 시간과 노력이 들기 때문이다. 이에 대해서 2014년에는 한국구술사학회가 주관한 한국구술사네트워크에서 "구술사, 그 이후: 구술사와 구술성"이라는 주제로 워크숍을 한 적도 있었다. 구술사하면 '과거의 목소리'가 아니라 '녹취문'이 당연시 된 것은 역사적인 배경이 있다. 기록관리학자인 이호신은 초기 구술사 연구에서 녹음기록 대신 녹취록을 원본인 것처럼 보관하고 활용한 것은 우선 녹음

매체의 가격과 같은 경제적인 요인도 있지만 당시 역사학자와 기록관리사들을 지배했던 학문적 환경, 그리고 녹취문의 편리함이 함께 복합적으로 작용한 결과라고 한다.3 실증주의적 역사학과 문서우월주의적 기록관리학의 관행이 녹취록을 중시하였고, 또한 녹취문이 녹음테이프보다 더 관리하기가 편리했기 때문이다. 그래서 구술사 연구에서 녹취문 작성이 당연한 것으로 인식되었던 것이다.

인터뷰가 끝나면 가장 중요한 자료인 구술(음성) 자료를 정리하는 것이 필요하다. 음성 자료를 문자화하는 작업을 전사(轉寫) 또는 녹취(綠翠, transcribe)라고 한다. 1990년대까지도 널리 사용되었던 녹음테이프는 오랜 시간이 지나면 그 상태가 나빠지지만, 녹취문(transcript)은 문서나 파일로 보존하기가 쉽다. 또한, 구술사 연구자들도 녹음테이프 또는 음성파일보다는 녹취문을 더 선호한다. 사실상 모든 기관구술채록사업에서 녹취문 작성은 필수적이다.

녹취에 대해서는 두 가지 의견이 있다. 한쪽의 의견은 녹취 자체가 일종의 편집이기 때문에 독자를 위하여 편집을 통해서 가독성을 높이자는 것이다. 구술 자료를 문자화한다는 것은 이미 구술 자료를 왜곡하는 일이다. 구술은 구어지 문어가 아니기 때문이다. 그렇기 때문에 녹취문을 읽고 당황해하는 구술자들이 꽤 있다. 구술은 문자화하면 잘 읽혀지지 않고 어색해서 가독성이 많이 떨어지기 때문이다. 또 한쪽에서는 최대한 들리는 그대로 문자로 재현하자는 의견이 있다. 구술성(orality)을 최대한 보존하기 위하여 편집 기호(구술 및 편집 기호 예시 필요)를 동원해서 구술의 리듬과 질감을 문자로 표현하자는 것이다. 이러한 경우에도 녹취는 모든 것을 들리는 대로 쓰는 것은 아니다. 연음법칙이나 두음법칙 등을 그대로 적용하여 들리는 대로 쓰는 것이 아니라 한글 받아쓰기처럼 알아들을 수 있는 단어는 제대로 써야 하기 때문이다. 현재 한국 구술사 연구에서는 두 번째 의견이 우세하여 되도록 구술성을 잘 반영한 녹취문 작성을 선호하고 있다.

그런데 녹취는 최대한 들리는 그대로 문자로 한다고 해도 일종의 편집이기 때문에 매뉴얼이 필요하다. 반드시 녹취 매뉴얼을 마련해서 두어야만 모든 녹취문이 일관성 있게 정리될 수 있다(부록 참조). 연구프로젝트에 녹취비가 책정되어 있어서 녹취를 할 경우에는 면담자 자신이 녹취를 할 수도 있고, 전문 녹취자에게 맡길 수도 있다. 면담자 자신이 녹취를 하는 것이 가장 이상적이지만, 인터뷰를 한 연구자들이 현실적으로 녹취를 할 시간이 없는 경우가 많다. 이럴 경우에는 전문 녹취자나 숙련된 연구보조원들을 고용하는 것이 좋다.

이 때 어떤 녹취 매뉴얼이던 다음과 같은 사항들은 반드시 들어가야 할 필요가 있다. 첫 번째, 녹취자는 들리는 대로 적고 자의적인 편집은 절대로 해서는 안 된다. 둘째, 한 구술자의 인터뷰 내용은 한 사람이 녹취하는 것이 더 일관성 있는 녹취문을 만들 수 있다. 왜냐하면, 한 구술자의 인터뷰를 같은 녹취자가 녹취한 경우, 그 인터뷰에서 나오는 구술자의 특정한 단어 사용, 사투리, 은어, 축약어 등에 적응하여 일관성 있게 녹취를 하기가 쉽기 때문이다. 또한 한 구술자의 인터뷰가 여러 회차에 걸쳐서 진행되는 경우에는 회차 순서대로 녹취해야 한다. 그래야만 구술의 전체적인 흐름에 맞추어서 녹취가 될 수 있다. 즉 한 녹취자가 한 구술자의 인터뷰 내용을 회차에 따라서 순서대로 녹취하는 것이 가장 정확한 녹취문이 될 수 있다는 것이다. 마지막으로 면담자가 녹취를 하지 않았을 경우에는 면담자가 반드시 검독을 하여 녹취문의 정확도를 높여야 한다. 특정 장소, 명칭이나 단어와 발음이 제대로 기록되었는지를 확인해야 한다. 세대 차가 많이 나는 구술자의 경우 젊은 녹취자들이 제대로 알아듣지 못하는 경우가 많다.

또한 면담자는 추가로 면담 후기에 인터뷰 시 상황을 기록해야 한다. 인터뷰 날짜, 장소, 시간뿐만 아니라 어떤 분위기 속에서 어떤 라포

상태에서 인터뷰가 이루어졌는지를 기록해야 한다. 더 엄밀하게 말하자면 인터뷰가 진행되면서 녹음된 그대로 억양과 음성의 떨림, 고조뿐만 아니라 구술자의 표정과 몸짓 등도 기록이 되어야 한다. 그래야만 인터뷰 당시의 상황을 최대한 재구성할 수 있다. 녹음기는 소리만 기록하지 인터뷰 상황 자체가 다 녹음되지는 않기 때문이다. 물론 동영상 촬영을 하면 인터뷰 상황도 기록이 된다고 하지만, 카메라의 앵글도 포함시키지 못하는 부분이 있다. 마지막으로 모든 구술자가 검독을 할 수 있는 것도 아니지만 구술자의 검독이 있다면 매우 정확한 녹취문이 될 수 있다.

그러나 아무리 완벽한 녹취문이라고 해도 인터뷰 상황을 모두 재현할 수 있는 것이 아니다. 이탈리아의 구술사가인 알렉산드로 포르텔리는 구술 자료의 구술성 때문에 "녹취문은 구술적 대상을 시각적 대상으로 변화시키는데, 이것은 필연적으로 변화와 해석을 의미한다"고 주장한다.[4]

> "이것이 내가 녹취하는 새롭고 더 정밀한 방법에 대한 탐구에 지나친 주목을 할 필요가 없다고 믿는 이유다. 과학적 목적을 위해서 녹취문이 테이프를 대체할 것을 기대하는 것은 복사물에 예술 비평을 하는 것, 또는 번역에 문학 비평을 하는 것과 같다. 문자 그대로의 번역은 최선일 수 없고, 가장 충실한 번역은 항상 어느 정도의 창작을 내포한다. 구술 자료의 녹취도 마찬가지라고 볼 수 있다."[5]

녹취문에서 인터뷰의 내용과 상황을 거의 완벽하게 재현하는 것이 중요한 일이기도 하지만, 포르텔리가 주장하는 바와 같이 녹취문은 녹음테이프를 대체할 수 없다. 구술사 연구자들이 녹음테이프보다는 녹취문을 선호하는 것이 사실이지만, 녹음테이프를 듣는 것이 녹취문에서 얻을 수 없는 종류의 자료(인터뷰 분위기, 어조, 뉘앙스 등)를 준다는 것은 확실하다. 따라서 구술사 연구자들은 녹취문 만을 의존하기보다는 음성 자료와 현지조사 자료를 활용하는 것이 구술성을 이해하는데 필요하다. 특히 다른 연구자가 인터뷰한 구술 자료의 경우에는 녹취문 외에도 반드시 음성 자료를 듣는 것이 필요하다.

한국에서도 일본강점기강제동원진상규명위원회에서 구술 채록을 담당했던 정혜경은 구술 자체, 즉 음성 파일이 아니라 녹취문에 의존하는 국내의 구술사 연구 관행에 대해서도 문제를 제기하였다.6 기록관리학자인 이호신도 "구술사 연구에서의 기초 자료는 바로 원자료인 녹음기록과 녹화기록이 되어야만 한다."고 주장하였다.7 2014년에 한국구술사학회가 주관한 한국구술사네트워크 워크숍에서 나도 녹취문은 원사료라고 볼 수 없고, 필요 이상의 시간과 노력이 필요하기 때문에 구술사 연구는 앞으로 e-journal로 가야 하고 그러면 녹취문은 필요 없을 것이라고 주장하였다. 실제로 이호신은 디지털 기술의 발전으로 상세목록과 색인어 검색이 녹음 자료와 녹화 자료와 연동되어 가능한데도 디지털 아카이빙과 서비스는 기술 발전 속도에 비해서 상당히 더디게 진전되고 있다고 보고 있다. 이러한 국내의 아카이브의 지체 현상은 구술사 연구가 녹취문을 바탕으로 이루어지고 있는 것과 관련된다고 보았다.8

녹취문이 하나의 공공 문서(public document)로서 일반에게 공개되기 위해서는 구술자들에게 녹취문을 편집하게 하고 출판 및 공개 여부를 허락해 주는 법적인 증거, 공개 동의서(release form)를 확보해야 한다(부록 참조). 구술자는 녹취문을 보고 자신이 원하는 대로 편집이 된 상태에서 출판되기를 원할 수도 있고, 또는 출판 자체를 거부할 수도 있다. 그러면 녹취문 원본과 구술자가 수정한 녹취문 편집본을 모두 보관해야 한다. 출판은 구술자가 허락한 판본을 사용해야 하고, 구술자가 출판을 거부할 때는 구술자의 의견을 존중해야 한다. 따라서 인터뷰 전에 연구의 중요성과 의의, 녹취문의 공개 및 출판 여부 등을 구술자에게 자세히 설명하고 동의를 구하고 인터뷰 후에 공개 동의서를 확보하는 것이 반드시 필요하다.

기관구술채록의 경우 하나의 녹취문은 여러 양식을 포함한 한 꾸러미다. 하나의 녹취문은 구술자의 사진, 공개동의서, 구술자 신상카드, 면담자 신상카드, 면담일지, 질문지, 면담후기, 상세목록, 녹취록 본문과 색인어로 구성되어 있다. 구술자 신상카드는 일종의 구술자의 이력서 내지는 생애연보이고, 면담자 신상카드는 면담자의 이력서다. 면담일지와 면담후기는 전체 인터뷰의 진행 과정과 진행 상황에 대한 정보를 제공하는 것이다. 녹취문 본문에서는 나오지 않는 정보지만, 인터뷰 내용의 맥락을 제공하는 것이기 때문에 매우 중요하다. 녹취문 본문은 구술 내용에 따라서 소제목으로 나누어질 수 있는데, 이 소제목들이 상세목록이다. 상세목록은 녹취문 전체를 읽지 않더라도 어떤 내용이 있는지 알 수 있기 때문에 타 연구자들이 이 구술 자료를 사용하고자 할 때 매우 유용해서 상세목록을 자세하게 작성해 주는 것이 좋다. 녹취문 본문의 마지막에는 검색을 위하여 색인어를 달아야 한다. 다음은 미수복경기도 실향민 구술 생애사 인터뷰의 한 녹취문 사례이다. 이 녹취문은 국사편찬위원회의 2009년도 녹취메뉴얼에 따라 작성된 것이다.

《녹취문 본문 예시》

김수학 구술 녹취록(구술자의 이름은 가명이다)

○구술자: 김수학(전 재무부 법무관)

○면담자: 윤택림(한국구술사연구소, 소장)

○면담주제: 일제시기 가족생활과 유년기

○면담일시: 2009년 4월 1일(수) 오후 14시 20분-16시 42분(142분)

○면담장소: 서울시 성북구 동선동 2가 177번지 자택

○면담차수: 1차

○상세목록

1. 1950년 이전의 개성의 지역별 차이와 진수물에서의 출생
2. 가족 계보
3. 고모님들의 결혼생활
4. 부모님의 결혼과 아버지의 자수성가
5. 아버지의 직물공장 사업
6. 청기와집으로 이사와 궁정국민학교 진학
7. 개성의 학원, 학교들
8. 궁정국민학교 생활

1. 1950년 이전의 개성의 지역별 차이와 진수물에서의 출생

면담자 : 2009년 4월 1일 서울시 돈암동 자택에서 김수학 선생님의 첫 번째 인터뷰를 시작합니다. 네, 선생님, 아, 오늘은요, 첫 번째 인터뷰이기 때문에 이미 예비 질문지를 드렸지만, 그냥 자유롭게 선생님 살아오신 이야기.

구술자 : 하하.

면담자 : 하고 싶으신 이야기, 그냥 말씀 해 주시면, 아 그 거기에 따라서 제가 예비 질문지하고 참조해서 제가 질문을 드릴게요. 그리고 사실은 제가 뭐, 질문지를 만들었지만 선생님에 대해서 잘 모르잖아요.

구술자 : 그렇죠.

면담자 : 그러니 일단은 아! 이렇게 살아오신 분이구나! 라는 걸 제가 좀 안 다음에. 추후에 또 질문지를 수정을 하면서.

구술자 : 그렇지.

면담자 : 질문하는 게 더 좋다는 생각이 들어서요.

구술자 : 하하.

면담자 : 오늘은 그냥 편안하시게 말씀해주세요.

구술자 : 아, 하하.

면담자 : 그러니까 뭐 저 태어날 때부터 살아온 거에 대해서 하시고 싶은 말씀.

구술자 : 예. 네가 지금 일흔 여덟이니까. 올해 나이로, 근까(그러니까), 천구백삼십 이년 구월 사일 생인데, 양력으로, 음력으로는 팔월 삼일. 근데 팔월 삼일을

> 따지면 구월 삼일이 돼.
>
> 면담자 : 어, 그래요?
>
> 구술자 : 왜 그러냐면 옛날에 그 신고할 적에 신고도 못하고 그랬잖아요. 그 때 이제 거기 그 아마 그 저 옛날에 시, 그 뭐, 구청에 가서 신고할 적에 동을 정(町)이라고 했나, 무슨 정이라고 있었는데, 동에 정, 아마 구월 초사흘 그런 걸 갔다가, 사일로, 초사흘이면 삼일이거든.
>
> 면담자 : 그렇죠.
>
> 구술자 : 그러니까 구월 사일로 잘못 받아다 적은 거 같아.
>
> 면담자 : 아아, 그래서 구월 사일 되신 거구나.
>
> 구술자 : 하하하. 사실 구월 삼일이야.
>
> 면담자 : 예에. 원래는.
>
> 구술자 : 인터넷 그 계산하는 거 프로그램 보니까 하루 차이가 나더라구. 허허. 뭐 그거나 그거나. 하이튼(하여튼), 그런 사람이 한 두 사람이 아니에요. 나이도 그냥. 내 친구 하나는 나이가 지금 나 하고 동갑인데. . 일곱 살이나 밑으로 그 신고해 가지고. 그 저, 이, 미군 부대에서 칠년을 더 했내. 근데(그런데) 얼마나 사람이 순수하냐 하면은 지금도 나이가 나보다 늙었는데도 꼭 돈을 내고 타고 다녔어. 한 동안. 자기는 안 그렇다고. 그렇게 고지식해. 개성사람들이.
>
> 면담자 : 하하하하.
>
> 구술자 : 그, 그 정도야. 나이도 엉망이구. 생일도 다 틀리고 그랬어. 그리고 음력 생일 양력으로 올리기도 하고 그런 게 많았어요. 그 때 어디서 살아, 태어났냐 하면은 개성에 남부, 개성에 동서남북이 있어. 북부, 남부, 서부, 동부. 이렇게 갈랐어요. 이렇게 갈라 가지고, 내 그 때, 이, 지도, [벽에 그려놓은 지도를 가리키며]이래 해 놨는데 한번 이거 보셔야 돼. 아이구, 아이구.[mp3 녹음기 줄이 걸려서] 이거는 언제 한 번 보셔야 되는 게. 가만 있어요. 어디. [컴퓨터를 켜며]

    그러나 모든 인터뷰가 녹취가 되는 것은 아니다. 녹취는 시간이 많이 소요되고 비용도 많이 들기 때문에 녹취비가 연구프로젝트에 포함되어 있지 않았으면 최소한 음성 자료의 요약문과 인덱스(index)를 만들어놓아야 한다. 개인 연구에 있어서 녹취문은 인터뷰를 한 개별 연구자들이 보관하고 있지만, 후에 구술채록기관에 기증을 할 수 있기 때문에, 기관구술채록은 물론 개인 연구에 있어서도 공개동의서가 필요하다.

2) 이미지 및 영상 자료의 정리

구술사 인터뷰를 하면서 구술자나 인터뷰 상황에 대한 이미지 자료들이 생산되고, 또는 인터뷰 전체를 촬영한 영상 자료가 생산된다. 모든 이미지 자료는 jpg 파일로 만들어서 자료번호를 부여해야 한다. 자료번호는 녹취 매뉴얼에서 매체에 따라서 자료번호를 부여하는 방식이 제공되어야 한다. 이미지 자료는 이미지만으로는 의미 있는 자료가 될 수 없고 이미지에 대한 설명이 필요하다. 각 이미지 파일은 그 이미지를 설명해주는 언제, 어디서, 누가, 왜, 어떻게, 무엇을에 대해서 최대한 정보를 서술하는 한글 파일이 필요하다.

동영상 파일은 WMV 파일이나 MPEG 파일로 저장하여 원본을 저장하고, 구술자 소장용이나 열람용은 DVD로 만들어 놓는 것이 좋다. 이미지 파일과 마찬가지로 동영상 파일도 자료 번호를 부여해야 하고, 또한 동영상 파일에 대한 정보를 제공하는 한글 파일이 있어야 한다.

다음은 2010년도 국사편찬위원회 자료 번호 양식이다.

> 녹취록 편집 파일 : OH_10_001_김응수_06.hwp
>
> 음성파일(MP3로 녹음한 파일로서 녹취록의 저본파일) : OH_10_001_김응수_0301
>
> 녹화자료(6mm DV테이프) : OH_10_001_김응수_0101

이와 같은 자료 번호 양식은 녹화 파일 01, 음성 파일 03, 녹취록 파일은 06으로 되어있음을 알 수 있다. 따라서 이미지 파일의 경우는 OH_10_001_김응수_0201, 이미지 파일에 대한 설명 파일은 OH_10_001_김응수_0201-1로 할 수 있다.

3) 물증 자료(material artifacts)의 경우

구술사 인터뷰를 통하여 또한 다양한 물증 자료가 수집될 수 있다. 구술자가 소장하고 있는 사진이나, 문서, 물품들이 여기에 속한다. 구술자들이 소장하고 있는 사진들은 중요한 생활사 사료들이다. 이 사진들은 스캔을 해서 이미지 파일로 보관하면 된다. 또한 구술자의 삶에 있어서 중요하기 때문에 보관하고 있는 문서들과 물품들도 모두 사진을 찍어서 이미지 파일로 보관하면 된다. 물증들은 모두 이미지 파일로 정리되는 것이기 때문에 이미지나 영상 자료도 마찬가지로 각 파일에 상응하는 설명을 제공하는 한글 파일이 동반되어야 한다. 또한 각 파일에도 매체의 유형별로 자료번호가 주어져야 한다. 물증의 경우에도 OH_10_001_김웅수_0401, 물증의 설명 파일은 OH_10_001_김웅수_0401-1로 할 수 있다.

물증 자료는 박물관에서 보존되는 것이 아니기 때문에 구술자가 사망하면 거의 다 사라지는 자료들이다. 따라서 번거롭더라도 되도록

물증 자료 수집

구술자의 소장 자료들을 수집하는 것이 중요하다.

4) 현지조사 및 인터뷰 노트

구술사 인터뷰 시에는 인터뷰 노트가 필요하다. 인류학자들은 현지조사 시에 반드시 현지조사 노트를 작성한다. 인터뷰가 다 녹음, 녹화가 된다고 하더라도 면담자들은 자신들의 추후 질문이나 중요한 구술 내용에 대한 메모가 필요하기 때문이다. 면담자의 성향에 따라서 노트 필기를 거의 하지 않는 경우도 있고, 열심히 받아 적는 경우도 있다. 인터뷰의 흐름이나 구술자와의 눈 맞춤에 방해가 되지 않을 정도로 노트에 메모를 하는 것이 좋다. 특히 면담일지나 면담 후기를 작성할 때는 인터뷰 노트의 내용은 큰 도움이 된다.

인류학자들에게는 현지조사 노트가 후에 문화기술지 쓰기에서 매우 중요한 자료가 된다. 마찬가지로 면담자들에게 인터뷰 노트는 보고서 작성이나 연구 논문 작성 시 구술 자료 분석에도 도움이 되는 중요한 자료가 될 수 있다. 따라서 인터뷰 노트를 잘 작성하는 것이 좋다.

5) 기타 자료

구술사 인터뷰가 현지조사와 참여관찰을 동반하는 경우에는 더 다양한 자료들이 수집될 수 있다. 특정 지역에서 현지조사를 하면서 구술사 인터뷰가 수행되면 그 지역에 대한 지도, 가구 조사표, 경관의 변화에 대한 자료, 가계도, 또는 마을의 사당이나 기념비 등 다양한 자료들이 수집될 수 있다. 그러한 자료들은 구술사 인터뷰 내용의 맥락을 이해하는데 중요할 수 있기 때문에 되도록 수집되는 것이 좋다. 또한 구술 아카이브 구축을 목표로 하는 구술사 인터뷰의 경우에는 다양한 자료들이 아카이빙이 될 수 있어서 단지 구술뿐만 아니라 지역사료를 남기

소장 자료 수집

는 작업이 된다. 특히 공동체 아카이브 구축을 목표로 한다면 구술 자료 외에 더 다양한 자료들을 수집하여 공동체의 사료로서 기록 보존 될 필요가 있다.

2. 구술 자료의 사료 검증

폴 톰슨의 그의 저서 『과거의 목소리: 구술사(The Voice of the Past: Oral History)』의 9장 해석(interpretation)에서 구술 자료를 통한 역사 해석을 하는데 있어서 사료 검증을 논하고 있다. 톰슨은 구술 자료를 이용한 역사 해석 내지는 역사 쓰기가 증거를 판단하고 중요한 자료를 도출하고, 주장을 만들어내는 데 있어서 필요한 기술들은 문헌을 통한 역사 쓰기와 별 차이가 없다고 주장하였다.* 그래서 톰슨은 구술 자료는

---

* 영국의 대중기억연구회는 구술 자료로 역사쓰기를 기존의 문헌에 기초한 역사 쓰기와 같다고 보는 폴 톰슨의 견해에 대해서 비판한다. 나도 폴 톰슨의 견해는 구술 자료의 특성을 무시한 것이라고

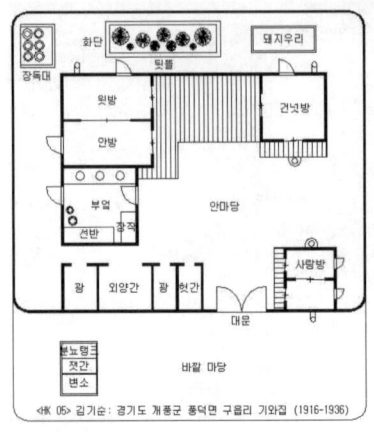

부엌의 문화사 도면

역사해석에서 세 가지 가능성을 제시한다고 본다.9 우선 그는 역사 해석에 있어서 구술 증거가 새로운 해석의 가능성을 보여준다고 본다. 구술 자료는 기존 실증주의 사학에서 생산된 해석과는 다른 새로운 해석들을 탐사하거나 발전시킨다는 것이다. 예를 들면 나의 충남 예산 시양리 마을사 연구는 기존의 한국전쟁에 대한 역사학적·정치학적 연구에 대해 새로운 해석을 탐사하는 작업이었다. 1980년대 민중사학에서 주장하는 민중들의 역사적 경험이 과연 어떠했는지를 실제로 농촌의 한 마을에 가서 촌로들에게 물어보았던 것이고, 그들이 기억하는 한국전쟁의 경험을 통하여 새로운 한국전쟁에 대한 해석을 제공하였던 것이다. 기존의 역사학자나 정치학자들이 주장하는 계급이나 이데올로기적인 대립으로서의 한국전쟁이 아니라, 마을 내에서 일제시기부터 만들어진 개인적 갈등이 해방 이후 이데올로기적·계급적인 외피를 가지고 전쟁 시기 극대화되어 마을사람들은 한국전쟁을 자족지난(自族之亂)으로 이해하였던 것이다.

두 번째로 톰슨은 구술 자료는 역사 해석에 있어서 과거의 생활 패턴과 변화에 대한 해석을 만들거나 확신시킨다는 것이다. 나는 2001-3년 동안 "한국의 집과 가족의 문화와 역사"라는 기초학문연구에서 "부엌의 문화사"라는 주제로 연구를 하였다. 이것은 한옥의 아궁이로 상징되는 부엌이 실내로 들어 와서 입식 부엌이 되면서 주방으로

생각한다. 그러나 톰슨이 구술 사료를 다루는데 있어서 필요한 사항들을 논하고 있어서 이 책에서 소개하는 것이다.

변신하는 과정을 3세대의 여성 구술 생애사를 통하여 식생활과 주생활 그리고 가족관계의 변화를 추적해 본 것이었다. 부엌은 일상생활의 일부로서 주거학에서 일부 다루어지기는 하지만, 문헌과 건축물에 기초한 부엌 연구는 극히 제한적인 것이었다. 그런데 구술 생애사 인터뷰를 통하여 나는 살아온 집에 있었던 부엌에 대한 여성들의 기억을 통하여 다양한 부엌의 형태들을 도면에 그려낼 수 있었다. 또한 부엌에서 주방으로는 변화를 가져온 식생활, 주생활, 가족관계의 변화와 연결시킬 수 있었다.

톰슨은 마지막으로 구술 증거는 과거가 주관적으로 어떻게 느껴졌는지를 표현할 수 있다고 주장한다. 즉 대부분의 구술사가들이 중시하는 과거의 사건, 행위, 활동만이 아니라 구술 증거는 구술자가 그것들을 어떻게 주관적으로 느끼고 의미화 하는지를 보여준다는 것이다. 이것은 바로 구술 자료의 주관성과 서술성이라는 특징과 연결된 부분이다. 구술자들은 과거를 사실 그대로 진술하는 것이 아니라 특정한 서술의 형식을 통하여 그 의미를 표현하기 때문이다. 구술자들은 특정한 서술의 형식을 통하여 자신의 주관적 느낌과 해석을 드러낸다. 유철인은 제주 4·3 수형 여성의 구술 생애사를 통하여 제주 4·3 사건이라는 역사적 사건을 이 여성이 어떻게 해석하고 의미화하고 있는 가를 보여주었다.10 이 여성은 4·3을 당시 시국 탓으로 돌리기보다는 시집 잘못 간 죄로 돌리며, 자신이 내란죄로 감옥에 갔다 왔지만 자신은 부역하지 않았다는 서사적 진실을 이야기하였다.

톰슨이 제시한 구술 자료가 역사해석에 주는 세 가지 가능성 중에서 처음 두 가지는 문헌자료를 통해서도 가능하다. 마지막 것도 일기, 비망록, 자서전, 전기와 같은 개인적 서술의 문헌자료로도 가능하지만, 아마도 인터뷰를 통한 구술 자료가 더 효과적일 것이다. 왜냐하면 일기, 비망록, 자서전은 자신이 하고 싶은 이야기를 하지만, 구술사 인터뷰는 구술자가 하고 싶은 이야기뿐만 아니라, 면담자(연구자, 역사가)가 알고 싶은 것에 대해서도 이야기하기 때문이다.

톰슨은 구술 증거를 통해서 역사를 쓸 때 세 가지 사항을 고려해야 한다고 하였다. 첫째는 누가 저자 또는 편집자인가, 둘째는 어떤 매개체가 사용될 것인가, 셋째는 어떤 형태의 해석과 분석을 의도하는가이다.11 첫 번째 사항은 구술사가 구술자와 면담자(연구자)의 공동 작업이기 때문에 고려되어야 하는 것이다. 특히 한 사람의 구술 생애사를 출판하는 경우에는 구술자가 저자가 되거나, 최소한 책 제목에 구술자의 이름이 들어가게 하는 것이 윤리적 의무다. 그래서 구술사 프로젝트가 출판될 경우에는 구술자가 공동저자 내지 합동 편집자(joint editorship)로서 출판에 참여하는 것이 좋다.12

구술 자료는 문헌자료와 달리 다양한 형태의 매체로 보존된다. 구술자료는 음성의 형태로는 녹음테이프와 음성파일로 보존될 수 있고, 문헌의 형태로는 녹취문이 있고, 영상의 형태로는 동영상과 사진이 있을 수 있다. 이렇게 다양한 매체로서 구술 자료가 재현 가능하기 때문에 구술 자료를 이용한 역사 해석에서도 다양한 매체들이 이용될 수가 있다. 음성자료는 라디오 방송에서 사용될 수도 있고, TV에서 방영되는 역사 다큐멘터리에 음성자료와 동영상, 사진은 동시에 사용될 수 있다. 이와 같은 방식은 전문 역사가가 참여하더라도 학문적 분야가 아닌 곳에서 역사 해석을 대중에게 보여주는 공공 역사(public history)라고 볼 수 있다. 지금까지는 구술 자료가 이용될 때는 대개 녹취문과 사진이 주로 사용되었지만 앞으로는 디지털기술의 발달로 말미암아 학문적으로도 음성자료가 널리 활용될 수 있을 것으로 판단된다.

구술 자료의 해석 내지 분석의 형태는 매우 중요한데, 톰슨은 여기에 연구자가 선택할 두 가지 사항이 있다고 하였다. 하나는 연구자가 단순히 구술 증거를 보여주기만을 원하는가 혹은 하나의 역사적 해석을 주장하길 원하는가이고, 또 하나는 전기를 통해서 역사에 접근하고자 하는가, 혹은 더 넓은 사회적 분석을 통해서 역사에 접근하고자 하는가 이다.[13] 즉 연구자는 증언을 재현하길 원하는가 또는 어떤 역사적 해석을 주장하길 원하는가를 결정해야 한다. 연구자가 증언을 재현하는 형태는 다양한 구술 증언집이 그 예시가 될 수 있다. 구술 증언집은 면담자들이 인터뷰한 구술 자료를 편집을 통해서 자료집의 형태로 출판하는 것이기 때문이다. 반면 수집된 구술 자료를 통해서 역사적 해석을 하기 원한다면 전기를 통해서 역사에 접근하는가 아니면 더 넓은 사회적 분석을 통해 역사에 접근하는가를 결정해야 한다. 구술사는 모두 개인의 생애사이기 때문에 개인의 삶을 통하여 역사적 사건이나 구조, 과정에 대한 해석을 할 것인가, 혹은 다양한 생애사 사례들에 대한 사회적 분석을 통하여 특정 역사적 사건이나 경험에 대한 해석을 할 것인가를 결정해야 한다. 그러면서 톰슨은 구술 증거를 통한 역사 해석에는 하나의 딜레마가 있다고 지적하였다. 구술 증거는 기본적으로 생애사이기 때문에 분석을 위하여 일반화 하고자 한다면 여러 생애사들로부터 각 쟁점에 대한 증거들을 부분적으로 끌어내야 한다는 것이다. 그렇게 되면 각 생애사로부터 인용된 자료들은 탈맥락화할 가능성이 높게 된다는 것이다.

또한 톰슨은 구술 자료는 어떤 형식을 선택하던 세 가지 방식으로 평가해야 한다고 사료 검증에 대한 제안을 하였다.[14] 구술 자료는 첫 번째로 하나의 텍스트로서 어떤 이야기를 가지고 있는가, 무엇을 이야기하고 있는가가 평가되어야 한다는 것이다. 이것은 구술 텍스트가 가지고 있는 주제 서사를 파악해 내는 것을 말한다. 두 번째로 구술 자료는 어떤 내용의 형식을 가지고 있는가, 즉 객관적인 서술 부분과 주관적인 서술 부분을 구별해 내야 한다는 것이다. 어떤 사건에 대한 묘사를 하고 있는가 아니면 그 사건에 대한 주장과 의견을 서술하고 있는가를 구별해낼 필요가 있다는 것이다. 세 번째로 구술 자료는 하나의 증거로서 신뢰도를 평가해야 한다는 것이다. 구술 자료의 신뢰도 평가를 위하여 각 인터뷰는 내적 일관성에 대해서 평가되어야 한다. 또한 같은 지역 내 인터뷰들은 서로 많은 사실적 비교를 가능하게 하기 때문에 여러 구술자들의 구술들을 교차검토(cross-checking)하는 것이다. 또한 하나의 구술 자료는 지역사회와 전체 사회의 더 넓은 역사적 맥락에서 그 신뢰성이 평가되어야 한다. 이 때 문헌 자료와 비교검토도 필요하다.

구술과 문헌자료의 비교 검토에서 구술에는 있지만 기록이 없는가 하면, 반대로 기록에는 있는데 구술이 뒷받침하지 않는 수도 있다. 종종 구술과 기록이 달라서 서로 충돌하는 일조차 있다. 연구자가 구술과 문헌 자료 중 하나를 선택해야 하는 경우에는 전체적인 현지의 맥락을 파악하는 것이 중요하다.

인류학자이며 구술사가인 함한희는 구술을 선택한 경우와 문헌 기록을 선택한 경우를 보여주었다. 함한희가 현지조사 했던 전남 나주 궁삼면 사건에 대한 마을 노인들의 구술은 당시의 재판기록과는 달랐다. 궁삼면 사건에 대해 마을 노인들은 일제시기 궁삼면민이 동척을 상대로 토지소유권반환소송을 제기한 일이 있었고, 그 재판에서 면민들이 승소하여 토지를 되찾을 기회가 있었는데, 동양척식주식회사(동척)가 공권력을 이용하여 그 일을 방해하였다는 것이다. 그러나 이들이 증언한 바는 사실 광주지방법원에 보관되어 있었던 재판기록부와 대조해보면 달랐다. 재판부는 궁삼면민이 청구한 '토지소유권확인겸인도소송'(土地所有權確認兼引導訴訟) 건을 기각한다고 되어 있었다. 재판부는 그 사건을 다시 조사할 이유가 없다는 점을 들어서 원고의 청구를 받아들이지 않았다.[15] 이것은 재판에서 이겼다고 하는 노인들의 회고와는 너무나 다른 것이었다. 이 사건의 사실을 밝혀야 하는 입장에서 함한희는 재판기록부의 내용을 선택할 수밖에 없었다.

그러나 함한희가 구술 자료가 더 정확하다고 판단한 사례도 있다. 일제시기 나주지역에서 대지주 흑주저태랑(黑住猪太郎)은 개인 지주로서는 이 지역에서 가장 넓은 토지를 소유하고 있었기 때문에 그를 기억하고 있는 노인들이 있었다. 그의 행적에 대한 구술을 바탕으로 관련이 있는 문헌 자료를 구하여 서로 견주어 보는 일을 시작한 후 함한희는 일제강점기에 발간된 몇 가지 자료에서 그에 관한 기록을 찾을 수 있었다. 『躍進朝鮮三十年史』에 그의 약력과 활동에 관한 소개가 있는데, 그 자료에 의하면 흑주저태랑(黑住猪太郎)은 영산포 일대의 지역경제, 특히 농업의 발전에 공이 큰 지주였다. 그의 공로가 인정되어 그는 정부로부터 포상을 받기도 하였다. 그러나 이것은 노인들이 전하여 들어서 알고 있는 내용과는 차이가 있었다. 그는 영산포 일대에서는 최고 갑부였으며, 위세가 당당하여 소작인들의 운명을 좌지우지할 수 있는 강한 힘을 가진 대지주로서 군림하였다는 것이 흑주(黑住)에 대한 그들의 기억이었다.

흑주의 활동과 업적 따위에 관하여 함한희는 일제강점기 식민정부가 홍보자료로 남겨 놓은 기록을 그대로 취할 수는 없었다. 또한, 식민정부의 포상을 받았다는 것부터가 그가 소작인들을 위압적으로 다스리면서 부를 축적하였다는 사실을 말하여 주기 때문이었다.

구술사를 수집할 때 검토의 과정은 필수적이다. 위에서 예를 든 것처럼 구술과 문헌 자료가 서로 달라서 구술사가들이 다소 어려움을 겪을 때도 있다. 과거의 기록을 소중히 여기는 역사가들이라면 구술 자료는 당연히 의미가 없는 자료가 된다. 그러나 구술사가들은 역사의 현재적 의미나 해석을 더 중시하는 경향이 있어서 구술자들이 가지고 있는 독특한 기억의 양상을 밝히는 것도 중요시한다. 이러한 작업이 사실을 드러내는 일 못지않게 중요하기 때문이다. 구술도 문헌도 구술자나 기록자의 현실적인 여건—그것이 역사적이든 사회적이든—을 반영하고 있기 때문에 구술자들의 현실적인 처지를 이해하게 되면 그들이 속해 있던 역사나 사회의 특성에 접근하는 것이 쉬워진다. 이 점은 아래의 구술 자료의 해석에서 더 논의될 것이다.

3. 구술 자료의 해석

1) 구술 자료를 통한 역사 해석

구술사 연구에 관심이 있는 많은 연구자들은 사실 구술 자료의 수집보다는 그것을 과연 어떻게 분석할 것인가 하는 문제에 더 당황하게 된다. 구술 자료는 인문학과 사회과학에서 학자들이 일반적으로 다루는 자료가 아니기 때문이다. 우선 구술 자료의 분석은 해석의 작업이라는 것을 이해할 필요가 있다. 구술 자료는 구술자의 과거의 경험에 대한 해석이면서, 동시에 연구자의 구술자의 해석에 대한 해석이다.

톰슨에 의하면 구술사는 대체로 네 가지 형태로 정리될 수 있다. 첫째는 한 사람의 구술 생애사를 인터뷰하여 출판하는 것이다. 두 번째는 여러 명의 구술 생애사를 수집하여 주제별로 분류하여 출판하는 것이다. 세 번째는 서사분석(narrative analysis)이고 네 번째는 재구성적 교차분석(reconstructive cross-analysis)이다.[16] 처음 두 가지의 형태는 분석과 해석의 형태라기보다는 텍스트화의 유형이라고 볼 수 있기 때문에, 구술 자료의 텍스트화에서 예시들과 함께 설명될 것이다. 여기서는 서사분석과 재구성적 교차분석에 대해서만 논의하겠다. 또한, 한국에서 발표된 구술사 연구를 볼 때도 서술형식 중심의 해석과 맥락 중심의 해석으로 구술 자료가 분석되고 있기 때문이다.

역사학자인 이용기에 의하면[17] 한국역사학에서 역사가들이 구술 자료를 수용하는 방식은 세 가지가 있다고 한다. 첫 번째는 구술을 문헌의 보조수단으로 수용하는 것이다. 이 경우에는 구술 텍스트를 본문에서 인용하지 않고 풀어서 정리 요약하고 각주에 면담자의 면담일자를 밝히는 방식이다.[18] 역사학계에서 구술 자료를 활용하는 전형적인 방식으로 실증주의적 규범 속에서 구술 자료를 활용하는 방식이다.[19] 두 번째는 구술 텍스트를 전면적으로 활용하는 방식으로 과거의 경험보다는 구술자의 해석과 표현방식에 초점을 두는 연구다. 이 때 구술은 재현의 텍스트로서 주로 인류학, 여성학, 사회학에서 구술 자료를 활용하는 방식이다.[20] 세 번째는 구술 자료를 중심으로 과거의 경험을 탐구하는 방식이다. 구술 내용을 분석하고 구술 텍스트를 인용하여 구술성을 보존하는 연구다. 이런 구술 자료의 활용 방식은 역사학계의 일부, 역사인류학자들, 사회학에서는 노동사 연구자들에게서 볼 수 있다.[21]

여기서는 두 번째와 세 번째 방식을 구술 자료를 해석하는 대표적인 두 가지 방식으로 소개할 것이다. 두 번째는 서술 형식 중심의 해석 방식이고 세 번째는 맥락 중심의 해석 방식이라고 볼 수 있다. 폴 톰슨도 이를 서사분석(narrative analysis)와 재구성적 교차분석(reconstructive cross-analysis)라고 하였다.

2) 서사 분석: 서술형식(narrative form) 중심의 해석

구술 자료의 서사 분석은 인터뷰에서 드러나는 서술의 논리나 형식을 분석하는 것을 말한다. 구술 자료 중 구술 생애사는 서술형식 중심으로 분석될 수 있다. 이때 구술 생애사는 생애사(life history)라기보다는 삶 이야기(life story)라는 측면이 강하다. 생애사는 과거의 경험에 더 의미를 두는 한편, 생애이야기, 삶 이야기는 자기표현이라는 측면을 더 강조한다.[22] 이때 구술 생애사 연구는 문학적 연구의 성격을 가지게 된다.

그러나 서술형식 또한 문화적·역사적인 것이다. 구술자가 누구인가

―여성인가, 남성인가, 어떠한 사회적 위치에 있는가―에 따라 서술형식의 가능성의 폭이 제한된다. 또한, 서술형식은 사용 가능한 문화적 모델에 영향을 받는다.23 구술자가 창의적인 사람일 때 새로운 형식을 만들어낼 수도 있지만, 기존의 형식을 그대로 따를 수도 있다. 또한, 서술의 형식은 서술 목적과 의미 부여에 따라 형식이 달라질 수 있다. 구술자가 선택하는 서술형식은 구술자가 주어진 역사적 순간에서 행위를 하는 사회적·정치적 관계의 결과이다.

서구에서는 다양한 유형의 서사 분석이 이루어지고 있다. 전통적인 문학비평가들이 하듯이 인터뷰에서 드러나는 서술의 논리나 형식이 분석되기도 한다. 또한, 하나의 문학적 장르를 가지고 인터뷰를 평가하고 분석하기도 한다. 예를 들면 서구의 구술 장르인 농담(jokes), 눈물이 나게 하는 이야기(sob-stories), 유령이야기(ghost stories), 술집 이야기(pub stories), 정신분석적 고백이야기(the psychoanalytical confession), TV 코미디 등의 장르를 인터뷰에 적용시켜 분석하기도 한다.24 좀 더 언어학적으로 구술 증거를 분석하는 경우는 언어학자인 라보브 William Labov의 이론을 적용하여 언어 자체의 형식적인 자질에서 구별될 수 있는 반의식적인 의미들을 찾는 연구도 있다.25 또는 인터뷰 자체에 초점을 두고 인터뷰 상황에서 구술자와 면담자 사이의 상호 작용의 결과를 분석하기도 한다. 이 주제는 특히 인류학자들이 많이 다루고 있는데, 왜냐하면 인류학자들은 현지민들과의 인터뷰 상황에서 권력의 불균형 문제에 민감하기 때문이다.26 한국에서는 고전문학 연구자인 김정경이 시집살이 이야기를 인터뷰하면서 두 여성 구술자들이 구술 상황의 맥락에 따라서 어떻게 다르게 자신의 삶을 구술하는가에 대한 분석이 있다.27

더 형식적인 형태의 서사 분석으로는 리스만 Catherine Riessman의 서사 분석 방식이 있다. 그녀는 구술자들의 이야기를 라보브의 이론을 적용하여 내용별로 문장들을 나누어서 반복적으로 나오는 중요한 특징들을 도출해 내었다.28 더 사회학적이고 기술적인 서사 분석은 독일의 사회학자들에 의하여 전 나치 당원들을 인터뷰하기 위해 발전되었다. 이들은 '비개입적 기술'(non-interfering technique)이라는 인터뷰 기술을 발전시켰다. 이들은 완전히 자유로운 구술 생애사 인터뷰를 한 다음 구술자들의 인터뷰 녹취문을 가지고 연구자 집단 토론을 통해서 녹취문 텍스트로부터 가설들을 도출하여 분석했다.29

한국의 구술사 연구에서는 서구와 같이 다양한 방식으로 서사분석이 아직 되고 있지는 않다. 구술사 연구에서 서사분석, 즉 서술형식 중심의 해석에 관심이 있는 이들은 주로 인류학자들이다. 구술 생애사를 서술형식 중심으로 분석한 대표적인 예는 김성례와 유철인의 연구다. 김성례는 「한국 무속에 나타난 여성 체험: 구술 생애사와 서사분석」(『한국여성학』 7집, 1991년)에서 제주도에서 현지조사 중 무당인 문심방의 집에 기거하면서 참여관찰을 한 것에 기초하여 문심방의 구술 생애사를 분석하고 있다. 이 논문은 여성주의 글쓰기의 한 사례로서 문심방의 구술 생애사를 분석하고 있기 때문에, 여성적 서술형식 분석에 초점을 두고 있다. 연구자는 문심방의 삶 이야기의 서사는 민담의 형식으로 영웅연대기적 기록, 제주도 여성에 대한 문화적 신화, 기적이야기와 같은 문심방이 살고 있는 문화세계의 서사전통 내에서 창안된 것으로 분석하고 있다. 논문 구성은 문심방의 삶의 주요한 주제들에 대해서 구술을 녹취하여 삽입하고 그에 대한 저자의 해석 내지 분석이 교차하는 형식이다.

유철인은 「생애이야기의 주제와 서술전략」(『한국문화인류학』 29집 2호, 1996년)에서 미군과 결혼하여 미국에서 살고 있는 한국 여성들의 구술 생애사의 서술형식을 분석하였다. 저자는 미군과 결혼한 순이의 생애이야기가 배우지 못한 고아로서의 삶을 신세타령이라는 서술전략으로 자기표현을 하고 있다고 분석한다. 이 논문의 구성도 구술자 순이의 삶의 과정을 구술자의 구술과 저자의 분석을 함께 교차시키고 있다. 김성례의 논문은 삽입된 구술의 문학적 형식 분석을 강조하는 반면에, 유철인의 논문은 전체적인 서술형식의 특징에 초점을 두고 있다.

최근에 유철인이 발표한 논문인 「구술된 경험읽기: 제주 4·3 관련 수형인 여성의 생애사」(『한국문화인류학』 37-1, 2004)는 기존의 서술형식에 대한 관심에서 더 나아가서 구술자가 경험한 역사적 맥락인 제주 4·3 사건과 구술자의 서술을 연결하면서 동시에 구술을 텍스트화하는 실험적 글쓰기를 시도했다.

사회학에서 대표적인 서사분석 연구자는 이희영이다. 연구자는 위에서 언급한 독일 사회학자들의 구술 생애사 연구 방법을 이용하여 1980년대 학생운동 참여자들의 구술 생애사를 연구했다. 그녀는 개인과 사회의 상호성과 개인적 행위의 사회적 본원성에 기초하여 개인과 사회의 상호구성물로서 생애사를 분석했다.[30] 그녀는 자신이 인터뷰한 구술자의 서술을 녹취한 녹취문을 살았던 생애사(a lilfe as lived), 이야기된 생애사(a life as told)와 체험된 생애사(a life as experienced)로 구분하여 분석하고 재구성하여, 거기서 나오는 유형적 특징을 사회학적으로 분석하였다.

최근에는 구비문학과 민속학에서도 생애담(生涯談)이라는 용어로 생애이야기의 수집과 분석이 이루어지고 있다. 천혜숙은 경북 농촌 여성들의 생애담이 그들이 속해있는 문화 담론과 상호텍스트성을 가지고 있는 것을 발견하여 분석하였다.[31] 또한 경북 청송 한 마을에서 구전으로 전승된 동신당 수난 사건에 대한 구술 텍스트와 역사적 재구성의 비교 검토를 통하여 기억의 전승 방식과 의미화에 대하여 분석하였다.[32] 구비문학연구의 하나로 수집된 시집살이 이야기 연구의 하나로 나는 세 명의 맏며느리인 여성들의 구술 텍스트를 분석하여 여성 서사의 구조적 특징과 여성 서사가 드러내는 정체성을 분석하였다.[33]

여성학에서는 여성 구술 생애사를 통하여 여성 정체성과 자아인식,

또는 여성 경험에 대한 페미니스트적 분석이 시도되었다. 김성례는 일본군위안부할머니들의 구술 증언 채록과 제주 무당 문심방의 구술 생애사에서 여성 구술사 연구의 특수성을 논의하였다.[34] 이재인은 여성들의 서술 형식의 유형들을 분석하여 기혼여성들의 자아의 유형을 도출해 내었다.[35] 이희영은 여성 구술 생애사 분석이 서술 자체의 형식적 특성을 분석하는데 그쳐서 '젠더 경험'의 구체성으로 접근해야 한다고 주장하면서 탈성매매 여성 구술 생애사를 이야기된 생애사와 체험된 생애사로 분석하였다.[36] 신경아는 다양한 여성 노동자들의 생애이야기 분석을 통해 개인 인식의 유형을 보여주었다.[37]

위의 논문들은 구술 생애사 연구에서 구술자의 서술형식 분석에 중점을 두어 문화적 성격이 강하다. 그러다 보니, 구술자의 경험에 대한 역사적 맥락 찾기의 비중이 약화할 수밖에 없다. 따라서 구술자의 경험이 실제로 어떤 특수한 역사적 맥락 즉, 사회 계층적·지방적·시대적 특수성 속에서 구성되고 있는지를 파악하기가 어렵다. 구술자의 경험을 역사화하기보다는 서술형식에서 드러나는 정체성, 자아의식, 가치관 등이 주관심사이기 때문이다. 그러나 구술자의 삶 이야기가 자기 표현적 성격이 잘 드러나고, 하나의 연행으로 분석될 수 있어서, 구술자의 주관적 의미화와 느낌에 더 충실할 수 있다고 볼 수 있다.

현재까지의 구술사 연구들을 볼 때 대부분의 구술사 연구자들은 서술형식에 대한 관심보다는 구술 내용의 역사적 의미를 파악하는 데 관심이 많다. 즉 구술 증언을 역사적 사실을 재구성하고 규명하는 데 사용하고 있는 것이다. 그것은 구술을 사용하여 논문을 쓰는 연구자들이 구술을 역사 쓰기로서 이해하고 있기 때문이다. 그렇다고 서술의 형식이 덜 중요한 것이 아님이 다시 한 번 지적되어야 한다. 왜냐하면, 서술의 형식도 역사적이고 구술은 기본적으로 서술이기 때문이다.

3) 재구성적 교차분석: 맥락 중심의 해석

서구에서도 한국에서도 구술사 연구의 대부분은 구술로 드러나는 과거의 경험을 재구성하여 분석하는 연구다. 톰슨은 이것을 재구성적 교차분석이라 하면서 이것은 생애사 인터뷰를 이용하여 사회적 맥락 또는 요소들이 어떻게 작동하고 변화하는지를 구체적으로 재구성하는 것이라고 한다. 나는 이것을 맥락 중심의 해석이라고 본다. 맥락은 개인이 만들고 동시에 환경에 의해 만들어지는 동적인 과정(dynamic process)이다. 맥락 분석은 공시적(synchronic)이면서도 통시적인(diachronic) 해석 전략이다. 맥락을 분석하는 것은 구술자의 틀에서 삶의 의미를 이해하면서도, 연구자의 비교 문화적(cross-cultural) 틀에서 구술자의 삶을 이해하는 것이다. 구술자의 삶의 맥락에 들어가는 것은 개인 간의 상호관계, 개인적 삶과 역사적 상황과의 만남, 구술자가 지향하는 의미의 틀 내지는 세계관, 연구자의 기대와 이해가 포함된다.[38]

한국 역사학에서 구술 자료를 통한 역사 해석도 재구성적 교차분석이라고 볼 수 있다. 역사학자인 이용기는 구술 자료는 비판적 독해가 필요하다고 주장하면서 5가지의 구술 자료의 독해 방식을 제안하였다.[39] 첫 번째는 엇갈리는 구술의 교차검토를 제안하였다. 연구자는 경기도 이천 오두리에서의 한국전쟁 연구에서 마을사람들이 의용군 모집에 대한 세 가지 다른 증언들을 수집하게 되었고, 그것들을 교차 검토하였다.[40] 구술 증언들이 서로 엇갈릴 때는 그것들의 신뢰성을 측정하여 선택하기 보다는 각각을 퍼즐의 한 조각으로 맞추어가는 방식을 제안하였다. 왜냐하면 구술자들의 다른 증언들은 사건 당시 구술자들의 마을에서의 사회적 위치와 인적 특성을 반영하기 때문이다. 구술자들은 세대, 계층, 친족관계, 사회적 지위 등에 따른 사회적 위치(social positioning)에 따라서 같은 사건을 다르게 기억하기 때문이다.

인류학자 함한희는 나주 궁삼면에서 두 차례의 현지조사를 통해서 일제시기 소작쟁의운동에 대한 엇갈린 구술들을 듣게 되었다. 함한희는 이 엇갈리는 구술들의 신뢰성을 평가하기 보다는 구술들이 왜 엇갈리게 되었는지를 탐구하였다.[41] 연구자는 1986년 현지조사 시에는 소작쟁의에 대해서 여러 사람들의 다양한 이야기들을 들을 수 있었다. 이렇게 여러 사람들이 한 사건에 대해서 다르게 진술하는 것은 이용기가 주장하는 대로 그들이 처한 현재 사회의 구조를 반영한다는 것이다. 그런데 1991년 박사후(postdoctoral) 현지조사 시에는 한 사람이 어제 말한 사실과 오늘 말한 사실이 다른 경우를 접하게 되었다. 같은 사람이 하나의 사건을 시간차를 두고 다르게 진술하는 것을 함한희는 그 사이의 역사적·정치적 상황의 변화를 반영한다고 보았다. 궁삼면에서 일제시기 소작쟁의운동을 항일운동으로 보고 항일운동기념비를 제작한 것은 1991년 민주화의 진전과 농촌경제의 위기감으로 지방민들이 자신들의 정체성을 세우기 위하여 다르게 진술하였다는 것이다.

두 번째는 구술과 문헌의 교차 검토를 제안하였다. 이용기는 경기도 이천군의 모스코바였던 오두리의 사회주의 지도자인 정철희가 사회주의자가 된 이유에 대해서 구술과 문헌의 상보적인 독해가 필요하다고 하였다.[42] 마을사람들의 구술에 의하면 정철희는 마을 양반들의 반대로 면장이 되지 못한 자신의 신분적 한계에 대해 절망감을 느껴 사회주의자가 되었다는 것이다. 반면 연구자는 정철희의 제적부에 드러난 창씨개명을 보고 구술 증언과 문헌 기록을 교차 검토하여 정철희가 전통과의 단절이라는 욕망으로 사회주의자가 되었다고 해석하였다.

세 번째는 면담의 상황성을 고려한 독해를 제시하였다. 연구자는 전남 강진 수양리 현지조사에서 때와 장소에 따라서 마을사람들의 구술이 달라지는 것을 발견하였다.[43] 이 마을은 일제시기 모범부락이었는데, 이에 대한 진술이 신기마을에 있는 마을회관에서와 자연촌인 동령마을 안에서 달랐던 것이다. 이에 한 마을 내의 자연촌 사이의 갈등과 마을 밖 대외적인 측면이라는 상대적인 상황을 고려할 필요가 있음을 지적하였다.

마지막으로 텍스트의 구술성을 고려한 독해를 제시하였다. 오두리의 한 노인의 민전(민주주의 민족전선)을 기억하는 방식 분석에서 단순히 구술 내용이 중요한 것이 아니라, 구술성을 고려해야 한다는 것이다.44 즉 구술자의 태도, 몸짓, 말투, 억양, 목소리의 크기와 고저 등을 고려해야만 구술 내용에 얽혀있는 뉘앙스를 제대로 해석해 낼 수 있다는 것이다.

이와 같이 이용기가 제시한 구술 자료의 비판적 독해는 구술 자료의 특수성을 반영한 해석을 말한다. 즉 구술한 바, 말만이 아니라 구술 사이의 역학관계, 구술의 상황성, 구술 자체의 구술성과 문헌 기록과의 관계를 구술 자료 생산이라는 맥락 속에서 읽어내야 한다는 것이다.

서구의 구술사 연구에서도 톰슨이 말하는 재구성적 교차분석이 주류를 이룬다. 특히 영국에서 구술사를 이용한 사회사 연구들은 대부분 이러한 재구성적 교차분석 연구들이다. 영국의 구술사 연구는 현지조사의 유용성을 강조하면서 일상적인 실천들, 지식, 관계들, 가치, 갈등, 언어 등등에 대한 구술을 통해서 과거 사회적 맥락의 상황과 변화, 특히 가족, 노동, 계급, 젠더 등을 이해하고자 한다. 그래서 구술사를 이용하는 영국 사회사가들의 연구는 사회학적 연구와 공통점이 많다.

한국 구술사 연구에서 이용기가 말한 대로 역사학자, 역사인류학자, 그리고 노동사 연구자들이 맥락중심의 연구를 하고 있다. 역사인류학자인 나는 미국 페미니스트 역사가인 스컷 Joan Scott의 이론을 구술 자료의 맥락 분석에 적용하였다. 나에게 맥락의 분석은 구술자의 주관적 경험이 어떤 식으로 구성되었는지 그 경험의 구성성(constructed nature)을 드러내어 구술자 주체의 자리매김(subject-positioning)을 하는 것이다.45 이것은 단순히 사건, 행위, 활동 중심으로 경험적 차이를 드러내는 것이 아니라, 왜, 어떻게 그 경험이 만들어졌는지를 밝히는 것이다. 구술자의 개인적 경험이 어떻게 만들어졌는가를 밝히는 것은 구술자 주체가 역사적으로 사회적으로 어떠한 위치에 있었는가를 밝히는 것이고 이것은 곧 그 경험을 역사화(historicize)하는 것이다.46

「구술사와 지방민의 역사적 경험 재현: 시양리 박형호씨의 구술 증언을 중심으로」(『한국문화인류학』 30집 1호, 1997년)에서 나는 1989, 1990년에 박사논문 작성을 위해 수행한 충남 예산 시양리에서의 현지조사에 기초하여 주요 제보자였던 박형호씨의 구술 증언을 통해 시양리에서의 6·25를 재구성했다. 이 논문은 구술 자료를 어떻게 텍스트화할 것인가를 고민하면서 실험적인 글쓰기를 시도한 것이다. 그래서 논문의 첫 부분은 현지조사에 기초하여 마을에서 박형호씨의 사회적 자리매김(social positioning)을 통해 구술자의 맥락이 제공되었고, 박형호씨의 서술의 형식을 분석하고, 연구자와 구술자와의 상호관계에 대한 자기성찰적 분석이 이루어졌다. 텍스트는 박형호씨의 구술 증언을 그대로 녹취하여 독자로 하여금 시양리의 6·25를 해석하게끔 하였고, 연구자의 질문도 그대로 삽입하였다.

나의 또 하나 사례연구인 「한국 근현대 속의 농촌 여성의 삶과 역사 이해: 충남 서산 대동리 여성 구술 생애사를 중심으로」(『사회와 역사』 59집, 2001년)는 1994년에서 1996년에 이루어진 역사인류학연구회의 충남 서산 부석면 공동연구를 정리하면서 나온 것이다. 이 논문은 부석면 벼농사 중심의 동족 마을인 대동리 할머니들의 구술 생애사를 인터뷰한 것에 기초하고 있다. 12명의 구술 생애사를 마을의 특수성, 세대, 계층별로 농촌 여성의 경험의 특수성을 분석하고, 이들의 구술 생애사에서 나오는 한국 근현대사의 주요한 사건들에 대한 그들 자신의 의미 부여,

즉 역사 이해를 분석하였다. 특히 이 논문은 단순히 구술 자료가 무엇을 말해주는가(역사적 상황, 사건, 활동)보다는 구술자 자신이 무엇을 어떻게 느끼는가(주관적 의미화)에 더 초점을 두었다. 12명의 구술 생애사의 일부분이 녹취되어 삽입되었다.

또 하나의 맥락 중심적 해석의 예는 역사학자인 이용기가 한 구술사 연구다.「마을에서의 한국전쟁 경험과 그 기억」(역사문제연구소,「역사문제연구」제6호, 2001)에서 연구자는 경기도 이천 갑자면 오두리라는 한 빨갱이 마을에서 현지조사와 구술 자료 수집을 통해서 마을 차원에서 오두리 사람들의 전쟁 경험을 재구성하였다. 그 재구성을 통해서 그는 국가의 최말단 행정기관인 면 단위와 농민의 일상적 삶의 공간인 마을 단위의 관계에서 국가-농민 관계의 성격을 분석했다. 또 다른 인류학자인 박정석은「전쟁과 빨갱이에 대한 집단기억 읽기」(『역사비평』가을호, 2002)에서 해남의 한 빨갱이 마을 사람들의 한국전쟁에 대한 기억과 망각에 대한 구술 분석을 통해서 전후 마을 사람들의 집합기억의 정치학과 마을 사람들의 정체성의 형성을 보여주고 있다. 사회학자인 염미경은「양반 가문의 한국전쟁 경험: 전남 강진지역의 근대적 지배층의 변화를 중심으로」(『호남문화연구』29집, 2001)에서 전남 강진지역의 해남 윤씨 가문이 그 지역사회에서 한국전쟁 동안 좌익 활동을 함으로써 지배가문으로서의 위상이 변화하는 과정을 다루고 있다. 인류학자인 윤형숙은「한국전쟁과 지역민의 대응: 전남의 한 동족 마을의 사례를 중심으로」(『한국문화인류학』35집 2호, 2002)에서 전남 H군 대촌리의 한국전쟁은 계급적인 갈등이나 이념적인 차이보다는 지주와 소작인 간의 경제적 의존관계, 일가(一家) 의식, 관직 등용과 인물관 등 전통적 사고방식들이 전쟁 과정에 상당히 개입되었음을 보여주었다.

위에서 언급한 바와 같이, 맥락 중심의 구술 자료 해석은 구술 자료의 역사성에 초점을 맞추고 있다. 즉 구술 자료가 구술자가 경험한 당시의 역사적 상황에 대해서 무엇을 말하고 있는가에 초점을 맞추는 것이다. 따라서 구술자의 경험의 역사적 맥락에 대한 관심이 많은 비중을 차지하게 된다. 이러한 분석은 구술자의 경험을 통시적으로 또한 공시적으로 이해할 수 있게 해준다. 하지만, 맥락 중심의 분석이 경험의 구성성(constructedness)을 강조하게 되면, 구술자의 주관적 의미 부여와 행위성(agency)이 약화하기가 쉽다. 이러하면 구술자의 주관적 경험은 연구자에 의해 단지 경험의 차이성을 드러내는 데 증거로 사용되는 경우가 많아서 다양한 해석의 가능성을 축소시키는 경향이 있다. 따라서 맥락 중심의 분석에서 구술자 경험의 구성성을 밝히면서 동시에 구술자의 주관적 이해와 해석, 행위자로서의 목소리가 드러나는 분석 방식을 고안해낼 필요가 있다.

4. 구술 자료의 텍스트화

구술 자료를 어떻게 해석할 것인가에 이어서 구술 자료의 텍스트화는 연구자를 더욱 당황하게 한다. 구술자의 삶에 대해 이해했다 하더라도, 구술로 표현된 구술자의 삶을 문자화하는 것이 쉬운 일이 아니기 때문이다. 즉 구술 자료의 구술성을 어떻게 문자화하느냐가 쉬운 문제가 아니기 때문이다. 구술로 된 이야기가 텍스트화되는 변형은 어느 정도의 왜곡을 낳게 된다. 따라서 어떻게 그 왜곡을 최소화하면서 새로운 역사 쓰기를 하는가가 구술 자료의 텍스트화의 핵심이라고 볼 수 있다.

1) 구술성의 재현

현재 한국의 구술사 연구에서는 구술성을 재현하는 문제를 심각하게 받아들이기 시작했다. 사실 구술사 연구에서 구술 자료의 구술성을 문자로 재현하는 것은 그 자체로서 하나의 중요한 연구가 될 수 있다. 그러나 대부분의 구술사 연구에서 구술의 재현은 기껏해야 정확하게 녹취하여 인용하는 정도인데 그나마도 연구자의 편집에 의해 무시되기 쉽다. 하지만, 구술 자료를 연구하는 이점의 하나는 바로 구술이 가지고 있는 역동성과 연행적(performance) 성격이라고 볼 수 있다. 따라서 구술 자료를 얼마나 효과적으로 사용하는가는 구술성을 얼마나 잘 재현하는가와 관련이 있다고 볼 수 있다.

다행히 최근에는 인터뷰 자료를 출판하는 데 있어서 구술성의 재현에 신경을 쓴 연구들이 나타나고 있다. 한국정신대문제대책협의회가 펴낸 『강제로 끌려간 조선인 군 위안부들 4: 기억으로 다시 쓰는 역사』(한울, 2001), 민중생활사연구단이 펴낸 『20세기 한국민중의 구술자서전』(소화, 2005)에서는 '일러두기'에서 구술 기호와 편집 기호를 삽입하여 단순히 구술을 들리는 대로 그대로 녹취한 것뿐만 아니라 억양이나 발음 상태, 몸짓과 표정 등이 구술성 재현에 포함될 수 있도록 했다.[47] 따라서 단행본 출판에 있어서는 '일러두기'가 있어야만 구술성 재현에 충실한 것이라고 볼 수 있다. 내가 쓴 『구술로 쓰는 역사: 미수복경기도민의 분단과 이산의 삶』에서도 서문 앞에 '일러두기'가 있다.[48]

그런데 실제로 구술성 재현에 하나의 큰 걸림돌이 되는 것은 논문 지면의 한계이다. 많은 학술지에서 점차 짧은 논문을 요구하고 있기 때문이다. 매수가 적은 논문(원고지 150매 정도)에서 구술자의 목소리를 성실하게 재현하고, 또한 그것에 대한 연구자의 분석을 전달하는 것이 쉽지 않다. 그러나 단행본은 저자가 좀 더 지면의 여유를 가지고 구술성 재현에 대해 다양한 시도를 해 볼 수 있다. 어떤 형태의 출판물이건 간에 구술성을 효과적으로 재현할 수 있는 텍스트화의 방식이 개발될 필요가 있다.

[그림 2] 일러두기 예시

일러두기

이 책에서 인용된 미수복경기도 실향민들의 생애사 인터뷰 자료는 구술 자료인데 구술을 문자화하는 것은 일종의 편집이다. 따라서 구술 인용에 있어서 다음과 같은 원칙들을 두었다.

1. 구술 자료의 가장 큰 특성은 구술성(orality) 이기 때문에 구술 인용은 되도록 구술성을 살리고 서술의 흐름을 유지하는 방향으로 인용되었다. 따라서 구술 인용문이 상당히 길어서 가독성이 떨어질 수가 있으나, 독자는 각 구술자의 경험뿐만 아니라 서술적 특징을 잘 이해할 수 있다.
2. 또한 구술자의 구술 인용문 앞뒤에 구술 내용을 요약하거나 소개하는 글을 되도록 넣지 않았는데, 이것은 독자로 하여금 연구자의 해석보다는 구술자의 구술 자체에 귀를 기울이고 독자 자신의 해석을 가능케 하기 위한 것이다.
3. 대부분의 구술 자료가 기관구술채록의 결과물로 제출된 녹취록이라서 기관에 따라 녹취 매뉴얼의 편차가 조금 있을 수 있으나 최대한 녹취록 그대로를 인용하였다.
4. 모든 구술 인용문은 각주에서 인터뷰 연월일, 구술자 명, 회차를 명기하였고, 기관 보유 녹취록의 경우 기관명과 구술아카이브 자료번호를 명기하였다. 그런데 기관 보유 녹취록이라도 자료번호가 부여되지 않은 경우도 있다.
5. 면담자의 질문이 없어도 글의 맥락 상 이해가 되는 경우에는 면담자의 질문을 넣지 않았지만, 원칙적으로는 면담자의 질문을 생략하지 않았다.
6. 구술자의 구술의 흐름을 좋게 하기 위하여 중간 중간 면담자의 반응과 호응을 표시하는 "예", "그렇죠", "음" 등은 삭제하였다.
7. 인용된 구술 자료의 구술성을 확보하기 위하여 다음과 같은 편집 기호를 사용하였다. 구술채록기관마다 녹취 매뉴얼이 다르지만, 다음의 편집기호로 통일하였다.

   " "   구술 속에 등장하는 특정 인물의 말을 직접 인용할 때 사용한다.
   …   말이 도중에 끊길 때 사용한다.
   !   감탄이나 놀람 등의 느낌을 나타낼 때 사용한다.
   ?   의심이나 의문을 나타낼 때 사용한다.
   /   질문이 아니라 확인을 위하여 말꼬리가 올라갈 때 사용한다.
   -, --   특정 단어를 길게 끌어서 말할 때 사용한다.
   가   특정 단어를 강하게 말할 때 강조체를 사용한다.
   (중략) 면담자의 질문에 대한 구술자의 서술 중 일부를 인용할 때 생략된 부분을 나타낼 때 사용한다.
   하하하
   호호호 웃음소리는 구술자의 웃음의 뉘앙스에 따라서 선택하여 사용한다.
   흐흐흐
   [ ]   상황이나 구술자의 동작 표기를 표기할 때 사용한다.
           (예) [구술자의 휴대폰이 울림] [두 팔로 건물의 크기를 표현하며]
           구술자가 구술 도중 길게 침묵할 경우 사용한다.
           (예) [한동안 생각하였다]

2) 저자의 권위와 텍스트에 대한 통제

구술 자료가 텍스트화되는 과정에서 가장 중요하게 대두하는 것이 저자의 권위와 텍스트에 대한 통제이다. 이미 언급된 바와 같이 구술사

연구는 구술자와 연구자 사이의 공동 작업이다. 따라서 그 공동 작업이라는 것이 텍스트에 반영되기 위해서는 종래의 저자에 대한 인식이 바뀌어야 한다. 종래의 저자는 텍스트에 대한 절대적인 통제권이 있었고, 텍스트로부터 저자의 권위가 일방적으로 주어졌다. 그래서 대부분 저자 단독의 권위적인 목소리가 텍스트를 지배하게 된다. 그리고 그런 텍스트는 독자에게 교과서적인 책읽기를 강요하게 된다.

그러나 구술 자료의 텍스트화에서는 구술자와 연구자가 공동저자로서의 권위와 텍스트에 대한 통제권을 함께 가지는 것이 윤리적인 문제가 된다. 대부분의 사회과학 연구에서 연구자와 연구 참여자와의 관계는 계층적으로, 학력에서도, 사회적 지위에서도 불균형적인 것이 사실이다. 그리고 그러한 비대칭적 관계는 연구자가 연구 참여자를 대상화하는 것을 쉽게 하고 있다. 그러나 구술사 연구에서는 구술자가 자기 구술과 경험의 주체이기 때문에, 구술자에게 텍스트에 대해 어느 정도 통제할 권한을 부여하는 것이 윤리적인 일이다.

구술자가 출판물의 편집에 참여하게 되면 구술자와 연구자 사이에 갈등이 생겨날 수도 있다. 나는 서울 주민 생애사 연구에서 구술자와 함께 출판 원고를 편집하였다.[49] 나는 서울 토박이 신현경 할머니의 구술 생애사를 주제별로 20시간 인터뷰했다. 약사인 할머니의 구술 생애사는 중산층 여성 가장으로서의 삶이라는 주제를 가지고, 중심주제별로 그리고 연대기적으로 정리되었고, 이 과정에 구술자가 함께 참여하여 편집하였다. 글의 구성은 구술자의 삶의 맥락, 서술의 형식, 구술자와 연구자와의 관계에 대해 연구자가 분석한 글이 먼저 나오고, 그 다음에 생애 과정 및 주제에 따라 구술자의 구술을 그대로 녹취하여 인용하였다. 연구자의 질문은 이야기의 맥락상 필요할 때만 삽입하였다. 이 과정에서 구술자와 연구자 사이의 해석적인 갈등은 별로 없었고, 연구자는 전체적인 생애사의 틀만을 제시했고, 구술자에게 편집의 방향을 맡겼다. 이러한 공동 작업은 구술자가 고학력이었기 때문에 가능했다고 생각한다.

반면 구술자와 연구자가 해석적 갈등을 보이는 경우도 있다. 볼랜드(Katherine Borland)는 페미니스트 민속학자로서 자신의 할머니의 생애사를 인터뷰했다.50 그가 인터뷰 결과를 정리한 것을 출판하기 전에 할머니에게 보여주었을 때 할머니는 이것이 자신의 생애사가 아니라고 했다. 갈등의 문제가 된 것은 할머니가 경마장에서 자신의 아버지의 의지에 저항하여 우승할 말에 내기를 하여 이긴 사건이었다. 페미니스트인 연구자는 이 사건을 적대적인 남성적 환경에서 여성의 독립과 자율을 위한 투쟁의 일면으로 해석하였지만, 할머니는 그렇게 생각하지 않았던 것이다. 이러한 해석적 갈등을 해결하기 위해서 연구자는 해석 과정 전에 구술자에게 구술자 자신의 이야기에 대한 의미를 물어봐야 하고, 반드시 추후 면접을 해야 하며, 연구자의 해석 초안을 가지고 구술자와 토론을 하는 것이 좋다고 제시하고 있다.51

따라서 구술 자료의 분석에서 구술자의 목소리와 연구자의 목소리를 분리하는 것이 필수적이다. 구술자도 공동 저자이기 때문에, 연구자는 확실하게 구술자의 목소리를 드러내면서도 동시에 자신의 목소리를 낼 수 있어야 한다. 위의 예시처럼, 사실상 두 목소리는 텍스트상에서 서로 겹칠 수도 다를 수도 있다. 그러므로 어떻게 구술자와 연구자가 함께 텍스트를 만들 것인가를 생각해 보고, 그것이 텍스트에 어떻게 반영될 수 있는지 그 방식을 고안해낼 필요가 있다.

3) 텍스트화의 사례들

구술 자료의 텍스트화는 구술자와 연구자 간의 합작이지만, 그 합작의 유형과 연구자의 개입 정도는 각기 다르다. 대체로 구술 생애사의 경우 자서전이나 전기처럼 연구자에게 구술자의 삶에 대한 세세한 이야기가 전해지면 그것을 단선적·연대기적으로 정돈하는 것이 일반적인 텍스트화 방식이었다. 그러나 이러한 방식이 과연 구술성의 재현과 공동작업으로서의 구술사의 성격을 제대로 반영하는가는 의심스럽다. 따라서 구술 자료의 텍스트화의 다양한 사례들을 검토하면서 새로운 실험적 글쓰기를 시도할 필요가 있다.

구술 자료가 정리되어 텍스트화되는 형태로는 첫째, 하나의 생애사가 출판되는 경우, 둘째 여러 가지 생애사가 수집되어 출판되는 경우, 셋째, 현지조사와 함께, 또는 현지조사 없이, 구술 자료로 역사 쓰기를 하여 출판하는 경우로 나누어 볼 수 있다. 구술 자료의 서사 분석의 텍스트화는 구술 자료가 정리되는 한 형태이지만 역사 쓰기라 보기는 어렵고, 이미 구술 자료의 해석에서 다루어졌다. 여기서는 서구와 한국에서 출판된 단행본을 중심으로 어떤 방식으로 텍스트화가 되어 있는가, 주로 텍스트의 구성적인 측면에서 논의하겠다.

한 사람의 생애사가 출판되는 경우는 인류학에서는 대개 인류학자가 현지조사 시 대단한 이야기꾼(storyteller)을 만났을 때 생애사 인터뷰를 하고 그 결과를 출판하는 것이다. 이 경우에는 연구자의 분석의 비중은 적고 구술자의 구술의 비중이 큰 것이 특징이다. 미국의 인류학자 쇼스탁 Marjorie Shostack이 아프리카 칼라하리 사막에서 쿵부시맨(!Kung Bushmen)을 현지조사한 자료에 기초하여 한 부시맨 여성의 구술 생애사를 쓴 것이 『니사: 쿵여성의 삶과 이야기』(Nisa: The Life and Words of a !Kung Woman, Vintage Books, 1983)이다. 저자는 니사의 삶 이야기를 생애과정(life course)으로 정리하였다. 장마다 부시맨 사회에서 각 생애과정에서의 일반적인 특징들을 연구자가 설명하였고, 그와

『니사』 표지

관련된 니사의 구술이 뒤따르고 있다. 연구자의 질문이 생략되고 구술자의 구술이 녹취되어 있다. 또 다른 미국의 대표적인 생애사 연구자인 크레판자노 Crapanzano의 『투아미: 한 모로코인의 초상』(Tuhami: Portrait of a Moroccan, University of Chicago Press, 1980)은 저자가 모로코를 현지조사 하던 중 만난 한 아랍 타일공 중년남성인 투아미 Tuhami의 구술 생애사를 출판한 것이다. 저자는 주변적인 인물인 투아미를 통해 남성 동지회인 하마샤 Hamadsha 연구를 수행하였다. 책의 구성은 저자가 투아미의 생애의 특징적 요소들을 열거하면서 구술자의 구술을 삽입하고, 구술자의 구술을 분석하는 방식을 취하고 있다.

대표적인 여성주의적 구술 생애사 연구인 비아르 Ruth Behar의 『번역된 여성』(Translated Woman, Beacon Press, 1993)은 저자가 멕시코의 현지조사에서 알게 된 여자행상인 에스페란자 Esperanza와의 장기간의 교류 속에서 수집한 그녀의 구술 생애사를 재구성하고 있다. 저자는 구술자의 삶 이야기를 중심 주제와 에피소드 별로 정리하였다. 각 장은 각 중심 주제를 가지고 구술이 진행되었던 상황에 대한 묘사가 나오고, 다음은 구술이 시작되는 도입부가 나오며, 구술자의 서술이 녹취되어 번역되어 있다. 구술의 연행적 성격과 연구자와 구술자의 관계를 포함한 상황적 연출이 잘 묘사되어 있다.

한국에서 한 사람의 구술 생애사가 출판된 것은 구술 증언집에 비하면 다소 적은 편이다. 앞에서 언급한 바와 같이 1981년부터 1991년까지 '뿌리깊은 나무'에서 출간된 『민중자서전』 시리즈는 역사가가 아니라 기자, 소설가 등이 구술자의 방언을 최대한 살리면서 구술을 전편에 녹취하여 텍스트화하였다. 1991년부터 역사비평사에서 나온 『나의 학문, 나의 인생』 시리즈는 주요 인물들의 핵심적인 활동을 중심으로 인터뷰 된 것을 그대로 녹취하였는데, 구술 생애사 출판으로 보기는 어렵다. 그 이후 한국정신문화연구원 현대사연구소가 출간한 『지운

구술열전 『문대환』 표지

김철수』(한국정신문화연구원, 1999)는 대표적인 구술생애사 연구이다. 이 책의 자료편은 지은 김철수가 쓴 문서자료, 인터뷰에 의한 구술 자료와 공판기록으로 구성되어 있다. 이 중 구술 자료는 김철수의 구술 생애사이면서 동시에 해방 전후사에 대한 구술 증언으로 세 개의 판본이 제공되고 있다. 이 중 두 개는 질문내용이 없이 구술이 녹취되어 있고, 한 개는 면담자의 질문이 삽입되어 있다.

파타이 Daphne Patai의 『브라질 여성을 말하다』(Brazilian Women Speak, Rutgers University Press, 1988)는 저자가 브라질에서 여러 계층의 브라질 여성들을 만나서 생애사를 인터뷰한 것을 모은 책이다. 이 책의 구성은 저자가 중심 주제를 정해서 그 주제별로 다양한 여성들의 생애사를 분류하여 텍스트화였다. 장마다 구술자를 소개하는 짧은 설명이 있고, 구술자의 구술을 그대로 녹취하여 번역하였다. 다양한 브라질 여성들의 삶 이야기를 들을 수 있지만, 연구자와 구술자의 관계나 연구 상황은 잘 알 수가 없다.

이렇게 여러 사람의 생애사가 수집되어 주제별로 분류되어 텍스트화되는 경우는 상당히 많다. 한국에서는 다양한 구술 증언집의 경우가 이에 속할 수 있는데, 증언집은 대개 연구서라기보다는 자료집의 성격을 띠고 있다. 구술 증언 자료집인 제주 4·3연구소의 『이제사 말햄수다 1, 2』(한울, 1989)는 민중자서전과 비슷하게 특정 주제의 제목이 있고 그에 따라 구술들이 실려 있는데, 증언자의 이름을 밝히지 않고 인명색인으로 대체했다.

또 하나의 대표적인 증언집이 한국정신대문제대책협의회의 『강제로 끌려간 조선인 군 위안부들』 시리즈다. 이 증언집은 초기에는 구술의 텍스트화에 전혀 관심이 없었다가 제4집에 와서는 구술 기호와 편집 기호를 개발하는 등 구술의 텍스트화에 세심한 배려를 했다. 이 책은 각 구술자의 구술이 하나의 장을 이루고, 각 장은 구술자의 사진과 연대기가 제일 먼저 나오며, 다음에 구술이 면담자의 질문 없이 녹취되어 있고, 마지막에는 면담자의 후기 내지 해석이 함께 삽입되어있다.

또 하나의 증언집인 제주4·3연구소에서 펴낸 『이제사 말햄수다 4: 무덤에서 살아나온 4·3 수형자들』(역사비평사, 2002)은 초기와 달리 구술의 텍스트화에 많은 신경을 쓴 흔적이 보인다. 『강제로 끌려간 조선인 군 위안부들 4집』과 마찬가지로 각 장은 한 구술자의 구술로 되어 있고, 처음에 구술자의 사진과 연대기가 나온다. 그런데 구술자의 구술은 연구자의 설명 내지 해석과 함께 텍스트 내에서 교차하는데 이때 구술자의 서술과 면담자의 서술은 다른 글자체로 되어서 연구자와 구술자의 목소리가 명확하게 구분되어 있다. 그러나 이 책은 각 구술자의 4·3 경험에 대한 증언 모음이지 구술 생애사는 아니다.

한국정신문화연구원에서 2004년에 출간한 『내가 겪은 한국전쟁과 박정희정부』(선인)는 한국 현대 정치사를 증언해 주는 4명의 구술자의 구술로 구성되어 있다. 각 장은 구술자의 약력, 면접 계획과 면접 내용의 목차가 처음에 나오고, 나머지 부분은 녹음테이프로 구분하여 인터뷰 내용을 그대로 녹취한 녹취문이다. 그러나 구술 기호나 편집 기호가 없고, 구술 상황 재현에 대한 고려가 전혀 없다.

이런 증언집 외에 여러 명의 구술 생애사를 출판한 경우는 서울시립대 부설 서울학연구소가 4명의 서울 토박이의 생애사를 출간한 『주민생애사를 통해 본 20세기 서울현대사』(2000)다. 한 사람의 연구자가 한 사람의 구술자를 면접하고 인터뷰 내용을 정리하였는데, 연구자마다 약간씩 형식적 차이가 있으나, 연구자는 분석이나 해석을 하기보다는 구술자의 소개와 연구 과정을 소개하는 정도이고, 구술자의 구술이 대부분의 지면을 차지한다. 또 하나의 예는 20세기민중생활사연구단에서 출간한 『20세기 한국 민중의 구술자서전』(소화, 2005)이다. 이 책은 총 6권으로 구성되어 있는데, 4권까지는 어업, 농업, 상인, 수공업자, 노동자라는 구술자의 생업을 중심으로 나누어져 있다. 다섯 번째 권은 고향을 떠났던 사람들과 만주에서 태어나 한국에서 살다가 일본으로 돌아간 일본인의 인생 여정을 보여준다. 마지막 권은 전북 김제 광활면 사람들의 구술 생애사를 통해서 마을 문화사 재구성을 시도하고 있다. 각 권은 4~6명의 구술자의 생애사로 구성되어 있고, 각 장은 처음에 구술자 소개가 나오며, 면담자의 질문과 함께 구술자의 구술이 녹취되어 있는 전문이 나온다. 이 책은 구술자로부터 수집한 사진이나 구술자가 인터뷰 시 직접 그린 그림이나, 구술자가 보존해온 문서 등이 곳곳에 삽입되어 흥미롭다. 이 책의 또 하나의 특징은 각 권에 '개인 생애사 연표'가 있어서, 각 구술자들의 삶에서 주요한 사건들이 무엇인지를 알 수 있다. 또한, 각 권의 시작 부분에 '일러두기'를 삽입하여 책의 구성과 구술의 텍스트화에 대한 정보들을 제공하고 있어서, 이 연구가 구술의 텍스트화 작업에 고심한 흔적을 보인다.[52]

『에드워드 시대 사람들』 표지

마지막으로 구술 자료로 역사 쓰기를 하여 출판하는 것은 한국의 경우 구술 증언집 내지 자료집 출판에 비하면 적다. 구술 자료로 새로운 역사 쓰기를 시도하는 서구 구술사 연구 논문 모음서들은 생애사나 증언집 출판 형태보다 연구자의 목소리의 비중이 더 크다. 구술들은 대체로 인터뷰 상황이나 전체 구술에서 탈맥락화하여 연구자의 해석적 자료로서 삽입되는 경향이 강하다. 톰슨이 한 거대한 구술사 프로젝트였던 『에드워드 시대 사람들』(The Edwardinas, Indiana University Press, 1975)이 대표적인 예다. 이 연구에서 구술 증거는 과거의 행위 패턴이나 사건에 대해 논쟁을 하는 데 필요한 출처로서 다루어졌다. 영국의 다양한 계급들과 지역을 대표하기 위해서 일종의 표본으로서 선택된 가족들이 인터뷰 되었고, 그들의 이야기들은 에드워드 시대[53] 사람들의 생활 방식에 대한 역사 해석을 위해서 더 사회학적으로 분석적인 부분들과 함께 엮여져 있다. 이러한 연구에서는 연구자는 자신들이 제시하거나 주장하고자 하는 새로운 역사 해석을 구술 자료로부터 도출하지만, 실제로 구술들은 다른 사료들과 함께 부분적으로 인용되고 있다. 즉 구술이 텍스트 상에서 주가 아니라 연구자의 분석이 주가 되는 것이다.

이러한 사회학적·사회사적 구술사 연구와는 달리 현지조사에 기초하여 다른 종류의 역사 쓰기를 하는 구술사 연구도 있다. 현재 서구 구술사학계에서 가장 영향력 있는 학자인 이탈리아 구술사가인 포르텔리의 연구들이 그 예다. 현재까지 영어로 출판된 포르텔리의 연구서는 『루이지 트라스툴리의 죽음과 다른 이야기들』(The Death of Luigi Trastulli and Other Stories, State University of New York Press, 1991), 『발 귀울라의 전투』(The Battle of Valle Giulla, University of Wisconsin Press, 1997), 『명령이 수행되었다: 로마에서 나치 학살의 역사, 기억과 의미』(The Order Has Been Carried Out: History, Memory and Meaning of a Nazi Massacre in Rome, Palgrave Macmillan, 2003)이다. 처음 두 책은 구술사 이론에 대한 논문과 사례 연구 논문으로 구성되고 있고, 마지막 책은 구술 증언을 통해서 제2차 세계 대전 당시 로마에서 나치에 의한 학살을 재구성한 것이다.

포르텔리의 두 번째 책의 한 논문인 "The Massacre at Civitella Val di Chiana(Tuscany, June 29, 1944): Myth and Politics, Mouring and Common Sense"는 이탈리아 토스카나에서 1944년에 있었던 나치의 민간인 학살을 구술을 가지고 재구성하여 해석한 것이다. 이 논문은

당시에 학살된 남자들의 미망인들의 구술을 중심으로 사건의 진행 과정을 따라가는데, 이때 연구자의 목소리와 구술자의 목소리가 교차하면서 연구자는 구술의 흐름을 따라서 사건의 전개를 재구성하였다. 그리고 논문의 마지막 부분에서 학살 당시와 현재의 정치적 상황의 변화 속에서 키비텔라 발 디 키아나 시민들의 기억과 레지스탕스의 기억의 대립, 시 안의 주민들과 시 밖에서 온 이주민들 사이의 기억의 정치학을 분석하였다.

포르텔리의 세 번째 책은 로마의 포쎄 아르데아티네(Fosse Ardeatine)에서 이탈리아 레지스탕스가 독일군을 공격한 것에 대해서 독일군이 이탈리아인 335명을 학살한 사건을 다루고 있다. 저자는 구술자들이 공동저자임을 밝히면서, 책의 서두에 이 사건을 증언한 구술자들의 이름, 출생년도, 직업, 정치적 입장, 사건과의 관계, 인터뷰 장소와 시간의 목록을 제시하고 있다. 위의 논문과 마찬가지로 구술자들의 구술을 가지고 사건의 전개 과정을 재구성하고 책의 마지막 부분에서 사건에 대해 분석을 하고 있다.

한국에서 구술사 연구로서 단행본으로 출판된 것은 김귀옥의『월남민의 생활경험과 정체성: 밑으로부터의 월남민 연구』(서울대출판부, 1999)가 있다. 사회학자인 김귀옥은 한국전쟁시기 월남하여 만들어진 월남인 정착촌을 7개월 동안 현지조사하고 구술연구방법을 이용하여 월남인들의 구술 생애사를 수집하였다. 이 연구는 월남인 구술 생애사를 통해 월남인이 누구이며, 어떠한 사회적 지위를 가지고 있고, 국가권력, 특히 반공이데올로기와의 관계는 어떠한지를 분석하였다.

나의『인류학자의 과거여행: 한 빨갱이 마을의 역사를 찾아서』(역사비평사, 2003)는 충남 예산 시양리에서 현지조사와 가족사, 생애사 인터뷰를 통해서 시양리의 근현대사를 재구성하였다. 이 책은 첫 부분에서 문제 제기와 이론적 논의를 하고, 한국사회의 역사적 담론의 층위를 국가전체사, 지방사, 마을사의 차원으로 나누어서 다루고 있다. 국가전체사는 문헌을 중심으로, 지방사는 문헌과 구술 자료를 중심으로, 마을사, 가족사와 여성사는 마을 사람들의 구술 증언을 중심으로 재구성되었다. 마을사의 경우 다양한 사회적 위치를 가진 마을 사람들이 한국전쟁을 경험한 것을 그들의 구술을 중심으로 재구성하고 있다. 가족사는 각 시기 별로 구술자의 구술 증언이 먼저 나오고 그에 대한 저자의 정리 및 해석이 나온다. 여성사는 전쟁과 여성에 대한 이론적 논의 뒤에 시양리 좌익 지도자의 부인들의 구술 생애사를 제시하고 있다.

2016년에 출판한『구술로 쓰는 역사: 미수복경기도민의 분단과 이산의 삶』(아르케)에서는 나는 첫 번째 부분에서 미수복경기도민을 디아스포라적 관점에서 접근하고 하나의 기억공동체로서 다루었다. 두 번째 부분에서 미수복경기도는 현지조사를 할 수 없는 지역이기 때문에 지역민의 구술 생애사를 따라 다니는 이동식 문화기술지를 사용하였다. 본문에서는 구술자들의 구술 생애사를 미수복경기도 지역인 개성시, 개풍군, 장단군의 지역사적 특징과 연결시켜서 일제시기, 해방, 한국전쟁, 피난과 남하, 전후 남한사회에서의 정착 과정을 재구성하였다.

역사학자인 김영미는 『그들만의 새마을운동』(푸른역사, 2010)에서 경기도 이천의 한 마을에서 구술자들과의 만남으로 시작하였다. 두 번째 부분에서는 일제시기부터 1970년대 새마을운동 시기까지의 마을사를 재구성하였다. 또한 새마을운동의 기수가 된 한 농촌운동가의 구술 생애사를 재구성하고 마지막에서 국가의 새마을운동과 마을사람들의 새마을운동을 토론하였다.

톰슨이 위에서 제시한 바와 같이, 구술 자료의 해석과 텍스트화에서 역사적 해석을 보여주거나 사회적 분석을 하는 경우에는 연구자의 분석(해석)이 중심이 되는 구술사 연구가 되는 경향이 있다. 반면 단순히 구술 증거를 보여주거나, 생애사를 보여주는 경우에는 구술자의 구술이 중심이 되는 경향이 있다.

　서구의 구술 생애사 연구들은 모두 공통적으로 자기 성찰적 성격이 강하다. 그래서 구술자와 연구자 간의 관계 형성, 상호 작용, 라포의 성격에 대한 고찰에 많은 비중을 두고 있다. 이것은 구술 생애사 연구 자체가 단지 구술자를 대상으로 타자를 연구하는 것이 아니라, 자아와 타자 간의 상호작용 속에서 타자의 삶에 대한 이해를 도출해내는 작업이기 때문이다. 결국, 연구자는 타자를 통해서 타자가 속한 문화에 대해 더욱 심층적인 이해를 할 수 있을 뿐만 아니라, 연구자 자신의 문화적 특수성에 대한 더 깊은 통찰을 할 수 있게 되는 것이다.

　또한, 이 연구들은 구술자의 주관적 느낌, 의미화, 세계관에 충실하려고 하며, 정도의 차이는 있지만 구술자 자신의 목소리로 자신의 삶을 이야기하도록 노력하고 있다. 어떤 방식으로 구술자의 목소리를 재현시킬 것인가, 즉 더 적절히 과거의 목소리를 재현시키기 위해서는 위에서 언급된 사례들을 살펴보고, 그 장점과 단점을 비교함으로써 새로운 방식을 고안해낼 수 있을 것이다.

　결론적으로 구술 자료를 텍스트화하는 작업에서 구술 자료의 구술성과 공동작업적 성격을 재현하는 정도(正道)는 없다.[54] 그러나 구술 자료의 텍스트화에서 연구자와 구술자의 관계 및 구술 상황에 대해서 독자에게 알리고, 연구자가 편집자로서 어떤 위치, 시각을 가지고 어떻게 편집하였는가를 밝히는 것이 필요하다. 그것들은 구술사 연구 결과에서 정당한 연구부분으로 간주되어야 할 것이다.

5. 구술 자료로 학문적 글쓰기

구술사 연구를 처음 접하는 연구자들은 구술사 인터뷰를 어떻게 잘 할 것인가를 가장 먼저 고민한다. 그러나 구술사 인터뷰가 끝나면 수집된 구술 자료를 가지고 어떻게 학문적 글쓰기를 할 것인가를 고민하게 된다. 대부분의 연구자들이 질적 자료를 가지고 학문적 글쓰기를 하는 훈련을 거의 받은 적이 없기 때문이다. 이 절에서는 구술 자료를 가지고 학문적 글쓰기, 연구 논문과 연구 단행본 집필을 어떻게 할 것인가에 대해서 논의하겠다.

구술사 연구에 있어서 많은 오해가 있는 부분은 구술사 연구는 구술 자료만을 가지고 연구한다는 것이다. 구술사 연구의 주 자료는 구술 자료이지만, 그 외에 문헌자료, 통계, 지도, 현지조사 자료를 모두 사용한다. 구술 자료를 가지고 하는 학문적 글쓰기는 기본적으로 논설문이다. 그리고 구술 자료와 문화기술지적 자료들을 가지고 분석 내지 해석을 하게 되기 때문에 귀납적인 추리를 하게 된다. 물론 가설을 가지고 구술사 인터뷰를 할 수도 있으나, 기본적으로 질적 연구인 구술사 인터뷰는 다양한 수집된 자료들을 퍼즐 맞추기와 같이 맞추어가서 그것이 어떤 모양을 가지게 되는가를 알아보는 것이다. 구술 자료 외에 구술 자료의 해석을 위한 맥락을 제공하기 위해서 필요한 문헌, 통계 및 문화기술지적 자료가 모두 동원된다.

구술 자료를 가지고 하는 학문적 글쓰기는 10단계로 나눌 수 있다.* 1단계는 연구자의 문제의식과 수집된 구술 자료의 비교다. 연구자는 구술사 인터뷰를 시작하기 전에 연구자의 문제의식과 연구의 목적을 담은 연구 계획서를 가지고 있을 것이다. 구술사 인터뷰가 끝나고 수집된 구술 자료를 검토하면서 연구자의 문제의식이나 연구의 목적과 일치 내지 불일치하는 지점들을 점검할 수 있다. 만약 연구 목적과 구술 자료 사이에 불일치가 있다면 그것은 연구의 실패가 아니라 오히려 구술 자료가 새롭게 조명하는 바를 도출해낼 수 있는 기회이기도 하다. 왜냐하면 귀납적 연구는 연구자의 논리가 아니라 구술 자료가 이야기하

---

* 이 부분은 김귀옥의 『구술사연구: 방법과 실천』(선인, 2014)의 제6장의 도움을 많이 받았다.

는 바를 잘 들어서 그것의 논리를 이끌어내는 것이기 때문이다.

연구의 2단계는 목차를 구성하는 것이다. 연구자에 따라서 연구를 시작하기 전에 연구계획서 상에서 목차까지 구상하는 연구자도 있으나, 수집된 자료의 성격과 분석의 결과에 따라서 예상목차는 크게 수정될 수 있다. 연구논저는 논설문이기 때문에 기본적으로 서론, 본론, 결론으로 구성된다. 다음 표는 목차 구성의 예시다

[표 6] 학문적 글쓰기 목차 구성

서론	문제제기	
본론	선행연구의 검토	연구사 내에 자리잡기
		기존 연구와의 차별성 드러내기
	연구방법 및 자료 수집 과정 드러내기	자기성찰적 분석
	분석 틀 제시	이론적 접근 방식
	구술 자료의 해석	
결론	연구의 학문적 성과와 기여	

3단계는 선행연구 검토다. 학위 논문과 같이 연구계획서를 구체적으로 쓰는 경우에는 선행 연구 검토를 대부분 마친 상태에서 연구계획서를 쓰게 된다. 그러나 연구 논문의 경우에도 수집된 구술 자료를 분석하기 위해서 보충적으로 선행 연구를 보면서 비교 분석적 시각을 가질 수 있다. 오히려 연구자들이 가장 난감한 것은 선행 연구 자체가 없는 경우다. 이런 경우에는 선행 연구가 왜 안 되었는지를 파악하는 것이 중요하다. 선행 연구 검토는 일종의 연구사적 리뷰를 하는 것으로 연구주제와 관련된 기존의 연구를 검토하면서 연구주제의 연구사적 맥락을 잡아서 자신의 연구를 자리매김하는 것이다. 그러한 가운데 자신의 연구의 차별성을 드러내고 자신의 연구가 그 연구주제를 어떻게 진전시키고자 하는가를 설명하는 것이다.

4단계에서는 사용한 연구방법과 자료 수집 과정에 대해서 설명한다.

연구 조사는 기본적으로 문헌조사와 현지조사로 나누어지는데 문헌조사는 기존 연구 결과 및 연구주제에 해당하는 문헌 기록을 정리하는 것이다. 현지조사는 참여관찰과 인터뷰를 말하며 구술사 인터뷰를 사용하는 이유와 정당성, 그리고 관련된 방법론적인 쟁점들을 다룬다. 그리고 연구방법 및 자료 수집에 대한 자기성찰적인 분석이 필요하다. 예전에는 구술사 연구 논문에서 자료수집과 관련된 정보를 각주에 넣는 경우가 많았는데, 구술 자료는 생성된 자료이기 때문에 자료 수집의 맥락이 매우 중요하다. 그래서 구술 자료 수집 상황은 본문에서 제공해야만 하고 그 정보는 구술 자료의 타당성과 신뢰성 측정에 중요한 정보가 된다. 자기성찰적인 분석이 필요한 이유는 구술사는 연구자가 연구의 도구가 되는 질적 연구의 하나이기 때문에 연구자와 연구 참여자 즉 구술사와의 관계에 대한 설명이 필요하기 때문이다. 즉 구술자와의 만남, 인터뷰 과정, 라포 형성 등에 대한 정보를 제공할 필요가 있다.

5단계에서는 구술 자료를 분석하는데 필요한 분석 틀을 제시해야 한다. 분석 틀을 설명하기 전에 폴 톰슨이 제시한 구술 자료에 대한 분석과 해석의 형태 중에 하나를 선택해야 한다. 하나는 연구자가 단순히 구술 증거를 보여주기만을 원하는 가 혹은 하나의 역사적 해석을 주장하길 원하는 가이고, 또 하나는 전기를 통해서 역사에 접근하고자 하는가, 혹은 더 넓은 사회적 분석을 통해서 역사에 접근하고자 하는 가다. 이 중에 하나를 선택하고 연구자가 수집한 구술 자료를 잘 분석할 수 있는 이론적 틀을 선택하여 설명해야 한다. 이론적 틀은 자료를 잘 분석하기 위한 도구이기 때문에 반드시 필요하고 해석을 풍부하게 하기 위해서도 필요하다.

6단계는 본론의 핵심적인 부분으로 구술 자료의 독해다. 구술사 연구는 형태 상 대개 두 가지 유형이 있는데 하나는 서사분석이고 또 하나는 재구성적 교차분석이다. 또는 이 두 가지를 모두 통합하는 분석도 있다. 사용되는 구술 자료는 대개 구술 증언과 생애사 자료인데, 생애사를 사용했을 때는 구술자의 생애연보(personal chronology)를 제시하는 것이 구술 분석의 이해에 도움이 된다. 구술 자료는 독해의 특수성을 고려하여 해석할 필요가 있다. 위에서 역사학자 이용기가 구술 자료 독해에서 제시한 방법들을 참고한다.

7단계는 문헌 및 기타 자료를 분석하는 것이다. 구술 자료의 내용과 기존의 연구 성과를 비교하고 구술 자료의 내용이 다루는 주제, 사건, 경험에 대한 기존 문헌 자료의 내용을 비교 검토한다. 그리고 구술 자료의 맥락을 더 이해할 수 있게 해 주는 현지조사 및 문화기술지적 자료를 분석한다.

8단계는 구술 자료와 기타 자료의 분석을 종합하여 초고를 집필하는 것이다. 집필의 순서는 서론 본론 결론의 순서로 글을 쓸 수도 있으나 사실 서론을 먼저 쓰는 것이 쉽지 않을 경우도 많다. 왜냐하면 분석을 하다보면 새로운 차원의 결들이 보일 수도 있어서 본론 부분을 먼저 쓰고 서론을 쓸 수도 있고, 결론까지 다 쓰고 나서 서론을 쓸 수도 있다. 구술 자료를 본문에 삽입할 때 대개 연구자가 자의적으로 인용했으나 한국구술사학회는 원고작성요강에서 구술 자료 인용에 대한 규정을 명시하고 있다.*

14. 구술 자료의 인용은 다음과 같이 한다.

1) 구술 자료는 생성된 자료임으로 인터뷰의 맥락을 제공해야 한다. 인터뷰의 목적, 인터뷰 시간 및 장소, 연구자와 구술자와의 관계 및 라포 정도 등을 본문에서 설명한다.
2) 구술 자료는 원사료인 음성파일과 녹취문을 함께 사용한다. 따라서 인용 시에도 음성파일과 녹취문 중 하나를 사용할 수 있다.
3) 연구자의 질문을 함께 삽입한다. 맥락에 따라서 연구자의 질문이 없어도 될 경우는 생략이 가능하지만, 연구자의 질문을 넣는 것이 원칙이다.

---

* 한국구술사학회 홈페이지 투고 규정 중 원고작성요강 참조. www.koha2009.or

4) 구술자의 구술 단락 중 일부를 인용할 때는 (중략) 또는 … 기호를 사용한다.
5) 구술에 편집 기호를 사용할 경우에는 각주에서 그 의미를 알려준다.
6) <각주>에 밝힐 때, 구술 아카이브가 없는 경우에는 구술 자료 수집 날짜, 장소, 구술자 이름, 회차를 기입한다. 기관의 구술 아카이브가 있을 경우에는 아카이브명과 자료번호를 명기한다.

(예)

1) 녹취문의 경우

(1) 구술 아카이브가 없는 경우

(예) 2011년 4월 6일, 한국구술사연구소, 김명순의 1차 인터뷰 중에서

(2) 구술 아카이브가 있는 경우

(예) 서울시사편찬위원회 구술자료번호 OH-서울시민의이야기-서영순-06-01.hwp(발행된 자료집이 있을 경우에는 쪽 번호 삽입)

2) 음성파일의 경우

(1) 구술 아카이브가 없는 경우

(예) 2011년 4월 6일, 한국구술사연구소, 김명순의 1차 인터뷰, 00:32:11-00:33:08

(2) 구술 아카이브가 있는 경우

(예) 서울시사편찬위원회 구술자료번호

OH-서울시민의이야기-서영순-03-01.mp3, 1:21:05-1:21:22

3) 본문의 예

(1) 구술 아카이브가 없는 경우

신현제: 육이오(6.25)에 대해서 조금은 알아야 할 거 아니야. 우리가. 그거 다시 말하면 이 북하고 관계는 알아야 하거든. 근데 지금……이북서 나온 사람들 중에서도……글쎄 모르겠어. 사상적인 건 내가. 뭐 사상을 얘기하는 게 아니라….우리는 사실 어떻게 보면 뭐 이념이래는 게……개인감정 같애 나는. 우리나라하고 이념은. 그리고 그 대대로 내려오는 어떠한 그…..그…..연좌젠가? (중략) 그래서 아, 이건 넣어줘야 겠다...이북 관계에서는 이러한 어떤 역사적인 사건이 있었다는 걸 알려줘야 겠다 해서 넣은 거예요.1)

1) 2014년 5월 22일, 한국구술사연구소, 신현제의 2차 인터뷰 중에서

(2) 구술 아카이브가 있는 경우

면담자 : 그럼, 사람들이 다들 신기하단 생각만 있었어요? 아니면 뭐 영화 개밋다거나 그런 건 없었어요?
구술자 : 그러지. 처음 본 저기고 그러니까 신기하고 개밌고 그랬지. 그 때 와글와글 하고. 갈 때 저기하니까... 가면서 같이 그저 마을마다 이렇게 해서 동네. 동네 이렇게 해서 같이 가자고 찾는 사람들로 그냥 막 떠들고 그러지. '아무개야, 어딨냐?' 하고. 막 한 쪽에서는 '어느 동네 같이 갑시다.' 한쪽에서는 이라고 모도 있고 그러니까. 뭐라 그할까. 거기 '개미있었다. 어쨌다' 하는 그런 것을 느끼기 이전에. 그래 갖고 이 사람들이 모여서 모도 가면서 어쩌고 저쩌고 하는 거 상당히 신기해하고 아마...1)

1) 국사편찬위원회 구술자료번호 OH_09_019_김정섭_06.hwp.

9단계는 초고를 수정하는 것이다. 본론의 내용을 다시 검토하여 서론을 수정하고 결론을 마무리 짓는다. 이때 본론에 들어가는 도표, 그림, 지도 등을 삽입한다. 초고 수정은 때에 따라서는 수회에 걸쳐서 이루어진다.

　10단계는 최종 원고 완성으로 처음부터 재검토하여 편집하여 완성한다. 참고문헌을 정리하고 국문초록과 영문초록을 완성한다. 그리고 키워드를 선택한다.

제8장

구술사와 연구 윤리

궁극적으로 사실 윤리적·법적인 가이드라인들은 정직과 진실에 대한 개인적·정치적 약속이라는 더 넓고 깊은 감각이 외연적으로 명백할 때만 타당하다. 구술사의 맥락에서 정직에 대한 약속이란 우리가 같이 작업하는 사람들에 대한 개인적 존경과 우리가 수집하는 자료에 대한 지적인 존경을 뜻한다. 진실에 대한 약속이란 "아마도 그럴 수 있는"이란 많은 변이에 대해 개방적이면서도 "진짜로 어떤지"를 알고자 하는 이상적인 노력과 촉구를 뜻한다.[1]

1. 미국의 기관연구윤리심의위원회와 구술사 연구

구술사만큼 연구 윤리가 중요한 학문이 없을 것이다. 왜냐하면 구술사는 질적 연구의 하나로서 대면적 상호 작용을 통해서 연구가 진행되고 구술의 내용은 개인적 삶에 대한 것이어서 프라이버시(privacy), 개인정보법, 저작권, 초상권 등에 다 해당이 되기 때문이다. 최근 미국의 기관연구윤리심의위원회(Institutional Review Boards, IRB)가 보급됨에 따라서 구술사 연구에서 연구 윤리는 더욱 더 중요한 쟁점이 되고 있다. 기관연구윤리심의위원회는 1978년 미국에서 생의학과 행태과학 연구에서 연구 대상이 되는 인간을 보호하기 위한 위원회(U.S. National Commission for the Protection of Human Subjects in Biomedical and Behavioral Research)로부터 시작되었다.[2] 이 위원회는 세 가지 윤리적 기준을 제시했는데 첫 번째는 개인 존중(respect for person)이다. 개인에 대한 존중은 두 가지 윤리적 원칙에 기초하고 있다. 첫 번째로 개인들은 자율적인 행위자로 간주되어야 하고, 약화된 자율을 가진 개인들은 보호되어야 한다는 것이다.

두 번째는 유익(beneficence)이다. 연구자는 연구 참여자의 안녕을 보장해야한다. 연구 참여자에게 해를 주는 것을 피해야 하고, 만약 해가 될 수 있다면 그 피해를 최소화해야 한다. 세 번째는 공정(justice)으로서 연구의 혜택과 부담 둘 다를 공평하게 배분해야 한다. 어떤 집단이 쉽게 조정되거나 접근될 수 있어서 연구자가 과도하게 그 집단을 이용하는 것은 공정하지 못하기 때문이다.[3]

이 위원회가 제시한 세 가지 윤리적 기준에도 불구하고 1980년대 말부터 미국에서는 기관연구윤리심의위원회가 강화되기 시작했다. 기관연구윤리심의위원회는 가치중립적 실험과 경험적 연구의 기본 원칙인 개인의 자율, 최소한의 위험과 최대한의 유익, 과학적 수단과 별개인 윤리적 목적을 핵심으로 두었는데, 사회과학연구윤리규정과 같은 가이드라인을 반영하였다.[4] 1989년 미의회가 연구 진실성에 관한 위원회 Commission on Research Integrity를 조직하면서 기관연구윤리심의위원회의 권위가 높아지기 시작했다. 가치중립적인 과학은 공정한 정부의 도움으로 가치중립적인 학문 기관에 의해 통제되는 합리적인 절차를 통하여 윤리적인 기준에 맞출 수 있다고 본 것이다.[5] 그러나 기관연구윤리심의위원회는 자연과학과 의학적 실험 연구에 뿌리를 둔 것인데 이것이 구술사와 같은 인문학적 연구에까지 적용되기 시작하였다. 그래서 대부분의 미국 대학들이 연방 정부가 지원하는 연구들에 해당되는 공동 규칙(common rule) 또는 45CFR 46조항에 기초한 대학 기관연구윤리심의위원회를 따르게 하고 있다.[6]

그런데 문제는 기관연구윤리심의위원회는 해석적인 연구와는 맞지 않는다는 것이다. 해석적 연구는 연구자가 실험실이 아닌 자연적인 세팅에서 사람들과 상호작용하면서 연구가 진행되기 때문이다. 따라서 기관연구윤리심의위원회는 오히려 연구 참여자들 보다는 연구 기관을 보호하고 있다는 말이 나올 정도가 되었다.[7] 45CFR 46 조항에 근거한 기관연구윤리심의위원회는 의학, 생물학, 치료학과 실증주의적인 사회과학 연구에만 적용되어야 하고, 연구자와 연구 참여자 사이의 벽이 무너지는 연구는 제외되어야 한다는 주장이 나왔다.[8] 즉 연구자와 연구 참여자 간에 협력적이고 공공적이고 교습적인(pedagogical)관계가 만들어지는 연구에서는 기관연구윤리심의위원회의 심의가 적용될 수 없다는 것이다.[9]

실제로 미국구술사학회는 구술사 연구를 지도하는 원칙과 의무들(Evaluation Guidelines, 부록 참조)을 규정하고 있고 이것들은 연구 실제를 평가하는 틀로서 사용될 수 있다. 현재 미국에서 인간 연구를 규제하는 시스템은 구술사 인터뷰와 맞지 않다. 따라서 기관연구윤리심의위원회에서 제외되어야 하는 연구들로는 실천 연구, 성찰적 문화기술지, 증언과 생애이야기를 포함하는 질적 연구, 생애사 연구, 개인적 서사 연구, 연행적 자서전, 대화 분석, 문화극(ethnodrama)이 거론되었다.[10]

미국 구술사가인 린다 숍스 Linda Shopes는 1990년대 중반부터 구술사 연구가 기관연구윤리심의위원회의 감독에 들어가면서 많은 문제가 일어났다고 하였다.[11] 초기에 구술사연구는 규제 대상에서 제외되었으나 1995년 이후로 구술사를 포함한 인문과학 연구도 기관연구윤리심의위원회의 규제 대상으로 포함되었던 것이다. 미국 대학들이 연방정부로부터 연구기금을 지원 받기 위해서는 높은 수준의 연구 윤리체계를 갖추고 있음을 증명할 필요가 있었기 때문에 인문과학에까지 규제가 확대된 것이었다.[12]

인류학자 박준규는 "IRB와 구술사 연구 윤리"라는 논문에서 구술사가 기관연구윤리심의위원회의 규제 대상이 되면서 두 가지 큰 문제에 직면하게 되었다고 한다. 첫 번째는 인터뷰가 구술자에게 심리적으로 해를 가할 수 있는 지에 대한 평가이고 다른 하나는 구술자의 개인정보가 보호되어야 한다는 것이었다. 첫 번째 문제에 대해서 기관연구윤리심의위원회는 구술사 연구자에게 구체적인 인터뷰 질문을 작성해서 제출할 것을 요구했고, 민감한 질문을 피하고 만약 그런 질문을 했다면 구술자에게 인터뷰 후 심리상담을 받을 것을 권했다고 한다. 기관연구윤리심의위원회의 이러한 조치는 전혀 구술사 인터뷰를 이해하지 못한 것이었다. 박준규는 "즉 구술사는 예민한 주제를 다루어 해당 개인을 스트레스를 받게 하는 것이 아니라, 그 예민한 주제를 그동안 이야기하지 못해 억압당했던 고통을 극복하기 위해 하는 것이고, 이를 통해 역사에 대한 진실에 다가가고, 개인으로서 치유의 기회를 제공하려는 의도를 가진 것이다"라고 설명하였다.13 이에 대해 미국구술사학회는 "구술사 연구 윤리 규정"(Best Practices of Oral History Association)에서 구술자에게 본인이 이야기하고 싶지 않는 주제에 대해서 거부할 권리가 있다는 것을 명확하게 설명하고 인터뷰가 진행된다는 것을 밝혔다.

두 번째 문제에 관해서 기관연구윤리심의위원회는 구술자의 개인정보를 보호하기 위해서 구술자의 익명성을 요구하고 또한 연구 종료 후에는 개인정보가 드러나는 자료들을 모두 파괴할 것을 요구하였다.14 사실 구술자의 익명성 문제는 인류학에서는 가명을 사용하는 전통으로 인해 큰 문제가 되지 않으나, 역사학에서는 구술자의 익명성은 구술 자료의 사료로서의 가치를 떨어뜨릴 수 있다. 숍스에 의하면 기록을 중시하는 역사학자들은 구술 자료가 영구히 기록되고 보존되고 공개되어야 한다고 보았다.15 무엇보다도 구술 자료의 공개와 활용 권한은 구술자에게 있기 때문에 기관연구윤리심의위원회의 비공개성과 익명성 주장은 구술사 연구에 적용될 수가 없었다.

2. 기관연구윤리심의위원회의 감독에서 면제된 구술사연구

미국의 기관연구윤리심의위원회의 감독에 대해서 미국구술사학회를 포함한 역사학계는 전국역사연대 National Coalition for History와의 공조를 통해서 학술적 역사 프로젝트는 표준적인 IRB 절차에 종속되어서는 안 된다고 오랫동안 주장해왔다.16 이에 미국 보건복지부는 2015년 9월 8일 구술사를 기관연구윤리심의위원회 규제 대상에서 제외하는 내용을 담은 인간대상연구규정에 대한 수정안을 발표했다.17 미국 역사학자 화이트 Lee White에 의하면 "2015년 10월 30일 전국역사연대는 이 규정의 초안에 대한 공청 기간에 보건부 Department of Health and Human Services에 서한을 제출했다. 전국역사연대는 서한에서 구술사를 규정 하에 놓는 것에 초점을 두고, '공동 규칙'에서 구술사를 제외하는 권고 안을 강력하게 지지했다. 전국역사연대 소속 15개의 단체들도 권고안을 지지했고 각 단체의 개별 서명도 기재되었다."18 그리고 2017년 1월 19일 미 연방정부는 '연구 대상 인간 보호를 위한 연방정책' Federal Policy for the Protection of Human Subjects으로부터 구술사와 저널리즘을 명백하게 제외하는 기관연구윤리심의위원회에 관한 최종 규정안을 내놓았다. 이 최종안은 2018년 1월 19일부터 효력이 발생하였고, 이제 미국 구술사 연구는 기관연구윤리심의위원회의 감독에서 벗어나게 되었다. 화이트에 의하면 이 최종안에서 연방정부기관은 구술사학회 Oral History Association의 연구윤리규정 Best Practices of Oral History Association과 같이 이미 존재하는 개별 학문의 연구윤리규정을 인정했다는 것이다.

한국에서도 2012년에 '생명윤리 및 안전에 관한 법률'이 제정되어 인간 대상 연구를 수행하는 자가 소속된 교육, 연구기관 또는 병원에서 기관연구윤리심의위원회 설치가 강조되었다. 이에 따라 많은 기관들이 기관연구윤리심의위원회를 설치하였고, 혹은 설치하고 있다. 따라서 현재 인문학과 사회과학에서 인간 대상 연구들이 기관연구윤리심의위원회의 규제를 직면하게 되고 있다. 이에 한국구술사학회는 2016년 "구술사와 연구 윤리: IRB와 질적 연구의 도전"이라는 주제로 하계학술대회를 개최하였다. 또한 2016년 한국구술사네트워크 워크숍에서 "구술자료의 윤리적·법적 문제에 대한 이해"라는 주제로 개인정보법과 관련된 구술 자료의 법적인 문제들과 기관연구윤리심의위원회와 관련된 윤리적 문제들이 논의되었다. 이러한 논의들을 바탕으로 2017년 한국구술사학회는 연구윤리규정(부록 참조)을 개정하여 개인정보 보호를 위한 조치들을 강화하여 기관연구윤리심의위원회의 심의를 대신할 수 있게 하였다. 한국구술사학회 연구윤리규정 중 제10조는 다음과 같다.*

제10조(기관연구윤리심의위원회 대체 가능)
1. 『구술사연구』에 투고하는 연구자들은 본 연구윤리규정으로 연구자가 소속된 기관이나 연구비를 지원하는 기관의 연구윤리심의위원회 규정을 대신할 수 있다.

《참고자료》

미국역사학회(American Historical Association)
AHA Today 2017년 1월 19일자

"기관연구윤리심의위원회(IRB) 감독에서 면제된 구술사 연구"

리 화이트(Lee White)

1월 19일 연방정부는 '연구 대상 인간 보호를 위한 연방정책(Federal Policy for the Protection of Human Subjects)'으로부터 구술사와 저널리즘을 명백하게 제외하는 기관연구윤리심의위원회(이하 IRB)에 관한 최종 규정안을 내놓았다. IRB 규정은 원래 1991년 "공동 규칙(Common Rule)"으로 선포되었던 것이다. 역사학계는 전국역사연대(National Coalition for History)와의 공조를 통해서 학술적 역사 프로젝트는 표준적인 IRB 절차에 종속되어서는 안 된다고 오랫동안 주장해왔다. 왜냐하면 그 절차들은 과학적 연구를 위하여 고안된 것이기 때문이다. 새로운 IRB 규정은 2018년 1월 19일부터 효력이 발생한다.

이 규정은 구술사와 역사 연구들이 일반적으로 역사 속의 개별 행위자들의 신원(identification, 개인정보)에 의존한다는 것을 인정한다. 그리고 "이 부분을 위해서 다음과 같은 활동들은 심의 대상 연구가 아닌 것으로 간주된다. 그 활동들은

---

* 한국구술사학회 홈페이지에서 학회지(연구윤리규정) http://www.koha2009.or.kr 참조.

첫째, 정보 수집 대상인 특정한 개인들과 직접적으로 관련된 정보의 수집과 활동을 포함하는, 예를 들면 구술사, 저널리즘, 전기연구, 문학비평, 법률 연구, 역사학과 같은 학술적이고 저널리스트적인 활동들이다."

이러한 변화를 내놓으면서 연방정부기관은 또한 구술사학회(Oral History Association)의 연구윤리규정(Best Practices of Oral History Association)과 같이 이미 존재하는 개별 학문의 연구윤리규정을 인정했다.

2015년 10월 30일 전국역사연대는 이 규정의 초안에 대한 공청 기간에 보건부(Department of Health and Human Services)에 서한을 제출했다. 전국역사연대는 서한에서 구술사를 규정 하에 놓는 것에 초점을 두고, "공동 규정"에서 구술사를 제외하는 권고안을 강력하게 지지했다. 전국역사연대 소속 15개의 단체들도 권고안을 지지했고 각 단체의 개별 서명도 기재되었다.

배경

1990년대 중반부터 시작하여 구술사 인터뷰를 하는 대학생, 교수 및 연구원들은 점점 그들의 인터뷰 계획안이 해당 지역 IRB의 심사를 받는 것을 알게 되었다. 지역 IRB는 모든 연구기관에 만들어져 있고 연구 대상 인간을 보호하는 연방정부의 감독을 받는 기구다. 연구 대상인 인간을 침해하는데 대한 규제는 제2차 세계대전 후 정부 지원의 의료 연구의 폭발적인 증가뿐만 아니라 홀로코스트 희생자들에 대한 나치의 의학적 실험들과 터스키기(미국 알라바마 주 도시) 매독 연구를 포함하여 드러난 확연한 의료적 악용에 뿌리가 있다. 역사학과 다른 인문학은 본래 일반적으로 생의학과 행태 연구에 관한 "공동 규칙"으로 알려진 규제의 범위에 들어가 있지 않았다.

구술사가 IRB의 심의에 점점 더 포함되자 종종 논쟁적이고 혼란스럽고 무질서한 연구 과정이 시작되었다. 구술사, 더 일반적으로 역사 연구가 공동의 규제가 다루는 "일반화될 수 있는" 연구의 유형이었나? 명확하게 연구 대상 인간에 대한 위험 소지가 없거나 최소한인 연구는 어떠한가? 원래 의학과 생물학 연구를 규제하기 위해 만들어진 틀 안에서 구술사가 제대로 평가될 수 있는가? 그 이후에 구술사에 대해 과도한 규제를 하는 IRB의 수많은 사례들이 있었고, 종종 해로운 결과들과 냉랭한 효과들을 가져왔다. 교실 프로젝트들이 포기되어야 했고, IRB가 존재하지 않는 위험들을 인용하는 프로젝트들을 제한하거나 거절하기도 했고, 연구자들은 미리 인터뷰 질문들을 제출하고 그들이 인터뷰한 사람들의 익명성을 보장하고 또는 녹음테이프와 녹취록을 없애버리라는 요청을 받았다.

실제 구술사 연구 방식과 IRB가 빈번하게 구술사를 다루는 방식 사이의 균열을 인정하면서, 연방 당국자들은 주기적으로 명확한 언어적 표현을 도입하고자 시도하였다. 때때로 인간 대상 연구 보호 연방 사무소(federal Office of Human Research Protection)는 대부분의 구술사는 IRB의 심의 전 "신속하게 처리되어야 하는" 범주에 놓여야 한다고 하거나 또 어떤 때는 구술사는 대체로 "면제" 되어야 한다고 권고했다. 그러나 그러한 언어적 표현은 상황을 명확하게 하지도 못했고 지나친 규제를 멈추지도 못했다. 대신 미국역사학회 총무이사인 제임스 그로스먼 (James Grossman)이 "미국의 다양한 대학에 있는 구술사 연구를 통제하는

> 잡동사니 규정과 규제들"이라고 명명한 것과 구술사 연구에 대한 IRB의 지속되는 감독에 대한 불만은 계속 되었다.

　미국에서 구술사가 기관연구윤리심의위원회의 감독에서 제외되었다고 해서, 그리고 한국구술사학회 연구윤리규정이 기관연구윤리심의위원회의 심의를 대체할 수 있다고 해서 모든 문제가 해결된 것은 아니다. 구술사를 포함하여 질적 연구를 하는 인문학과 사회과학에서는 자연과학, 생명과학에서 인간을 보호하기 위하여 만들어진 기관연구윤리심의위원회의 규제가 적용될 수 없다는 것이 계속 알려져야 한다. 박준규는 "오늘날 인류학과 사회학을 포함하여 구술사 연구는 비판적 학문(critical studies)의 영역에 속한다. 개인적으로 필자는 구술사 연구는 인간을 '대상'으로 하는 연구가 아니라 인간의 참여와 협력으로 이뤄지는 연구라고 생각한다."[19]고 주장하였다. 구술사와 같은 질적 연구의 특성을 포함하는 기관연구윤리심의위원회가 만들어지든지, 다양한 형태의 질적 연구를 기관연구윤리심의위원회 심의에서 제외시켜야 할 것이다. 구술사의 경우 미국과 같이 구술사의 연구윤리규정을 인정하여 기관연구윤리심의위원회의 심사에서 제외시켜야 할 것이다.

3. 구술사 연구 단계별 윤리적 쟁점들

구술사 연구는 다른 질적 연구와 마찬가지로 연구자와 연구 참여자, 즉 구술자가 서로 직접적이고 대면적인 관계 맺기를 통해서 연구가 이루어진다. 따라서 연구자는 구술자들과 어느 정도 라포, 즉 신뢰성과 상호이해를 확보해야 연구할 수 있고, 구술사 연구 시 동반되는 현지조사는 연구자로 하여금 구술자들의 사생활을 비롯한 친밀한 영역까지도 알 수 있게 해 준다. 따라서 구술사의 연구 방식, 구술자와 관계를 맺는 방식에서부터 연구자들은 더욱 윤리적 문제들을 느낄 수밖에 없다.

미국 구술사학회가 내놓은 구술사 연구의 원칙들과 기준들을 보면, "면담자는 피면담자를 이용하는 모든 가능성에 대항해야 하고 인터뷰가 이용될 수도 있는 방식들에 대해서 민감해야 한다"[20]고 되어 있다. 즉 면담자 또는 연구자는 구술자에게 어떤 부정적인 상황이 일어나지 않도록 구술자를 보호해야 한다. 그러나 면담자는 구술자를 보호해야 하는 의무를 가짐과 동시에 연구자로서, 학자로서 역사적 진실을 찾기 위한 증거를 확보하는 의무도 가지고 있다. 예를 들면 구술자를 보호하기 위해서 중요한 증거를 내놓을 수 없다면 어떻게 할 것인가? 그래서 이 두 가지 의무는 종종 갈등적일 수 있고 그 해결책은 때때로 명확하지 않을 수 있다.[21] 구술사 연구자가 가지고 있는 두 가지 의무 사항이 서로 충돌하는 경우는 다양한데, 여기서는 구술사 연구 전 과정에서 나올 수 있는 윤리적 문제들을 다루겠다.

1) 연구 수행 전

구술사 연구를 수행하기 전에 가장 먼저 해야 할 것은 구술자에게 연구의 목적을 확실하게 알려주는 것이다. 대개는 본격적으로 인터뷰를 하기 전에 예비조사 또는 상견례를 가지게 된다. 그 때 연구 프로젝트의 목적, 연구비 지원 기관 그리고 연구 결과물의 활용에 대해서 구술자에게 알려주어야 한다. 연구자가 인터뷰의 목적을 공개적으로 이야기했을 때 거절당할 것이 두려워서 먼저 이야기하지 않고 인터뷰를 하는 경우도 있다. 이것은 역사적 증거를 구하고자하는 연구자의 목적의식이 구술자가 연구자에게 가지고 있는 신뢰감을 저버리는 경우다. 구술사 연구자는 역사적으로 중요한 정보를 드러내는 작업을 원활히 해주는 사람이지만, 동시에 연구가 개별 구술자들과의 신뢰에 기초하고 있기 때문에 절대로 거짓말을 하거나 위장을 하여 그 역사적 증거를 찾아내서는 안 된다.

또한 수집된 구술 자료는 공공 기록(public document)이 되기 때문에 구술 자료 공개 및 활용 동의서에 동의가 필요하다는 것을 알려주어야 한다. 구술사 인터뷰는 녹음과 녹화 및 사진 촬영을 동반하기 때문에 이에 대한 동의도 필요하다. 또한 무엇보다도 수집된 구술 자료의 이용에 있어서 구술자의 신원을 보호할 것임을 알리는 것이 가장 중요하다. 마지막으로 인터뷰 사례비가 책정된 연구 프로젝트의 경우에는 인터뷰 사례비가 있다는 것을 알려준다.

인류학자 박준규는 자신이 참여한 한양대 글로벌다문화연구원의 「한민족다문화 "삶의 역사이야기" 치유의 공동체 프로젝트」에서 집단 구술 생애사 인터뷰와 같은 "협력적 구술"[22]이라는 방법 때문에 구술자들에게 미리 서면 동의를 받지 않고 구두로 대신하였다. 하지만 진정으로 구술자가 이야기를 하고자 하고, 라포가 형성되어 있다면, 서면 동의가 큰 문제가 되지는 않을 것이었다. 그리고 집단 인터뷰가 끝나서 최종 결과물이 나오기 전에 반드시 이들의 구술 자료 공개 및 이용 동의서가 있어야 한다. 70대가 넘은 구술자들에게 서면 동의의 어색함과 거부감을 두려워하기 보다는 충분한 설득과 상호이해가 필요하다.

2) 구술사 인터뷰 시

예비조사가 끝나고 본격적으로 구술사 인터뷰가 시작되면 첫 번째 인터뷰를 시작하기 전에 인터뷰 진행 과정에 대한 친절한 설명이 필요하다. 대체로 인터뷰가 시작되면 첫 번째 부분에서 날짜와 구술자 이름, 면담자 이름을 삽입하는 멘트가 이루어지고 나서 면담자가 질문을 하면 인터뷰가 시작된다는 것, 인터뷰 시 사진 촬영과 동영상 촬영이 동반된다는 것, 편안하게 생각나는 대로 구술하면 된다는 것 등을 알려서 구술자가 당황하지 않고 인터뷰에 임할 수 있도록 하는 것이 좋다.

구술사 인터뷰는 기본적으로 면담자와 구술자 간의 신뢰에 기초한다. 면담자는 구술자가 자신이 하는 이야기가 부정적으로 이용되거나, 그것으로 말미암아 해를 당하지 않을 것이라는 믿음 속에서 자신의 내밀한 이야기들을 편하게 할 수 있도록 도와주어야 한다. 이렇게 일정 정도의 라포가 형성되면 구술자와 면담자가 친밀감을 가지게 될 수 있다. 그런데 이 친밀감이 면담자에게는 대개 "전문적인 작업 관계"(professional relationship)인 반면,23 구술자들에게는 개인적인 우정의 관계로 이해되는 경우도 있다. 따라서 인터뷰가 끝난 후에 연구자들이 더는 구술자들에게 연락을 안 하거나 방문을 하지 않게 되면, 구술자들은 상심하게 되기도 한다. 면담자가 특정 구술자를 개인적으로 좋아하게 되어서 계속 그 친밀감을 유지할 수도 있지만, 많은 경우에는 인터뷰를 시작하기 전에 인터뷰 관계가 학문적인 작업을 함께 수행하는 것으로 구술자에게 이해시키는 것이 좋다.

나는 충남 예산군 시양리에서 현지조사와 구술사 인터뷰에서 마을사람들에게 항상 빚을 지고 있다는 느낌에서 자유로울 수 없었다. 마을사람들은 농촌 경제의 악화로 인한 자신들의 경제적 상황을 사회에 알리고 싶은 욕망으로 인터뷰에 응했지만, 연구자로서 그들의 요구는 내 능력 밖의 일이었기 때문이다. 사실상 마을사람들이 시양리 마을사의 재구성이라는 연구자의 연구 목적과 의도를 잘 이해했는지는 알 수 없었다.

인터뷰 질문은 인터뷰를 시작하기 전에 미리 만들어서 구술자에게 예비질문지를 배포할 수도 있다. 그런데 인터뷰 질문은 대개 연구자가 궁금한 것을 중심으로 만들어진다. 따라서 연구자의 관심사만을 위한 인터뷰, 즉 묻기 중심의 인터뷰는 약탈적 인터뷰가 될 수도 있다는 점을 연구자가 인식해야 한다. 구술자는 어떤 질문에 대해서는 서술을 거부할 수 있는 자유가 있다는 점, 구술자가 침묵을 선택할 수 있다는 것을 인정해야 한다.

    면담자와 구술자 사이의 신뢰는 또한 연구자의 연구를 위하여 이용될 수도 있다. 즉 연구자는 구술자의 신뢰를 획득하여 구술자에게 해가 될 수도 있지만 역사적 증거에 목말라하는 연구자에게는 중요한 역사적 증거가 될 수 있는 구술을 하게끔 유도하는 것이다. 또는 인터뷰 전에 공개 동의서를 받았다 해도 인터뷰가 진행되면서 구술자가 의도하지 않게 구술자에게 불이익이 될 수 있는 구술들이 나올 수도 있다. 미국의 구술사가인 요 Valerie Yow는 이러한 상황에서는 역사적 기록을 손상시키지 않는 한도 내에서 구술자에게 피해를 줄 수 있는 부분을 삭제하는 것이 좋다고 제안한다.[24]

    인터뷰를 진행하면서 구술자를 되도록 편안하게 하는 것이 면담자의 의무지만, 구술자에게 고통스럽거나 억압된 기억들을 불러오게 하는 질문을 할 수밖에 없거나, 의도하지 않게 할 수 있다. 특히 특정 사건에 대한 역사적 증거를 수집하기 위해서 하는 인터뷰에서는 구술자가 되살리고 싶지 않은 부분들이 있을 수 있으나, 면담자로서는 그런 부분들을 건드리지 않을 수 없다. 그럴 경우에는 구술자에게 이 민감한 주제에 대해서 차후 인터뷰에서 구술자가 편하게 이야기할 준비가 된 다음에 이야기할 수 있다고 말하여 구술자로 하여금 마음의 준비를 하게 시간적 여유를 주는 것이 좋다.

3) 인터뷰 정리 과정에서

인터뷰가 끝나면 구술 자료 공개 및 이용 동의서를 받고, 인터뷰 사례비를 건네고, 녹취에 들어간다. 구술 자료 공개 및 이용 동의서는 인터뷰가 끝나자마자 받는 경우도 있고 녹취문의 검독이 끝나고 받는 경우도 있다. 어느 때이건 구술자가 공개하고 싶지 않는 부분과 공개시기를 자유롭게 선택하도록 해야 한다. 공개시기의 경우 구술자의 사망 후보다는 확실하게 구술자의 사망 이후가 될 정도 20년 후나 30년 후의 년도를 명기하는 것이 기록관리에 용이하다. 구술자의 사망 시기를 확인하는 것이 어렵기 때문이다.

인터뷰 사례비는 각 프로젝트마다 책정된 액수는 다르지만 그 성격은 구술의 가치에 상응하는 것이 아니라 구술 사료 생산에 참여해 준 것에 대한 고마움의 표시다. 구술자가 시간을 내어서 자신의 삶과 경험을 사료로 만들어 준 것에 대한 최소한의 사례는 학문적인, 인간적인 예의다. 그리고 이 점을 구술자가 이해하도록 설명하는 것이 필요하다. 간혹 구술자 중에서는 사례비를 받는 것이 자신의 이야기를 파는 행위로 해석하는 경우도 있기 때문이다.

면담자는 한 구술자의 인터뷰가 다 끝나면 면담일지, 면담후기를 작성하고 녹취문을 작성한다. 녹취문이 작성되면 구술자에게 녹취문을 검독할 기회를 주는 것이 좋다. 대부분 엘리트 구술자들은 검독을 요구한다. 반면 평범한 사람들은 검독을 귀찮게 여기는 경우도 있다. 면담자가 녹취문을 작성하지 않았을 경우에 면담자는 반드시 검독을 한 다음, 구술자가 원하는 경우에는 반드시 검독할 기회를 주어야 한다. 구술자가 검독하는 경우에는 내가 인터뷰한 서울토박이 신현경 구술자나 개성실향민 김수학 구술자처럼 윤문을 하지 않고 잘못 녹취된 부분을 고쳐주어 사료로서의 가치를 높여주는 구술자도 있다. 엘리트 구술자들은 녹취문에 윤문을 많이 하는 경향이 있는데, 이럴 경우를 대비하여 녹취문은 구술성을 남기는 것이라고 설득하는 것이 좋다.

4) 출판과 공개의 정도

인터뷰가 끝나고 인터뷰 자료를 이용하여 글을 쓰거나 출판하는 경우에 나타나는 윤리적 딜레마가 있다. 연구자는 구술자를 보호해야 하는 윤리적 의무와 역사적 진실을 밝혀야 하는 의무 사이에 갈등이 있다. 인터뷰 내용을 이용하여 글을 쓸 경우, 특별히 특정 지역이나 기관의 역사를 쓸 때 되도록 좋은 것만을 쓰려는 경향, "선의적 옹호"(good-will advocacy)[25]가 나타나기도 한다. 구술사 연구자들은 인터뷰를 의뢰받은 기관이나 지역사회에 속한 사람들을 인터뷰하면서 그 특정 기관이나 지역에 대해서 비판적이거나 문제점을 논의하는 구술자들을 만나기도 어렵고, 비판적으로 글을 쓰기도 어렵다. 나는 K시지 편찬에 참여하였는데, 시의 주민들을 만나서 인터뷰를 한 자료를 가지고 맡은 주제에 대한 글을 썼지만, 시 내의 갈등적 요소들을 적나라하게 드러내는 것은 어려웠다.

인터뷰 내용을 출판하기 전에 구술자들에게 그 내용을 검토하게 하는 경우에는 구술자들이 편집자로서, 공동저자로서 참여할 기회를 주는 것이다. 그러나 몇몇 구술자들은 자신에 대해서 좋은 이야기만을 써 줄 것을 원한다. 즉 인터뷰 출판을 자신의 사회적 입지를 알리는 기회로 삼는 것이다. 나는 K시지의 해당 부분을 쓴 초안을 구술자들에게 보여주었는데, 그 중 한 구술자는 잘못된 부분을 고치는 것이 아니라, 자신의 활동을 더 드러나게 자신에 대해서 더 많은 부분을 삽입해 줄 것을 요청했다. 그래서 연구자는 글의 주제 상 더는 그 구술자에 대해서 언급할 수 없다고 거절했다. 나는 또한 한 구술자로부터는 자신에 대한 부분을 완전히 삭제해달라는 요청을 받았다. 나는 구술자를 설득하려 했으나, 구술자가 완강하게 거절했기 때문에 그 부분을 삭제할 수밖에 없었다. K시 이주민들의 역사에 있어서 그 구술자의 위치가 매우 중요했지만, 구술자의 공개 동의서를 받아놓지 않았을 뿐만 아니라, K시지편찬위원회에서 공개동의서를 요구하지 않았기 때문에 구술자를 보호해야 하므로 구술자의 의견을 존중해야 했다.

현재 기관구술채록 프로젝트를 통해서 수집된 구술 자료의 경우 저작권이 구술자에게 있고 이용권은 발주기관에 있다. 따라서 면담자는 구술자와 발주기관의 허락을 받아야 구술 자료를 이용하는 것이 가능하다. 연구자들도 발주기관의 허락을 받아야만 다른 연구자들이 수집한 구술 자료를 이용할 수 있다. 2011년에 개인정보법이 공포되어 개인정보 수집 및 이용의 법적 근거는 정보 주체의 동의가 필요하다. 개인정보 이용 동의에 개인정보의 수집 목적, 개인정보 수집 항목, 개인정보의 보유 및 이용 기간, 동의를 거부할 권리가 있다는 사실과 동의 거부에 따른 불이익의 내용도 고지에 포함되어야 한다. 기관에 따라서 이 네 가지 항목 중 개인정보의 수집 목적과 동의를 거부할 권리가 있다는 사실과 동의 거부에 따른 불이익의 내용 고지는 사전에 구술 동의서에서 받고, 개인정보 수집 항목, 개인정보의 보유 및 이용 기간은 사후 보유 및 이용 동의서에서 받는 경우도 있다. 최근에 구술채록기관들은 기존에 저작권 중심으로 작성되었던 공개 동의서를 개인정보법에 저촉되지 않도록 수정하여 사용하고 있다(부록 참조).

때로는 명확하지 않은 윤리적인 부분을 해결하기 위한 정도(正道)는 없지만, 가장 중요한 것은 구술자를 보호하면서 역사적 증거와 사실들을 드러낼 수 있는 방식들을 모색할 수밖에 없다는 것이다. 잠정적인 제안으로 구술사 연구는 면담자와 구술자 간의 신뢰를 바탕으로 해야 하며, 구술자에게 해가 갈 수 있는 경우에만 인터뷰 내용이 삭제될 수 있고, 그럴 경우에는 반드시 출판물에서 인터뷰 내용이 삭제된 부분이 있다는 것을 알려야 한다는 것이다. 또한, 선의적 옹호나 구술자 보호를 위해서 질문을 회피하지 말고 역사 이해를 위해서 필요한 질문은 과감하게 해야 하며, 구술자로 하여금 역사적 진실들을 알려줄 기회를 가진 것으로 인터뷰를 이해하게 도와주어야 한다.26 결론적으로 구술사 연구는 면담자와 구술자의 관계를 포함하여 연구 과정과 그 결과에서 연구자가 매우 자의식적이어야 하고 자기 성찰적이어야 하는 학문이라는 것이다.

4. 구술 자료에 대한 법적인 문제들

2000년대 중반부터 기관구술채록이 본격적으로 시작되면서 구술채록 기관에서는 구술 자료 수집뿐만 아니라 구술 자료에 관련된 법적인 문제들도 처리해야 했다. 2004년 국사편찬위원회에서 구술채록사업을 시작하면서 [구술 자료 이용에 대한 동의서] 형식을 만들어야 했는데, 당시 이 동의서에서 가장 중요한 법적인 쟁점은 저작권의 문제였다. 2011년 한국구술사네트워크 제2회 워크숍에서 "구술 자료의 저작권, 누구에게 속하는가"라는 주제의 세션을 만들어 논의를 하였다. 그런데 2011년 개인정보법이 제정되면서 구술 자료와 관련된 법적인 쟁점이 개인정보를 포함하게 되었다. 이에 2016년 한국구술사네트워크 워크숍에서는 "구술 자료의 윤리적·법적 문제에 대한 이해"라는 주제 하에 논의가 이루어졌다. 이 절에서는 저작권과 개인정보법에 관련하여 어떤 쟁점들이 논의되었는지를 살펴보기로 하겠다.

1) 구술 자료의 저작권

기관구술채록이 시작되면서 구술 자료 이용에 대한 동의서에서 처리해야 하는 가장 중요한 쟁점은 저작권이었다. 왜냐하면 구술자가 자신의 구술에 대한 저작권을 가지게 되기 때문이다. 그런데 엄밀하게 말하면 구술 자료는 인터뷰를 통해서 면담자와 함께 생산하는 공동저작물이기 때문에 면담자도 저작권을 가지고 있다. 그래서 구술 자료의 저작권에 대한 문제를 다루지 않을 수 없다.

기록관리학자인 이호신은 구술 자료와 관련된 저작권 문제를 논의하였다. 필자에 의하면 저작권은 권리의 다발(bundle of rights)이라고 할 수 있을 정도로 다양한 권리들을 내포하고 있다고 한다.27 저작권은 저작인격권과 저작재산권으로 구성되어 있다. 저작자의 인격적 가치가 내재되어 있는 저작인격권은 다른 사람에게 양도하거나 거래할 수 없는 것으로 저작자의 사망과 동시에 사멸하고, 공표권, 동일성유지권, 성명 표시권으로 구성되어 있다.28 반면 경제적인 거래 대상으로 저작재산권은 양도, 상속, 거래될 수 있으며, 복제권, 배포권, 공중송신권, 전시권, 대여권, 2차적 저작물 작성권 등으로 구성되어 있다.29 필자는 구술 자료의 범위를 녹음자료, 영상자료와 녹취문으로 제한하며 구술 자료를 구술자와 채록자의 공동저작물로 보고 있다.30 그리고 녹음자료와 녹취문은 물론 영상자료도 어문저작물로 간주하였다. 구술사 인터뷰를 촬영한 영상자료는 창작성이 있는 영상저작물이 아니라 구술 채록 과정에서 생성되는 어문저작물을 영상의 형태로 복제한 것으로 보기 때문이다.31 만약에 구술 채록 과정을 바탕으로 다큐멘터리를 제작하였다면 그것은 영상저작물이고 이것은 2차적 저작물이라고 볼 수 있다는 것이다. 연구자는 녹취문의 경우도 각주와 해석을 부가하여 새롭게 편찬된다면 그것은 2차적 저작물로 간주되어야 한다고 주장한다.32 필자는 구술 자료의 저작권 귀속을 위한 다양한 계약의 형태를 설명하면서 구술자와 채록자의 공동저작권은 자료공개허가서에 구술자와 채록자의 동의가 있어야만 발주기관이 저작재산권자 혹은 저작물 사용의 적법한 권리자로서의 지위를 확보할 수 있다고 하였다. 이 때 발주기관은 저작재산권을 양도받은 것이지 저작인격권은 여전히 구술자와 채록자에게 있다.33 연구자는 따라서 자료공개허가서에는 다음과 같은 5가지 사항들이 반드시 기재되어야 한다고 제시하였다.34

① 면담을 통하여 생성된 자료의 정체(주제/면담일시, 날짜, 장소)
② 자료의 소장·공개 여부(공개여부/범위)
③ 구술자의 제한(안) 사항
④ 구술자의 인적사항과 인증(친필서명이나 도장)
⑤ 면담자의 인적사항과 인증(친필서명이나 도장)

    2011년 한국구술사네트워크 제2회 워크숍에서 "구술 자료의 저작권, 누구에게 속하는가"라는 주제의 세션에서 이러한 문제점을 포함하여 다양한 논의가 이루어졌다. 나는 국사편찬위원회의 경우를 들어서 구술 자료가 공동저작물임에도 불구하고 국사편찬위원회 구술 자료 관리·이용 안에서는 저작권을 구술자와 기관이 가지고 있고, 면담자의 저작권은 인정되지 않고, 심지어 면담자가 인터뷰한 자료조차도 국사편찬위원회에서 5년 동안 먼저 간행할 수 있는 권한을 가지고 있음을 지적하였다.[35] 기록관리학자인 이호신은 구술 자료는 구술사 인터뷰를 통해서 생산된 녹음자료와 녹화자료, 그리고 녹취문을 말하고, 이것들은 '인간의 사상과 감정을 표현'하고 '창작성'을 지니고 있어서 저작물로서의 요건을 갖추었다고 보았다.[36] 구술 자료의 저작권에 대해서는 구술자와 면담자의 공동저작물로서의 성격을 인정했다. 그리고 저작권법 상으로 보호의 대상은 "저작물에서 이루어지고 있는 표현에 관한 것이고, 구술을 통해서 새롭게 밝혀진 사실이나 새로운 발견 등의 내용적인 부분은 저작권의 보호대상이 되지 못한다"[37] 고 하였다. 구술 자료를 이용한 저작물의 경우는 구술 자료의 가공 정도에 따라서 2차 저작물로서 볼 것인가가 결정된다고 보았다. 법학자인 이철남도 "현행 저작권법은 저작물을 창작한 자를 저작자로 보고 저작자에게 저작인격권과 저작재산권을 포함한 저작권이 원시적으로 귀속된다고 규정하고 있다."[38]고 하였다. 그리고 구술 자료는 "구술 자료의 창작적 표현형식에 기여한 사람이 저작자이면서 저작권을 가지게"[39] 되고 구술자와 면담자를 공동저작자로 보았다. 따라서 저작권법에 타인이 구술 자료를 이용(공표, 복제, 배포, 공연, 전시, 방송, 전송 등의 행위)할 때에는 저작자의 동의를 얻어야 한다. 민주화운동기념사업회에서 구술채록사업을 담당했던 배선화는 구술 자료의 공동저작권 중 구술자의 저작권은 구술 자료 공개 및 이용 동의서로, 면담자의 저작권은 계약이나 협약의 내용으로 규정된다고 보았다.40 구술자는 저작권을 가지고 있기 때문에 수집기관에게 사용을 허락하는 것이고, 면담자가 수집기관의 의뢰에 의해 구술 자료가 생산되었을 경우에는 면담자의 저작권은 수집기관에 귀속된다는 것이다. 따라서 면담자는 구술 자료 생산 후에는 일반열람자와 같은 위치가 되고 이것은 수집기관의 구술 자료 관리 상 불가피한 조치라고 하였다. 민주화운동기념사업회에서는 구술 자료는 완전 공개가 어렵기 때문에 구술 자료의 해제를 만들어 놓고 있는데, 이는 2차적 저작물의 성격을 가지고 있다고 하였다.41

이러한 논의는 구술 자료가 공동저작이며 구술자와 면담자가 공동저작권을 가지고 있다는 것을 확인해 주었다. 그래서 이후로 한국학중앙연구원 현대한국구술사료관에서는 면담자의 저작권을 인정하여 면담자의 동의도 요구하게 되었다. 그러나 국사편찬위원회에서는 민주화기념사업회와 같은 방식으로 구술자의 저작권은 공개동의서로 면담자의 저작권의 용역 계약으로 귀속된다고 보아 면담자에게 공개 동의서를 받지 않고 있다. 나는 면담자를 일반열람자와 같이 취급하는 것은 면담자가 가지고 있는 지적인격권을 무시하는 것이라고 생각한다. 왜냐하면 면담자가 기관에 양도하는 것은 저작재산권이기 때문이다. 따라서 면담자가 자신이 인터뷰한 자료에 대한 선제적인 이용 권리를 부여할 필요가 있다. 수집기관에서 구술 자료의 선제적인 이용 기한을 제한하기보다는 면담자에게도 선제적 이용 기한을 허락하는 것은 연구논저 출간에도 도움을 줄 것이며 구술 자료의 활용을 용이하게 하고 구술사의 질적 발전에도 크게 기여할 것으로 생각된다.

2) 구술 자료와 개인정보보호법

그런데 2011년에 개인정보보호법이 공포되고 2012년에 시행되면서 구술 자료의 이용에 대해서 저작권 외에도 개인정보보호법에 대한 대처가 문제가 되기 시작했다. 법학자인 이대희에 의하면 개인정보에 관련된 법률로는 일반법인 개인정보보호법과 특별법인 정보통신망 이용촉진 및 정보보호 등에 관한 법률, 신용정보의 이용 및 보호에 관한 법률, 위치정보의 보호 및 이용 등에 관한 법률 등이 있다고 한다.[42] 그런데 모든 나라가 개인정보보호법이 있는 것이 아닌데 한국의 법은 가장 강력하게 만들어져 있다는 것이다. 개인정보보호법에 의하면 개인정보란 살아있는 개인에 관한 정보로서 성명, 주민등록번호 및 영상 등을 통하여 개인을 알아볼 수 있는 정보(해당 정보만으로는 특정 개인을 알아볼 수 없더라도 다른 정보와 쉽게 결합하여 알아볼 수 있는 것을 포함한다, 개인정보보호법 제2조 제1호)이다. 따라서 "개인정보는 살아있는 개인을 특정할 수 있는 모든 정보, 생존하는 자연인의 내면적 사실, 신체나 재산상의 특징, 사회적 지위나 속성에 관하여 식별되거나 또는 식별할 수 있는 정보의 총체, 개인의 인격주체성을 드러낼 수 있는 정보로서 특정 개인의 동일성을 식별할 수 있는 일체의 정보"[43]를 말하는 것이다. 이러한 개인정보를 수집하고 이용하기 위해서는 개인정보보호법 제15조의 내용을 요약하면 정보주체의 동의를 받은 경우, 법률에 특별한 규정이나 법령상 의무 준수를 위해 불가피한 경우, 공동기관에서 법령에서 정한 소관 업무 수행을 위해 불가피한 경우, 정보주체와의 계약 체결 및 이행을 위하여 불가피한 경우, 정보주체의 급박한 이익을 위해 동의 없이 필요한 경우, 정보주체의 권리보다 개인정보처리자의 정당한 이익을 위해 필요한 경우로 제한하고 있다.

개인정보 수집 및 이용의 법적 근거로는 첫째 정보주체의 동의가 있어야 하고, 둘째는 동의에 개인정보 수집의 목적, 개인정보 수집 항목, 개인정보의 보유 및 이용기간, 동의를 거부할 권리가 있다는 사실과 동의 거부에 따른 불이익의 내용을 고지하여야 한다. 셋째는 동의는 사전에 이루어져야 하고 날인, 서명, 홈페이지 동의 승인, 구두 등의 방법으로 이루어져야 한다.44 그런데 개인정보보호법 적용이 예외가 되는 경우도 있는데 개인정보보호법 제58조 제1항에 의하면 다음과 같다.45

① 공공기관이 처리하는 개인정보 중 [통계법]에 따라 수집되는 개인정보
② 국가안전보장과 관련된 정보 분석을 목적으로 수집 또는 제공 요청되는 개인정보
③ 공중위생 등 공공의 안전과 안녕을 위하여 긴급히 필요한 경우로서 일시적으로 처리되는 개인정보
④ 언론, 종교단체, 정당이 각각 취재, 보도, 선교, 선거 입후보자 추천 등 고유 목적을 달성하기 위하여 수집 이용하는 개인정보

이상의 개인정보보호법을 구술 자료에 적용해 보면 구술 자료는 그 특성상 주관적인 자료이고 개인의 삶에 대한 기록이기 때문에 다량의 개인정보를 가지고 있다. 개인정보보호법을 구술 자료에 엄격하게 적용한다면 대부분의 구술 자료는 개인정보보호법에 저촉이 될 것이다. 그렇다면 개인정보보호법에 저촉되지 않게 구술 채록을 수행할 수 있을까. 위에서 언급한 대로 정보주체의 동의를 받을 때 문제가 되는 내용은 "개인정보 수집 항목"이다. 구술은 자신의 삶과 자신과 연관된 타인들의 삶에 대한 것이기 때문에, 또한 구술의 흐름에 따라 진행되기 때문에 개인정보 수집 항목을 미리 정해 놓고 인터뷰를 진행하는 것은 거의 불가능하기 때문이다.

기록학자인 이호신에 따르면 EU는 데이터보호법을 가지고 있는데 "보도의 목적이나 문학적 또는 예술적 표현의 목적으로 수행된 음성과 영상 데이터의 처리에 관하여 예외로 규정하고 있으며, 역사적·통계적·과학적 목적으로 개인정보를 활용하는 것을 허용"[46]하고 있다고 한다. 영국구술사학회는 구술 자료는 데이터보호법의 적용을 받지 않는 예외에 속한다고 한다.[47] 미국은 기관연구윤리심의위원회를 통하여 개인을 보호하고 있고 별도의 개인정보에 관한 입법적인 제제는 없다고 한다.[48]

이호신은 강력한 개인정보보호법에 대한 대응방안으로 4가지를 제시하였다.[49] 첫째는 구술 자료는 개인정보가 아니라 학술적인 목적으로 생산되는 일종의 콘텐츠로 인식하여 개인정보보호법의 예외가 될 수 있도록 법률 개정이 필요하다는 것이다. 학술적인, 문학적인, 예술적인 목적의 경우에 폭넓게 예외를 인정할 필요가 있다는 것이다. 둘째는 구술 자료를 통해서 구술자뿐만 아니라 구술 내용에 등장하는 인물들을 보호하기 위해서 엄격한 윤리지침에 따라서 구술 자료의 수집과 온라인 서비스가 이루어져야 한다고 하였다. 셋째는 온라인 서비스에 앞서 구술자가 가진 개인정보에 대한 자기결정권을 보장할 필요가 있다는 것이다. 넷째는 구술 자료 공개 여부를 검토할 수 있는 심의위원회를 구성하여 온라인서비스를 결정하는 프로세스가 필요하다는 것이다. 이를 위해 제3자 프라이버시 침해나 명예훼손에 대한 검토와 이에 대한 가이드라인이 필요하다고 주장하였다.

현재로서는 구술 자료를 개인정보보호법의 예외로서 인정하는 법률 개정은 다른 학문들과의 연대를 통해서야 가능할 것으로 보인다. 위에서 언급한 바와 같이 미국에서는 구술사연구가 기관연구윤리심의위원회에서 제외되었다. 그것은 미국구술사학회 자체의 엄격한 연구 윤리 가이드라인이 있기 때문이다. 따라서 한국에서도 개인정보보호법을 인식한 엄격한 윤리지침과 심의위원회의 구성이 필요하고 이것은 구술사연구자와 구술채록기관의 협조와 노력이 필요하다. 한국구술사학회는 2017년에 개인정보보호법에 저촉되지 않도록 연구윤리규정을 개정하였다(부록 참조). 이제 한국구술사학회를 포함한 한국구술사네트워크 차원에서 연구 윤리에 대한 더 진전된 토론이 있어야 할 것이다. 구술자의 개인정보에 대한 자기결정권도 구술채록기관에서 개인정보보호법에 대한 이해를 통해서 보장되어야 할 것으로 생각된다.

제9장
구술 아카이브

물론 아카이브, 즉 의도적으로든 혹은 우연하게 '증거'로서 수집된 과거의 흔적들은 결코 공식적인 공간이나 정부의 저장소에만 한정되어 있지 않다. 아카이브는 기억할 수 없는 시기부터 다양한 비공식적인 장소에 자리 잡아 왔다. 로제타스톤부터 중세의 태피스트리로 빅토리아식 집 미술관으로 아프리카의 신체 문신들로 학자들은 수세기동안 다양하게 구현된 아카이브로 된 역사적 증거를 "해독"해왔다. 물론 아직도 (서양과 그 밖에 모두에서) 많은 실증주의 역사학자들이 그러한 모든 흔적들을 정당한 고문서 사료로 간주하는가는 논쟁의 여지가 있다. 인터넷을 아카이브(the Internet-as-archive)로 보는 최근 나타난 현상들과 함께 지난 25년 동안 점진적으로 인정을 얻어가면서 구술사는 무엇이 아카이브로 간주되는가 그리고 모든 종류의 역사적 물증의 출처가 학문적 프로젝트로서 역사(History)에서 어떤 역할을 하는가에 대한 경전적인 개념들을 공개하는 것을 도왔다.[1]

1. 아카이브(archives)란?

한국기록학회의 『기록학 용어 사전』에 의하면 아카이브는 두 가지 의미를 가지고 있다. 첫째는 개인이나 조직이 사적으로 또는 공적으로 생산하거나 접수한 기록 중에서 역사적으로 보존할 가치가 있거나 증거로서 보존할 필요가 있다고 평가·선별된 영구보존기록물이다. 둘째는 영구 보존기록물을 전문적으로 보존하는 조직 혹은 이를 위한 시설 및 장소다. 일반적으로는 아카이브란 서구에서 발달한 자료관 또는 기록관을 말하는 것이며, 단순히 자료를 보관하는 것만 아니라 효율적인 자료이용을 위한 연구기관으로서의 역할도 하는 곳이다. 자료의 분류법 및 체계적인 검색방법 등도 기록관리사들(archivists)에 의해서 오랫동안 연구되어 왔다. 자료관의 전통은 서양 사회만의 전유물은 아니다. 오히려 중국의 자료관 전통이 서양으로 전파되었다는 설도 있다. 한국의 경우도 자료보관을 중시하는 전통이 오래전부터 발달하여 왔었다. 조선시대에는 국가나 지방차원에서 자료를 보관하는 제도가 있었고, 양반 개인들도 일기, 서간문, 문집, 금전출납부 등을 기록하여 보관해 두는 좋은 전통이 있었다. 이러한 제도나 전통이 잦은 전쟁과 환란 그리고 기타 정치적·사회적 불안으로 제대로 지속하지 못했고, 현대사회에 이르러서도 기록보존의 전통이 살아나지 못하고 있다. 이러한 우리나라의 실정과는 대조적으로 서양과 일본 등에서는 근대이래 자료수집과 보관에서 우리를 크게 앞서고 있다.

그 동안 정부에서는 한국전쟁 이후 공공기록물 관리를 전혀 하지 못하다가 1962년 내각사무처 총무과 촬영실을 개설하였고, 1969년에야 총무처 소속 정부기록보존소가 마련되어 공공기록물 관리를 시작하였다. 이러한 문제에 대해서 정부에서는 그동안 정부기록물에 대한 관리조차도 소홀히 해 온 점을 반성해서 1998년 국가기록원을 설립했고, 1999년 공공기관의 기록물관리에 관한 법률을 제정하였다. 따라서 이 법률은 한국 현대 기록문화 정립에 획기적인 계기가 되었다. 공공기록물 관리에 대한 법이 만들어졌고 아카이브에 대한 필요성과 중대성이 높아지고는 있지만, 일반 사람들은 아직도 아카이브와 도서관을 구별하지 못할 정도로 그 인지도가 낮은 것도 사실이다. 이러한 상황은 그동안 정부로부터 일반 개인들에 이르기까지 공적·사적 자료, 기록, 문서 등을 쉽사리 폐기해왔기 때문이다.

아카이브는 각 기관이나 개인이 활동하는 동안에 만들어지는 각종 자료를 모으는 장소이다. 출판물을 다루는 도서관과 달리 아카이브 자료는 출판되지 않은 것들이다. 문서 기록이 주종을 이루고 때로는 간단한 메모, 노트, 편지, 사진, 지도 등도 포함된다. 아카이브는 공적·

사적 기관 또는 개인을 막론하고 자체적으로 설치·운영할 수 있다. 기관이나 개인들이 아카이브를 만들어두는 이유는 '역사의 중요성'과 '사실 또는 진실의 공개' 그리고 '정보공유의 민주주의' 원칙을 지키고자 하는 사명감에서 출발한다. 현재의 상황을 있는 그대로 보여주는 각종 문서와 기록들을 잘 보관해 두면 누군가에 의해서 그 자료는 이용된다. 미래에 누군가—학자나 학생 그리고 시민—가 과거에 대한 높은 관심을 두고 아카이브 속에 들어있는 자료들을 찾을 수 있도록 만들어두는 것이다. 역사란 원래 후속세대들이 쓰는 것이고, 그 작업을 위해서 현재를 사는 우리는 기록물들을 수집·보관해 두어야 한다.

이러한 점에서 본다면, 정부나 각 공공 기관에서는 아카이브 운영이 필수적이다. 중앙정부뿐만 아니라 지방의 소규모 행정단위에 이르기까지 자체 내에서 나오는 각종 문서 및 자료들을 장기간 또는 영구적으로 보관해 두어야만 한다. 1999년 공공기록물관리법에는 기록물관리기관의 설치가 의무 조항이 아니었다. 그래서 2013년에 개정된 '공공기록물 관리에 대한 법령', 제11조 지방기록물관리기관에 대한 조항에서는 특별시, 광역시와 도는 영구기록물관리기관을 설치할 의무를 명시하였다. 그러나 시, 군에서는 지방기록물관리기관을 설치할 수 있다로 규정되어 권고 사항일 뿐이어서 지방기록물관리에서 진전이 없었다. 2017년에 경남기록원이 개관되었고, 2018년에 서울기록원이 개관되었으나 지방기록물관리는 아직도 요원하다. 그러나 충남기록원과 경기기록원의 건립도 현재 검토 중인 것으로 알려져서 앞으로 특별시, 광역시와 도 차원의 기록관은 증가할 것으로 보인다.

최근 아카이브가 발달한 외국에서는 전자문서의 사용이 많아지면서 새로운 보관방법에 대한 논의도 활발해지고 있다. 전자문서는 수집이나 보관을 할 때는 편리하지만, 원문 상태로 보존하는 문제나 새로운 기술의 신속한 적응 등의 새로운 문제들이 제기되고 있다. 예전에는 보관해야 하는 자료의 양이 늘어날 때마다 공간과 노력의 문제가 제기되었지만, 전자문서는 그러한 고민은 거의 없다고 해도 과언이 아니다. 그러나 새로운 형태의 문서는 새로운 방법의 관리도구 및 운영지침을 요구한다.

또한 최근 서양에서는 과거에 볼 수 없었던 새로운 아카이브가 속속 생겨나고 있다. 이제까지는 주로 관공서를 중심으로 아카이브가 구축·운영되어 왔지만, 최근에는 대학, 연구기관 및 특정 단체를 중심으로 아카이브를 만들고 운영하면서 관련 기초 자료를 찾는 학자, 학생 그리고 시민들에게 편리함을 제공하고 있다. 그 가운데 특수한 아카이브들을 예로 들면, 벨기에의 국제필름아카이브연맹 International Federation of Film Archives, FIAF, 프랑스에서는 국립과학센터 CNRS, French National Center for Scientific Research가 운영하는 언어텍스트아카이브 Linguistic Text Archive, LACITO, 미국의 베트남전쟁 아카이브, 캄보디아난민 아카이브, 홀로코스트 아카이브, 9·11 테러사건 아카이브, 쇼아재단 shoa foundation의 홀로코스트 생존자 아카이브 등도 새롭게 구축되었다.

국내 아카이브 설립 움직임은 2000년대 중반부터 시작되었고, 현재는 구술채록기관은 구술 아카이브 구축을 당연시하게 되었다. 국내 아카이브 설립은 학술단체를 중심으로 시작되었고, 그 대표적인 예가 민중생활사연구단이다. 민중생활사연구단은 2003년부터 구술·사진·동영상 등의 자료 아카이브가 구축되어 지난 백 년 동안의 사라져가는 한국의 생활사 자료센터로 새로운 모델을 제시하고 있다.2 이 아카이브가 기존의 것과 다른 점은 문서자료뿐만 아니라 녹음된 음성자료, 사진, 영상, 물증 등을 포함한 다양한 형태의 자료를 망라하여 수집·보관하고 있다는 점이다. 민중생활사연구단의 아카이브는 멀티미디어 환경으로 전환해가는 21세기형의 새로운 자료센터의 모형을 세워나가고 있다. 다양한 형태로 수집된 한국인의 생활사 자료를 보관하여 일차적으로는 학술적·교육적인 목적으로 활용하고자 한다. 한편, 자료이용의 효율성을 높이는 방향에서 이 아카이브에서는 새로 개발된 첨단 정보기술과의 접목도 시도하고 있다.

2010년대로 가면서 기관구술채록의 증가로 인해 구술채록기관들은 본격적으로 구술 아카이브를 구축하여 서비스하기 시작하였다. 이 과정에서 구술 전문 기록관리사들이 등장하였고, 기록학자들이 대거 참여하게 되었다. 현재에는 민간단체에서 시작한 구술 아카이브 구축은 기관 중심으로 이루어지고 있다.

2. 구술 아카이브

구술 아카이브(oral archives)는 구술채록사업을 하는 기관이나 단체에서 구축한 구술 전문 아카이브라고 볼 수 있다. 구술사의 시작은 녹음기의 발달과 밀접한 관계가 있다. 현대 과학 기술의 발달이 녹음기를 발명하게 되었고, 녹음기는 발화되면 사라지는 음성, 목소리를 기록할 수 있게 해 준 것이다. 과거에는 현장에서 듣는 이야기를 그 자리에서 기록, 메모하는 방법으로 만족할 수밖에 없었다. 그러나 아무리 열심히 기록을 하더라도 구술자의 말을 다 받아 적을 수는 없다. 따라서 중요한 부분을 놓치기도 하고, 조사를 마친 후 현장기록을 정리하다 보면 전후 맥락이 맞지 않는 경우도 많았다. 녹음기의 발명으로 구술 자료 수집이 충실해질 수 있었다. 나아가서 연구자들에게는 육성을 보존하는 것은 또 다른 장점이 있다. 녹취된 문서로는 알기 어려운 구술자의 언어표현 ―강조법, 음색, 높낮이―을 통해서 구술자의 이야기를 생생하게 들을 수 있다는 장점도 있다. 이러한 이유에서 구술 아카이브에서는 반드시 녹음된 구술자의 육성이 보존되며 이용자들에게는 원자료로 제공된다.

이처럼 녹음기의 발명은 사라져가는 사람들과 그들의 문화를 보존하는 데 훌륭한 역할을 해주었다. 문자가 없는 사회나, 문자를 배우지 못한 사람들의 이야기를 보존할 수 있게 되면서 자칫 사라질 수밖에 없었던 이들의 지식, 지혜 그리고 경험을 보관하게 되었다. 그뿐만 아니라, 문명사회에서도 민요, 민담, 설화, 신화 등의 구전자료를 수집하여 원형을 그대로 보존할 수 있게 되었다. 현대사회로 접어들면서 점차 구전문학이 사라지고 있기 때문에 이러한 변화를 일찍이 감지한 서구사회에서는 구전문학을 수집하여 보관하는 사업을 지속하고 있다. 국내에서는 한국학중앙연구원이 구축한 한국구비문학대계에서 구전들을 서비스 받을 수 있다.

최근까지 녹음된 음성자료는 일반인들이 접근하기는 어려웠다. 현재는 스마트폰으로 음성자료에 대한 접근이 용이하지만 예전에는 구술을 녹음한 음성자료가 보관되어 있었지만 자료의 손상을 최소화하기 위해서 녹음테이프를 듣는 일은 극히 제한적이었다. 따라서 녹음테이프를 듣고 문자화하는 녹취문을 중심으로 아카이브가 운영되어왔다. 그러나 현대의 미디어 매체의 발전으로 구술 자료는 녹음테이프가 아니라 파일이나 동영상으로 기록되어 원형을 손상하지 않고 수집·보관할 수 있게 되었다. 구술사 연구나 자료의 보관차원에서 녹음기의 발명은 첫 번째 획기적인 사건이었다면, 디지털 기술의 발전은 구술 아카이브 구축에 두 번째 획기적인 사건이라고 볼 수 있다.

구술 아카이브 가운데 가장 오래된 기관은 미국 콜롬비아 대학교의 구술사연구소 Oral History Research Office이다. 이 연구소는 1948년에 설립되어 미국의 역사를 생생하게 증언하는 사람들의 구술을 담은 자료를 비롯해, 기타 최근에 일어난 주요사건을 구술로 기록해 둔 8천 개의 녹음테이프와 1백만 페이지가량의 구술사 자료를 소장하고 있다. 미국 스미소니언박물관에 있는 국립인류학아카이브 National Anthropological Archives 는 1846년 인디언에 관한 조사기록에서부터 시작하여 원고, 현지조사

노트, 편지, 사진, 지도, 녹음자료, 필름 등의 자료들을 폭넓게 소장하고 있다.

1) 구술 아카이브의 기능

이와 같이 구술사의 유용성이 인정되면서부터 서양에서는 일찍이 아카이브를 설치해두고 관련 자료를 수집해 왔다. 그러나 수집된 관련 자료를 보관하는 것이 아카이브의 기능의 전부는 아니다. 구술 아카이브의 목적과 기능을 자세히 검토하면 표면적으로 보이는 것 이상의 역할이 있음을 알게 된다. 구술 아카이브의 기능은 크게 두 가지로 볼 수 있다. 첫째로 구술 아카이브에서는 구술 자료를 수집하여 보관한다. 이것의 목적은 후대의 학자, 학생 및 일반시민들이 구술자의 증언을 토대로 역사를 공부할 수 있도록 하기 위함이다. 구술자의 목소리는 테이프나 CD 등에 담겨서 보관되며 소리는 녹취되어서 텍스트로 남겨둔다. 보관의 과정에서 기록관리사의 역할은 매우 중요하다. 기록관리사들은 관련 자료의 내용을 숙지하는 전문인이어야 한다는 점에서 도서관의 사서(librarian)와 다르다. 사서들은 이미 출판된 문헌을 다루기 때문에 책의 내용을 다 숙지하고 있을 필요는 없다. 또 도서관에서 소장하는 장서들의 내용을 다 안다는 것도 불가능하다. 그러나 기록관리사는 출판되지 않은 각종 자료를 다루어야 하기 때문에 원자료를 다루는 특별한 전문성이 요구된다. 미공개되거나 불안전한 자료들이 많기 때문에 이들의 강도 높은 전문성이 더욱 절실하게 된다. 어떤 자료라고 하더라도 아카이브에 들어오게 되면 그것을 다루는 기록관리사의 손길을 거쳐 가야 하므로 이들이 특정한 자료를 소홀히 다루면 아무리 귀중한 것이라고 하더라도 빛을 잃어버리고 만다.

또한, 기록관리사들의 전문성은 자료를 분류하여 보관해야 한다는 점에서 더욱 중요해진다. 해당 자료의 분류를 일정한 분류법에 따라 정리해야 하는 특별한 임무가 뒤따른다. 이 점에서도 또한 도서관의 일과는 차이가 나게 된다. 도서관에서는 표준화된 분류항목을 사용함으로 해서 도서관에 들어온 책들은 자동으로 분류코드를 붙이게 된다. 그러나 아카이브는 아카이브마다 특성이 다르기 때문에 독자적인 분류시스템이 있어야 한다. 물론 공유해야 하는 부분들은 기본적인 표준 분류항목을 따르게 되지만, 자료의 특수성을 보존하기 위해서는 기록관리사들의 전문적 지식과 자료보관 방법의 독자성이 요구된다. 더 나아가서 구술 자료에 대한 이해가 필요하다. 따라서 구술 자료의 특수성을 이해하는 구술 전문 기록관리사가 필요하다. 국내에서도 구술 전문 기록관리사들이 배출되고 있다.

두 번째로 구술 아카이브의 중요한 기능은 후속세대를 위한 정보제공의 장이다. 현재 만들어지는 자료를 보관하는 이유는 바로 다음 세대들이 이용할 수 있도록 하기 위함이다. 전 세대들의 육성이 담긴 테이프와 녹취된 내용을 제공함으로써 연구자, 교육자 그리고 학생들이 구술 자료를 접하면서 문헌 중심의 역사가 제공하지 못하는 새로운 영역으로 학문적 탐구를 할 수 있다. 아카이브를 통한 자료탐색에서는 지금까지 밝혀지지 않았던 사실이 드러나기도 하고 또 새로운 접근방법을 제시함으로써 역사연구의 지평을 넓게 할 수 있다.

앞에서 소개한 바와 같이 구술 아카이브를 처음 연 곳은 미국의 콜롬비아대학교였다. 1948년에 구술사 사료 수집에 나섰고, 음성 녹음 테이프를 모으기 시작한 지금은 세계에서 가장 많은 인터뷰 및 녹취자료를 보관하고 있다. 자료가 필요한 연구자들에게 구술 자료를 공개함으로 해서 역사연구에 많은 도움을 주고 있으며, 세계적으로도 구술 아카이브를 확산시키는 데 이바지를 했다.

이처럼 중요한 사건 또는 문서가 남아 있지 않은 지역이나 집단에 대한 구술 자료를 수집·정리하고 보관하는 일은 다음 세대를 위한 일이다. 즉 미래의 연구나 교육 자료로 활용할 수 있도록 하는 것이 아카이브의 주요 목적이라고 강조하고 싶다. 역사를 쓰는 일도 중요하지만, 역사적 자료들을 잘 보관해서 다음 세대를 위해서 남겨주는 일도 대단히 중요하다. 이러한 작업들이야말로 한 국가나 사회의 지적 성숙도를 말해주는 지표가 된다.

2) 구술 아카이브 자료의 종류

구술 아카이브에는 녹음테이프와 녹취문만이 보관되는 것은 아니다. 구술 자료 수집과정에 발생하는 자료의 종류는 여러 가지이며 단계별로 수집된 자료를 모두 아카이브에 보관하는 것이 바람직하다. 자료 수집 과정에서 발생 가능한 자료들은 다음과 같다.

첫째, 구술자와 면담자의 인터뷰 자료로 녹음테이프를 들 수 있다. 디지털기술이 발달하기 전까지 아날로그 녹음방식이 사용되었고 녹음테이프를 결과물로 남겼다. 그러나 녹음테이프는 여러 번 들으면 손상되는 단점이 있어서 음성 녹음을 해 놓고도 재생을 제한해야 하는 어려움이 있었다. 최근 녹음기기 및 컴퓨터가 발달해서 디지털로 보관하는 작업이 진행되고 있다. 디지털화된 육성녹음은 음성파일로 보관이나 이용하는 데 있어서 편리하다.

둘째, 구술을 전사한 문서자료가 있다. 녹음된 내용을 그대로 문자화하는 작업을 말한다. 음성에서 기록 자료로 만드는 이 단계는 시간과 노력을 요하는 일이지만, 녹음한 내용을 전사해두는 것이 필요하다. 현재 기록관이나 구술채록기관에서는 녹취문을 필수적으로 보고 있다. 연구자들의 입장에서도 연구논저에 사용하기에 녹취문이 더 용이하다. 그러나 녹취문은 1차 사료라고 볼 수 없다. 구술 자료의 원사료는 음성이기 때문이다. 최근에는 디지털 기술의 발전으로 e-book과 e-journal이 보급되기 시작했다. e-book과 e-journal의 사용이 확대된다면 많은 시간과 노력이 드는 녹취문이 필요하지 않을 수도 있다.

셋째, 사진이나 동영상 자료가 있다. 최근에는 인터뷰를 동영상으로도 담아 놓는 방법이 이용되고 있다. 면담 상황이 한눈에 들어오는 효과가 있어서 음성자료로만 듣는 것보다 월등하게 이해가 쉽다. 사진자료는 크게 두 가지가 있다. 하나는 구술자가 소장하고 있는 사진을 입수하는 것과 면담기간 동안 연구자가 사진을 촬영하는 방법이 다른 하나이다. 어떤 경로를 통하든 사진자료는 구술의 맥락을 파악하는 데 매우 중요한 자료가 된다.

넷째, 구술사 인터뷰 내용에 관련하여 구술자가 소장한 다양한 자료들이 있다. 대체로 물증 자료들인데, 구술자가 소장한 사진, 일기, 메모, 기념품 등 다양하다. 이러한 물증 자료들은 구술의 내용을 이해하는 중요한 맥락을 제공하는 단서들이고, 또한 구술 아카이브를 활용한 전시나 출판에서 소중하게 사용될 수 있다.

다섯째, 구술자의 음성과 녹취자료를 바탕으로 면담자가 집필한 자료집이나 관련 책자가 있다. 녹취문은 면담자와 구술자 사이에 오가는 모든 이야기가 그대로 담겨 있지만, 면담자가 만든 자료집이나 편집 문서는 원본을 왜곡하지 않는 범위에서 편집자의 의도에 따라서 정리된 것이다. 따라서 이것은 2차 자료라고 볼 수 있다. 녹취문은 녹음된 내용을 고스란히 옮기는 작업이므로 이용자들은 당시 면담의 상황까지도 알 수 있는 장점이 있다. 그러나 다소 장황한 면도 있기 때문에 면담자가 필요에 따라서는 축소해서 정리해 두는 경우도 있다. 나아가서 이러한 편집 작업을 발전시켜서 한편의 책으로 출간할 수도 있다.

3) 구술 아카이브의 공공성

구술 자료는 기본적으로 개인적이며 주관적인 자료다. 따라서 구술은 사적인 이야기라는 인식이 있다. 그런데 구술사 인터뷰를 통해서 수집된 구술 자료는 사적인 경험에 대한 이야기이지만 더 이상 사적인 자료가 아니라 공공의(public) 자료가 된다. 따라서 구술 자료를 아카이브에 보관, 보존하기 위해서는 무엇보다도 먼저 구술 자료의 공공성 문제를 생각해야 한다. 구술사 연구자들이 수집한 자료를 자신들의 개인 서가에 담아두기만 한다면 어려운 문제가 일어나지 않는다. 비공개를 원칙으로 해두면 문제의 소지도 줄어든다. 그러나 구술 자료의 개인 보관과 비공개 원칙은 구술사의 발전을 제한시켜 왔다. 개인 자료의 범위를 뛰어넘어서 아카이브로 구축될 때 구술 자료는 원래의 가치를 회복하고 사료로서 많은 사람이 활용할 수 있게 된다. 사생활 침해, 인권 침해 등과 같은 윤리적 문제가 없는 한, 구술사가나 인류학자들이 어렵게 수집한 중요한 사건이나 사람들에 대한 구술 자료는 되도록 많은 사람이 이용할 수 있는 공공의 자산임이 틀림없다. 구술 자료의 공공성에 대한 인식과 담론에 변화가 있어야만 구술 아카이브 운동이 크게 확산할 수 있다.

외국에서는 오래전부터 구술 자료 보존소, 즉 구술 아카이브를 두고 자료를 꾸준하게 수집하고 관리하여 온 예가 많다. 또 최근에는 구술 아카이브가 하나의 문화운동과 인권운동 등으로 자리를 잡아가는 추세이다. 미국의 예를 들면, 제2차 세계 대전 당시의 유대인 학살을 추모하기 위한 홀로코스트 박물관(Holocaust Museum) 내의 구술 아카이브, 예일대학교 캄보디아 학살연구팀, 텍사스텍 대학의 베트남 전쟁프로젝트도 여기에 해당한다. 또한, 각 지역마다 전쟁, 학살, 참사 등 역사상 비극적인 사건에 대한 증언을 중심으로 구술 자료 보관소가 만들어지고 있다. 콜롬비아대학 내 구술사 연구팀에서는 9·11사태에 대한 구술 증언 자료를 모으는 프로젝트를 진행시켰다.

구술 자료의 공공성에 관련된 또 하나의 문제는 구술자의 인식이다. 개인들의 구술 자료를 아카이브에 보관하기 위해서는 구술자와 면담자가 공사(公私)의 개념에 대해서 같은 생각을 하고 있어야만 가능해진다. 때로는 두 사람 사이에 서로 다른 생각을 하고 있는 경우가 많아서 문제가 일어나기도 한다. 특히 면담자와 구술자 사이에 가로놓인 문화적 차이를 우선적으로 좁혀 놓아야 한다. 대부분의 구술자들은 자신들의 이야기가 사적인 것이라고 믿고 있다. 그래서 자신들의 이야기가 막상 공개된다고 하면 주춤하게 된다. 특정한 사건에 대한 구술 증언의 경우이든, 개인의 생애사든 자신의 입을 통해서 나간 이야기가 자료로 남게 되는 것을 꺼리는 경우가 많다. 한국사회에서 가족주의적 가치관 때문에 자신의 이야기는 자기 가족의 이야기로 인식되는 경향이 강하다. 미국처럼 개인주의적인 사회에서는 개인의 이야기는 개인의 것으로 여긴다. 그런데 한국에서는 내 이야기가 내 가족이야기가 되기 때문에, 또는 지인에 대한 이야기가 되기 때문에 자신의 이야기를 공공의 자료로 인식하기기 힘들다.

이럴 때 연구자들은 어떻게 해야 하는가는 실제로는 면담자 각자의 상식적인 판단에 의지해야 한다. 무엇보다도 구술자가 자발적으로 자료를 공개하는 일에 참여하도록 유도하는 일이 필요하다. 면담자는 구술자에게 지극히 사적인 내용이나 본인과 가족 및 이웃에 피해를 주는 이야기는 비공개를 원칙으로 하며 법적인 보호 장치도 가지고 있음을 주지시킨다. 자료의 수집과정에서 구술자의 신변과 생활 보호는 매우 중요한 일이다. 법적인 절차를 거쳐서 구술자에게 피해가 가는 일을 최소화하여야 한다는 점을 이미 제8장 구술사와 연구 윤리에서도 다루었다. 이제 한국에서는 연구자들이 공개 및 이용 동의서를 구술자들에게 사전에 제시하는 것이 일반화되고 있다. 공개 및 이용 동의서에 대한 거부감을 없애기 위해서 연구자가 구술자들에게도 연구의 진정성과 필요성을 알리면 이들이 가지는 우려도 사라지고 자신들의 이야기를 공공의 역사로 만드는 일에 더욱 적극적인 태도를 보일 것이다.

개인의 생애사를 여러 사람에게 필요하거나 도움이 되는 지식으로 탈바꿈시키는 일이 연구자들의 몫이며 아울러 사회적으로도 중요한 일이기도 하다.

4) 지식 생산의 공간으로서 구술 아카이브

구술 아카이브는 새로운 지식 생산의 공간으로서의 의미가 크다. 우선 지식생산 주체를 다양화하고 확대하기 때문이다. 특히 지금까지 역사 연구에서 홀대를 받아온 계층이 남긴 구술 증언과 목격담으로 아카이브가 만들어지면 지식생산의 주체가 바로 이들이 된다. 이것은 매우 중요한 변화이며 기존의 역사연구와는 분명히 차별화된다. 연구자들은 아카이브에서 구술자들의 음성을 직접 그리고 손쉽게 들을 수 있고, 때로는 영상자료로도 만날 수 있다. 또 면담자들이 녹취해 놓은 문서자료도 볼 수 있다. 따라서 아카이브야 말로 새로운 지식 창출의 보고가 된다.

기존에는 특정한 소수의 학자들이 지식생산의 주체가 되고, 그 특권을 누려왔던 것이 사실이다. 평범한 개인들의 경험적 이야기를 주관적이라고 해서 배제시킨다면 사료는 빈약해 질 수 밖에 없다. 누구의 경험은 보존되고 남으며, 누구의 경험은 배제되는가 하는 문제로 귀결된다. 결국, 공공의 지식을 결정하는 일이 객관과 주관의 문제가 아니라 힘의 논리 또는 정치적 결과에 따라왔던 것이다. 그러나 아카이브에 보관된 구술 자료는 또 다른 지식생산의 주체가 존재한다는 사실을 말해주게 된다.

이렇게 지식 생산의 주체가 다양화되고 확대되면 국가 및 엘리트 중심의 지식생산 체계가 변화하게 된다. 외국에서는 이미 특정한 사건에 대한 구술사 수집뿐만 아니라 소수자, 여성, 이주민들을 대상으로 구술 자료를 활발하게 모으고 있다. 더 다양한 지식 생산층을 확보하는 일을 앞서서 실천하고 있다. 이들이 기억해서 직접 말하고, 해석까지 하기 때문에 구술자 스스로 역사를 쓰는 주체로 올라선다. 자료의 공개가 가능한 아카이브가 만들어지기 전까지는 엄밀히 말하면 면담자인 연구자가 구술 자료를 수집하고 그것을 텍스트화하는 과정에서 생산자의 몫까지를 담당하였다. 자료수집가가 자료를 편집하기도 하고 새롭게 해석하기도 했다. 원사료가 그대로 남기보다는 연구자의 의도에 따라서 가감되는 일이 많았다. 그러나 구술자들이 자신들의 증언이나 생애사를 녹음으로 남기고 아카이브에 보관하게 되면 구술자는 자신의 이야기 내용에 대한 정보와 지식의 주체로 거듭날 수 있다. 그리고 그 지식은 누가 언제라도 이용할 수 있도록 대기 상태로 남게 된다. 아카이브의 필요성과 의의가 바로 여기에 있다.

구술사의 역사가 짧은 국내에서는 아카이브의 필요성보다는 면담한 결과의 구술 자료를 증언집이나 보고서 또는 책으로 제작하는 것이 일반적이었다. 이때 만들어진 문서나 책의 주(主)저자는 대체로 그것을 집필한 사람들이었다. 기록자들이 한 단계 이상의 편집과 여과 장치를 거치면 구술은 글로 풀어내는 창작이 된다. 여기에서 구술자는 배제되고 연구자(기록자)들이 지식생산의 주체가 되어버린다. 그러나 아카이브에서 구술사의 원자료 형태를 그대로 유지하고 보존할 때에는 지식생산의 주체가 크게 확장되며 새로운 역사해석의 가능성도 그만큼 커진다. 과거 국가와 엘리트 중심의 지식생산 체계가 바뀌고 넓혀지면서 폐쇄적인 지식의 세계에서 개방적인 지식의 세계로 방향이 선회하고 있는 것이다.

3. 구술 자료의 관리[*]

구술사는 역사 연구이면서 동시에 기록 연구이기도 하다. 구술사는 수집된 구술 자료에 근거한 역사 서술이면서 동시에 수집된 구술 자료는 기록관리의 대상이기 때문이다. 따라서 구술 자료가 아카이브에서 관리되기 위해서는 네 단계―정리, 기술, 보존, 이용―를 거쳐야 한다. 2000년대 중반 이전까지 구술 자료 관리의 주체는 개인들이었다. 주로 인류학자, 역사학자, 사회학자, 민속학자, 구비문학 연구자 등의 개인적 연구를 위하여 수집한 것들이었다. 개인 연구자들이 수집한 구술 자료는 사료로서 보존되기 위해서가 아니라 연구논저를 위한 사료였기 때문에 연구논저가 출간되면 그 사료들은 방치되어 왔다. 그런데 2000년대 후반부터 구술채록기관들 중에 개인소장 구술 자료를 기증받거나 기탁 받는 경우가 생기면서 개인연구자들은 점차 자신들이 수집한 구술 자료가 개인 소유의 것이 아니라 공공의 자료로 남길 원하고 있다. 나도 『구술로 쓰는 역사 : 미수복경기도민의 분단과 이산의 삶』을 저술하기 위해 수행한 구술 생애사 인터뷰 중 연구 지원을 받지 않고 개인적으로 수행한 일부 인터뷰 자료를 모 국가기관에 기증하였다. 왜냐하면 내가 개인 연구소를 운영하고 있어도, 국가기관이 개인 연구소보다 더 지속성과 공신력을 가지고 있기 때문이다.

현재 대부분의 구술 자료는 구술채록기관이 관리 주체다. 구술 자료의 관리를 위해서 기관은 총칙, 구성 및 업무 분담, 관리, 활용, 시설관리, 보칙 등으로 구성된 관리규정이 필요하다. 여기서는 기관의 구술 자료 관리 조직을 단계별로 살펴보겠다. 기관에서 발주하는 구술채록 사업들은 수집 단계와 관리 단계로 나누어진다. 수집단계는 수집기획―

---

[*] 나는 기록학 전공자가 아니고, 구술 아카이브 구축에 대한 기록관리학자들의 연구들이 이미 나와 있어서 구체적인 방법 제시보다는 전체적인 구술 자료 관리 절차에 대하여 서술하겠다.

수집실행-수집 후 작업을 거치고, 관리단계는 정리와 기술-보존-이용 서비스로 구성된다.

　수집 단계에서 실무자는 구술 채록의 목적과 범위를 설정해야 한다. 실무자 혼자 이를 결정하기 힘들 경우에는 현황 조사 및 전문가로 구성된 자문회의를 통해서 목적과 범위 그리고 구술 채록의 타당성을 분석한다. 수집된 자료와 정보를 바탕으로 실무자는 구술 채록 프로젝트를 설계하고 평가한다. 모든 구술 채록 프로젝트는 수집이 실행되기 전에 구술 채록 프로젝트 수행 전반에 관한 관리 규정 및 자료수집에 대한 매뉴얼을 만들어서 수집 개인이나 기관에게 제공해야 한다.

　수집 실행은 기관에서 공모를 거쳐서 수행 기관을 선정하거나 개인 연구자의 경우에는 심사를 거쳐서 선정된다. 수집 실행 전에 실무자는 수행기관와의 회의 또는 착수 보고회, 개인 연구자의 경우에는 오리엔테이션을 거쳐서 수집을 실행하게 한다. 면담이 진행되어 끝나면 공개 동의서 및 녹취문과 기타 관련 자료들이 다 정리가 되어서 제출된다.

　수집된 구술 자료가 제출되면 관리 단계로 들어간다. 관리 단계는 구술 채록 프로젝트 실무자가 담당하지 않고, 기관의 아카이브 담당 실무자가 맡는 경우가 대부분이다. 그래서 구술 전문 기록관리사가 여기서 필요하다. 관리 절차의 첫 번째 단계는 정리와 기술이다. 구술 자료를 확인해서 등록하고 정리하고 기술하는 과정이다. 두 번째 단계는 보존으로 매체 이전, 서고 배치, 보존 상태 점검을 하는 과정이다. 세 번째 단계는 이용 서비스로 정리되어 보존된 자료들을 열람 시설에서 서비스하고 정보를 제공하고 출판을 위한 연구에 활용되도록 도와주는 과정이다.

1) **구술 자료의 정리**(arrangement)

수집된 구술 자료가 보존되고 활용이 잘 되기 위해서는 정리가 잘

되어야 한다. 기록관리사는 수집된 자료의 상태를 확인하고 자료 번호를 부여한다. 자료번호는 자료 수집 매뉴얼에 제공되어야 하는데, 실제로 아카이브로 구축될 때는 분류 기준이 달라질 수도 있어서 자료번호가 바뀔 수도 있다. 정리는 논리적인 분류, 물리적인 분류를 포함한 개념으로 분류된 실물을 서가에 배치하는 것까지 포함한다. 구술 채록 프로젝트는 음성 자료뿐만 아니라 녹취문이라는 문서 자료와 이미지, 동영상 자료도 생산되기 때문에 다양한 형태와 매체의 특성을 파악하여 정리해야 하는 까다로움이 있다.

논리적 정리는 분류 체계를 만드는 것인데, 기관마다 다소의 차이가 있을 수 있다. 다양한 주제를 다루는 기관의 경우에는 구술 전문 기록연구자인 권미현은 구술 자료의 분류를 대주제-collection, 중주제-series, 소주제-subseries, 구술자명-file, 원자료-item로 만들었다.3 다양한 구술 자료를 수집하는 국사편찬위원회 경우도 구술 전문 기록연구자인 김은영에 따르면 군(fonds)-수집년도, 시리즈(series)-수집주제, 파일(file)-구술자명, 아이템(item)-녹취록 편집 열람본으로 분류하였다.4 이렇게 가장 큰 단위를 년도 별로 하는 것은 특정 주제의 콜렉션을 찾기가 힘들어진다는 단점이 있다. 단일 주제만 다루는 기관의 경우, 예를 들면 일제강점하강제동원진상규명위원회의 경우 대주제는 강제동원 진상조사 구술 면담이고 세부 주제는 노동력 동원, 병력 동원 등이고 그 하부는 구술자별로 분류되어 있다. 대부분의 구술 자료는 구술자명의 녹취문이 최하위 단위인 경우가 많지만, 미국 캘리포니아 주립대학교 구술 자료 콜렉션(VOAHA: Virtual Aural/Oral History Archives)의 경우 녹취문의 내용을 최하위 단위로 하고 있다. 이 분류 체계에서는 대주제-collection, 세부주제-series, 구술사-file, 구술녹음매체-item, 구술 내용-segment으로 하여 녹취문 내의 내용까지 분류하였다.5 실상 구술 내용이 상세목록이나 키워드, 또는 색인어로 검색될 수 있어야 이용자에게는 더 편리하다고 볼 수 있다.

2) 구술 자료의 기술(description)

구술 자료를 기술하는 것의 목적은 이용자가 기록을 보다 쉽게 이용할 수 있도록 기록에 대한 정보를 제공해주기 위한 것이다. 그리고 구술 자료를 효율적으로 관리하고 이용자가 쉽게 접근하고 이용하게 하기 위한 것이다. 기관 소장 구술 자료의 기술을 위해서는 메타데이터(meta-data)를 마련해야 한다. 사실상 구술 자료를 위한 기술 표준은 없기 때문에 현재 대부분의 기관에서는 국제기술표준(ISAD(G), General International Standard Archival Description)을 적절히 수정하여 사용하거나 더블린코어(Dublin Core)를 사용한다. 메타데이터를 사용하기 위해서는 기술 영역을 정하고, 콜렉션, 시리즈, 파일, 아이템에 대한 기술을 해야 한다. 메타데이터의 내용이 정확하고 상세할수록 이용에 유리하다. 국제기술표준을 사용할 경우 더블린코어보다 더 상세해진다. 하지만 더블린코어는 더 포괄적으로 다룰 수 있는 장점도 있다.

디지털 자료와 관련해 국제사회에서는 메타데이터 대한 논의가 활발하게 진행되어 왔다. 메타데이터란 '데이터에 대한 데이터'라는 뜻으로 정보를 공유하기 위해서 필요한 기본 설계안과도 같은 것이다. 이는 자료의 위치와 구조를 파악하기 위한 것이다. 메타데이터를 만들어내기 위해서 여러 차례의 시행착오를 거치면서 마침내 1995년 더블린 Dublin에서 열린 제1차 OCLC Online Catalog Libray Center/NCSA National Center for supercomputer applications 워크숍과 그 이후에 1996년 영국 워윅 Warwick에서 열린 제2차 UKOLN United Kingdom Office for Library Networking/OCLC에서 기존 네트워크 하부 구조상에서 정의된 더블린코어(Dublin Core) 메타데이터의 코딩 및 교환에 관한 구체적인 논의를 하였다. 그다음 해인 1997년 호주에서 열린 워크숍에서는 각 데이터요소의 하부구조와 로컬 확장에 대한 내용이 심층적으로 다루어졌다. 더블린코어는 15개의 데이터요소로 이루어졌다. 더블린코어에서 제공하는 기본 데이터요소 15개 필드는 다음과 같다.

Title(제목)/Creator(제작자)/Subject(주제)

Description(주요내용)/Publisher(제작기관)

Contributor(제보자 여기에서는 구술자)

Type(기록형태)/Date(날짜)/Format(자료형식)

Identifier(자료구분기호)/Source(자료출처)

Language(언어)/Relation(연관자료)

Coverage(자료배경)/Rights(저작권)

세계의 여러 나라가 메타데이터 표준화를 위한 기반으로 더블린코어를 채택하였다. 나아가서 1999년에는 ECAI 메타데이터 표준 매뉴얼(Metadata Standard Manual)을 확정하기에 이르렀다. 더블린코어(Dublin Core)나 ECAI와 같은 전 세계적인 기구에서 만든 표준안이라고 할지라도 구술 자료의 구체적인 내용을 다 담아낼 수는 없다. 예를 들어서 특정한 지역에서 수집된 구술 자료의 특수한 맥락이나 자세한 내용이 표준안에 첨가 보충될 필요가 있다는 뜻이다. 그렇기 때문에 연구자들이 구축하고자 하는 구술사 디지털 아카이브에는 세계적으로 널리 사용되고 있는 표준 메타데이터를 선택하면서 개별적인 아카이브의 자료의 특성에 맞도록 수정 보완된 항목을 첨가하면 된다. 메타데이터 표준안 가운데 필요한 부분은 받아들이고 구술 자료의 특성에 맞게 다른 항목도 개발해야 한다는 뜻이다. 결과적으로 지식정보 공유체제의 세계화와 지역화를 동시에 추구함으로써 국내외를 통틀어서 유일하고도 전문적인 아카이브로 나설 수 있다. 아울러 세계가 공유하는 메타데이터 시스템을 채택하면 아카이브의 세계화도 가능해진다. 국내에서는 처음으로 20세기 민중생활사연구단이 디지털 아카이브를 구축했고, 지역화와 세계화 전략을 세우면서 국내외의 지식공유화 운동을 이끌고 있다.

[표 7] 20세기 민중생활사연구단의 구술파일 메타데이터의 예

*제목	고△준의 구술 생애사
제작자	한△△
주제	노동자 생활사
*주요내용	백화양조의 근무여건에 대한이야기 그리고 사주와 얽힌 여러 이야기들을 하고 있다. 또한 혼인과정 여가생활에 대해 이야기 하고 있다.
제작기관	전북대 20세기 민중생활사 연구단
제보자	고△준
기록형태	음성 □ 동영상 □ 사진 □ 텍스트 □
제작년월일	2004년 01 월 07 일
자료형식	wmv
*자료번호	1-07LH07012004고△준0001
자료출처	전북대 20세기 민중생활사 연구단
*기록언어	한국어 □ 기타 □
연관자료	4-07LH0701고성준0001
자료배경	1950년대 이후 백화양조 근무당시 노동환경과 일상
저작권	전북대 20세기 민중생활사 연구단
디지털화여부	예 □ 아니오 □
원자료위치	1. 2. 3.

그러나 현재 구술 아카이브를 구축하고 있는 기관들은 거의 국제기술표준안을 수정하여 사용하고 있다. 권미현은 구술 아카이브 운영을 위한 구술 기록 기술 규칙(안)[6]을 제시하였고, 일제하강제동원진상규명위원회의 구술 아카이브 컬렉션 기술, 시리즈 기술, 파일 기술의 예를 보여주었다.[7] 문헌정보학자인 이정연도 구술 아카이브 구축을 위한 메타데이터 모델을 개발하여 제시하였다.[8]

구술 채록 프로젝트를 통해서 생산된 구술 자료는 사실상 어떤 메타데이터를 사용하는가의 문제보다도 생산된 자료에 대해서 기록관리사

가 얼마나 잘 알고 있는가가 더 중요하다. 예전에 20세기민중생활사 연구단의 경우에는 구술사 인터뷰를 하는 연구자가 더블린코어를 사용한 메타데이터를 직접 작성했었다.9 즉 구술 자료 생산자가 정리와 기술도 담당했던 것이다. 그러나 지금은 어떤 기관도 구술 자료 수집자가 기록관리까지 하는 경우는 거의 없다. 따라서 구술 자료를 잘 이해하는 구술 전문 기록관리사가 관리단계를 담당하는 것이 필수적이다.

3) 구술 자료의 보존(preservation)

기록학에서의 보존은 두 가지 종류가 있다. 첫 번째 예방적 보존은 훼손이 되지 않도록 더 좋은 상태의 자료를 미리 보존하는 것으로 사료 보존을 위한 안전한 환경을 유지하는 것이다. 두 번째는 처방적 보존으로 상태에 문제가 생긴 사료를 복원하고 보수하는 것을 말한다. 구술 자료는 다양한 매체에 담겨있기 때문에 매체별로 보존의 방법이 다르다. 디지털 기술의 발전 전에는 녹음테이프가 사용되었다. 녹음테이프는 온도와 습도에 민감하기 때문에 적정 온도와 습도를 유지하는 것이 필수적이다. 또한 정기적으로 테이프 되감기를 통해서 테이프가 늘어져 붙지 않도록 해야 한다. 최근에는 녹음테이프는 사용되지 않고 있고, mp3나 보이스 레코더(voice recorder)를 통해서 음성 파일로 구술이 기록 및 보존되고 있다. 녹음테이프로 녹음이 된 경우도 인코딩을 통해서 mp3 파일로 전환하여 CD에 보존한다. 구술사 인터뷰 시 음성 자료와 더불어 생산된 이미지들은 현재 모두 디지털 카메라로 찍혀서 이미지파일(jpg)로 보존되고 있고, 동영상 자료도 최근에는 거의 디지털 캠코더로 촬영되어 wmv, mpeg, mpeg2로 보존되고 있다. 서비스용은 DVD로 만들어서 사용하고 있다.

모든 자료는 라벨링(labelling)과 박싱(boxing)이 필요하다. 라벨링 서식도 있어야 하고, 자료 수집 매뉴얼에 제공되는 것이 좋다.10 박싱은 중성지 박스를 사용하고 모든 자료는 보존본과 열람본을 따로 보관하여야 한다.

4) 구술 자료의 이용(use)

구술 자료의 이용은 열람 서비스를 통해서 이루어진다. 2017년 한국구술사네트워크 워크숍에서 발표된 구술채록기관들을 보면 현재 대부분의 구술채록기관에서 열람은 온라인과 오프라인이라는 두 가지 형태로 이루어지고 있다. 오프라인 열람은 기관을 방문하여 열람 시설을 이용하여 열람본을 보는 것이다. 대개 한 번에 열람할 수 있는 구술 자료의 양을 규정하는 경우도 있고, 복사를 허락하지 않는 경우도 있고, 열람 자격을 제한하는 경우도 있다. 이는 구술 자료를 통해서 개인정보 유출을 막고 구술자의 신원 보호를 위해서다. 그러나 연구자인 전문가들은 열람본이 아니라 원사료에 대한 접근을 허락함으로써 구술 자료의 학술적인 활용을 높일 필요가 있다.

한국은 디지털 기술의 발전으로 디지털 아카이브가 오프라인 아카이브보다 더 발전해있는 상황이다. 서구의 경우 기존의 기록관 자료를 디지털화하는 과정에 있는 반면, 한국은 아카이브 구축부터 디지털 아카이브를 전제로 하고 있다. 아래 4절에서 디지털 아카이브에 대한 설명이 있겠지만, 디지털 아카이브는 접근성이 좋기 때문에 구술채록기관들은 디지털 아카이브를 선호한다. 그러나 온라인 열람의 경우도 모든 사람들에게 접근을 허락하는 경우는 많지 않다. 현재 디지털 아카이브를 운영 중에 있는 기관들의 온라인 서비스는 매우 제한적이라고 볼 수 있다. 목록 정도만 제공하는 경우도 있고, 열람 자격 심사를 거친 사람들에게만 열람본이 제공된다. 또한 원자료를 가공하여 문화 컨텐츠를 제공하는 기관도 거의 없다. 사실상 현재 구술 아카이브의 이용은 그리 활발하다고 볼 수 없다. 온라인 상에서 구술 자료를 이용하기 위해서는 공개의 범위를 넓히는 것 보다는 약간의 가공을 거쳐서 문화 컨텐츠로서 제공하는 것이 더 활용도를 높일 수 있지 않을까 한다. 이 부분은 국내 구술 아카이브(디지털 아카이브)를 살펴보면서 더 논의가 될 것이다.

4. 디지털 아카이브

디지털 아카이브(Digital Archives)는 "디지털 아카이빙 작업을 수행하도록 하는, 일반적으로 다양한 유형의 디지털 정보를 체계적이며 효율적으로 보존·활용할 수 있도록 하는 전반적인 시스템"11을 의미한다. 위에서 언급한 바와 같이 한국에서 구술 아카이브는 녹음테이프와 녹취록을 중심으로 하는 아날로그 형태의 아카이브가 아니라 디지털 기술의 발전으로 디지털 아카이브로 구축되고 있다. 여기서 다루는 디지털 아카이브는 구술 자료를 디지털화하여 아카이빙한 것이다.

1) 디지털 아카이브의 필요성

구술 원자료를 녹음된 상태로 아카이브에 보관하려면 정리방법과 보관 장치 등의 기술적인 문제가 뒤따른다. 구술 자료가 축적되어서 수백 내지는 수천 건에 이르면 아카이브에 보관하는 양이 많아진다. 자료의 양뿐만 아니라 보관기술의 문제도 따르게 된다. 디지털 아카이브는 현실적인 측면에서 방대한 자료의 보관에 필요한 것이 되었다. 디지털 기술은 자료의 손상을 줄여주며 보관의 효능을 높여주기 때문에 구술 아카이브에서는 아날로그방식으로 녹음을 했던 방법을 벗어나서 이제 디지털화하고 있다. 디지털화된 자료는 보존이 용이하고 아날로그 형태의 원자료의 훼손을 최소화하는 면에서 실용적이다. 아날로그 자료보다 디지털 자료가 적정성 및 보존성이 뛰어나기 때문이다. 그 결과 음성자료의 수집과 정리 그리고 보관에서 힘들었던 기술적인 문제들이 속속 해결되고 있다. 또한 디지털 아카이브는 정보 검색, 활용과 공유에서 아날로그 형태보다 뛰어나다. 디지털 아카이브는 온라인 상에서 자료의 관리와 공유, 활용이 용이하다. 쉬운 예를 들면, 녹음된 내용을 무한정으로 재생하여서 구술내용을 세세한 부분까지 들어 볼 수 있다는 사실은 원자료에 대한 면밀한 검토를 가능케 한다. 또한, 이용자들이 원하는 구술 자료를 손쉽게 찾을 수 있다는 것도 큰 장점 가운데 하나이다. 자료의 양이 아무리 많다고 하더라도 디지털화된 녹음자료는 정보기술의 발달에 힘입어서 필요한 부분을 쉽게 찾아낼 수 있다. 다시 말해서 컴퓨터를 이용해서 많은 자료를 면밀하게 분석하는 것이 가능해지면서 이제까지 몰랐던 사실과 잘못 이해했던 부분도 드러날 수가 있다. 즉 OSMU(one source, multi use)와 COPE(created once, publish everywhere), 다면적인 정보 공유와 다양한 정보 활용이 가능해지는 것이다. 따라서 디지털 아카이브는 개방성과 접근성이 용이해서 기존의 아날로그 아카이브가 갖는 한계를 극복하는 효율적인 방식이 되고 있다.

2) 디지털 아카이브의 특징

디지털 아카이브는 과거의 아카이브와 비교해서 몇 가지 점에서 차이가 있다. 예전의 아카이브가 보관과 저장에 주력했다면 디지털 아카이브는 자료의 보관·저장은 물론이고 이용·활용 면에서도 뛰어난 기능을 한다는 점에서 주목할 만하다. 20세기민중생활사연구에서부터 디지털 아카이브를 구축해온 전북대 박순철, 함한희 교수 팀은 『인문학자를 위한 디지털 아카이브즈』(민속원, 2018)에서 디지털 아카이브의 특징을 8가지로 정리하고 하였다.[12]

① 컴퓨터와 정보과학 및 통신기술과 접목한다.
② 자료를 보관하기 위한 공간이 필요 없다.
③ 원본 유지 및 지속적인 재사용이 신속하고 용이하다.
④ 디지털화된 자료는 여러 사용자가 동시에 이용할 수 있다.
⑤ 정보 민주화를 이끌 수 있다.
⑥ 다양하고 많은 자료를 신속하게 검색할 수 있다.
⑦ 복사, 출력, 전송, 상호 정보 교환이 용이하다.
⑧ 정보 내용을 물리적으로 직접 확인할 수 없다.

위의 특징들은 대부분 디지털 아카이브의 장점이기도 하다. 디지털화는 이용자들의 층과 이용방법에서도 혁신을 가져온다. 인터넷의 발달과 보급으로 아카이브의 디지털화된 자료는 웹상에서 구현되어 이용자들이 직접 자료를 다룰 수 있을 뿐더러 아카이브를 직접 방문하지 않아도 자료이용이 가능하게 된다. 그러므로 디지털 아카이브는 전과 다르게 많은 사람에게 열린 공간으로 다가선다. 인터넷의 발달로 인해서 아카이브의 디지털화된 자료는 대부분 웹에서 구현될 수 있기 때문이다. 여기에는 개인 사생활의 보호라는 법적·윤리적 그리고 기술적인 장치가 필요하지만, 소외지역과 집단이 지식생산의 주체로 올라설 수 있는 사회적·문화적·기술적 변화가 일어나고 있고, 이들의 지식을 널리 알릴 수 있는 구체적인 매체를 얻게 된 것이다.

디지털 아카이브는 다양한 자료를 보관하고 이용할 수 있어서 녹음된 음성만이 아니라 영상으로 찍어서 면담과정을 그대로 보여줄 수 있다. 그렇게 함으로써 구술의 내용과 맥락을 꼼꼼하게 다시 볼 수 있다. 그런가 하면 구술자들이 보관하고 있던 물증도 사진이나 동영상으로 촬영해서 자료로서 저장할 수 있다. 구술내용을 뒷받침해 주는 물증이나 사진자료 등이 첨부되면 구술 자료의 신뢰성도 더 높아지는 것은 당연하다. 전반적으로 디지털화된 여러 종류의 자료들—녹음,

영상, 물증사진 등―덕분에 인터뷰 내용은 더 충실하게 만들어지고, 연구자들에게도 현장감을 돋워 준다. 이처럼 디지털 방식은 과거에 불가능했던 자료 저장 및 보관을 동시에 구현할 수 있는 기술의 혁명이며 구술 자료의 가치를 더 높여 주는 데 일조하고 있다.

그러나 디지털화된 자료는 현재에는 주기적으로 매체이전(migration)이 필요해서 지속적인 재사용이 항상 신속하다고 볼 수는 없으나 앞으로 기술적인 발전으로 해결될 수도 있다. 정보 내용을 물리적으로 확인할 수 없어서 변형가능성과 복제도 문제가 될 가능성이 크다. 결국, 이러한 사실은 이용방법의 혁신적인 변화를 뜻하는 것이고 앞으로 연구나 교육부분에서 아카이브의 새로운 역할을 예고하는 것이다. 디지털 아카이브의 구축으로 구술사가 더욱 널리 일반 시민들과 전문가들이 접할 수 있는 자료가 되면 구술사의 공공성은 더욱 커질 것이다.

3) 디지털 아카이브 구축

다년간 디지털 아카이브 구축 작업을 해온 박순철 외는 디지털 아카이브를 구축하기 위하여 네 가지 필요조건을 제시하였다.[13] 첫째는 장기적인 마스터 플랜이 있어야 한다는 것이다. 아카이브는 기록보존의 안정성과 공신력이 필요하기 때문에 디지털 아카이브도 자료가 지속적으로 보존, 관리, 서비스되기 위하여 재정적인 지원을 포함하여 장기적인 기획이 필요하다.

두 번째 필요조건은 전문 자료 제공과 디지털 기술력의 통합구조다.[14] 이는 구술 자료의 웹 컨텐츠 개발에 참여했던 인문학자 한동현도 같은 의견을 제시한 바 있다.[15] 한동현은 컨텐츠를 만들기 위해서는 시작부터 제대로 된 원천 자료를 제공하는 인문학자와 디지털 기술전문가가 프로젝트 처음부터 함께 참여해야 한다는 것이다. 그런데 현재 기관들이 구축하고 있는 디지털 아카이브들의 경우에는 자료

관련 전문가와 디지털 기술 전문가의 작업을 별개로 취급하여, 통합적인 시스템을 구축하기 보다는 자료 수집 후 시스템 구축이라는 방식을 취하고 있다.

세 번째의 조건은 새로운 차원의 지식 관리가 필요하다는 것이다.16 현재 지역과 국가를 넘어서는 주제를 다루는 디지털 아카이브들이 생겨나고 있어서 보다 통합적인 아카이브 시스템 구축이 필요하다는 것이다. 또한 문자 이외의 다양한 형태의 자료들이 수집되어 서비스될 때 새로운 관리 시스템이 필요하다는 것이다. 다양한 멀티미디어 자료들을 다루어야 하는 디지털 아카이브는 기존의 아카이브 관리와는 다른 차원의 지식 관리가 요구된다는 것이다.

네 번째 필요조건은 시민사회를 위한 개방적인 아카이브가 되어야 한다는 것이다.17 디지털 아카이브는 이용자가 수동적인 위치에서 참여자가 되는 적극적인 위치로 바뀔 수 있다. 디지털 자료는 대부분 웹 상에서 구현되어 이용자와 상호작용을 통해 지식 정보가 공유되어 이용자가 참여자가 되어 지식 생산에도 참여할 수 있게 되기 때문이다.

수집된 구술 자료의 규모가 커질수록 체계적으로 보관하고 관리할 필요성이 생긴다. 양적·질적인 면에서 과거와는 달라진 구술 자료의 보관정리에는 새로운 컴퓨터 기술을 효과적으로 활용할 수 있다. 특히 컴퓨터의 응용 프로그램—데이터베이스시스템 및 정보검색 시스템—을 이용하면 방대해진 멀티미디어 정보를 손쉽게 저장·관리할 수 있다. 그뿐만 아니라 이용의 측면에서도 과거와는 차원이 달라진다. 데이터베이스시스템을 구축하여 구술 자료를 관리하게 되면 이용자들이 원하는 자료를 신속하고 편리하게 찾을 수 있다. 단, 디지털 아카이브를 구축하기 위해서는 구술사 연구자들과 정보기술 전문학자들의 학제간의 협력이 반드시 필요하다. 디지털 아카이브는 컴퓨터 관련 기술만 가지고 구축할 수 있는 것이 아니기 때문이다. 더 중요한 것은 구술사를 직접 수집하고 연구하는 인문사회학도들의 적극적인 참여가 성공적인 디지털 아카이브를 구축할 수 있도록 한다는 점이다. 박순철 외에 의하면 구술사 자료의 내용과 특성을 숙지하고 있는 구술사 연구자들과 정보기술 공학자들이 만들어가는 디지털 아카이브의 구축 단계는 다음과 같다.18

1 단계: 원자료 아카이브 구축 단계: 자료 수집, 원자료 아카이빙 기술
2 단계: 디지털 아카이브 구축 단계: 원자료의 디지털화, 데이터베이스 구축
3 단계: 정보 마이닝을 이용한 아카이브 활용 단계: 의미 검색(semantic search), 문서 요약(summarization), 문서 군집화(clustering)

박순철 외가 제시한 세 단계 중에서 1단계는 구술 자료 수집과 정리 부분에서 다루었기 때문에 여기서는 2단계 디지털 아카이브 구축 단계 중에서 데이터베이스 구축만을 다루겠다. 원자료의 디지털화는 박순철 외 책의 제2부 디지털 아카이브즈 구축에서 제2장과 3장을 참조하면 된다.

디지털 아카이브를 구축하기 위해서는 효율적인 데이터베이스를 만드는 일이 급선무이다. 그러기 위해서는 구술사 관련 자료들을 디지털로 변환시키는 일이 선행되어야 한다. 위에서 설명한 것처럼 과거와는 달리 구술 아카이브에도 다양한 종류의 자료가 수집되며 보관도 가능해졌다. 이는 디지털 환경이 주는 큰 장점이 아닐 수 없다. 여러 가지 종류의 자료—음성, 사진, 동영상, 문서—가 수집될 때부터 디지털기기를 사용한다면 자료의 디지털화는 크게 신경 쓸 필요가 없어진다. 그러나 아날로그 형태로 수집된 자료도 디지털로 변환시키는 일은 크게 문제가 되지 않는다. 음성자료가 기본이기는 하지만 구술사에서도 다양한 자료를 수집하여 디지털 변환을 시킨다. 디지털 환경에서는

대용량의 멀티미디어자료까지도 손쉽게 다룰 수 있기 때문에 이러한 기술을 충분히 활용해서 구술 아카이브를 구축해야 한다.

디지털 변환을 위해서 필요한 하드웨어와 소프트웨어를 미리 갖추는 것은 정보기술 전문가와 사전에 충분히 상의해야 한다. 또한 효율적인 데이터베이스시스템을 구축하기 위해서는 정보기술 전문가는 구술자들의 구술(음성), 이미지(정지영상), 동영상 및 녹취문(문서) 등의 자료를 어떤 형식으로, 어떤 방법으로 저장할 것인가, 또 얼마 정도의 양을 저장할 것인가 등을 결정한다. 먼저 서로 다른 종류의 자료는 그 특성이 각각 다르며 다른 형식으로 저장되어야 한다. 그런데 자료 형식의 표준화는 경제성, 효율성, 활용성을 고려해야 한다. 경제성의 장기적인 측면은 호환성과 관련되어 있다. 왜냐하면 물리적인 매체는 매체 자체의 수명을 가지고 있어서 주기적으로 매체 이전을 해야 하기 때문이다. 매체이전(migration)은 이전 도구가 고가이기 때문에 비용이 많이 든다.

디지털 환경에서는 음성뿐만 아니라 기록(문서), 이미지, 동영상 등의 멀티미디어자료를 동시에 저장할 수 있는 장점이 있다. 데이터베이스를 구축할 때 더블린코어를 사용하면 보다 다양한 자료를 포괄할 수 있다. 더블린코어의 표준안에 따라 각 자료에 대한 속성항목을 규정한다.[19] 다양한 형태로 수집된 자료는 자료마다 가동되는 방법이 다르기 때문에 각각의 자료의 성격에 따라 분리하여 데이터베이스를 설계해야 한다. 이렇게 구축된 데이터베이스시스템은 자료 수집가나 이용자들의 편의를 위해서 웹에서 구동할 수 있도록 설계된다. 즉 자료의 입력과 검색을 웹이 연결되어 있는 곳이면 어디서나 할 수 있도록 하면 디지털 아카이브의 활용이 커지게 된다. 단, 구술과 동영상의 원천 데이터(음성과 동영상 자료)는 원래 양이 많아 다른 방법을 사용해서 서버 관리자가 직접 자료를 컴퓨터에 올리도록 하는 편이 좋다. 이 자료들을 제외하고는 자료를 수집한 연구자들이 각 항목에 대한 설명을 웹상에서 입력할 수 있고 수정과 삭제도 동시에 가능하도록 하면 구술 아카이브는 명실 공히 웹 인터페이스를 가지게 된다. 연구자, 학생 그리고 시민에게 다양하고 유익한 자료를 제공하고 이들에게 새로운 지식세계에 접근할 기회를 제공하는 것이 디지털 아카이브의 목적이다.

데이터베이스시스템은 원래 키워드 검색을 기본으로 한다. 구술사 자료에 키워드를 집어넣고 그 키워드를 검색하는 경우에만 자료가 사용자에게 제공된다. 그러나 한 단계 높아지는 정보검색 시스템에서는 훌륭한 검색기능을 갖추는 것이 필수적이다. 키워드 검색만이 아니라 원천 데이터의 속성항목 중의 하나인 주요내용에 대한 텍스트 검색을 추가하기도 한다. 따라서 자료를 입력할 때, 주어진 속성과 그 내용 이외에 중요하다고 판단되는 내용을 '주요내용' 항목에 포함하면 이용자들이 원하는 더욱 정확한 정보를 검색할 수 있게 된다.

박순철과 함한희 연구팀이 구축한 이치피디아*라는 디지털 아카이

이치피디아 홈페이지

---

* 이치피디아 www.ichpedia.org

브는 구술사 관련 다양한 자료를 다루고 있기 때문에 아카이브 설계 때에 자료의 특수성을 충분히 반영하는 것이 중요했다. 그래서 이치피디아의 데이터베이스의 특징은 첫째로 멀티미디어 데이터를 다루고 있기 때문에 각 데이터의 기능이 다르다는 점에 유의하여 구술, 이미지, 동영상, 문서라는 자료 성격에 따라서 각기 분리하여 데이터베이스를 설계했다는 것이다.[20] 둘째로는 데이터베이스의 속성 항목을 이치피디아 아카이브 자료의 성격에 맞도록 수정, 보완했다는 것이다. 더블린코어를 기본으로 하되 핵심 속성 항목 외에 RFID 태그 정보, GPS 정보를 포함시켰다.[21] 셋째로는 웹 상에서 어디서나 자료의 입력과 검색을 가능하도록 기능을 강화했다는 것이다. 용량이 큰 구술과 동영상 자료는 서버에서 올리더라도 나머지 자료들을 어디서든 입력하고 수정, 삭제도 가능하게 했다. 넷째로는 키워드 검색을 기본으로 하였다는 것이다.[22] 또한 자료의 주요 내용에 대한 텍스트 검색도 추가하여 보다 정확하게 검색할 수 있도록 하였다. 위의 내용을 다시 정리하면 다음과 같다.[23]

① 관계형 데이터베이스로 멀티미디어 데이터베이스 구축
② 더블린코어를 기준으로 한 데이터베이스 설계
③ 주요내용을 중심으로 텍스트 검색 가능
④ 웹 인터페이스
⑤ 데이터베이스 속성 항목에 RFID 태그 정보, GPS 정보 추가

박순철 외는 이렇게 구축된 디지털 아카이브의 효과는 우선 방송과 통신이 융합된 뉴미디어 시대에 크로스 미디어 서비스의 기반이 될 수 있다고 하였다.[24] 또한 디지털화된 자료의 정보를 심층적으로 다루어 교육의 효과를 높일 수 있다고 보고 있다. 마지막으로는 디지털화된 사료 구축은 사라질지 모르는 주변의 소외된 사람들의 자료를 수집하

고 그것을 전달하고 전승하는 효과를 가지고 있다고 하였다.[25]

구술사 디지털 아카이브는 구술사와 정보기술이 학제간의 교류를 통해서만 구축되고 운영될 수 있다. 새로운 기술혁신은 구술사 연구자들과 이용자들에게 구술사의 새로운 지평을 열 수 있도록 만들었다. 그 동안은 개별 구술사 연구자들은 자신들이 수집한 구술 자료를 중심으로 연구했다면 앞으로는 다른 연구자가 수집한 구술 자료를 가지고 연구하는 것이 더욱 용이해지고 있다. 따라서 구술 아카이브와 구술사 연구의 상호 발전은 더욱 활발히 전개되리라 기대할 수 있다.

4) 구술사 디지털 아카이브 사례들

한국에서 가장 먼저 디지털 아카이브를 구축한 사례는 20세기민중생활사연구단이다. 20세기민중생활사연구단의 디지털 아카이브는 구술 전문 아카이브가 아니라 생활사 아카이브라고 볼 수 있다.[26] 그러나 구술 생애사 인터뷰 자료를 주 자료로 구축하고 있기 때문에 구술 아카이브의 선구적인 사례라고 볼 수 있다. 2000년대 중반부터 기관구술채록사업이 시작되면서 다양한 기관들에서 구술 아카이브가 구축되었다. 대표적인 기관들이 한국문화예술위원회의 한국예술디지털아카이브*, 국사편찬위원회의 구술 아카이브**, 한국학중앙연구원의 현대한국구술자료관***, 민주화운동기념사업회의 오픈아카이브****다.[27]

그러면 2017년 한국구술사네트워크 워크숍에서 발표된 네 기관의 구술 자료 공개와 서비스 현황을 알아보겠다. 2004년부터 문헌기록이 부족한 근현대사 주제들에 대한 구술채록사업을 시작한 국사편찬위원회(이하 국편)는 2017년 현재까지 총 320개의 주제, 1935명의 구술자,

---

* 한국예술디지털아카이브 DA-Arts, www.daarts.or.kr
** 국사편찬위원회 전자사료관 내 국내 자료 내 구술자료 http://archive.history.go.kr
*** 현대한국구술자료관 mkoha.aks.ac.kr/
**** 오픈 아카이브즈 archives.kdemo.or.kr/

6,000여 시간의 방대한 구술 자료를 가지고 있다. 국편 구술 자료의 특징은 주제가 매우 다양하다는 것인데, 이는 자유공모의 비중이 커서 연구 목적으로 구술사 인터뷰를 하려는 연구자와 연구팀을 지원하기 때문이다. 그럼에도 불구하고 지역사와 재외동포사의 비중이 가장 크다.[28] 2017년 현재 구술채록사업 담당자인 윤덕영에 의하면 국편의 구술 자료 수집의 방향은 기존과 같이 연구자, 연구팀을 지원하고, 국편 지역사 사업과 연계된 구술, 학술(역사) 분야 원로 학자들의 생애사 구술, 독립운동가 후손 구술, 재외동포 구술에 방점을 둘 계획이다.[29] 국편은 전자사료관에서 구술 자료를 서비스하고 있는데 위의 구술 자료의 관리 단계에서 설명한 바와 같이 년도를 군(fonds)로 하고 그 밑에 대주제(series) 밑에 중주제를 두고 구술자명(file)로 정리하고 있다. 그러나 향후에는 대주제를 군으로 하고, 중주제를 시리즈로, 각 주제를 하위 사료계열(file)로 하고 구술자를 사료철(item)로 정리할 계획이라고 한다.[30] 현재 국편은 비공개자료를 제외하고 2004년부터 2015년까지 수집된 구술 자료 전부를 공개하고 있다. 온라인 서비스는 전자사료관-국내자료-구술자료에서 목록만을 서비스하고 있고, 개인정보 관계로 구술자별 자료는 열람할 수 없다. 따라서 연구자는 국편의 열람실을 이용하여 오프라인으로 구술자별 자료를 열람해야 한다. 구술 녹취록 및 동영상을 구술 전용 PC에서 열람할 수 있다.

국편은 특정 대주제에 대한 콜렉션을 가지고 있지 않으나 대부분의 구술채록기관들은 콜렉션을 가지고 있다. 현재 한국에서 가장 규모가 큰 구술 아카이브는 한국학중앙연구원(이하 한중연)의 현대한국구술자료관이다. 한중연 현대한국구술채록 프로젝트는 2009년부터 시작되어 2019년에 종료되는 사업이고, 한국현대사에 관련된 4개의 대주제인 정당정치, 경제외교, 한국군, 민주화와 종교에 대한 콜렉션이 구축되어 있다. 현대한국구술자료관의 분류체계는 대주제 하에 구술자별 동영상과 녹취록이라는 단순한 형태로 되어 있다. 디지털 아카이빙을 주 목적으로 해서 2017년까지 수집된 자료의 절반 정도가 현재 온라인 서비스가 되고 있다. 그러나 실제로 오프라인 서비스를 위한 열람시설이 제대로 갖추어져 있지 않아서 온라인 서비스에 초점을 두고 있는 실정이다. 4개의 구술채록연구팀은 각 해 년도에 계획한 구술 채록을 해서 수집 자료를 현대한국구술자료관에 이관하면 자료관 측에서 검토하고 정리하여 열람본을 만들어서 온라인에서 구술자별 동영상과 녹취록을 서비스하고 있다. 따라서 키워드를 통한 내용 검색은 서비스가 되고 있지 않다.

특정 콜렉션을 지향하는 또 하나의 구술 아카이브는 민주화운동기념사업회의 오픈 아카이브(open archives)에서 볼 수 있다. 민주화운동기념사업회는 2002년부터 민주화운동 관련 구술 채록을 해왔고, 수집 자료들을 오픈 아카이브를 통해서 서비스 하고 있다. 2016년 현재 구술 건수는 615건이고 구술 시간은 1,747시간이다.[31] 민주화운동기념사업회는 2005년부터 구술 자료의 목록을 공개했고, 2010년부터 구술 자료의 온라인 서비스와 열람집 제작이 시작되었다. 2011년 본격적으로 온라인 서비스 시스템인 오픈아카이브를 통해 구술 자료를 서비스하기 시작하였다. 오픈아카이브는 구술 전문 아카이브가 아니라 민주화운동에 관한 사료들을 보존 및 서비스하는 아카이브이며 '구술 아카이브'라는 서브 페이지를 통해서 대분류와 중분류의 디렉토리 구조하에 구술 자료를 서비스 하고 있다. 대분류로는 4·19혁명, 한일협정반대운동, 3선개헌반대운동, 1970년대 학생운동, 노동운동, 농민운동, 빈민운동, 인권운동, 여성운동, 재야운동, 해외민주인사이고 대분류 하에 지역별, 대학별 또는 사건별로 중분류가 되어있다.[32] 민주화운동기념사업회는 오프라인 열람과 온라인 서비스 둘 다를 제공하고 있다. 이용자가 열람실에 와서 열람신청서를 작성하여 제출하면 내부 결제 절차를 거쳐 열람용 컴퓨터에서 구술녹취록을 열람할 수 있다. 그러나 녹취록의 출력이나 촬영은 금지되어있고 필기는 가능하다.33 온라인 서비스는 5분 발췌 동영상만을 서비스하고 있기 때문에 전체 영상 열람은 불가능하다.

한국문화예술위원회도 예술사에 관한 콜렉션 구축을 목표로 하고 있다. 한국문화예술위원회는 2003년부터 예술사 구술 채록을 시작했고, 2016년 현재까지 공연예술, 시각예술, 대중예술, 영화, 문학, 문화제도에 관하여 생애사와 주제사로 구술 자료를 수집하여 총 288건이 수집되어 있으나 공연예술이 압도적이다.34 한국문화예술위원회는 일반 공개와 온라인 서비스를 다 하고 있다. 방문 열람 서비스는 구술자료집은 열람 복사 가능하고, 구술 영상은 시청각 기자재를 통해서 열람할 수 있다. 온라인 서비스는 한국예술디지털아카이브에서 전용 뷰어를 통해서 녹취문 전문을 열람할 수 있다. 그러나 별도의 회원가입과 승인절차를 거쳐서 열람권한을 부여한다. 디지털 아카이브 내에서 구술 자료 연관 자료도 제공되나 채록문의 출력은 지원하지 않고 있다.35 한국예술디지털아카이브는 DB가 구축된 것이 아니라서 현재까지 수집된 구술채록연구 자료를 관리하여 구술 콜렉션 구축사업으로 확대할 계획이다.

이상에서 본 주요 구술채록기관의 구술 아카이브를 보면 국내 구술 아카이브들은 모두 디지털 아카이브라는 것이 우선 특징이다. 이것은 한국사회에서 구술사가 발전되어온 맥락과 디지털 기술의 발달이 접목되어 나타난 것이다. 구술 아카이브들은 모두 구축 목표가 제시되어 있으나 이용대상자나 책임 소재, 이용정책이 아직 미흡하다. 또한 윤리적·법적인 제도에 관련된 사항도 명시되어 있지 않다. 대부분이 인터뷰 원자료인 음성 자료와 녹취문(열람본)만 부분적으로 서비스하고 있다. 자료 생산 절차와 처리지침, 이용서비스 구조는 아직 취약하다. 웹 구술 아카이브 시스템은 온라인 서비스만 제공되고 있고, 시스템 내용에 대한 접근 도구는 제한적이다. 또한 장기적인 보존 전략도 없어서 아직은 초보적인 단계라고 볼 수 있다.

서비스와 활용에 대해서 보면 대부분이 온라인 서비스와 오프라인 서비스라는 이원체계를 가지고 있다. 온라인 서비스는 대중용이고 오프라인 서비스는 전문가용이라고 볼 수 있다. 한국문화예술위원회 예술자료원의 경우 온라인에서 일반서비스를 하고 오프라인에서는 특별공개 서비스를 통해서 교육 연구지원, 전시 행사지원, 업무 협조 관련 활동을 하고 있다. 민주화운동기념사업회는 2009년부터 오프라인 서비스를 통해 '구술 사료의 열람절차'를 제도화하여 구술 자료의 공개를 공식화하였고, 2011년부터는 오프 아카이브 내에 구술 아카이브 서브페이지를 통해 구술 동영상(서비스 영상)을 서비스하고 있는데 이것은 대중용 서비스라고 볼 수 있다. 서비스에 있어서 민주화운동기념사업회의 고민은 연구자들을 위한 오프라인 서비스가 구술 자료(텍스트·음성·동영상)에 대한 온전한 공개와 이용자의 편의성을 보장하지 못하고 있다는 것이다. 반면 한국문화예술위원회 예술자료원은 서비스 대상 자료를 확대하고자 한다. 즉 구술 채록과 함께 생산되는 연구 자료, 구술자 기증 자료, 서비스 대기 자료 홍보까지 포함하고자 한다. 대중용인 온라인에서 공개의 제한은 개인정보 보호를 위해서 당연하나, 구술사 연구자들에게는 오프라인 공개가 전면적으로 되지 않는다면 구술 자료가 학문적으로 활용되기는 어렵다. 구술사의 양적인 성장을 가져온 구술 아카이브가 구술사의 질적인 성장에 기여하기 위해서는 연구자들에게 서비스 확대가 필요하다.

원사료(서비스용)를 온라인과 오프라인에서 서비스 하는 것 외에 구술자료는 더 다양하게 활용될 수 있다. 출판, 전시, 연구, 문화 컨텐츠 제작 등에 대한 사업이 필요하다. 예를 들어 중학교 사회과 교사가 수업용 자료 활용을 위해 기관에 가서 특정 주제에 대한 자료를 검색하고 수집하려면, 우선 서류 절차가 필요하고 기관 방문과 자료 검토 및 수집이 필요하다. 그런데 이러한 수고를 다 하는 교사가 얼마나 있을까. 전문 연구자에게는 원사료를 그대로 사용할 수 있게 하는 것이 가장 좋을 것이나, 교사나 기자들에게는 좀 더 가공된 형태의 자료가 더 쉽게 활용될 수 있다. 바로 이것이 민주화운동기념사업회에서 고민하는 지점과 닿아 있다. 특정 연구자와 취재기자들을 위한 오프라인 열람에서 문서와 사진 자료 활용 대비 구술 자료의 활용이 낮다는 문제다. 구술 아카이브가 아직도 이용자 중심의 서비스가 안 되고 있기 때문이다.

위의 기관 구술사 디지털 아카이브와 달리 민간에서 디지털 아카이브의 선구적인 연구를 해온 박순철과 함한희 팀은 이치피디아*라는 디지털 아카이브를 개발하여 서비스하고 있다. 이치피디아는 Intangible Cultural Heritage Encyclopeida, 무형유산지식백과에서 온 것이다. 다음은 이치피디아 웹싸이트에 있는 소개의 글이다.[36]

> "ICHPEDIA는 한국의 무형유산에 관한 정보를 웹 기반 백과사전으로 만들어가는 프로젝트이다. ICHPEDIA 시스템은 전북대학교 무형문화연구소가 개발하였다. ICHPEDIA라는 이름은 ICH(Intangible Cultural Heritage)와 PEDIA(encyclopedia)를 결합해서 만들었고, 번역하면 무형유산 백과사전이라는 뜻이다.
>
> 집단지성을 이용한 WIKIPEDIA식 지식공동체를 구축하는 것을 목적으로 하고 있다. 특히 ICHPEDIA는 무형유산과 관련된 전문적인 지식을 쌓아서 전 국민과 공유하고자 한다. 그러기 위해서 2010년 9월부터 12월까지 1차 시범프로젝트를 실시하였다. 여기에서는 전북지역의 무형유산과 영남(전통의료·민간신앙), 경기(놀이·생활 전반)지역의 무형유산의 일부 분야가 탑재되었다. 30여 명의 전문연구자와 학생들이 참여해서 만들어가고 있지만, 누구라도 무형유산에 관한 정보를 올릴 수 있으며, 편집도 가능하다. ICHPEDIA 팀은 지역의 문화를 아끼고 사랑하는 자원봉사자들의 참여를 기다리고 있다."

---

* 이치피디아 www.ichpedia.org

현재 이치피디아에는 60,440개의 자료가 데이터베이스에 들어가 있다. 자료 검색은 무형유산, 아카이브즈, 고문서로 분류되어 있는 자료로부터 검색할 단어를 넣으면 구술, 이미지, 동영상, 녹취록이 동시에 검색되는 장점이 있다. 즉 키워드 검색이 모든 형태의 자료에서 동시에 가능하다는 것이다. 구술의 경우 약 10년간 온라인 서비스를 받을 수 있고, 녹취문은 담당자에게 전화를 통하여 승인을 받으면 받아볼 수 있다. 무형유산에는 무형유산에 맞는 내용입력 기준에 따라서 수집된 무형유산들이 기술되어 있다. 아카이브즈에는 20세기민중생활사연구단에서 수집했던 다양한 생활사 자료들이 더블린코어에 따라 기술되어 있다. 고문서는 디지털 아카이브이기 때문에 실물을 스캔했거나 사진을 찍은 이미지 파일이 올려져 있고, 그 내용과 현 소장처, 디지털 자료 관리만 명기되어 있다. 그리고 이 아카이브의 장점은 누구라도 무형유산에 관한 정보를 올리고 편집도 가능한 개방형 아카이브라는 것이다.

5. 구술 아카이브의 활용

구술 아카이브를 구축한 기관에서 구술 아카이브에 대한 활용도는 아직 매우 낮다. 가장 일반적인 것은 녹취록을 편집하여 증언집이나 자료집을 출판하는 것이다. 그러나 증언집이나 자료집은 1차 사료가 아니기 때문에 기관 사업 홍보용인 경우가 많다. 정보기술과 멀티미디어의 발전으로 디지털 아카이브가 성장하고 있는 환경에서 아날로그 형태의 출판은 구술 사료의 활용으로 보기는 힘들어지고 있다. 물론 구술사 연구를 위하여 도구서와 자료집 발간이 필요할 수도 있으나, 일제강점하강제동원진상규명위원회에서 구술채록사업을 담당했던 정혜경이 주장하는 바와 같이 자료집 발간은 이제 선택 사항이다.[37]

정혜경은 구술 자료집은 사료적 가치가 떨어지고, 소수의 관련 연구자들에게만 유용하기 때문이라는 것이다. 구술사 연구자들도 자료집에 의존하기보다는 음성파일과 녹취문인 원사료를 사용해야 한다. 따라서 이제는 자료집 출판에서 벗어나서 구술 아카이브를 보다 적극적으로 활용할 때가 되었다. 여기서는 구술 자료를 활용한 웹 콘텐츠 개발과 박물관에서 전시 자료로서 구술 자료의 이용을 보겠다.

1) 웹 콘텐츠 개발

구술 자료를 활용하여 웹 콘텐츠를 개발한 예는 2004년 문화콘텐츠진흥원이 발주한 "문화원형의 디지털콘텐츠 사업"에서 "고려인의 러시아 이주 140년 이주 개척사를 소재로 문화원형(농업, 생활상, 의식주 등)을 디지털 콘텐츠로 개발"38한 사례다. 고려인들의 구술사 인터뷰 결과물에서 원천 스토리를 도출하여 그것을 토대로 시놉시스, 2D, 3D 그래픽, 그리고 동영상 촬영 및 전자지도가 만들어졌다.39 원천 스토리에서 파생된 컨텐츠로는 시놉시스 은행, 인물 은행과 아이템 은행 등이 있다.40 이 작업에 인문학자로서 참여한 한동현은 원천자료에서 콘텐츠가 만들어지기 위해서는 중간 가공물이 필요하다고 보면서, "콘텐츠 개발은 원천 자료→자료화→자원화→콘텐츠"41로 이루어진다고 주장하였다. 연구자에 의하면 자원화는 자료화에서 질적인 변화를 통하여 이용자가 보다 자료를 잘 이해하고 이용하게 도와줄 수 있게 가공하는 것을 말한다. 문화콘텐츠에서 중요한 개념인 스토리텔링(storytelling)은 출판, 만화, 방송, 영화, 애니메이션, 게임, 캐릭터, 공연, 음반, 전시, 축제, 여행, 디지털 콘텐츠, 모바일 콘텐츠 등에서 다양하게 활용되고 있다. 특히 구술 자료의 경우 스토리텔링 기법을 통해 콘텐츠화 하기가 용이하다고 보았다.42

2) 전시

구술 자료는 또한 박물관 전시에도 활용될 수 있다. 전북대학교 20세기 민중생활사연구소는 2012년 "장인(匠人), the Style, Story, and Secret"[43] 라는 전시를 하였다. 이는 전북 지역의 무형문화유산인 거문고, 붓, 자수, 합죽선, 짚풀공예에 관한 전시였다. 전시는 다섯 가지 주제에 대한 현지조사, 장인들의 구술 생애사 인터뷰, 장인들의 작업 과정에 대한 영상촬영을 통해서 자료를 수집하여 그 결과물을 전시 콘텐츠화 한 것이었다. 이 전시는 장인들이 만들어낸 결과물이 아니라 공예품을 만들어내는 감각을 드러내고자 한 것이었다. 재료의 선별에서부터 전 제작 과정에서 구술이 사용되었고, 장인들의 스토리텔링은 무형문화유산 전승자로서 그가 가진 정신을 전시에 드러내는데 유용했다.

위의 작업에도 참여했던 인류학자 조성실은 구술 자료를 활용한 세 가지 전시 유형을 소개하였다. 첫 번째는 구술 자료를 전시의 한 부분으로 활용하는 경우, 두 번째는 구술 자료가 전시의 주요 콘텐츠로서 전시의 내러티브를 주도하는 경우, 세 번째는 전시 콘텐츠 제작 시 구술사 연구 방법을 활용하는 경우다.[44] 최근에 박물관이나 미술관 전시에 구술 음성 자료나 영상 자료를 전시 보조 수단으로 활용하는 것이 증가하였다. 그러나 구술 자료 자체가 주는 내러티브를 따라서 전시가 만들어지는 경우도 있다. 국립민속박물관의 "출산 3대 이야기", "노인: 오랜 경험, 깊은 지혜", "내 이름은 마포포 그리고 김하나"와 같은 전시는 구술자들이 구술 자료로부터 전시의 주요 내용들을 가져와서 유물보다는 구술자들의 목소리를 중심으로 내러티브가 구성되었다.[45]

2008년 "전북민속 문화의 해"에서 "만들어 온 땅과 삶: 호남평야 김씨의 한평생"에서 구술 자료는 전라북도, 특히 김제라는 현장성과 그 삶의 맥락을 생생히 전달하는 역할을 하였다. 특히 '농민들의 구술

자료', 촌로의 생애사가, 한 노파의 구구절절한 구술이 전시의 주요 콘텐츠였다.[46] 국립민속박물관의 2012년 결혼이주여성들의 구술을 담은 "내 이름은 마포포 그리고 김하나"는 다문화전으로 구술 자료의 활용이 두드러졌다. 특히 결혼이주여성 김하나를 객원 큐레이터로 초빙하여 전시 오브제에 대한 설명이 구술자들에 의해서 진행되어 구술자가 참여하는 전시가 되었다.[47] 국립민속박물관의 2014년 "출산 3대 이야기"도 구술자의 설명으로 전시 오브제가 설명되었고, 가족 삼대의 구술 내용으로 출산연표를 생산하였다.[48]

또한 국립민속박물관의 경우 2007년부터 전시 콘텐츠를 기획하는 과정에서 구술사 연구방법을 활용하여 지역민속 특별 전시를 해오고 있다.[49] 조성실은 전시 오브제가 유물에서 사람, 공동체, 이야기, 기억, 유산으로 옮겨가고 있으며 이러한 전시 오브제의 다변화 속에서 구술의 역할이 크다고 보았다. 또한 구술을 통한 구술자의 전시 참여가 박물관 전시의 소통에도 중요하다고 보았다. 따라서 필자는 민속 전시에서 구술 자료는 이야기를 통하여 '분리의 시학'에서 '맥락적 연결로', 이야기를 입은 전시유물, 큐레이터의 전지적 시점에서 구술자의 1인칭 시점으로 전시를 변환시켰다고 주장하였다.[50]

조성실은 앞으로 구술사 전시의 방향으로는 전시장 내 유물과 구술의 연계가 필요하지만 그 과정에서 구술의 탈맥락화의 염려가 있다고 지적하였다.[51] 따라서 구술 전시를 위해서는 장기적인 현지조사와 생애사 인터뷰가 필요하다고 보았다.[52] 그리고 무형인 구술을 전시용으로 시각화하는 데 있어서 새로운 디스플레이 방식에 대한 고민이 필요하다고 보았다.[53]

제10장
공동체 아카이브

많은 집단들이 아카이브에서 덜 반영되어 있거나 배제되어있다는 것을 역사가들이 발견함에 따라, 역사가들은 역사적 문서들과 물증들을 보관하는 객관적이고 중립적이고 이해관계가 없는 기관으로서 아카이브라는 개념 자체를 비판하기 시작했다. 주요한 사료 수집에서 아카이브의 객관성과 중립성의 개념은 19세기 중반부터 지배적이 되었다. 그러나 사서와 기록관리사들이 증명하는 바와 같이 수집이라는 행위 자체는 무엇을 보존하고, 무엇을 버리고, 무슨 목적을 위하여 보존할 것을 어떻게 조직하는가에 관한 일련의 결정들을 포함하는 주관적인 일이다. 문서가 문서를 만든 사람의 가정들과 아젠더를 반영하는 것과 같이 아카이브도 마찬가지다.[1]

1. 공동체 아카이브란?

구술사와 공동체 아카이브(community archives)가 어떤 연관이 있을까. 왜 구술사 연구 방법에서 공동체 아카이브를 논의할까. 나는 서울과 경기 남부를 중심으로 하는 수도권에서 2006년부터 지방지(地方誌)작업을 많이 해 왔다. 지방지는 지자체의 요구에 따라서 주기적으로 지방의 역사와 문화 사료를 수집하여 기록을 출판하는 작업이다. 그런데 2000년대 중반부터 수도권의 지방지 작업들이 현지조사와 구술사 인터뷰를 포함하게 되었다. 이는 수도권의 특성에 의한 것이라고 볼 수 있다. 1990년대 초부터 수도권의 신도시 개발로 인하여 기존의 군지역이 대부분 시로 승격이 되면서 지역사회가 급격하게 도시화되었기 때문이다. 따라서 새롭게 만들어진 행정단위 하의 지자체 내의 다양한 주민들의 삶을 기록할 필요가 생겼다. 인구의 대부분이 이주민이 되어버린 수도

권의 지자체에서 이주민과 원주민들의 삶을 기록하기 위하여 구술사 인터뷰가 필요하게 된 것이다.2 이주민과 토박이들의 삶에 대한 구술 자료와 문화기술지적 자료를 수집하여 지방지에 기록하면서 생긴 문제는 수집한 자료들이 지방지 출판 후에는 사장되고 있다는 것이다. 어렵게 수집했고, 수집이 안 되었다면 사라졌을 지역 사료들인데 이 사료들이 아카이빙 안 되고 있는 현실이 안타까웠다. 이러한 현실에 대한 대안을 고민하는 과정에서 지역에 기초한 공동체 아카이브의 구축이 바로 지방지 작업으로 생산된 자료를 사료화 하는 방법이라는 결론에 이르렀다. 지방사 사료들이 빈곤한 상황에서 지방사 사료의 수집은 절실하고 무엇보다도 수집된 자료들이 사료로서 보존되어야만 현재의 지방사 사료의 빈곤이 후대에 사라질 수 있기 때문이다. 그러면 우선 공동체 아카이브가 무엇인지에 대해서 알아보도록 하자.

공동체 아카이브는 북미 기록학계에서 하나의 내적인 움직임으로 시작되었다. 기록학계에서는 기록관리의 사회적 역할을 강조했는데 실상은 그렇지 못한 것에 대한 비판적 성찰이 시작되었다.3 아카이브가 역사적으로 대중들의 기억과 기록을 보존하기보다는 특정 계층이나 엘리트의 기록만을 보존 대상으로 삼아왔다는 비판이 일기 시작하면서 아카이브의 본질에 대해 재고를 하게 된 것이다. 기록관리의 가치는 사회 전체를 위해야 하는 책임을 가지고 사회의 정체성, 사회정의와 가치를 증진시키는 데 그 목적을 두어야 한다는 것이다.4 그래서 1980년대 새로운 도큐멘테이션 전략이 제시되었는데, 그것은 기록관리사가 지역사회나 단체와의 협업을 통해서 사회 안건이나 주제들, 지역에 대한 기록을 수집하고 재구성, 보존하는 것을 목적으로 하였다.5 그러나 새로운 도큐멘테이션 전략은 실패로 끝났는데, 거기에는 여러 가지 이유가 있었다. 첫째로는 지역 내의 다양한 전문가들이 공통적인 합의를 도출해내는데 실패했기 때문이다. 또 하나는 참여기관들의 다양한 이해들의 대립이 있었고, 지속적인 연구비 충당이 어려웠고, 따라서 전문 인력을 동원하는 데 어려움이 있었기 때문이었다.6

무엇보다도 가장 큰 이유는 기존의 기록학에서는 다루지 않았던 생소한 기록을 수집하는데 있어서의 어려움이었다. '아래로부터의 기록관리'라는 새로운 영역에 눈을 돌렸지만 이것을 실행하기 위한 개념과 방법론이 부재했기 때문이었다.7 대표적 사회적 집단이 아니라 너무나 다양한 지방들의 다양한 형태의 기록들이 기록관리학자들을 당황하게 했던 것이다. 기존의 기록관리에 익숙한 기록관리사들은 다양한 집단들이 어떤 기록을 어떻게 생산해내는지 알 수 없었다. 평범한 사람들은 기존의 문헌이라는 기록의 형태가 아니라 구술, 그림, 노래와 춤으로 자신들의 기억을 전승하고, 이러한 형태의 기록들은 사적인 영역에서 생산되고 자유로운 형태로 유통되고 관리되고 있었기 때문이었다.8 공동체들은 자신의 기억을 재현하기 위해 자신들만의 특별한 방식을 선택하고 있었다. 예를 들면 북미 흑인 공동체는 자신들의 기억을 재즈라는 음악적 형태로 전승시키고 있었던 것이다.9 따라서 기록관리사들은 민간기록을 이해하기 위해서는 개별적 공동체들이 자신의 기억을 어떤 방식으로 기록하고 어떻게 보존하고 왜 그렇게 하는지에 대한 전반적인 분석이 필요했다. 이것은 대중에 대한 심층적인 이해가 전제되어야 했다.10

따라서 "밑으로부터의 기록관리"는 서구 기록학에 대한 전면적인 재고를 필요하게 되었다. 기록학에서는 기록은 신뢰성, 무결성, 완전성이라는 세 가지 가치를 가지고 있어야 기록의 지위를 가질 수 있었다. 그리고 기록관리는 이러한 세 가지 가치를 보존하고 상승시키는 학문이었다. 기록에 대한 국제표준기술도 문자기록을 중심으로 만들어져 있어서 민간기록의 기술에는 맞지 않았다.11 구술 기록은 기존의 기록학의 틀에 맞지 않았던 것이다. 따라서 민간기록의 특성과 그에 따른

관리방법에 대한 문제가 제기되었다. 이것은 무엇이 기록이고 아카이브이고 기록관리사는 누구인가에 대한 근본적인 질문을 제기하게 되었던 것이다. 따라서 기록관리의 전면적인 개편이 필요했고, 이것은 패러다임을 전환하여 기록관리 원칙의 다원화를 주장하게 이르렀다.[12]

기존에 미국에 공동체 아카이브가 없었던 것은 아니었다. 주류 대학이나 도서관 내에서 스페셜 콜렉션이 있었고, 주립 아카이브와 개별 기업 아카이브, 민속박물관도 공동체 아카이브를 기록, 관리하였다. 그런데 이들 공동체 아카이브 기록관리는 여러 가지 문제점이 있었다. 첫 번째로 기관 중심의 기록관리였다는 것이다.[13] 공동체 아카이브는 공동체가 생산한 것인데도 기관이 선별하여 기록관리를 하였던 것이다. 즉 상이한 방식으로 생산된 다양한 기록의 성격과 생산자, 이용자의 복잡한 관계를 고려하지 않고 일방적으로 기록관리가 되었던 것이다. 수집기관의 이해를 중심으로 공동체 아카이브의 기록 수집 및 선별 배제가 이루어졌던 것이다. 정부 기관 내지 제도권 내에서의 기록관리의 문제 사례로는 미국에서 흑인에 대한 기록이라고 볼 수 있다. 흑인들의 기억을 기록하는 방식은 텍스트나 문자가 아니어서 흑인들의 구술은 거의 기록되지 않았고, 백인 지배층의 문헌 기록으로만 남아있다. 즉 흑인 자신들이 생산한 기록이 거의 부재하다는 것이다. 또 하나의 사례는 알래스카 원주민에 대한 기록이다. 알래스카 원주민에 대한 최초의 기록은 서구 인류학자에 의해 만들어졌다. 알래스카를 러시아에서 매입한 이후에는 정부 관료들이 기록을 남겼고, 현재에는 관광을 목적으로 하는 상업적 홍보물이 생산되고 있다. 이러한 전 과정에서 원주민들은 소외되어 있다는 것이다.[14]

두 번째는 기록 정리 및 기술 방식의 문제다. 주류 기관에서 기록관리는 문서 중심의 기록관리 원칙을 강조한다. 그런데 민간기록은 대부분 문서의 형태가 아니라서 문서 중심의 기록관리 원칙에 잘 맞지 않는다.

민간기록은 정리와 기술, 배열의 방식이 특정 집단의 사건과 기억을 담아내는 특수한 내러티브를 포함하고 있어서 공공기록물과는 다르다.15

세 번째는 이용과 서비스 관점에서의 문제다. 주류기관에서 민간기록을 보존할 경우, 기록 생산자의 권리와 의미를 철저히 외면할 가능성이 있다는 것이다.16 주류 아카이브가 기록 생산자들에게 접근성과 소유권을 허용하지 않을 경우 공동체 기록은 공동체로부터 분리될 수 있는 것이다. 특히 기록의 탈맥락화의 위험성이 있다. 미국령 버진 아일랜드 주민의 역사를 보면 버진 아일랜드는 처음에는 스페인령이었다가 네덜란드령으로, 다시 프랑스령으로 되었다가 다시 네덜란드령이 되었다가 미국령이 되었다. 이 과정에서 모든 기록이 각 식민종주국으로 이관되어 실상 버진 아일랜드 주민들에 대한 역사 기록을 소유하고 있지 못하다. 이것은 기록물의 대상이 접근성과 소유권을 배제당한 한 사례라고 볼 수 있다.17 이것은 기록관리에서 보관자 중심의 사고가 문제가 있음을 보여준다. 소외된 집단들의 기록이 부재하면 기록관리에서의 불평등이 재생산되기 때문이다. 누구의 기록을 수집할 것인가의 문제는 누가 그것을 물리적으로 소유하고 관리하는가의 문제이기 때문이다.

따라서 다양한 공동체가 스스로의 기록에 대한 권리를 가진다는 것을 인정하고 이를 중심으로 기록관리를 할 필요성이 있다. 이는 기록이 가지는 본질과 의미를 증진시키며 아카이브의 사회적 역할에 충실해 질 수 있다. 즉 '아래로부터의 기록관리'는 사회적 불평등이 재생산되는 것을 약화시키고, 사회의 민주화에 기여하기 때문이다.18

그래서 북미의 기록학계에서는 기억의 공동체(community of memory)를 주목하였다.19 기억의 공동체는 집단적 기억, 공동의 사회적 기억을 소유하고, 그 기억을 기록하고 아카이브하는 데 공동의 이해를 가진 사람들이다.20 이 공동체는 구성원 간의 공통된 과거에 대한 기억을 통해 스스로 공동체 구성원임을 인식한다. 또한 기억의 공동체는 지배계급의 공식 기억에 대항하는 대항기억(counter-memory)을 주장하는 경향이 있다.[21] 기억의 공동체는 사건과 기억, 의미와 맥락 사이의 복잡한 그물망 속에 존재한다. 그들의 의미체계 속에서 집합적 문화를 창출하며 공통된 과거를 바탕으로 스스로를 규정하는 집단 정체성을 가지고 있다. 따라서 기억의 공동체는 기억을 담보하는 기록 생산과 보관에 관심을 가지고 있어서 기록의 공동체(community of records)이기도 하다.[22] 공동체 구성원들이 기록을 통해 공동체에 대한 소속감과 공동 의식을 가지고 있고 기록의 공동 소유와 권리를 가지고 있어서 기록관리에 대한 공동체적 권리를 행사한다. 기록공동체는 공통적 기억을 기록을 매개로 하며 자신들의 정체성을 규명해가는 동시에 기록생산, 유통, 보존과 관련되어 공동의 권리를 주장할 수 있는 모든 주체를 말한다. 공동체 기록과 아카이브를 통해 스스로의 소속감과 정체성 확보의 가능성을 시사한다. 결론적으로 기억 공동체와 기록공동체에서 아카이브는 스스로의 이야기를 구성하고 기억하는 다양한 기록을 보존함으로써 공동체 스스로가 자신의 기억을 구조화시키고 드러내는 장소라고 볼 수 있다.[23]

따라서 공동체 아카이브는 다음과 같은 방향으로 구축되어야 한다. 첫째는 공동체의 참여와 공동체의 가치를 중시해야 한다.[24] 이를 위해서는 공동체 기록관리의 과정에 기록 생산자의 참여가 필수적이다. 둘째는 공동체 구성원과 기록관리사 간의 협업이 필요하다는 것이다.[25] 따라서 기록관리사들의 지역 조사 및 현지조사가 필요하다. 셋째는 공공기록 중심의 기록관리의 패러다임의 변화가 불가피하다는 것이다.[26] 이것은 거대 담론 틈새의 다양한 내러티브와 공동체의 기억을 드러내는 작업이기 때문이다. 이를 위해서는 개별 공동체에 대한 상대주의적 접근이 필요하다. 이는 인류학의 문화상대주의적 접근 방식을 말한다. 특정사회가 가지고 있는 역사와 경험, 문화와 사회의식에 따라 공동체들의 관심이 다양하다. 영국의 경우에는 노동계급의 공동체 논의가 활발하고 호주의 경우에는 원주민 공동체에 논의가 집중되고 있다. 공동체 아카이브는 이렇게 한 사회의 역사적·사회적 이슈를 반영한다. 개별 공동체는 특수한 인식체계와 문화를 가지고 있지만 또한 공동체가 속한 사회구조의 영향력과 상호교류에 의해 형성되기 때문이다. 미국의 경우에는 이주민사회라는 역사적 맥락 속에서 다양한 디아스포라 공동체들이 많다.[27]

기록학자인 윤은하에 따르면 공동체 아카이브는 기록을 둘러싼 권력 관계를 재편시키고자 하는 목적을 가지고 있다.[28] 사회 지배 이데올로기나 지배담론이 숨기고 은폐하는 사람들에 관심을 가지고 있다. 공식역사에서 배제된 사람들의 역사를 추구하기 때문에 공식 역사의 의미에 반격을 가하고 지배층의 성격과 유지 기제에 대한 고찰을 필요로 한다. 윤은하는 한국 사회에서 가능한 공동체 아카이브 대상들로 자본주의에 대항하는 대안공동체들, 분단과 냉전 논리 속에 정체성이 규정된 공동체들, 글로벌화에 따른 이민자 공동체들, 경제개발논리에 의해 존재가 은폐된 공동체들, 여성과 성적 소수자 공동체들을 들고 있다.[29] 결론적으로 공동체 아카이브는 단순히 미래 세대에 공정한 기록을 이관한다는 것에서 나아가서 사회에서 기록의 문화적 역할을 강조함으로써 현 사회 정의를 실천할 수 있는 운동의 성격을 가지고 있다. 기록학을 민간영역으로 확장하는 이상의 의미로서 새로운 기록 전통을 수립하는 것이다.[30]

2. 공동체 아카이브의 유형

공동체 아카이브는 공동체 구성원들이 참여하는 참여형 아카이브이기 때문에 기록관리학자인 설문원이 정리한 로컬리티 기록화를 위한 참여형 아카이브 유형을 살펴보기로 한다. 설문원에 따르면 로컬리티 아카이브는 집단과 개인의 기억이 만나는 곳으로 공공기록과 민간기록이 만나 지역의 전체상을 기록으로 보여주고 지역민들의 능동적 집단기억을 형성하는데 참여할 수 있는 공간이다.[31] 연구자는 이를 위하여 서구의 참여형 디지털 아카이브를 유형별로 분석하였다.

설문원은 이스토 후빌라 Isto Huvila를 따라서 참여형 아카이브의 특징을 분산 관리(decentralized curation), 철저한 이용자 지향성(radical user-orientation), 광범위한 맥락화(contextualization)라고 보고 있다.[32] 이는 분산되어있는 파편적인 기록들을 전체 맥락 속에서 해석하고 공동으로 활용하기 위해서 관리 주체들과 이용자들이 적극적으로 참여하는 아카이브를 말한다. 또한 공동체가 부여하는 기록의 맥락이 중요하고 공동체 아카이브의 맥락을 공동체의 시각에서 재현하는 것을 강조한다. 그리고 이용자가 기록관리에 참여할 수 있도록 프로세스를 설계하는 것이다. 예를 들면 기록의 평가, 정리, 기술 단계에 공동체가 참여하여 공동체 온톨로지를 설계하는 것이다. 미국 캘리포니아대학 디아스포라 다문화아카이브는 이러한 사례다.[33] 아래의 표는 설문원이 만든 참여 유형과 사례다.[34]

[표 8] 참여 유형과 사례

유형		참여 주체	아카이브 사례
조직 참여형	제1유형	수집기관 ↔ 수집기관	[수집기관 기반의 아카이브] - 캘리포니아 OAC - 캐나다 MemoryBC - 영국 People's Collection Wales
	제2유형	공동체아카이브 ↔ 공동체아카이브 ↔ 수집기관	[공동체 기반의 아카이브] - 영국 Connecting Histories - 영국 CAW
개인 참여형	제3유형	수집기관 ↔ 개인	- 미국 Virtual Georgia
	제4유형	공동체아카이브 ↔ 개인	- 영국 Moving Here

위의 표에 의하면 제1 유형은 수집기관들 간의 협력의 형태이고, 제2 유형은 주류 기관에 공동체 아카이브가 참여하거나 혹은 공동체 아카이브 사이의 참여 형태이며, 제3 유형은 수집기관에 개인들이 참여하는 방식이고 제4 유형은 공동체 아카이브에 개인들이 참여하는 방식이다. 제1 유형은[35] 수집 기관들이 서로 역할 분담을 통해서 다양성을 확보하는 방식인데, 최근에는 수집기관 내 계획적인 수집 분담이 아니라 디지털화의 체계적인 분담을 강조하고 있다. 이 유형은 지방사 자료 활용을 위하여 도서관, 박물관, 주립아카이브 간의 네트워크도 가능하다. 그럼으로써 소장 기록에 대한 접근성이 확대되고 이용자층도 확대되고 통합검색으로 인한 서비스 만족도 제고될 수 있다. 또한 수집기관에서 디지털화 예산을 지원할 가능성도 있다. 하지만 이 유형은 새로운 민간기록을 발굴해내는 것이 아니어서 기록이 없는 사람들은 배제된다는 단점이 있다.

제2 유형[36]은 수집기관과 공동체 아카이브의 협력을 말한다. 수집기관들은 공동체 아카이브를 존중하고 공동체 아카이브의 체계적 보존과 공동 활용을 촉진할 수 있다. 이 유형에는 파트너쉽(partnership) 모델과 프로젝트 협력 모델이 있고, 공동체가 기록에 대한 통제권을 유지하는 방식으로 운영되고 있다. 수집기관에서는 소장 자료의 균형과 다양성을 제고할 수 있고, 이용자층을 확대하고 공공기록과 출판물 중심의 서비스 제약을 극복할 수 있다. 공동체의 입장에서는 공동체 역사와 기록이 사회적으로 표출되고, 전문적인 보존 기술 및 보존 공간을 지원받을 수 있고, 기록조직, 전시, 교육 등의 업무 지원을 받을 수 있는 혜택이 있다.

제3, 4 유형은 수집 기관 및 공동체 아카이브에 개인이 참여하는 방식이다. 이 유형에서 개인은 학자 및 전문가와 같이 기록이용자로서 참여할 수도 있고, 기록생산자 및 공동체의 일원으로서 참여할 수도 있다. 제3 유형에서 수집기관은 제한된 내부 인력을 보완하고 집단

지성을 활용할 수 있는 반면, 이용자들은 개인적 욕구가 충족되고 디지털 자원에 대한 접근성이 확대되는 편익이 있다. 제4 유형에서 공동체는 제한된 내부 인력을 보완하고 시민 아키비스트를 양성할 수 있고 공동체 구성원들의 공동체 소속감과 정체성이 강화될 수 있다.

공동체 아카이브는 기록생산자의 참여를 전제로 하기 때문에 제1, 2 유형보다는 제3, 4 유형이 바람직하다.* 제3 유형은 수집기관의 기록관리보다는 이용자 참여에 방점을 두고 있으며 아카이브 2.0 패러다임[37]에 기초하고 있다. 쿡 Cook이 주장하는 바와 같이 '이용자가 부여하는 의미를 담을 수 있는 공간'으로서의 아카이브 구현을 지향[38]하는 것이다. 이용자의 참여를 극대화하여 기록 생산, 선별, 조직, 해석, 활용 등 활동에 참여하게 하는 사례로는 국립보존기록청 NARA Citizen Archivist Dashboard**와 영국 국립보존기록관 TNA "Living the Poor Life" 프로젝트가 있다.

여기서는 설문원이 사례로 든 미국 "Virtual Georgia"(조지아주립기록관 Georgia Archives)***를 보겠다. 이 아카이브는 조지아주립기록관의 한 기록관리사가 "Vanishing Georgia"라는 프로젝트를 발주하여 1975년부터 1996년까지 다양한 주제(가족, 직장생활, 건축물, 시민활동, 조지아 역사인물, 경관 등)의 조지아 주 역사 사진 1만 8천여 장을 수집하여 아카이빙한 것으로 시작되었다. "Virtual Georgia"는 "Vanishing Georgia"의 연장선상에서 구축되었는데 차이점은 기록관리사뿐 아니라 이용자가 소장 기록을 업로드, 기증할 수 있다는 것이다. 이 아카이브의 특징은 대중들의 참여를 유도해서 정해진 템플릿에 따라 작성한 메타데이터와 사진을 사이트에 직접 업로드하고 기록관 직원들이 평가, 선별하여 컬렉션에 포함시

---

* 제3 유형과 4유형에 대한 조사는 한국외국어대학교 기록정보대학원 박사과정을 수료한 최정은씨가 도와주었다.
** http://www.archives.gov/citizen-archivist/
*** http://vault.georgiaarchives.org/cdm/

켜 사이트에 공개한다. 현재는 조지아주립 아카이브*와 조지아주립 도서관 홈페이지 내, "Virtual Georgia"컬렉션을 운영하여 조지아, 인물, 역사적 건물, 건축물, 여성, 남성, 아틀란타 등의 사진들을 서비스하고 있다.

그러나 이 아카이브는 어떤 기록이 대중, 이용자가 업로드하고 기증한 것인지 여부를 알기가 어렵고, 기록 기술 항목에 기증 여부를 밝히고 있지 않고 있다. 또한 이용자들이 기증한 자료를 분류해 놓지 않았고 거의 대부분의 태그와 코멘트는 비활성화되어 있다. 따라서 제3유형은 이용자에게 개인적 욕구충족, 디지털자원에 대한 접근성 확대에 있어 편익을 제공한다는 점에서 접근성 확대는 가능하나, 이용자의 아카이브에의 '참여'는 제한적이고 여전히 자료 기증자에 머물 뿐인 것 같다.

설문원이 제시한 제4유형의 예시는 영국 "Moving Here"**아카이브다. 현재는 독립사이트는 운영되지 않고 영국 국립아카이브 웹사이트 내에 별도 카테고리로 운영 중이다.*** 이 아카이브는 영국 이민자 공동체들이 자신의 뿌리 및 이민 정착기의 기록을 공유하고 자신들의 이야기를 올리며, 기록과 스토리콘텐츠를 교육적으로 활용하도록 의견을 제시하고 있다. 즉 공동체 구성원들이 아카이브 활동에 참여하고 있다. 사이트 운영은 Heritage Lottery Fund, TNA, 여러 박물관 단체의 지원을 받고 있다. 이 아카이브는 기록물 기술, 이미지, pdf 파일을 제공하고 하단에 이용자들의 이야기를 적는 부분이 있으나(Tell Your Story), 현재는 더 이상 운영하지 않고 있다. "Virtual Georgia"보다는 기술이 훨씬 풍부하고 기록물과 연관 있는 커뮤니티를 밝히고 있다. 이민자, 공동체, 개인의 이민 '이야기'를 따로 분류하여 104개의 이야기가 서비스되고 있다.

---

* http://vault.georgiaarchives.org/cdm/)
** http://www.movinghere.org.uk/
*** http://webarchive.nationalarchives.gov.uk/+/http:/www.movinghere.org.uk/

설문원에 따르면 서구의 참여형 아카이브들은 몇 가지 시사점을 주고 있다.39 첫째는 추진 주체와 방식에서 초기에 공공기금이 필요하고 지역의 도서관이나 박물관을 중심으로 참여형 아카이브가 가능할 수 있다는 것이다. 또한 이용자 중심의 콘텐츠 확충 방식도 고려할 수 있다. 둘째는 수집기관 및 공동체의 협력 네트워크를 구축할 수 있어서 아카이브 포탈 구축 사업이 시작될 필요가 있다는 것이다. 참여형 아카이브는 지역 아카이브 포털, 로컬리티 아카이브 네트워크의 가능성을 가지고 있다. 셋째는 생산 맥락의 보존과 재맥락화가 필요하다는 것이다. 기록의 맥락을 알 수 있는 방식으로 조직하여 지역사회 및 공동체의 경험을 재현화 할 필요가 있기 때문이다. 이를 위해서 집합적 기술과 연구 가이드가 제공될 필요가 있다. 공동체 아카이브별 해설과 이용자 요구에 근거한 재맥락화로 보완이 가능하다. 넷째는 평가 선별에 있어서 전문가나 이용자의 참여가 필요하다는 것이다. 수집기관은 기관의 신뢰성에 따라 선별하는 경향을 보이기 때문에, 지역 콘텐츠 구축을 위해서 전문가가 선정하는 방식, 이용자가 선정하는 방식이 가능하다. 기관의 신뢰성과 전문가나 이용자의 선별이 상호 보완적일 수 있다. 다섯째는 이용자나 공동체 성원의 참여가 매우 중요하다는 것이다. 영국과 미국의 경우 이러한 참여형 아카이브에 이용자 참여는 아직 높지 않다. 그러나 로컬리티 기록화에서 다양성 확보가 중요해서 이를 위해 이용자와 지역의 공동체, 수집기관들의 협력과 참여가 필요하다.

3. 공동체 아카이브의 한국 사례

한국에서 공동체 아카이브에 대한 논의는 2011년 기록학자인 이영남의 공동체 아카이브에 대한 단상으로부터 시작하였다.40 그는 미국

뉴욕의 "Herstory Collection"과 "풀무원 전공부 10주년 콜렉션"을 소개하면서 공동체 아카이브에 대한 새로운 접근을 제시하였다. 기록학자인 윤은하가 북미 기록학계에서의 공동체 아카이브 논의를 소개하였고[41], 이경래와 이광석은 영국의 공동체 아카이브 운동을 소개하였다.[42] 최근에 지자체에서 시도하고 있는 마을 만들기와 연계되어 마을공동체의 아카이브 구축에 대한 관심도 증가하였다.[43]

손동유와 이경준에 의하면 현재 한국에서 마을공동체 아카이브의 예시가 될 수 있는 것으로 첫 번째 모델은 라키비움(larchiveum)이다.[44] 이것은 지역의 도서관, 기록관, 박물관의 유기적인 결합 형태로서 정보 자료의 수집, 보존관리의 통합 수행, 통합 서비스 형태다. 이와 비슷한 사례는 충남 홍성 홍동마을 밝맑도서관이다. 두 번째 모델은 마을 신문을 활용하는 것으로 전주시 평화동 마을신문과 서울마을신문 도봉N을 들 수 있다.[45] 지역민들이 기사 콘텐츠가 아카이빙 될 수 있도록 체계화하여 운영하고 있다. 또 하나의 모델은 예술기록아카이브로 서울 문래동 예술 창착촌의 문래아트아카이브가 있다.[46] 또한 소수자공동체 아카이브 모델로는 경기도 안산 원곡동지역의 예술가, 시민활동가, 노동자와 이주민이 함께 운영하는 커뮤니티 스페이스 리트머스가 있다.[47] 이렇게 지역사회 단체에서도 공동체 아카이브가 시도가 되고 있으나 아직은 초보적인 형태라고 볼 수 있다.

다음에서는 한국에서 현재까지 시도된 지역에 기초한 대표적인 공동체 아카이브를 살펴보겠다.

[표 9] 지역에 기초한 공동체 아카이브 사례

아카이브명	유형	주체	시기	구축 방식	목적	서비스 현황
풀무원 전공부 10주년 콜렉션	독립형	홍성군 홍동마을 협동조합내 풀무학교 전공부	2011년	전공부 학생 8명 이야기기술	전공부 10주년 기념	안됨

아카이브명	유형	주체	시기	구축 방식	목적	서비스 현황
성미산마을 아카이브: 우리어린이집 15주년 콜렉션	독립형	우리어린이집	2009년	성미산아카이브 전문가위원회(마을주민대표+아카이브 전문가) 성미산마을아카이브「2010정책/운영 규정」	우리어린이집 15주년 기념 성미산학교 10주년	http://cafe.daum.net/archpe
성미산학교 10주년 콜렉션		성미산학교	2014년	디지털 아카이브 구축	성미산마을아카이브 구축	
인천 동구 배다리마을 아카이브	전문가 주도형	명지대 기록정보 대학원생 배다리를가꾸는 인천시민모임	2010년	기록관리사들이 문헌조사와 현지조사에 기초하여 수집 및 아카이빙	인천시청의 재개발사업에 저항하여 배다리마을 문화역사 보존	http://cafe.naver.com/baedaritalbe/
부산 산복도로 마을아카이브	지자체 주도형	부산시 동구 부산산복도로 르네상스사업	2011-2020년	기록관리사가 문헌조사, 현지조사에 기초하여 수집 및 아카이빙	도시재생을 목적	이바구공작소(초량동) http://www.2bagu.co.kr/index/bsdonggu

공동체 아카이브가 가장 발전된 영국에서 공동체 아카이브는 대체로 독립형 아카이브다. 한국에서 대표적인 독립형 공동체 아카이브는 충남 홍성 풀무원 전공부 10주년 콜렉션이다. 1998년 기록학자인 이영남이 마을 아르페 논의를 시작하였고, 2011년에 풀무학교 전공부와 마을공동체 문화연구소가 공동작업으로 공동체 구성원, 즉 기록생산자가 주체가 되어 콜렉션을 구축하였다. 이들 풀무아키비스트들은 이야기 기술이라는 기술 방식을 사용하였고, 사진 파일을 가지고 8개의 시리즈와 간단한 기술서를 만들었다. 이영남에 의하면 풀무원 컬렉션의 의의는 다음과 같다.[48] 국제기술표준에서는 기술되지 않는 공동체의 문화를 기술하고자 했고, 국가 아카이브나 주류 아카이브에서 누락된 기록을 장소화 하였고, 공동체 구성원의 주관성을 담고 공동체의

내러티브와 공동체 감각을 생산했다는 것이다. 이영남은 풀무원 전공부 콜렉션이 기록패러다임의 변화를 요구하고 있다고 주장하였는데, 이는 개인이나 공동체가 자기만의 기억의 재현 방식을 사회 내에서 공인 받기 위한 노력을 기록에 반영할 필요가 있기 때문이라고 하였다. 또한 국가 아카이브와 개인 사이에 공동체 차원의 아카이브라는 중간단계의 아카이브가 필요하다고 주장하였다.49 마지막으로 기억의 공동체를 위한 아카이빙이 필요함을 제안하였다. 그러나 풀무원 전공부 콜렉션 이후의 후속작업이나 풀무아키비스트의 지속적인 활동이 미진하여 현재 이 콜렉션은 서비스되지 못하고 있다.

성미산마을아카이브50는 현재로서 가장 성공적인 독립형 공동체 아카이브로 보인다. 성미산마을 아카이빙은 2009년에 공동육아 우리어린이집 15주년 기념으로 성미산아카이브 전문가위원회(마을주민대표+아카이브 전문가)가 모여 콜렉션을 구축했고, 성미산마을아카이브 「2010정책/운영 규정」을 만들었다. 2014년에는 마을 디지털 아카이브를 구축했다. 현재에도 다음 카페에서 일부 서비스가 되고 있으나 활발하지는 않다.

인천 동구 배다리마을아카이브51는 전문가 주도형으로 2010년 인천시청의 재개발사업에 저항하여 배다리마을 문화역사 보존하기 위하여 기록관리사들이 문헌조사와 현지조사에 기초하여 수집 및 아카이빙한 것이다. 따라서 배다리마을아카이브는 일시적인 아카이빙 구축 작업이었고, 마을 공동체 구성원의 참여가 없어서 지속적으로 운영될 수가 없었다. 현재 네이버 카페에서 서비스가 되고 있으나 지속적으로 운영하는 주체가 없다.

지자체 주도의 대표적인 사례는 부산 산복도로 마을아카이브다.52 이는 2011년부터 2020년까지 부산시 동구 부산 산복도로 르네상스사업의 일환으로 시작된 것이다. 지역성과 관련된 자료를 수집, 보존하고 마을주민들의 살고 있는 모습에 대한 자료를 수집, 관리, 보존하는

이바구공작소 홈페이지

생활사 아카이브, 일상 아카이브 구축을 목표로 하였다. 따라서 산복도로 아카이브는 산복도로의 지역성을 형성부터 현재까지 역사와 문화, 산복도로만의 대표성을 지닌 장소, 경관에 대한 아카이빙을 하여 지역 정체성을 확립하고자 하였다. 또한 일제시대 노동자, 한국전쟁 시 피난민들, 1970년대 경제개발시기 이촌향도한 서민층으로 구성된 산복도로 주민들의 지역공동체 복원의 매개체가 되고자 하였다. 따라서 산복도로 아카이브는 참여형 아카이브와 디지털 아카이브를 염두에 두고 기획되었다. 기록관리사들은 1980년대 도큐멘테이션 전략을 적용하여 맥락을 분석하고 수집범위를 설정하고 기록화 항목을 도출하고 수집방안을 수립하였다. 그러나 기록관리사들의 아카이빙 설계는 구현되지 못하였고, 초량동 이바구공작소는 마을 아카이브가 아니라 초량동 역사문화탐방을 위한 관광안내소의 역할을 하고 있다.

인천차이나타운을 연구한 엄수진, 박소현에 의하면[53] 마을 아카이브의 성공 요소는 역사성, 접근성, 공유성이라고 한다. 역사성은 개인 및 공동체의 역사적 기록을 다루는 것이고, 접근성은 주민들의 자유로운 접근 가능성이며, 공유성은 공동체 내부와 외부에서의 활용을 말한다. 그러나 나는 공동체 아카이브의 성공의 가장 중요한 요소는 공동체 구성원들의 자발성이라고 생각한다. 마을 아카이브가 공동체 아카이브가 되기 위해서는 기록 생산자의 적극적인 참여가 필요하다. 이를 위해서는 마을 아카이브 위원회를 구성하여 마을 공동체 주민들이 무엇을 원하는지에 대한 논의를 해야 한다. 또한 구술사 인터뷰와 지역 사료 수집을 위한 마을 주민 교육이 필요하다. 사실 급격한 산업화와 경제 개발, 도시화로 인해 기존의 지역 공동체들은 해체되어 왔다. 따라서 지역 공동체의 역사적 맥락을 이해하는 것이 매우 중요하고, 그것에 기초하여 공동체 주민들의 삶의 양상을 이해하여 지역민의 입장에서 마을 아카이브가 이루어져야 한다. 그래야만 공동체 구성원의 자발성과 참여가 가능해진다.

또한 마을 아카이브가 공동체 아카이브가 되기 위해서는 도큐멘테이션 전략의 수정도 필요하다. 도큐멘테이션 자체에 주민 참여 또는 주민의 삶을 반영하는 것이 필요하다. 기록관리사가 미리 범주를 정하는 것이 아니라 주민들과의 논의를 통해서 아카이빙 주제와 소재를 정할 필요가 있다. 즉 주민들의 삶에 의미가 되는 범주들이 선택되어져야 한다. 또한 주민들이 자신들의 기록을 수집할 역량을 키울 수 있는 교육이 필요하다. 이는 아카이브의 지속성을 위해서 필수적이다. 주민 아키비스트가 나올 수 있도록 아카이빙 시작 전과 후에도 계속 해서 주민 참여 프로그램을 통해서 공동체 아카이브가 유지될 수 있도록 지원하는 것이 필요하다.

4. 공동체 아카이브 구축

그렇다면 위의 한국 공동체 아카이브 사례들의 문제점들을 고려하면서 어떻게 공동체 아카이브를 구축할 수 있을까. 공동체 아카이브는

[표 10] 공동체 아카이브 구축 단계

단계	목적	세부 활동		
1. 기획	도큐멘테이션 전략 기획 단계	공동체 아카이브 위원회 구성	공동체 예비조사	
2. 설계	도큐멘테이션 전략 설계 단계	사료 수집 계획	구술 채록 및 사료 수집 교육	예산안
3. 실행	도큐멘테이션 전략 실행 단계	현지조사와 공동체 사료 수집	구술 채록	
4. 구축	아카이브 구축 단계	공동체 사료의 정리	공동체 사료의 기술	데이터베이스 구축
5. 활용	아카이브 서비스 단계	오프라인 서비스	온라인 서비스	네트워크

    기획, 설계, 실행, 구축, 활용이라는 5단계를 거쳐서 구축할 수 있다.
    공동체 아카이브 구축을 위해서는 도큐멘테이션에 대해서 알아볼 필요가 있다. 도큐멘테이션 전략이란 특정 지역, 주제, 사건 등에 관한 적절한 정보를 기록 생산자, 보존 기록관, 기록 이용자의 상호협력을 통해 선별하여 수집하는 방법론이다. 위에서 윤은하가 지적한 바와 같이 이 방법론은 1980년대 미국을 중심으로 제안되고 다양한 분야에서 다양한 방식으로 실험되었으나 대부분이 실패하였다. 그러나 디지털 환경이 좋아졌고, 능동적인 실천가로서 기록관리사의 정체성이 강조되면서 최근에 다시 주목받게 되었다.
    도큐멘테이션 개념은 기록학에서 기록화, 기록 자체의 의미를 가지고 있다.[54] 그런데 행위로서 도큐멘테이션은 개인, 조직, 사회활동, 사건 등을 재현하거나 증거할 수 있도록 기록을 수집하고 필요한 경우 생산하는 작업이다.[55] 기존의 기록(records)이 기록관리사에게 남겨진 기록이라면 도큐멘테이션(documentation)은 기록관리사가 기관 활동의 증거 자료를 기록으로 보존하기 위한 노력의 결과로 수집된 기록이라고 볼 수 있다. 따라서 행위로서의 도큐멘테이션은 메뉴스크립트(manuscript) 컬렉션 구성을 위한 의도적 활동과 비슷하다.[56]

도큐멘테이션 전략의 방법론적인 특징[57]은 첫째, 특정 영역에 대한 기록을 수집하는 것이다. 이는 특정 지역이나 주제를 설명하거나 그 역사와 변화를 재구성하기 위하여 자료를 수집하는 것으로, 개별 기관 중심의 기록화가 가지고 있는 제한을 보완할 수 있고 사회적 관점에서 의미 있는 기록을 수집할 수 있다. 두 번째 특징은 협력적 수집이다. 여러 기관들이 협력적으로 수집하는 전략으로 기록관, 박물관, 도서관들이 협력할 수 있고, 수집, 종합 목록 및 기술, 참고 서비스 제공 등을 함께 할 수 있다. 세 번째 특징은 기록화 범주와 대상에 대한 사전 분석이다. 기록을 수집하기 전에 해당 지역이나 주제에 대한 분석을 먼저 한다. 이 때 관련 기록을 생산한 기관들에 대한 기능 분석을 병행하는 것이 가능하고 이를 통해 기록화 계획을 만든다. 네 번째 특징은 결락된 범주와 대상을 위한 기록을 생산할 수 있다는 것이다. 기록화 대상과 수집된 기록을 비교 분석하여 결락된 기록은 구술 등 다양한 방법을 통해 생산한다. 이것은 주류 기억이 아닌 대항 기억을 기록화할 수 있는 장점이 있다. 다섯 번째는 자문 조직의 운영이다. 기록화 범위와 대상을 정하고 수집된 기록을 평가하기 위하여 전문가, 기록 생산자, 기록관리사, 이용자 집단과 활동가 등을 포함한 자문조직을 구성하여 운영한다.

핵크만과 워나우블래위트 Hackman and Warnow-Blewett는 도큐멘테이션 프로세스 모델을 제시하였다.[58] 그 모델은 6개의 단계로 구성되어 있다. 첫 번째 단계는 도큐멘테이션 대상 설계와 사전 분석이다. 이용자, 생산자 대표자, 기록관리사, 주제 전문가로 구성된 도큐멘테이션 그룹이 구성되어 기록화 대상 영역과 범위를 명확히 설정한다. 두 번째 단계는 도큐멘테이션 전략 정책을 준비하는 것으로 다양한 정보를 참고하여 정책을 개발한다. 세 번째는 도큐멘테이션 전략 실행 단계이다. 네 번째는 기타 그룹별 전략 실행이다. 기록관리사, 아카이브 및 수집 담당자, 이용자, 정부직원, 자금지원기관, 전문가 협회 등이 기록화 전략을 실행하는 것이다. 다섯 번째는 도큐멘테이션 정책, 절차 및 진행 등에 대해서 도큐멘테이션 그룹에 보고하는 것이다. 여섯 번째는 도큐멘테이션 대상을 재고려하는 것이다. 정기적으로 변화하는 상황에 맞게 대상을 재정의하고 점검하는 것이다.

이러한 도큐멘테이션 전략 프로세스를 활용한 사례[59]로서 미국 현대 물리학사, 서부 뉴욕의 기록화, 미국 밀워키시 기록화, 다기관 협력 연구, 성적 소수자 종교 아카이브 네트워크가 있다. 그런데 대부분이 실패했으나, 가장 성공적인 것은 성적 소수자 종교 아카이브였는데, 그 이유는 공동체 구성원의 자발성 때문이었다.

말키무스 Malkimus에 따르면 도큐멘테이션 전략 프로젝트가 성공하기 위해서는 명확한 기록화 범위를 설정하고 전문성 있는 자문위원회를 구성해야 한다고 주장한다.[60] 또한 프로젝트의 안정성과 지속성을 보장하는 주관기관의 역할이 중요하고, 단계적이고 장기적인 사업을 추진하면서 안정적인 재원을 확보하여 직원을 배치해야 한다고 한다. 기록화의 범위가 중요한 것은 참여자들 간 주체 합의가 이루어지지 않을 경우 실패하기 때문이다. 따라서 사회문화 변동과 같은 추상적 개념을 기록화 하는 것은 어렵다는 것이다. 이해 관계자가 기록보존의 시급함을 인식할 때 성공 확률이 높아진다는 것이다.

기록관리학자인 설문원에 따르면[61] 도큐멘테이션 전략은 비록 대다수가 실패했지만 아카이브 및 기록관리사의 능동적 역할을 추구하며 지역사회에서 기록전문가의 가치를 인식시키는데 기여했다. 또한 지역 내 기록 수집기관들의 협력을 통해서 단일 조직에서의 기능 재현을, 디지털 환경의 도움으로 폭넓은 사회적 재현을 성취하였다. 그리고 다양한 집단들의 연대를 추구하여 기억을 남기고자 하는 주체들이 실천적 기록문화운동을 추진하는 방법이었다.

그래서 설문원은 지역 현실에 적합한 기록화 방향은 선택적이고 집중적인 기록화를 지향해야 한다고 주장하였다.62 또한 로컬리티를 규명하기 위해서는 전문가 집단과 지역민의 의견을 반영하는 구조가 필요하다고 하였다. 그리고 지역 기록화는 분산 보존과 통합적 재현을 지향해야 한다고 보았는데, 이는 분산이 되었어도 연계를 통해서 기록화가 가능하기 때문이다. 즉, 열린 구조의 디지털 기록화를 지향하는 것이 바람직하다는 것이다. 그리고 기록관리사의 자의적 판단을 지양하고 지역 내 다양한 집단의 의견이 반영될 수 있게 할 필요가 있다. 마지막으로 지역 내 협력기관들의 영역별 기록화 수준을 정할 필요가 있다.63

1) 기획: 도큐멘테이션 전략 기획 단계

기획 단계에서는 도큐멘테이션 전략을 구상하기 위한 준비 단계는 공동체 예비조사와 공동체 아카이브 위원회로 구성된다. 공동체 아카이브 구축을 위해서는 공동체의 특성을 파악하는 것이 가장 중요하다. 따라서 공동체에 대한 예비조사가 필수적이다. 예비조사의 목적은 공동체의 역사와 문화 파악, 공동체 내의 정치적 역학 파악, 공동체의 요구 파악 및 공동체 구성원과의 라포 형성이다. 예비조사는 지역 공동체의 경우에는 현지조사와 주요 제보자 인터뷰와 문헌조사로 수행된다. 집단 공동체의 경우에는 집단 모임에 참여관찰과 집단 구성원들과의 인터뷰, 문헌조사로 수행된다.

공동체 아카이브 위원회 구성(도큐멘테이션 그룹)의 목적은 공동체가 주체가 되는 아카이브 구축, 즉 참여형 아카이브를 만들기 위해서다. 이를 위하여 마을 아르페, 마을지역센터, 마을기록센터 등 거점을 활용할 수도 있다. 지역 공동체 아카이브 위원회는 공동체 기록 전문가, 지역 활동가, 향토사가, 마을 지역 센터 담당자 등으로 구성될 수 있고,

향우회나 동문회와 같은 기존의 지역 네트워크를 활용할 수도 있다. 집단 공동체 아카이브 위원회는 집단의 대표, 주요 활동가, 설립자, 조직운영 관리자 등으로 구성될 수 있다.

2) 설계: 도큐멘테이션 전략 설계 단계

도큐멘테이션 전략을 설계하기 위하여 가장 먼저 해야 할 것은 기록화의 대상을 명확하게 하는 것이다. 즉 무엇을 기록하고 싶은가이다. 지역 공동체의 경우에는 경관의 변화, 구성원들의 가족사, 생애사, 의례, 중요한 사건, 기념물, 상징물 등이 될 수 있다. 집단 공동체의 경우 집단의 연혁, 구성원들의 생애사, 주요 사건들, 행사들, 기념물 등이 될 수 있다.

기록화의 대상 뿐만 아니라 얼마나 수집할 것인가도 정해야 한다. 일단 수집 기간을 정하고 수집 자료의 양을 정해야 한다. 왜냐하면 디지털 아카이브를 구축하려면 저장 용량을 고려해야 하기 때문이다. 문헌조사는 관련 연구논저 및 문헌 기록이며 구술사 인터뷰는 생애사 인터뷰 혹은 구술 증언 인터뷰를 할 수 있는데, 몇 명을 인터뷰하고 총 몇 시간의 구술 자료를 수집할 것인가도 정해야 한다. 또한 현지조사나 구술사 인터뷰 시 이미지 자료(구술자 소장 사진 자료나 촬영 자료) 수집, 동영상 자료 수집, 개인 소장품 및 기념물과 같은 물증 자료 수집도 생각해야 한다. 마지막으로 어떻게 수집할 것인가를 정해야 한다. 즉 조사팀을 구성해야 하는데, 구술 조사팀, 이미지 및 동영상 수집팀, 문헌 및 물증 수집팀, 기록관리팀으로 구성될 수 있다.

설계 단계의 두 번째 부분은 아카이브 구축 준비를 위하여 주제별, 자료 형태별, 매체별 수집 자료의 분류 계획을 세우고, 기술 방식을 선택하는 것이다. 설계 단계의 세 번째 부분은 구술 채록 및 사료 수집 교육을 실시하는 것이다. 그리고 마지막으로는 예산안을 만드는 것이다. 예산안은 자료 수집비(현지조사 및 구술채록비) + 기록화비 + 디지털 아카이브 구축비를 포함하는 것으로 한다.

3) 실행: 도큐멘테이션 전략 실행 단계

세 번째 단계는 공동체 자료를 수집하는 단계다. 공동체 자료 수집은 현지조사와 구술사 인터뷰를 통해서 이루어진다. 지역 공동체의 자료 수집은 지역민의 삶의 맥락을 이해하기 위하여 경관, 삶의 터전, 일상생활에 참여 관찰하는 현지조사가 필요하다. 현지조사는 곧 지역민의 입장에서 지역 공동체를 이해하기 위한 방법인 것이다. 그리고 도큐멘테이션 전략에서 선택된 범주 내 주제들에 대해서 더 구체적이고 심층적인 자료를 수집하려면 인터뷰가 필요하다. 인터뷰는 지역민의 삶과 경험에 대한 구체적인 증언 및 생애사를 수집하는 것이다.

한국 지방사 전공자인 주혁에 의하면 지역 사료 수집에 있어서 무엇보다도 필요한 것이 지역을 보는 관점을 점검하는 것이라고 한다. 특정 지역을 언급한다고 해서 그 지역사의 성과물로 볼 수 없고, 지역을 해석과 의미부여의 주체로 보는 관점이 필요하다는 것이다. 다년간의 지방지 작업을 통하여 주혁은 세 단계의 지역 사료 조사의 노하우를 제공한다.64 첫 번째 단계는 일단 지역 사료조사는 조사 대상 지역의 밑그림을 그리는 작업을 시작해야 하는데 해당 읍면동 사무소 자료와 공무원의 인적 인프라를 적극적으로 활용하여 사회적 관계망을 파악해야 한다. 이렇게 지역 사회의 인적 정보를 얻게 되면 그 중 누가 주요 조사 대상자인가 파악을 할 필요가 있다. 이 때 조사 대상인 개인, 단체, 기관이 명목상 분리되어 있을 뿐이지, 모두 유기적인 일체라는 점을 유의해야 한다고 한다.65 두번째 단계는 조사 대상을 선정해서 조사 대상의 순위를 결정하는 것이 필요하다. 왜냐하면 지역민 전체의 전수조사는 불가능하기 때문이다. 이때 우선순위는 모든 지역에서 같지 않은데, 왜냐하면 사회경제적 특성, 사건과 사고, 토박이와 외지인의 비율, 집성촌의 여부, 인구 규모 등 지역적 특성에 따라 지역성을 가장 잘 반영해줄 수 있는 대상을 우선순위로 하는 것이다.[66] 세 번째 단계는 현장조사다. 우선 전 조사 과정을 기록한 조사일지를 작성하고, 향토지를 비롯한 각종 발간물을 검토하여 지역 상황을 파악하고, 공공기관, 단체의 리스트를 작성한다. 이러한 준비 작업이 끝나면 예비조사로 동사무소를 방문하여 조사대상 명단을 확보하고 지역 내 인적 네트워킹을 구축하여 현지조사의 길잡이를 확보한다. 본조사로 들어가서는 조사팀 구성원의 인식 공유, 팀워크 정비를 하고, 작업을 점검하고 보완 추가조사를 한다. 조사가 끝나면 정리 부분으로 목록, 촬영, 복사, 보고서를 작성하고 조사대상자에게 감사 전화 및 보고서를 전달한다.[67]

주혁은 이 과정에서 몇 가지 유의사항을 제시하고 있는데 매우 유용하다.[68] 첫째로 자료 수집시 자료 소장자와 연구자와의 신뢰 구축이 중요하다는 것이다. 둘째로 소장한 자료만이 중요한 것이 아니라 자료 소장자의 삶이야기를 듣는 훈련이 필요하다고 한다. 조사 대상은 자료라기보다는 유무형의 자료를 가지고 있는 사람이 먼저라는 사실을 인식할 필요가 있다는 것이다. 자료 자체 보다는 자료 소장자의 삶에 보다 초점을 두고 인터뷰를 하면서 카운슬러의 넉넉함과 당신 삶의 의미를 새기기 위해 자료 확보와 보존에 나섰다는 기록관리학의 시각이 필요하다고 주장한다. 셋째로 기관 및 개인 소장자는 지역 자료로 정통하면서도 동시에 문외한인 경우가 많다는 것이다. 왜냐하면 어느 자료가 중요한 지역자료인가에 대한 객관적·주관적 시각의 차이로 인해 자료가 없다고 하는 경향이 있기 때문이다. 그래서 연구자는 특별한 자료를 발굴해내는 능력이 필요하다고 한다. 넷째로 고문서가 있는 곳에는 근현대 지역자료가 반드시 있다는 것이다. 대개 근현대 지역 자료는 소중하다고 생각하지 않기 때문에 방치되어 있는 경우가 많기 때문이다. 다섯째로 자료의 소장 형태와 정보원을 동심원적으로 파악해야 한다는 것이다. 특정 기관의 자료는 그 기관에만 있는 것이 아니라, 그 기관에 연관된 다른 기관이나 개인들이 소장할 수도 있기 때문이다.

지역 공동체 자료 수집에서 최근에 구술사 인터뷰의 비중이 커지고 있다. 특정 주제에 대한 구술 증언 인터뷰를 할 것인가, 또는 특정 인물의 생애사 인터뷰를 할 것인가를 결정할 필요가 있고, 기록화 설계에서 정한 분량의 구술 자료를 수집한다. 구술사 인터뷰는 제5장 구술사 인터뷰를 참조하면 된다.

4) 구축: 아카이브 구축 단계

수집된 공동체 자료는 형태별이나 매체별로 정리될 필요가 있다. 수집되는 공동체 자료는 형태별로 구술, 이미지, 동영상, 문헌, 물증으로 구분할 수 있다. 공동체 자료의 정리는 제7장 구술 자료의 정리를 참조하면 된다.

정리된 자료가 아카이브가 되기 위해서는 공동체 자료의 기술이 필요하다.[69] 기록학에서는 기술(description)을 기록을 위한 검색도구나 기타 접근 도구를 생산하는 과정이나 결과물로 본다. 1차적인 목적은 현재 및 미래 이용자가 원하는 기록을 찾고 그 의미를 이해할 수 있도록 도와주는 것이다. 기술은 기록의 생성 방식과 그것이 만들어진 맥락을 설명하고 기록을 식별, 이해하는데 도움이 되도록 정보를 획득, 조직, 대조, 분석하는 과정을 통해 기록단위에 대한 정확한 설명을 하는 것이다. 또한 대상에 대한 주관적 의미 부여가 아니라 정해진 기준에 따라 객관적으로 설명을 함으로써 다른 기록과의 차이를 부각시키는 것이다. 대표적인 기술로는 국제표준기술인 ISAD(G)(General International Standard Archival Description)가 있다.

공동체 아카이브 구축을 위해 기술 규칙을 정하기 전에 두 가지 필요한 사항이 있다. 첫째는 관리조직의 유형과 목적을 파악하는 것이다. 즉 관리 조직이 공공 기관인가 또는 민간기관인가와 관리 목적을 파악하는 것이다. 둘째는 대상물의 물리적·지적 특성을 파악하는 것이다. 즉 대상물의 현용적 또는 비현용적 가치가 무엇인지를 파악하는 것이다. 그런데 공동체 자료는 국제기술표준을 적용하는 것이 쉽지 않다는 고민이 있다. 따라서 기록학 패러다임의 전환 이후 기록화의 대상 범주가 확대되면서 다양한 기록대상들(구술, 공동체, 마을, 일상 등)을 인식하고 문헌기록을 위한 기술 표준을 적용할 것인가 질문하면서 탈표준(post-standard)이 논의되기 시작했다. 표준 기술에서 주체는 기록관리사인데 공동체 아카이빙에서는 풀무학교 전공부 10주년 콜렉션에서 볼 수 있듯이 공동체 구성원이 주체가 될 수 있다. 따라서 표준기술이 지향했던 객관적 재현에서 공동체의 상징적이고 주관적인 재현을 지향하게 되었고, 표준기술의 효율성 지향에서 공동체 구성원과의 협력 지향으로 변화하게 되었다.

국제표준기술 외에 메타데이터는 더블린코어(Dublin Core)가 있다. 더블린코어는 1995년 만들어진 메타데이터 표준안으로 현재 세계적으로 가장 많이 쓰이는 메타데이터 서술 방법이다. 더블린코어가 만들어진 것은 과거 문헌 중심의 메타데이터 서술 방법의 한계 때문이었고, 본래 정보자원 특히 웹자원에 대한 메타데이터를 분석, 분류할 목적으로 만들어졌다. 더블린코어의 특징은 16개 기본 항목이 설정되어 있고, 다양한 분야에서 호환, 공유할 수 있도록 고안되어 있다. 문헌 기록을 위한 국제표준기술보다 단순한 체계로 구성되어 가장 폭넓은 호환성을 가지고 있고, 핵심 요소만 기술함으로써 이해와 활용이 용이하다.

더블린코어는 6개의 특징을 가지고 있다. 우선 자원의 본질적인 특성을 기술요소로 설정하는 고유성이 있고, 규정된 필수 데이터 요소

이외에 부차적인 내용이나 특성을 기술요소로 사용하여 확장성을 가지고 있다. 또한 응용분야나 표현기법을 규정하지 않아서 구문의 독립성이 있고, 각 요소의 수록 여부를 강제하지 않는 선택성, 모든 기술요소를 반복 사용할 수 있는 반복성이 있다. 또한 한정어를 사용하여 세부사항을 조정하여 수정가능성이 있다. 이러한 특징을 바탕으로 더블린코어는 데이터 형식, 구조를 단순화하여 생산자 스스로 메타데이터를 직접 작성할 수 있게 하고 또한 아카이브 구축 비용도 대폭 절감하게 해 준다.

그러나 더블린코어는 단점도 있다. 우선 간결성이 강조됨으로써 복잡하고 구조적인 정보는 표현이 어렵다. 또한 포괄적인 정보만이 전달됨으로써 기술 대상물의 특성을 반영하는 것에 어려움이 있고 고유하고 가치 있는 정보가 누락될 가능성이 크다. 이에 비해 국제표준기술은 영구기록물관리기관으로 이관된 기록물을 대상으로 기술할 때 적용되고 매체나 유형에 관계없이 모든 보존 기록에 적용된다.

한국에서 더블린코어를 사용하여 구축된 대표적인 아카이브는 20세기민중생활사 아카이브다. 20세기민중생활사 아카이브는 구술 자료를 중심으로 하는 생활사 아카이브여서 공동체 아카이브라고 보기는 힘들다. 그런데 민간기록을 아카이빙하는 것이었기 때문에 국제표준기술보다 포괄적인 더블린코어를 채택하고 특정 항목을 추가하여 19개의 항목을 설정하였다. 추가된 항목은 내용 파일, RFID 태그번호, GPS 정보다. 내용 파일은 원자료의 디지털 자료가 있는 위치나 데이터 업로드 위치 정보이고 RFID 태그번호, GPS 정보는 자료 수집 장소, 그 지역에서 수집된 자료 검색을 가능하게 한다. 이는 아카이브의 효용성과 휴대성을 높이기 위한 것이다.

부산 산복도로 아카이브의 경우는 수집된 자료에 대한 메타데이터를 추출하는 방안과 기술하는 방안으로 ISAD(G)와 더블린코어를 함께 사용하였다. 둘 다를 채택하여 필요한 적용 항목을 설정하고 부족한 부분은 추가 구성하였다. 수집자료 자체 기술은 ISAD(G)를 사용하였고, 장소 정보(공간)와 개인이야기(구술)는 더블린코어를 사용하였다. 이렇게 공동체 사료에 대한 기술을 하여 키워드를 중심으로 검색할 수 있도록 데이터베이스시스템을 구축한다. 데이터베이스시스템 구축은 공동체 아카이브 설계 때부터 정보기술 전문가가 함께 참여하는 것이 바람직하다. 그래야 공동체 사료의 특성을 반영하면서 디지털 기술력이 통합될 수 있다.

5) 활용: 아카이브의 활용 단계

공동체 아카이브가 구축되면 서비스를 위한 매뉴얼이 필요하다. 한국은 공동체 아카이브가 구축되어도 오프라인 서비스를 할 수 있는 환경이 아니다. 공공기록물관리법의 제정에도 불구하고 지방기록관이 거의 없어서 공동체 아카이브를 지원해 줄 수 없기 때문이다. 따라서 공동체 아카이브는 디지털 아카이브를 추구할 수밖에 없다. 그러나 지역 도서관이나 박물관이 지원할 수 있다면 오프라인 서비스도 가능할 것이다. 디지털 아카이브를 구축하면 온라인 서비스가 가능하여 아카이브의 활용도가 높아질 수 있다. 위에서 살펴본 국내의 공동체 아카이브 사례를 보면 독자적인 디지털 아카이브를 구축하기보다는 포탈 싸이트의 카페를 이용하는 것을 볼 수 있다. 그 만큼 현재 한국에서 공동체 아카이브는 싹이 이제 트는 단계에 있다고 볼 수 있다.

공동체 아카이브가 구축되고 활용되기 위해서는 이를 지원해주는 기관이 필요하다. 그래서 지방기록관이 절실히 필요한 것이다. 2017년 경남기록원이 개관했고 2018년에 서울기록원이 개관을 앞두고 있을 뿐이다. 공동체 구성원의 자발성이 가장 중요하지만, 그것이 구현되기 위해서는 지자체의 지원이 필수적인데, 공동체 아카이브 지원과 네트워킹을 지방기록관들이 해 주어야 한다.

5. 공동체 아카이브의 활용

공동체 아카이브는 다양하게 활용될 수 있다. 위에서 언급된 공동체 아카이브들이 활용된 사례를 찾을 수가 없으나, 지역 사료 수집을 통한 사례들을 살펴보기로 하자. 우선 공동체 아카이브는 교육적 목적을 위하여 활용될 수 있다. 공주대학교 역사교육과 교수인 지수걸은 사회과 통합 교육을 교육 현장에서 구현할 수 있는 방안으로 근현대 향토사 자료를 소재로 교육수업을 제안하였다.[70] 이를 향토사 통합 교육이라고 하면서 이는 배타적인 민족의식이 아니라 건전한 시민의식을 배양하기 위하여 국가, 민족사 중심의 국사교과서를 재현하는 새로운 역사 교육의 방향과 방법을 모색하였다. 지수걸은 사회과 통합교육의 소재를 공주지역의 특수성을 담보하는 교육 소재들을 선택하여 전문가와 전공 교사의 협업을 통해서 수업 목표에 맞는 교육 소재를 준비할 것을 제안하였다. 이 수업에는 지역 신문과 같은 문헌뿐만 아니라 유물, 유적, 사진 및 동영상 자료와 인터뷰 및 구전 자료를 포함하였다. 이 작업은 지역 공동체 사료를 수집하는 것이라고 볼 수 있으며, 또한 공주 지역 공동체 아카이브가 있었다면 더 효율적으로 진행될 수 있었을 것이다.

  공동체 아카이브는 지역문화운동에 활용될 수 있다. 지수걸은 2008년에 공주지역 시민사회활동가들과 함께 이야기를 사는 가게 프로젝트를 시작하였다.[71] 이는 지역민들의 이야기를 듣고 수집하여 문화 콘텐츠화 하는 사업이었다. 이야기가게 프로젝트는 민주적인 의사소통을 중시하는 지역 주민들의 역사 만들기 운동이었다. 이야기를 사는

가게는 이를 실행하는 매개조직으로 공주 지역의 역사와 문화를 활용하여 한 일종의 공동체 퍼포먼스이자 지역문화예술운동이었다. 또한 청년 실업 해소도 도모할 수 있는 사회적 기업으로 시작되었다. 이때 진실과화해를 위한 과거사진상규명위원회의 발굴 작업으로 왕촌 살구쟁이 이야기 프로젝트가 진행되었다. 인문사회조사팀은 문헌자료와 구술 자료를 수집하여 정리하였고, 온라인 글쓰기팀은 오마이뉴스와 지역 신문, 카페, 블로그에 글을 올렸다. 사진 및 다큐팀은 유해 발굴 과정 및 특정 주제에 대한 사진 및 다큐멘터리를 제작하였다. 그런데 이 학살 사건은 서사성은 있으나 주제가 무거워서 말잔치로 끝내는 데는 실패하였다. 그러나 이 프로젝트는 구술사를 통해서 과거 역사를 매개로 민중들과 대화하고 토론하는 가운데 서로 감응을 촉발하고 치유하는 행위였고, 새로운 사회를 만들어가는 계기와 동력을 만들어 내는 실천 행위였다. 이 프로젝트의 결과물은 다음 카페에 개설된 공주이야기가게*를 통해 일종의 공동체 아카이브의 역할을 하고 있다.

역사학자 김선정은 용인 사람들의 이야기 수집을 통하여 용인장 활성화를 위한 콘텐츠를 기획하였다.[72] 연구자는 한국외국어대학교 '구술사와 문화콘텐츠 기획' 수업을 진행하면서 용인장과 관련하여 다양한 구술 자료를 수집했다.[73] 수집한 구술 자료를 토대로 하여 용인장 활성화를 위한 콘텐츠를 기획하여 스토리 파크 마켓, 핸드맵, 온라인 시장과 앱개발을 시도했다.[74] 스토리 파크 마켓은 스토리텔링 기법을 이용하여 "기존에 용인중앙시장을 방문하던 사람들에게는 본인들의 추억과 시장의 스토리가 합쳐져 더 좋은 추억으로 남을 여지가 될 수 있고, 처음 방문하는 방문자들에게는 시장의 유래나 특성에 관한 이야기를 통한 홍보나, 낯설게만 느껴졌던 시장의 정(情)을 같이 공감하

---

* http://cafe.daum.net/iyggg

는 계기가 될 수 있다."[75]

위의 사례를 바탕으로 공동체 아카이브의 방향을 정리해보면 첫째로 공동체 아카이브는 지역 공동체를 활성화할 수 있다는 것이다. 지역 공동체 아카이브는 지역성을 확인하고 형성하는 공간이며 공동의 기억과 기록을 보존하는 공간이며 지역민의 의사소통 및 교류의 공간이기 때문이다. 두 번째로 공동체 아카이브는 공동체의 자기 역사 만들기라는 것이다. 기록자치 및 자기 역사 만들기 운동이며 주민들이 기록관리자가 될 수 있다. 즉 기록 생산자가 기록의 주체가 될 수 있는 것이다. 이렇게 될 때 독립적인 공동체 아카이브가 유지될 수 있다. 마지막으로 공동체 아카이브는 소통을 위해 활용되어야 한다는 것이다. 공동체 아카이브 내의 사건에 대한 구술 증언, 생활사 자료, 구술 자료 등 다양한 매체를 활용하여 지역의 역사와 문화 교육 자료로 활용될 수 있고, 전시 및 문화 콘텐츠화 될 수 있다. 또한 디지털 아카이브 구축을 통해서 공동체 간의 소통과 교류를 하는 네트워킹도 이루어질 수 있다.

제11장

구술사 연구의 지평*

구술사는 사람들을 중심으로 만들어진 역사다. 그것은 삶을 역사에 강제로 떠밀어서 역사의 폭을 넓힌다. 구술사는 지도자뿐만 아니라 다수의 알려지지 않은 사람들을 영웅으로 드러내기도 한다. 그것은 교사와 학생이 공동작업자가 될 수 있도록 하고, 역사를 지역사회 안으로 혹은 밖으로 데려간다. 구술자는 비특권적인, 특히 노인들로 하여금 존엄성과 자기 확신을 갖게 하고 사회계급 간에, 세대 간에 접촉을 유발하여 상호이해를 확대시킨다. 그리고 개별 역사가들과 다른 이들에게 공유된 의미를 가진 한 장소 또는 한 시대에 속해 있다는 소속감을 줄 수 있다. 즉 더 충만한 인간 존재가 되게 한다. 마찬가지로 구술사는 이미 용인된 역사의 신화에, 전통 속에 내재된 권위주의적인 판단에 도전한다. 구술사는 역사의 사회적 의미를 급진적으로 변화시킬 수단을 제공하는 것이다.[1]

1. 여성 구술사

한국에서 여성 구술사[2]는 역사학자가 아니라 인류학자들에 의해서 시작되어서 '여성 구술사'라는 용어보다는 '여성 구술 생애사'라는 용어가 더 많이 사용되고 있다. 최초로 수집된 여성 구술 생애사는 1980년대 말과 1990년대 초 뿌리깊은나무의 민중자서전 시리즈에서 시작되었다. 이 여성 구술사는 반가 며느리, 무당, 길쌈 아낙네, 소리꾼 등 특수 직종 여성들의 삶이야기가 채록되었고, 당시에는 '생애사'라는 용어가 아니라 '삶이야기' 혹은 '살아온 이야기'로 기록되었다.[3] 본격적

---

* 현재 구술사 연구는 계속적으로 다양한 분야로 확대되고 있다. 그러나 여기에서는 내가 각 분야에서의 구술사 연구 성과를 정리하는 것은 역량이 못되기 때문에 여성 구술사, 지방사, 역사적 상흔, 구술사 교육에만 한정하려고 한다. 내가 더 많은 관심을 가지고 있는 분야이기 때문이라고 보면 될 것이다.

으로 학계에서 여성 생애사에 대한 관심이 나타난 것은 1990년대 초 여성주의 글쓰기에 대한 관심이 생기면서였다. 1991년 『한국여성학』 7집은 특집 주제로 "여성 체험의 기술: 한국여성학의 보편성과 특수성"을 다루었고, 인류학자 김성례는 「한국 무속에 나타난 여성체험: 구술 생애사의 서사분석」이라는 논문에서 "구술 생애사"라는 용어를 사용하였다. 또한 인류학자 유철인도 미군과 결혼한 여성들의 생애사 연구「생애사와 신세타령: 자료와 텍스트의 문제」에서 '생애사'라는 용어를 사용하였다.4 이렇게 여성 구술 생애사 연구가 되다보니 역사가 혹은 여성사가들보다는 인류학, 사회학, 여성학에서 더 많은 연구들이 되고 있다.

이러한 학문적인 관심 외에 당시 사회적으로 여성 구술 생애사에 대한 관심은 일본군 위안부 생존자로부터 시작되었다. 문헌 기록으로는 증명할 수 없는 일본군 위안부 생존자들이 겪은 일제의 식민주의 지배 하의 동원과 성폭력 경험은 이들의 구술 증언을 통해서만 드러날 수 있었다. 그래서 한국정신대문제대책협의회와 한국정신대연구소는 1993년 최초로 일본군 위안부 증언집을 출간하였다.5 이 과정에서 페미니스트 연구자들이 구술 증언 채록에 참여하게 되었고, 이때부터 여성학에서 여성을 인터뷰하고, 구술 증언을 사료화하고 출간하는 것에 대한 고민이 시작되었다.

여성 구술사 연구에서 일본군 위안부 생존자 구술 채록은 하나의 촉발점이 되었다고 볼 수 있다. 이는 소외된 여성과 피해자 여성들의 민족모순, 계급모순, 성모순을 드러내기 위해서 구술 증언 내지는 구술 생애사 연구방법을 사용했기 때문이다. 소외된 여성과 피해자 여성들의 삶의 경험을 역사화할 사료의 부재로 인해 구술사 인터뷰라는 방법을 사용한 것이었다.

비슷한 시기에 여성신문사에서는 다양한 분야에서 외길을 걸어온 여성들을 인터뷰하여 연재하였는데 이를 모아서 1990년에 『이야기 여성사』를 출간하였다. 이는 여성 선구자 내지는 여성 원로들을 인터뷰하여 단행본으로 출간한 것이었다. 그 후속 책자가 나오지 못하고 있다가 2000년에 『이야기 여성사』 1, 2권이 출간되었다.

학계에서 본격적으로 여성 구술 생애사에 대한 학위 논문과 연구 논문들이 나온 것은 1990년대 말부터였다. 여성학에서는 이정주의 「제주 '호미'마을 여성들의 생애사에 대한 여성학적 고찰—'4·3' 경험을 중심으로」(이화여대 여성학과 석사학위 논문, 1998)와 김민정의 「여성무당의 서사 행위를 통해 본 여성성의 재구성: 여성 구술 생애사를 중심으로」(계명대 여성학 석사논문, 1998)가 나왔다. 인류학에서는 일찍이 켄달 L. Kendall의 무당의 생애사 연구가 있고,[6] 유철인은 1990년대 초부터 미군과 결혼한 여성[7]과 제주 해녀[8]의 구술 생애사 연구가 있었다. 민속학에서도 여성 생애담[9]에 대한 연구가 나오기 시작했다.

1990년대 한국 여성 구술 생애사 연구는 한편으로는 과거사 진상 규명 차원에서 일본군 위안부 생존자나 제주 4·3과 같이 역사적 사건의 피해자 여성의 구술 증언을 중심으로 연구가 되었다. 또 한편으로는 무당과 같이 비하된 여성 전문인에 대한 구술 생애사 연구가 진행되었는데, 이러한 연구 경향은 '피해자 여성'과 '여성 전사'라는 상반된 두 여성 이미지를 만들어냈다.

2000년대 들어서서는 여성 구술사 연구에서도 과거사 진상 규명 차원에서 나아가 보통 여성들의 구술 생애사 연구가 증가하였다. 또한 여성학적 쟁점들을 가지고 여성 구술 생애사 방법론을 채택하여 여성 구술 생애사의 이론적·방법론적 논의가 발전되었다. 이 시기에도 일본군 위안부 생존자들의 증언집이 계속 출간되었는데, 그 중 제4집인 『기억으로 다시 쓰는 역사』(풀빛, 2001)는 구술 증언을 출간하는 데 있어서 구술 채록 과정, 분석과 편집이라는 연구 과정에 대한 자기 성찰적인 측면을 포함하여 여성 구술 생애사 연구에 큰 진전을 보여주었다. 양현아의 일본군위안부 연구는 민족모순과 성모순 사이에서 역사적 사건의 피해자로서의 일본군 위안부 생존자들의 다중적 주체성(multiple subjectivity)을 생애사적인 분석을 통해 다시 읽는 작업을 하여 기존의 일본군 위안부에 대한 피해자 연구에서 진일보하였다.[10] 유철인의 제주 4·3 수형인 여성 연구도 서술형식 중심의 연구에서 더 나아가 피해자 여성을 다루고 있으나, 역사적 사건인 제주 4·3사건이 주체가 되는 것이 아니라, 여성 구술자가 이야기하고 해석하는 4·3사건에 대해서 들려주고 있다.[11] 이러한 연구들은 피해자 여성들의 경험을 단순히 폭로하는 것이 아니라 그들의 주관적 세계를 드러내어 그들의 주체성, 정체성과 역사 이해를 분석해내는 것이었다.

2000년대부터는 여성 구술 생애사 연구인 석박사 학위논문들이 많이 나타나기 시작하였다. 2000년 초기의 학위논문들은 여성학 주제와 역사를 연결시키면서 전쟁과 지역사회에서의 여성 경험에 초점을 둔 것들이 나왔다. 최기자의 「여성주의 역사쓰기를 위한 여성 '빨치산' 구술 생애사 연구」(2002, 한양대 여성학 석사논문), 이원심의 「구술 생애사를 통해 본 지역여성의 역사: 경북 영양군 한티리의 세 여성을 중심으로」(2005, 계명대 여성학 석사논문), 김유경의 「구술 생애사를 통해 본 서미 마을 여성의 삶과 민속」(안동대학교 민속학 석사논문, 2009)이 있다.

2010년대로 가면 성매매 여성과 결혼이주여성의 구술 생애사 연구가 증가하였는데 드러나지 않는 소외계층의 여성들을 연구할 수 있는 방법이 구술 생애사였기 때문이라고 볼 수 있다. 최란주의 「결혼이주여성의 생애사 연구」(계명대학교 여성학 석사논문, 2010), 김은혜의 「난임 경험 기독교 여성의 생애사 연구」(계명대학교 여성학 석사논문, 2011), 신스니라의 「고령 성매매여성들의 생애사 연구: 가족, 일, 나이듦의 의미를 중심으로」(서울대학교 대학원 석사논문, 2013), 송상민의 「대구역 인근 지역 성매매경험여성 생애사 연구」(계명대학교 정책대학원 석사논문, 2013), 정선영의 「여성주의자 딸이 쓰는 '나의 어머니' 구술 생애사 연구」(성공회대학교 NGO대학원 석사논문, 2014), 임수정의 「탈성매매 여성의 생애사 연구」(전남대학교 대학원 석사논문, 2014), 조항례의 「'내생애 최고였던 빨치산 시절' 변숙현의 생애구술사」(성공회대학교 NGO대학원 석사논문, 2015), 차경희의 「구술 생애사를 통해 본 여성활동가들의 여성주의 정체성 형성과정」(전남대학교 석사논문, 2017)이 있다. 국내에서 여성 구술 생애사 연구인 박사학위논문은 성정숙의 「레즈비언 생애사 연구 : 사회복지 이론과 실천의 비판적 확장」(중앙대학교 대학원 사회복지학 박사논문, 2010)과 이선형의 「한국 결혼이주여성의 모성과 정체성 : 구술 생애사 분석을 중심으로」(서울대학교 여성학 박사논문, 2013)가 있다.

그리고 2000년대부터는 다양한 기관에서 구술 채록이 진행되었는데, 그 중 일부가 여성 구술사 연구였다. 국사편찬위원회에서는 2004년부터 2009년까지 5·18관련 여성들, 가족계획정책, 여성 생활사, 다문화 가족, 전문직 여성, 여성 국극, 한국전쟁경험에 대한 구술 채록들이 수행되었다. 숙명여자대학교 아시아여성연구소에서는 2004년부터 2006년까지 한국여성인물사 연구를 통해 사회 지도층 여성에서부터 한부모 여성까지 다양한 직종과 계층의 여성들의 구술 생애사를 수집하였다.[12] 여성사전시관에서도 교육, 운동, 노동, 일상, 예술 분야의 여성들의 삶을 구술 채록하였다. 그 밖의 기관에서도 여성들의 생애사가 수집되었으나, 사건 중심적이고 남성 중심적인 구술 증언 채록이라는 한국 구술사 연구의 흐름에서 여성 구술사 연구는 매우 제한적이고 소외된 영역이라고 볼 수 있다.

그러나 2000년대에는 여성 구술사 자료가 제한적이나마 확대되었고, 동시에 여성의 경험의 가시화라는 초기의 여성 구술사의 과제에서 벗어나, 여성 구술 생애사에 대한 이론적 방법론적 논의들이 정교화되었다. 김성례는 「여성주의 구술사의 방법론적 성찰」[13]에서 일본군 위안부할머니들의 구술 증언 채록과 제주 무당 문심방의 구술 생애사에서 여성 구술사 연구의 특수성을 논의하였다. 이재인은 「서사유형과 내면세계」14에서 여성들의 서술 형식의 유형들을 분석하여 기혼여성들의 자아의 유형을 도출해 내었다. 이희영은 「여성주의 연구에서 구술 자료 재구성」15에서 김성례와 이재인이 시도하는 서사분석은 서술 자체의 형식적 특성을 분석하는데 그쳐서 '젠더 경험'의 구체성으로 접근해야 하는 여성주의 연구의 필요성을 간과하고 있다고 주장하였다.

『여성주의 역사쓰기』 표지

2010년대로 오면서 주목할 만한 여성 구술사 연구로는 이화여자대학교 "여성의 구술 생애사로 본 한국의 근대" 토대연구로서 2011년부터 2015년까지 분단, 개발, 탈식민이라는 주제로 평범한 여성들의 구술 생애사를 수집하였다. 그 결과물들을 가지고 4권의 단행본16을 출간하였고, "근대와 여성의 기억 아카이브"를 구축하였다. 이 연구를 계기로 다양한 주제의 여성 구술 생애사 논문들도 많이 출간되었다. 여성주의 구술사 연구에서의 이론적·방법론적 논의뿐만 아니라, 연구 윤리에 관한 연구들도 발표되었다.17 또한 분단과 산업화 과정에서 평범한 여성들의 삶의 변화에 대한 사례 연구들도 나왔다.18 이 시기에 연구 단행본으로는 역사학자인 이임하의 전쟁미망인 연구가 있다.19

이 시기에 또 하나의 흐름은 여성 원로들의 단행본 출판이 나타나기 시작했다는 것이다. 국립민속박물관에서는 조선조 마지막 양반 가문의 딸 생애사로 이석희의 생애사를 출판하였다. 이는 근대 여성 생활사 구술 채록으로 편사처럼 연구해제와 녹취문이 함께 발간되었다.20 또한 청현문화재단에서는 최초의 무대미술가인 이병복의 생애사를 구술

『우리가 이래서 사는가 보다』 표지

채록하여 단행본을 출간하기도 하였다.[21] 2015년에는 사단법인 100인의 여성체육인에서 다양한 체육 분야의 여성 원로 체육인들의 구술 생애사를 인터뷰하여 6권의 단행본을 출간하였다.[22]

2000년대로 오면서 기관구술채록이 증가했지만 여성구술사 연구는 비중이 적다. 대표적인 구술채록기관인 국사편찬위원회의 경우[23]에도 2004년에서 2013년까지 "여성, 가족"으로 분류된 구술자 수는 136명으로 그 비율은 11.5%이고 구술시간은 13.7%를 차지하고 있고, 구술 개수는 23개로 10.4%로 전체적으로 볼 때 총 구술 채록의 1/10 정도로 볼 수 있다. 구술 주제는 여성 정책, 여성 노동, 정치적 사건으로 인간 생애 변화, 전쟁, 다문화, 가족문화, 일상생활, 패션과 소비문화, 교육 등 매우 다양하지만, 그 중에서 노동, 문화, 그리고 가족이 가장 많은 분량을 차지하고 있다.

1990년대 말부터 지역에서도 여성 구술사가 시작되어 2000년대 들어서는 지방자치단체, 여성정책연구기관을 중심으로 진행되어 오고 있다. 1996년 강원도에서 『강원도 여성사』 발간으로 시작되었는데 여성 구술사 연구가 가장 활발한 곳은 제주와 경북이다. 경북여성정책연구원에서는 여성 구술 생애사를 수집하여 지속적으로 출판하고 있고, 경북여성아카이브를 운영하고 있다. 제주에서는 제주여성역사문화전시관을 운영하고 있으며 여성 구술 생애사는 제주학 아카이브에서 서비스되고 있다. 그 밖의 지역에서는 일회적으로 지역 여성사를 출간한 바 있다.

한국 여성 구술 생애사 연구의 특징은 우선 연구자들이 주로 인류학, 여성학, 사회학, 민속학, 구비문학, 역사학에 속해 있다는 것이다. 처음에 언급한 바와 같이 역사학에서 여성구술사가 시작된 것이 아니어서 여성사학자들의 참여는 적은 편이고 다른 사회과학이나 인문학분야에서 더 활발하게 여성 구술 생애사 연구가 진행되고 있다. 두 번째는 여성 구술자들이 초기에는 일본군 위안부 생존자처럼 피해자 여성, 여성 무당과 같은 소외여성들이었는데, 2000년대로 오면서는 평범한 여성들에서 여성 원로까지 다양하게 변했다. 세 번째 연구의 특징은 사건 중심적이고 남성중심적인 구술 증언 채록이라는 한국 구술사 연구의 흐름에서 여성 구술 연구는 매우 제한적이고 소외된 영역이라는 것이다. 1990년대에는 개인 연구가 많았지만 2000년대로 오면서 연구 프로젝트의 결과물이 많고 구술 채록의 결과물이 구술 자서전의 형태로 단행본으로 출간되었다. 연구서나 연구논문의 경우에는 역사적 경험의 분석이나 해석보다는 서사분석이 주류를 이루고 있다. 여성 구술자들의 경험의 역사성 보다는 서사 분석에서 드러나는 여성의 주관적 세계와 정체성, 그리고 주관적 의미화가 분석의 핵심적인 부분이다. 마지막으로 여성 구술 생애사 연구가 역사학 내에서 문헌기록에 기초한 여성사 연구와 연계되지 못한 것을 보여주고 있다. 미국 여성 구술사가 역사학 내에서 여성사 연구로 시작하여 역사학적 배경이 강한 것과는 대조를 이루고 있다. 그래서 앞으로는 역사학에서 여성사가 여성 구술 생애사 연구로 연결되어 여성들의 역사적 경험에 대한 해석이 더 많이 나올 필요가 있다.

2. 구술사를 통한 지방사[24]

한국에서 지방사 연구가 본격적으로 시작된 것은 1990년대부터라고 볼 수 있다. 1990년대는 지방자치가 다시 시작되어 지방자치단체들이 지방의 역사와 문화에 관심을 가지기 시작했던 시기였다. 그 이전에는 향토사의 형태로 지방의 역사가 연구되어 왔는데, 이때부터 전문역사가들이 지방의 역사에 대해서 논의하게 되었다. 한국사학계에서도 향토사, 지방사, 지역사에 대한 다양한 논의들이 있었다. 그러나 구술사를 통한 지역사 연구는 2000년대가 되어야 나오기 시작했다.

『인류학과 지방의 역사』 표지

구술사를 통한 지방사 연구를 시작한 것은 인류학자들이었다. 1994년에 역사인류학연구회는 충남 서산 부석면에 대한 지방사 연구를 수행했는데 이때 구술사 인터뷰는 부석면의 역사를 이해하는데 핵심적인 것이었다.25 사회학자인 김귀옥은 속초 아바이 마을과 전북 김제의 월남민들을 구술사 인터뷰로 연구하였다.26 전남대학교 호남문화연구소에서는 전남 지역에서의 다양한 한국전쟁 경험을 조명한 연구들이 나왔는데, 이때 구술사 인터뷰가 적극적으로 활용되었다.27 또한 영남대학교 20세기민중생활사연구단에서도 경기, 영남, 호남 지역의 평범한 사람들의 생애사를 채록하여 구술열전의 형태로 출간하기도 하였다. 그 중에서 전북 김제 광활면 사람들의 생애사를 채록하여 구술사를 통하여 지방사를 기록하였다.28

2000년대에 들어서서는 본격적으로 현대사 전공 연구자들이 수행한 구술사 연구가 나타났다. 현대사 연구는 현대사의 주요 사건들을 직접 경험한 목격자들이 생존해 있고, 문헌 자료의 빈곤으로 인해 구술 증언 수집이 활발히 이루어졌다. 지역 엘리트들의 동향에 대한 연구들이 나오기 시작했다.29 경기도 이천의 한 마을에서의 한국전쟁에 대한 구술사 연구30가 나왔고, 전남 강진의 한 마을에 대한 연구도 구술증언의 도움을 많이 받았다.31 또한 경기도 이천의 한 마을에서 진행되었던 새마을운동에 대한 구술사 연구도 출간되었다.32 구술 생애사를 통하여 강원도 양양 지역에서의 한국전쟁 연구도 이루어졌다.[33] 그리고 울산 장생포에 대한 구술사 연구도 최근에 발간되었다.[34]

이렇듯 구술사가 한국 현대사 연구에서 필수적인 부분이 되어간 것은 국가 및 중앙정부 중심의 역사 연구에서 배제되었고, 소외되어왔던 지방민의 역사적 경험을 드러내는데 구술사가 효과적이었기 때문이었다. 그래서 한국 현대사 연구자 중에서 구술사를 적극 활용하는 연구자들은 거의 모두가 지방사/지역사 연구자들이다. 이렇게 구술사가 지방사/지역사 연구에 중요한 연구 방법이 되고 구술 자료가 사료가 되어 가면서 지방지 편찬에서도 변화가 일어났다.

지방지는 지방의 역사와 문화를 기록한 것으로 당연히 지방사 연구라고 볼 수 있다. 그러나 지방지는 지방사 연구의 성과물로서는 상당한 한계가 있는 것도 사실이다. 지방지는 중앙정부가 지방을 지배하기 위하여 지방에 대한 정보를 수집하는 차원에서 시작되었다. 조선시대 16세기 중반 이후 지리지가 편찬되면서 시작된 지방지 편찬은 일제 식민 지배를 거쳐서 해방 이후 최근에 이르기까지 중앙정부의 시각으로부터 자유로울 수가 없었다. 그러나 1990년대부터 지방의 시각에서 지방민의 경험을 기록하는 지방지들이 시도되고 있다. 이것은 한국사 학계에서 지방사에 대한 논의와 연구의 진전과 함께 이루어진 것이다. 이에 전문적인 학자들이 지방지 작업에 참여하게 되었고, 수도권을 중심으로 새로운 지방지가 등장하게 되었다.

새로운 지방지는 내용적인 면에서 가장 큰 변화는 근현대사 부분이 확대되었다는 것이다. 한말, 일제시기, 해방과 대한민국정부수립, 농지개혁, 한국전쟁 이후, 최근에는 1980년대까지 서술의 범위가 확대되었고, 그러다 보니 민간인 학살 문제, 주한 미군, 지역사회운동 등이 포함하게 되었다. 이것은 전문적인 연구자들, 특히 한국근현대사 전공자들이 참여한 결과이고, 또한 그 동안 현대사 연구의 성과를 반영한 것이기도 하다. 또한 1980년대 이후 민중사에 힘입어 현대사 서술의 내용과 양이 증가한 것이었다.

새로운 지방지의 또 하나의 변화는 연구방법에 있었다. 지역민들의 구체적인 삶을 서술하기 위해서 현지조사와 구술사 인터뷰를 동반하게 되었다. 문화기술지적 자료와 구술 자료로 생애사, 가족사, 마을사, 일상생활사 등 미시사를 서술하고, 지역민의 기억을 공식적인 역사로 재현하게 되었다. 이렇게 현지조사와 구술사 인터뷰를 도입하게 된 배경으로는 우선 기존의 지역사료가 매우 빈약하기 때문이었다. 또한 지방지는 이제 예전과 같이 단순히 특정 시, 군들의 과거에 대한 기록이 아니라는 것이다. 현재 행정구역별로 구분되는 시, 군들은 사실상 과거로부터 지속적으로 이어져온 공동체라기보다는 정치적인 이해로 인해 통합 및 해체되어온 지역들로 구성되어 있다. 특히 경기 남부의 경우 대부분의 시가 1980년대 이후에 시로 승격되었고, 시 승격 당시나 그 이후에 주변 지역들을 흡수 통합하면서 하나의 시로 발전해온 신도시적인 성격을 가지고 있다. 그리고 신도시에 사는 주민들은 토박이보다는 이주민의 비율이 더 높다. 그래서 현재 신도시의 주민들은 서로가 공유할 수 있는 과거를 가지고 있지 않다. 대부분의 주민들은 신도시에서의 현재와 미래에 삶에 더 관심을 가지고 있다. 따라서 지방자치단체들은 공유할 수 없는 과거의 역사를 기록하면서 동시에 현재 주민들의 삶을 기록하고 미래에 대한 비전을 제시할 수 있는 지방지가 필요하게 된 것이다. 이러한 변화에 대해서 지방지를 담당하고 있는 전문역사가들은 과거를 기록한 문헌만으로는 시군 주민들의 삶의 변화를 포착할 수 없다는 것을 알게 되었다. 그래서 지방지들이 현지조사와 구술사 인터뷰를 통해 기록되지 않았던 토박이들의 삶을 기록하고 기록이 없는 대다수의 이주민들의 삶을 기록하게 된 것이다.

새로운 지방지의 세 번째 변화는 편찬 결과물에서도 볼 수 있다.

1990년대 중반까지만 해도 1~2권의 지방지가 10~20권으로 양적으로 증가하였다. 파주군의 경우에는 두껍고 큰 『파주시사』와 별도로 1995년 대중용 책자인 『파주의 역사와 문화』를 편찬하여 보급하기도 하였다.

지방지 편찬에서 가장 최초로 구술사 인터뷰를 실시한 것은 1949년 출간된 『남원지』에서라고 볼 수 있다. 남원공립초등학교 교사들로 구성된 향토연구반은 유식한 옛 노인들을 찾아 지역의 유래에 대해서 인터뷰를 하였다.[35] 1990년대에 구술사와 관련 지울 수 있는 지방지는 월남민들의 군민회를 중심으로 발행했던 이북5도 군민회의 지방지 편찬이다. 이것은 다른 지방지와 달리 현재 거주하는 지역민들이 아니라 실향민들이 자신들의 고향에 대한 기억을 전승하기 위하여 발행한 것이다.[36] 2000년대에 최초로 구술사 작업을 활발하게 활용한 지방지는 『이천시지』(2001)로 '6권 개인생활과 마을'은 다양한 지역민들의 삶을 구술 자료를 통하여 기록하였다.

그 이후로 경기 남부 지역에서 구술사를 활용한 지방지 편찬이 계속되었는데, 나는 2006년부터 경기 남부 지역의 과천시, 광주시, 군포시, 수원시의 시지 편찬에 참여하였고, 마을지로는 2012년 수원 서둔동지 편찬에 참여하였고, 2013년 경기 북부의 의정부시 시사편찬 사업에 참여하였고, 2017년에는 화성시사편찬 사업에도 참여하였다.

이들의 구술사 인터뷰에서 나오는 자료는 문헌기록에서는 찾을 수 없는 평범한 지역민들의 역사적인 경험들이고 또한 이들의 역사적인 경험은 이 지역의 역사적 변화 과정과 밀접하게 연결되어 있다. 과천시지에서 필자가 수집한 "아파트 원주민"[37]들의 구술은 전통적인 지방지에서는 결코 기록되지 않았던 부분이고 구술사 인터뷰가 아니면 결코 수집될 수 없는 과천 신도시 역사의 일부분이다. 군포시지에서도 산본 신도시의 형성으로 이주한 다양한 이주민들의 이주 동기와 정착 과정은 군포시의 역사에 중요한 한 부분이다. 특히 산본 신도시 임대아파트

『수원시지』 표지

주민들의 이주와 정착 경험은 구술사 인터뷰가 아니면 결코 드러날 수 없는 부분이다. 광주시지에서 필자가 다룬 남종 분원리의 붕어찜과 매운탕집 사람들의 삶의 경험은 개발의 바람 속에서 백자를 생산하는 마을에서 붕어찜으로 유명한 관광지로 변신한 분원리의 역사를 보여준다. 수원시지에서 필자가 수집한 다양한 수원토박이들의 구술 생애사 자료는 지난 100년간 수원 토박이들이 살아온 우여곡절을 보여주면서 과거와 현재의 토박이들의 위상을 드러낸다. 수원 서둔동지에서는 행정동 서둔동에 속하여 이웃하고 있는 탑동과 서둔동이 일제시기부터 서로 다른 변화의 과정을 거쳐서 오늘에 이르고 있음을 토박이들의 구술 생애사가 보여준다. 의정부시사의 경우에도 군사도시라는 의정부의 역사적 특수성과 다양한 의정부 토박이와 이주민들의 삶이 시실과 날실처럼 지역성을 만들어내고 있음을 알 수 있었다. 화성시사의 경우에는 신도시가 생긴지 10년밖에 안 되는 동탄신도시 주민들의 생활세계를 현지조사와 구술사 인터뷰로 파악하여 그들의 특수한 생활문화와 정체성을 드러내었다.

이와 같이 시지에서 구술사 인터뷰를 통해서 수집된 구술 자료들은 구술자인 지역민들의 삶이 지방사의 한 부분일 뿐만 아니라, 지역의 변화와 밀접하게 연관되어 있다는 것을 보여준다. 또한 지방사의 주체인 지역민들의 삶이 기록됨으로 해서 지역민들은 역사 서술의 주체가 되는 것이다. 비록 전문연구자에 의해서 수집되지만, 구술사 인터뷰는 지역민들이 자신의 역사를 말할 수 있는 장이 되는 것이다. 이렇게 "지방의 생활문화사에 대한 구술 자료의 수집은 지방민들이 주체가 되는 역사와 지역정체성이 만들어지는 지적 창조과정"인 것이다.[38]

3. 역사적 상흔과 치유[39]

구술사 인터뷰가 억압된 기억을 가진 사람들에게 카타르시스를 제공하고, 전쟁, 집단학살, 성폭력의 경험으로 오는 트라우마(trauma)를 극복하는데 도움이 된다는 것은 서구 구술사 연구에서는 이미 널리 알려진 사실이다. 그런데 한국 구술사 연구는 문헌 자료가 빈곤한 역사적 사건들에서 경험의 차이를 드러내어 역사적 진실 찾기에 주력하고 있다. 즉 과거의 사건 진상 규명이 주요 목적이지, 구술사 인터뷰를 통해서 구술자들이 경험하는 카타르시스나 감정적·정신적 차원에 대해서는 관심이 매우 적다.

그러나 구술사 인터뷰를 하다보면 연구자나 구술채록자들은 구술자가 서술하는 동안 함께 웃고, 울고, 분노하고, 서러워하게 되는 경험을 하게 된다. 왜냐하면 인터뷰는 연구자와 구술자가 일상이 멈추어진 일종의 '의례적인 시간'에서 구술자가 과거의 경험을 회상하게 되어, 감정이입을 통하여 구술자의 경험을 연구자가 같이 공유하게 되기 때문이다. 이렇게 과거의 경험에 대한 구술은 항상 당시의 구술자가 가지고 있었던 기분, 느낌, 희망, 절망, 가치, 기대 등과 같은 주관적 측면들을 동반하게 된다. 그래서 과거에 좌절된, 폭력적 경험을 가지고 있는 구술자들에게 인터뷰는 그 경험과 함께 억눌렸던 잠재된 감정까지 발설할 수 있는 기회를 제공하게 되는 것이다.

트라우마를 발설하는 효과에 대해서는 두 가지 의견이 있다. 첫 번째는 랭거 Langer에 의하면 홀로코스트 생존자들의 증언은 단순히 과거를 다시 사는 것(reliving)의 과정이라는 것이다. 그들은 홀로코스트의 경험이 너무 고통스러워서 성찰(reflection)없이 이야기한다는 것이다. 따라서 이것은 즉각적이고 성찰이 없기 때문에 증언자들의 해석과 의미 부여가 없다는 것이다.[40] 두 번째 의견은 생존자들의 증언은 전후

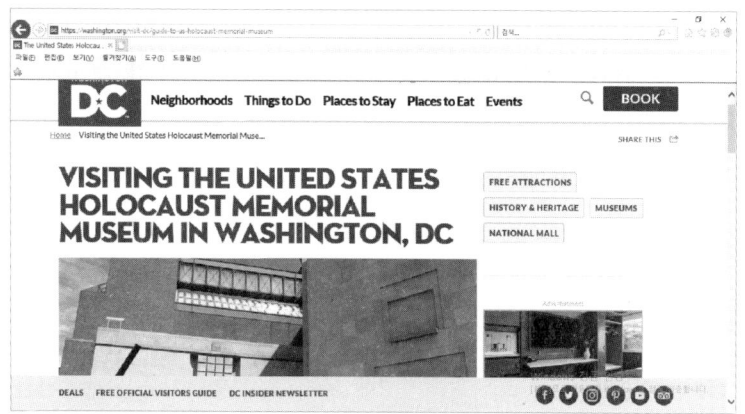

미국 워싱톤 홀로코스트 전시관 홈페이지

세계에서 이루어지는 것이고, 그래서 듣는 이들을 위해서 경험에 대한 성찰과 해석을 제공한다는 것이다. 말로 표현될 수 없는 경험인 홀로코스트 경험은 발설됨으로 해서 생존자 자신들에게 자신들의 정체성을 깨닫게 해주고, 그 경험을 공유한 집단에게 집합적 정체성을 부여한다는 것이다.41

화이트 Naomi Rosh White에 의하면 침묵으로부터 나와서 말을 하는 것은 과거의 상처를 치유하는 도전의 몸짓이고, 새로운 삶과 새로운 성장을 가능하게 한다. 그리고 말을 하는, 대꾸하는(talking back) 행위는 생존자들이 객체로부터 주체로 이동하는 것을 표현한다고 한다.42 나는 화이트의 주장에 동의하면서, 한국의 문화적 맥락 속에서도 '발설하기'는 역사적 진실을 밝히는 효과뿐만 아니라, 구술자들에게는 정신적 고통으로부터 자유로워질 수 있는 필수적인 행위라고 본다.

역사적 상흔 혹은 트라우마에 대해서 가장 많이 연구된 사람들은 홀로코스트 생존자들이다. 서구에서는 제2차 세계대전 당시 독일군에 의한 유대인 대학살인 홀로코스트에 대한 연구가 많이 축적되어 있다. 홀로코스트 경험은 생존자들의 증언집에서부터 그들의 경험에 대한 정신분석학적 논의에 이르기까지 다양한 연구들이 있다. 홀로코스트 생존자들의 구술사 인터뷰에는 두 가지 주요한 특징이 있다. 첫 번째는 생존자들의 구술에는 부재(absence), 즉 말하지 않는 부분이 많다는 것이다. 그것은 말하기에는 너무나 고통스럽기 때문이고 경험 자체가 인간 이하의 유태인 수용소 생활을 말하는데 어려움이 크기 때문이다. 즉 그 경험은 인간의 언어적 표현을 넘어서기 때문이라는 것이다. 또 하나의 특징은 생존자의 증언을 듣는 사람(연구자, 면담자)도 듣는 데 어려움이 많다는 것이다. 홀로코스트를 경험해 보지 못한 면담자들은 생존자들의 말을 이해하기 힘들기 때문이다.43

그래서 홀로코스트 생존자들의 구술을 다루는 논문들은 트라우마에 대한 논의를 많이 하게 된다. 생존자들에게서 가장 많이 나타나는 정신적 질환으로는 수용소 생활에 대한 악몽에 시달리거나, 생존했다는 것에 대한 수치심, 한꺼번에 가족을 잃은 상실감, 자기비하 등이다. 의사이며 가족상담가인 벌찰트 Natasha Burchardt는 홀로코스트 생존자들의 자식들을 인터뷰하면서 생존자인 부모들의 정신적 고통이 자식 세대에도 큰 영향을 주었음을 보여주었다. 생존자 부모들은 대개 '수용소 신드롬(concentration camp syndrome)'을 가지고 있어서 신체적 트라우마가 사라진 다음에도 장기적으로 심리적 트라우마에 시달리고 있다는 것이다.44 이들 부모들은 자식들의 안정적 삶을 위하여 학업 성취를 강조하고 두려움으로 인해 과잉보호, 부모자식 사이의 분리가 이루어지지 않아 자식이 독립적인 성인으로 성장하기 힘든 경우도 있다.45 심지어 어머니와 딸 사이에는 음식에 대한 과도한 집착과 간섭 때문에, 딸들이 거식증과 폭식증을 경험하게 되는 경우도 있다고 한다.46

트라우마로 인해 홀로코스트 생존자들의 증언은 법정에서 증거 자료로 채택될 수 있을 만큼 논리 정연하지 않은 경우가 많다고 한다. 그래서 이들의 구술에 나타나는 복합성과 모순성과 혼란은 사실 증거로서가 아니라, 그들이 진실로 이야기하고 싶은 것에 대한 심층적 이해와 분석을 필요로 한다. 따라서 생존자들의 구술 증언과 생애 이야기를 통한 역사 연구는 역사가 가지고 있는 모순과 혼란을 드러낸다.47

한국에서 대표적으로 역사적 상흔을 가지고 있는 집단은 일본군 위안부 생존자들이다. 1990년 한국정신대문제대책협의회(이하 정대협)가 발족한 이래로 2001년까지 정대협은 5권의 일본군 위안부들의 증언집을 출간하였다. 일본군 위안부에 대한 문헌 자료도 있지만, 일제하 조선 여성들의 강제동원과 성폭력에 대한 실상을 규명하기 위하여 생존해 계신 일본군 위안부 생존자들을 인터뷰하여 구술 증언을 수립할 수밖에 없었다. 이것은 기존의 역사에서 기록될 수 없었던 일본군 위안부들의 역사적 경험과 사실들을 드러내어 과거사 진상을 규명하는 것이었다.

이 증언집들은 과거사 진상 규명의 차원에서 일본의 식민지배와 조선 여성에 대한 성폭력이라는 두 가지 중심 주제를 둘러싸고 군위안부들의 구술 증언이 재구성되어 있다. 그러나 증언집들은 일본군 위안부들의 구술을 통해서 그녀들이 겪은 성적 노예 생활이 트라우마로 남아있으며, 한국에 돌아온 이후에도 지속적으로 그들의 삶에 영향을 주었다는 것을 보여준다. 이들은 한국사회의 정조이데올로기 때문에 순결을 잃었다는 수치심으로 인해 정상적으로 결혼하여 아이를 낳아 기르는 경우가 드물다.48 그리고 가장 많이 나타나는 신체적 증상은 방광염, 자궁병, 빈혈, 불임 등이다.49 이러한 신체적 질환보다도 더 고통스러운 것은 악몽과 우울증과 같은 정신질환으로, 어떤 생존자는 여러 차례 자살을 기도하기도 했다.50

일본군 위안부 생존자들의 인터뷰에서 가장 큰 어려움은 홀로코스트 생존자들과 마찬가지로 이들이 수치심으로 인하여 군위안부 경험을 말하기 어렵다는 것이다.51 군위안부의 경험은 말로 표현하기 힘든 종류의 경험이었기 때문에 또한 이들의 증언이 논리 정연한 것이 아니라, 복합적이면서도 다면적이고 모순적이기도 하다.52 그래서 초기의 증언집은 과거사 진상 규명의 차원에서 법정에서 증거가 될 수 있는 역사적 사실을 수집하는 작업이었지만, 후기의 증언집에서 군위안부 생존자들의 구술 증언은 침묵, 언어, 몸짓을 모두 포함하여 재현되어야 했고 해석되어야 했다.

구술사는 문헌 기록이 없는 역사적 사건을 규명하기 위한 효과적인 연구방법이다. 특히 한국사회에서 구술사는 과거사진상규명에 많은 기여를 해왔다. 진실 찾기가 우선시 되는 구술사 연구에서 연구자들은 또한 구술자들이 가지고 있는 역사적 상흔을 무시할 수가 없다. 구술사 인터뷰의 성패는 공감 또는 감정이입을 통해서 라포를 형성하는 것에 달려있다. 그렇다면 진실 찾기가 우선 되는 구술사 인터뷰에서 역사적 상흔에 대한 이해 없이 공감이 이루어졌다고 볼 수 있을까. 구술사 인터뷰의 첫 번째 목표인 진실 찾기를 하면서도 공감을 통한 역사적 상흔에 대한 이해와 치유의 모색은 어떻게 할 수 있을 것인가.

사회학자이며 구술사가인 김귀옥은 구술사는 해방적인가라고 질문을 시작하면서 구술사를 통한 치유를 모색하였다.53 김귀옥은 구술사 인터뷰는 네 가지 점에서 해방적이라고 본다. 첫 번째는 연구내용을 구성하는 단계에서부터 해방적 성격을 가지고 있다고 주장한다. 즉 연구자와 구술자의 상호작용, 협의의 연구 과정에서 구술자의 해방적 지식이 구술 된다는 것이다.54 둘째는 구술사 인터뷰에 구술자의 지위 자체가 해방적 성격을 가진다는 것이다. 즉 문자기록에서 소외당한 구술자의 기억이 발설되기 때문이라는 것이다.55 세 번째는 구술사 방법론은 구술자의 기억을 '자유롭게' 한다는 점에서 해방적이라고 한다.56 마지막으로 구술자 개인의 기억만이 아니라 사회적으로 해방적 성격을 가질 수 있다고 본다.57

그렇지만 구술사 인터뷰를 하다보면 기억의 불확실성, 망각과 불편한 기억들이 나타난다. 특히 나이, 학력, 가족력(축첩), 가부장적 성문화로 인해 성에 대해서, 반공이데올로기 때문에 사회주의 경력을 구술자들은 발설하고 싶어 하지 않는다.58 따라서 구술사 방법론의 해방적인 성격은 제한적이 된다. 특히 질곡과 파행의 한국근현대사 과정에서 많은 구술자들은 역사적 상흔을 가지고 있다. 김귀옥에 의하면 가장 많은 상흔을 준 것이 일제강점기와 한국전쟁이라고 한다.59 2007년 전남대학교 심리건강연구소, 진화위조사 「심리적 피해현황 조사보고서」에 의하면 한국전쟁 당시 미군 관련 민간인 피해자의 외상후 스트레스 장애가 5·18 피해자보다 더 높이 나타났다.60

김귀옥은 강화도 교동에서 민간인 학살에 대한 조사 중에 구술자들의 트라우마를 접하면서 여러 차례 인터뷰가 위기에 처했었다. 그럼에도 불구하고 구술사가 트라우마 치유에 가능성을 가지기 위해서 개인적 차원과 사회적 차원에서 필요한 조건들을 제안하였다. 우선 개인적 차원에서는 연구자가 진정성 있는 연구 태도를 정립하고 실천하여 구술자와의 신뢰성을 확립하는 것이 필요하고, 구술자의 신원 보호를 지상의 사명으로 삼고, 구술자가 문제를 객관적으로 볼 수 있게 도와야 한다는 것이다.61 이것은 구술사 연구 윤리에 충실하면 되는 것이다. 사회적 차원에서는 트라우마가 사회적 의제가 되도록, 트라우마가 과거청산의 주제가 되도록 노력할 필요가 있고, 이를 위해서 국가가 트라우마를 과거청산으로 받아들여서 국가에서 운영하는 트라우마 센터에서 구체적인 도움을 줄 필요가 있다는 것이다.62

김귀옥도 지적하는 바와 같이 구술사 인터뷰 시에 드러나는 트라우마 양상에 대한 보다 구체적이고 경험적인 연구도 필요하다. 트라우마를 다루기 위해서는 이제까지 구술사 인터뷰에서 중시했던 서술의 내용, 즉 '무엇을' 뿐만 아니라 서술의 형식, 즉 '왜'와 '어떻게'에 좀 더 귀 기울여야 한다. 어떤 방식으로 어떻게 이야기하는가는 구술자가 경험한 내용에 대한 구술자의 의미 부여를 잘 보여주기 때문이다. 내가 인터뷰했던 미수복경기도 실향민 신철희와 최말숙의 서술 방식은 한국전쟁으로 인해 갑작스런 남하와 이산의 경험이 남한에서 그들의 삶에 얼마나 큰 영향을 주었고, 60여 년이 지난 현재까지도 그들은 그 상처의 고통 속에서 살고 있음을 알려주었다.[63]

마지막으로 구술사 인터뷰의 목표 자체에 역사적 상흔에 대한 이해와 치유의 모색을 추가해야 할 필요가 있다. 특히 피해자 인터뷰에서는 더욱 더 그러하다. 피해자들에 대한 구술사 인터뷰를 해본 사람들은 모두 구술사 인터뷰가 치유의 효과가 있음을 주장한다.[64] 그렇다면 트라우마와 구술사의 치유에 대한 보다 본격적인 연구들이 필요하다. 이제 진실 찾기로서의 구술사에서 소통과 치유의 구술사로 나아가야 하지 않을까 한다. 왜냐하면 역사적 상흔을 가진 많은 구술자들에게는 잃어버린 혹은 억압된 역사 찾기보다는 트라우마와 고통을 공감 받고 치유 받는 것이 더 현실적으로 필요한 것이 아닌가 한다.

최근에는 고통스러운 역사적 경험을 가지고 있는 사람들이나 집단들에게 인문학적 가치를 통하여 자아통찰과 인식론적 변화를 유도함으로써 정서적·정신적 건강을 확보하는 인문 치료[65]도 등장하였다. 구술사 인터뷰에서 구술자가 자신의 삶을 이야기를 한다는 것은 서사치료나 스토리텔링 치료와 매우 비슷하다.[66] 또한 서사는 다양한 인문치료에 모두 들어있는 요소이고[67] 또한 모든 인문치료에서 공통적인 요소는 연구자 또는 치료자가 구술자 또는 내담자의 이야기를 잘 듣는다는 것이다. 국문학자인 박현숙은 여성들의 전쟁 체험담에서 드러나는 트라우마의 양상을 분석하고 그녀들의 이야기에서 치유서사의 가능성을 발견하였다.[68]

그러나 구술사가 치유에 더 기여하기 위해서는 의료인류학, 심리학, 정신분석, 심리치료 분야와의 연계가 절실히 필요하다고 생각된다.

김귀옥이 제시한 바와 같이 국가가 역사적 상흔에 대한 치료를 사회적 의제로 해야 하고, 더불어 치유를 위해 구술사 연구의 영역 확대도 필요하다.

4. 구술사 교육

서구의 많은 구술사가들은 구술사의 교육적 효과를 주장한다. 그러나 한국의 구술사 연구가 짧은 만큼, 구술사가 교육 분야에서 활용되는 것은 매우 빈약하다. 일단 대학이나 대학원 과정에서 전문적으로 구술사를 가르치는 교과과정이 거의 없다. 역사학, 사회학, 인류학, 여성학에서 몇몇 교수나 강사들이 부분적으로 생애사나 가족사 재구성을 위한 인터뷰를 학생들에게 시켜보는 경우는 있다. 초등학교, 중고등학교 교과과정에서 구술사 인터뷰를 가르치는 것은 최근에 시도되고 있다.

구술사 교육(oral history education)이란 교육 방법으로서 구술사를 말하며 교육적 환경에 결합된 구술사는 학습 목적을 위하여 기록된 인터뷰를 만들어내고 사용하는 교습방법이다.[69] 구술사 교육에는 두 가지 접근 방식이 있다.[70] 하나는 소극적 구술사(pasive oral history)로서 학생들에게 구술사 자료를 통해 배우게 하는 것이다. 또 하나는 적극적 구술사(active oral history)로서 학생들이 연구자가 되어 구술사 수집을 통하여 배우게 하는 것이다. 보통 구술사 교육은 소극적 구술사로 시작하여 적극적 구술사로 이행하게 된다.

구술사 연구가 가장 발전한 미국에서는 초등학교에서부터 대학원 과정에 이르기까지 다양한 구술사 교과과정들이 제공되고 있다. 미국의 교육적 상황이 한국의 것과 다르지만, 구술사가 교육 과정에 적용됨으로써 얻은 교육적 효과는 매우 크다. 구술사 교육은 우수한 학생들뿐

만 아니라 교과과정을 잘 따라가지 못하거나, 관심이 없는 학생들에게
도 동기를 부여하고, 학생들을 교과서로부터 나오게 하여 직접 정보를
수집하게 하게 한다. 그래서 학생들은 자신들이 조사한 것으로부터
가장 잘 배우게 된다.

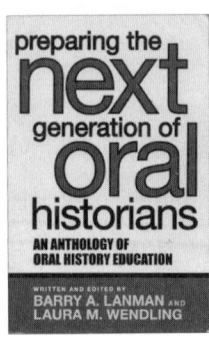

『차세대 구술사가 준비하기』
표지

미국에서 구술사 교육은 1960년대 사회사운
동의 확장과 카세트레코더의 출현으로 교사들
에 의해 교육방법으로 사용되기 시작했다. 1967
년 벌몬 Vermont 역사연구회와 벌몬주 교육부가
교육방법으로 구술사를 지원하기 시작했다. 미
국구술사학회는 1974년 구술사 교육에 대한 서
베이를 하였는데, 이것은 대학 학부에서 구술사
교육에 집중한 것이었다.71

미국에서 가장 유명한 구술사 교과과정은 폭
스파이어 Foxfire다. 이것은 교육적 도구로서 구술사와 민속학을 결합시
킨 선구적인 고등학교 프로젝트로서 1966년 조지아주 아팔레치안 지
역의 라번 갭나쿠치 고등학교 Rabun Gap-Nacoochee High School의 교사인 위
긴톤 Eliot Wigginton이 처음 시도한 것이다. 그 교사는 언어 능력이 부족
하고 글쓰기를 잘 못하는 학생들이 강의를 이해하지 못하자, 학생들에
게 인터뷰를 하게 하여 잡지를 만들게 했다.72 이 프로젝트가 학생들
에게 동기를 부여하고 인터뷰를 하게 하여 학생들은 자신들이 사는
지역사회의 역사를 이해하게 되고 동시에 언어 능력을 향상시키게
되었다.

위긴톤은 학생들에게 조부모와 지역사회 어르신들을 인터뷰하여
그 이야기들을 모아서 잡지 Foxfire Magazine을 발간하게 하였다. 이
잡지는 아팔레치안 산악 지역의 문화, 유산, 언어를 기록하고 보존하는
데 초점을 두었다. 그리고 이 잡지에 기초하여 The Foxfire Books series를

출간하였다. *Foxfire Magazine*은 현재까지도 2년에 한번 씩 발행되고 있다.[73]

선구적인 구술사 교육이 된 폭스파이어 접근 방식(Foxfire Approach)은 적극적이고 학습자 중심의 지역사회에 초점을 두는 교습과 학습방식이다.[74] 따라서 지역사회는 배움의 실험실(learning laboratory)[75]로서 인식되었다. 이 접근 방식의 핵심 실행 내용들은 우선 교사와 학생의 합동 작업으로 시작부터 학습자의 선택과 디자인 조정이 들어간다. 그리고 교사와 학생의 합동 작업의 학술적인 통합성이 명확하고, 학생들은 규정된 연구 기술을 인식하고 학습에 대한 기대를 가진다. 이 때 교사의 역할은 협력자 내지 조력자이어서 학생들의 적극적인 학습이 특징이다. 교실에서는 지속적인 동료 간 교습, 소규모 집단 작업, 팀웍이 특징이다. 교사 외에 학습자의 작업 결과물을 듣는 청중이 있다는 것도 특징이다. 그리고 과거의 구술사 프로젝트 경험으로부터 배운 교훈들을 결합시키면서 새로운 구술사 프로젝트로 발전된다. 이 작업 내내 성찰이 필수적인 활동이다. 그리고 교실 활동, 지역사회, 세계 사이의 관계들이 명확하지만 학습활동의 마무리에서 상상력과 창조성이 격려된다. 또한 교사와 학습자의 합동 작업은 왕성하고 지속적인 평가를 포함한다.[76]

여기서는 초등학교와 중고등학교에서 구술사 교육을 미국과 한국의 사례를 통하여 검토하고 대학교 구술사 교육을 살펴보겠다.

1) 미국 초등교육에서의 구술사 교육

구술사는 기본적으로 스토리텔링(storytelling)[77]이기 때문에, 미국에서 초등학생들의 구술사 교육은 어른들에게 옛날이야기를 듣는 것이다. 월버트 Kathryn Walbet에 의하면 초등학교 사회과학 교실에서 구술사 교육은 다양한 교육적 효용성을 가지고 있다. 우선 교과내용에 나오는 역사적 내용에 대한 지식을 향상시킨다. 구술사를 통해서 학생들은 교과서에 나오는 사건이 그것을 기억하는 사람들과 지역사회에 당시 어떤 의미가 있었는지를 알 수 있다. 즉 교과서에 등장하지 않는 사람들에게서 그 사건의 의미를 듣게 되는 것이다. 두 번째는 교과 내용과 연관된 분야에 대해서 배울 수 있다는 것이다. 구술사를 통해서 지역사회 상점에서의 상거래, 농업 생산 활동, 경관의 변화, 민속과 가족 의례의 변화 등 경제, 지리, 인류학에 관련된 분야에 대해서 배울 수 있다는 것이다. 세 번째는 과거와 지역사회 삶에 자신이 연관되어 있다고 느낄 수 있다는 것이다. 지역사회의 노인과의 인터뷰에서 학생들은 1인칭 서술로서 과거를 이해하게 되고 자신들과 같은 사람들이 겪은 과거의 기쁨, 고통, 슬픔, 공포, 희망에 대해서 느끼게 된다는 것이다. 네 번째는 학생들은 구술사 인터뷰를 통해서 연구조사 기술을 배운다. 인터뷰 기술을 배우고 인터뷰 후에 그 자료들을 다른 역사적 증거들과 비교하는 것을 배우고 다양한 정보들을 비교하여 분석하는 기술을 익힌다.[78] 다섯 번째로 인터뷰 계획서 작성, 질문지 작성, 보고서 작성 등을 통해 기초적인 글쓰기 기술을 향상시킨다. 구술 자료에 대한 그림 그리기나 역사이야기 쓰기의 제목을 정할 때 학생들은 구술 내용의 주제를 정하게 되고, 인터뷰나 구술 자료를 들은 다음에 글쓰기 할 때 학생들의 글쓰기 능력이 향상된다. 여섯 번째로 학생들의 비판적인 사고를 발전시킨다. 무엇이 역사로 간주되는가에 대한 질문을 통해서 평범한 사람들의 구술이 엘리트의 구술만큼 중요하다는 것을 알게 된다. 학생들은 과거에 대한 다양한 기록들 사이의 모순과 다양한 목소리를 듣고 정확한 하나의 역사적 사실이 있다는 전제에 질문하게 된다.[79] 일곱 번째로 학습능력이 부족한 학생들이 함께 참여하여 학습효과를 높일 수 있다. 구술사 프로젝트에는 인터뷰 기술, 녹음, 녹화, 녹취 등 다양한 능력이 필요하다. 특히 타문화에서 온 이주민 학생들이 자신들의 문화나 가족사를 학생들과 공유하게 되는 기회가 된다. 마지막으로 개인 간의 소통 능력을 향상시킨다. 학생들이 인터넷, 비디오게임, TV에서 벗어나 사람들을 만나게 해준다. 좋은 면담자는 좋은 청자이기 때문에 면담자는 자신의 질문이 잘 전달되도록 노력함으로써 개인 간의 의사소통 능력이 좋아지고, 특히 고학년 학생들은 심도 있는 추후 질문도 할 수 있다.[80]

초등학교 수준에서 구술사 프로젝트는 교과주제를 가르치는 것이 아니라 학생들이 살고 있는 지역사회를 이해하게 하기 위해서 사용된다. 아이들은 다른 이들을 이해하기 전에 자신들에 대해서 궁금해 하기 때문에, 초등학교 교사들은 학생들에게 특정 주제에 관하여 부모나 조부모를 인터뷰하게 한다. 구술사 인터뷰를 통해서 초등학교 학생들은 자신의 가족사와 이웃에 대해서 배우게 된다. 아이들은 어른들을 인터뷰할 때 사회적으로 성장한다고 교육자들은 말한다.[81]

초등학생들이 인터뷰하는 주제는 부모가 어렸을 때 무엇을 했는가에 관한 것들이다. 즉 그들이 어렸을 때 했던 놀이, 학교생활, 노래 등이 인터뷰 주제가 된다. 아이들은 부모나 조부모의 어릴 때 경험을 들으면서 흥미를 느낄 것이다. 어른에게도 자신과 똑같이 어린 시절이 있었다는 사실을 알게 되며, 그 시절의 모습은 자신이 누리는 환경과 크게 다르다는 점에서 시간의 변화를 조금씩 깨닫게 된다.

초등학생들에게는 부모나 조부모로부터 듣는 구술사가 살아있는 역사공부이며 자신의 뿌리를 인식할 좋은 기회이다. 어른들은 적극적으로 아이들의 호기심을 채워주도록 노력해야 한다. 예를 들면, 이야기만 하는 것이 아니라 어릴 때의 사진을 보여주면서 아이들의 상상력을 자극한다. 또 가능하다면, 부모나 조부모가 태어나서 성장한 곳이나 집, 학교 등을 방문하면서 구술사의 내용을 풍부하게 만들면 더욱 좋을 것이다.[82]

미국 초등학교 3학년의 구술사 프로젝트의 한 예시로 프로젝트 주제는 가족, 음식, 이웃, 직업, 의사소통 및 교통수단이 될 수 있다.[83] 이는 학교에 기반한 프로젝트로서 학교 안에서 찾을 수 있는 구술자를 활용하는 것이 좋다.[84] 또는 학교 밖에서 게스트 스피커(guest speaker)를 인터뷰 할 수도 있다.[85] 또는 이미 구술 채록된 전년도 자료를 활용할 수도 있다. 구술자에게 질문을 써서 보내는 활동도 할 수 있고, 역할극 놀이나 벽화나 그림 그리기를 할 수 있다. 또는 기관의 수집 구술자료를 활용할 수도 있어서 그 내용을 요약하기도 하고 다른 경험과 비교하고 자신들과 구술자의 경험을 비교할 수 있다.[86]

『구술사 프로젝트 4-8학년』 표지

초등학교 고학년인 4-6학년의 구술사 프로젝트의 경우에는 20세기 역사, 즉 가족에게 중요한 20세기 사건에 대해서 인터뷰하게 하고 다른 자료들을 보충할 수도 있다.[87] 또는 1차 사료를 활용할 수도 있다. 예를 들면 독립선언서의 문장에서 그 의미를 파악하는 것이다. 타문화를 이해하기 위해서는 타문화에서 자란, 또는 이주해온 게스트 스피커를 초청하여 인터뷰 할 수도 있다. 지역사회의 변화를 이해하기 위해서는 가족이나 지역토박이들을 인터뷰할 수 있다. 학제적 주제의 경우는 역사와 다른 분야를 결합하여 농부나 환경운동가를 인터뷰할 수 있다. 이러한 구술사 교습을 통해서 구술자 사이의 모순들, 문헌자료와 구술 자료 사이의 모순들, 역사적 객관성에 대한 논의를 할 기회를 가짐으로써 비판적 사고를 발전시킬 수 있다.

월버트는 구술사 프로젝트를 수행하기 위하여 교사들은 다음과 같은 사항들을 점검해야 한다고 제시한다.[88]

① 목표가 무엇인가

학습 단원과 학생들이 듣는 어른들의 역사적 경험 사이의 연계를 만든다.

② 시간을 어떻게 운영할 것인가

구술사 프로젝트는 많은 시간을 요하기 때문에 과정과 진행에서 시간의 배분을 정한다.

③ 학생들에게 어떻게 인터뷰를 가르칠 것인가

학생들의 수준에 맞게 인터뷰 기술을 익히게 해야 한다.

④ 학생들이 혼자 또는 집단으로 작업할 것인가

학생들이 혼자 할 수도 있지만 집단으로 할 때는 역할 분담이 필요하다.

⑤ 학생들이 자신의 구술자를 선택할 것인가

학생들의 가족이나 익숙한 사람들이 좋지만, 주제에 따라서는 지정해 줄 필요도 있다. 구술자에게는 프로젝트를 안내하는 편지가 필요하다.

⑥ 수집된 녹음 자료를 어떻게 할 것인가

학교 도서관 내 아카이브를 구축할 것인가 또는 채록기관에 기증할 것인가를 정해야 한다.

⑦ 인터뷰 장비는 어떻게 마련할 것인가

인터뷰 장비는 학교 장비로 마련할 것인지 개인들이 마련할 것인지를 정해야 한다.

⑧ 구술 자료를 어떻게 할 것인가.

녹음된 구술을 녹취하는 것은 어른들의 도움이 필요하고, 학생들은 부분 녹취만 하게 한다.

⑨ 최종결과물은 무엇이 될 것인가

수집된 구술 자료를 가지고 전시회, 발표회, 역할극 등 어떤 방식이 될 것인가를 정해야 한다.

⑩ 구술사 프로젝트가 지역사회에 무엇을 어떻게 돌려줄 것인가

학생들이 구술자들에게 감사 편지를 보내고 녹음 자료의 사본을 보낼 수 있다. 또한 결과발표회에 구술자들을 초대할 수 있다.

2) 한국 초등학교에서 구술사 교육

한국은 지난 1세기 동안 너무나 빠르게 근대화, 산업화하였다. 그 과정에서 성장과 개발 이데올로기와 반공 이데올로기는 한국이 문화적으로 과거와 단절되게 하는 기현상을 낳았다. 1960년대부터 각 정권은 한국의 문화전통과 역사를 계승하려는 다양한 정책들을 펴왔지만, 실상 많은 것들은 정권의 이익을 위한 것이었다. 그러나 1990년 지방자치가 시작되면서 중앙의 지배적인 문화 양식과 역사 해석에 저항하는 움직임이 나오기 시작했다. 교육면에서도 지방자치는 초등교육부터 지방자치에 대한 이해와 지방의 정체성을 고양하는 교과내용을 제공하고 있다.

　이러한 지방자치 시대에 미국에서 사용되는 각 단계의 구술사 교육과정은 실상 한국에서도 충분히 적용될 수 있다. 초등학교 사회과목에는 각 지방자치제의 생활을 알려주는 교과자료가 제공되고 있다. 교사들은 초등학교 아이들에게 가족을 인터뷰하게 할 수 있고, 그 지방 토박이나, 지역 엘리트들을 인터뷰하게 할 수 있다. 조상연은 초등교육 연구방법으로서 구술사를 제시하면서 구술사는 초등교육 역사에서 공식적 역사나 기록물에서 제외된 새로운 사실이나 의미를 발견하게 해주고, 초등교육학의 연구 관점을 정책과 제도에서 구체적인 학교

교육 과정과 교육활동으로 이동하게 해주고, 초등교육학의 다양한 분야에 구술사를 활용하여 연구하여 연구의 지평을 넓힐 수 있다고 보고 있다.[89]

한국에서 초등학교 구술사 교육은 사회과 과목에서 적용되고 있다. 최용규는 초등학교 5학년 사회과 역사교육에 생활사를 구술사로 접근하고자 하였다.[90] 최용규는 강우철이 제시한 역사 교육의 계열성을 주목하였다. 강우철은 초등학교 4학년에는 고적, 위인, 문화재 중심으로, 5학년은 생활사를 중심으로, 6학년은 시대적 조직을 주제로, 중등교육에서는 연대기적 접근과 정치사 중심으로, 고등교육에서는 분류사와 시대사의 혼합구조로 역사 교육이 구성되어 있다고 보았다.[91] 따라서 초등 사회과 교육 내용은 고장 생활의 변화, 우리 겨레의 생활문화로 되어 있어서 초등 사회과 역사교육 분야에서 생활사가 중요하다고 보았다. 그러나 최용규는 생활사 교육이 안 되고 있는데, 이는 한국사 연구에서 생활사의 위상이 약하기 때문이라고 보았다.[92] 이에 연구자는 최근 서양사학계에서 논의 되고 있는 일상사, 문화사, 미시사의 관점에서 생활사 연구에 접근하고자 하였다.

최용규는 생활사 학습 목표를 조상들의 생활 모습을 이해하고 시대의식, 인과 의식 등 역사의식을 함양하고 역사에 대한 흥미와 탐구심을 함양하고, 역사학습에의 참여 및 자기주도적 학습 능력을 함양하는 것으로 잡았다.[93] 그리고 사회과 생활사 학습 방안으로 첫 번째는 실물자료(real things), 즉 물증(material artifacts)을 활용한 생활사 학습을 구상하였다. 예를 들면 4학년 1학기 "문화재와 박물관"이라는 단원에서 주제는 박물관 견학과 문화재 답사로 하고 청자포도동자문주자를 활용하였다.[94] 두 번째는 사진, 그림의 활용을 통한 생활사 학습을 구상하여 예를 들면 6학년 1학기에는 "근대사회로 가는 길"이라는 단원에서 새로운 사회로의 움직임이라는 주제로 18세기 후반 김홍도가 그린

"자리짜기" 풍속화를 사용할 수 있다.[95] 세 번째로는 역사적 내러티브를 활용한 생활사 학습이 가능하다. 예를 들면 6학년 1학기 "근대사회로 가는 길" 단원에서 새로운 사회로의 움직임이라는 주제 하에 부자 상민이 양반의 신분을 사는 이야기를 활용할 수 있다.[96] 네 번째로는 가정과 향토의 자원 인사 활용을 통한 생활사 학습도 가능하다. 6학년 1학기 "대한민국의 발전" 단원에서 나라를 되찾기 위한 노력이라는 주제 하에 일제시기 놋그릇 공출사진에 대한 마을 노인들의 구술 인터뷰를 할 수 있다.[97] 다섯 번째로는 의미구성의 재현활동을 할 수 있다. 6학년 1학기 "우리민족과 국가의 성립" 단원에서 하나로 뭉친 겨레라는 주제 하에 청동기 시대에 살았던 머루의 일기를 사용할 수 있다.[98]

이러한 생활사 학습 방안은 시대적 지역적 구분이 없어서 시대적 맥락 파악이 힘들다는 문제점이 있다. 또한 활용 자료의 출전이 없고, 사료의 개념에 대한 교육이 없다는 것이 아쉽다. 무엇보다도 학생들의 자발적인 흥미를 반영하지 않고 교사에 의해 일방적으로 주어지는 것이 아쉽다.

또한 초등교사인 강덕남은 석사학위 논문에서 사회과 현대사 6학년 1학기 역사 단원에서 구술사 프로젝트가 가능한 학습 주제들을 제시하였다.[99] 그리고 구술사 프로젝트 진행 단계를 준비-실행-정리 단계로 다음과 같이 설정하였다.[100]

① 준비 단계: 학습 주제에 대한 선행 학습, 면담 주제 설정 및 질문 목록 작성, 면담자 사전 교육, 구술자 선정, 모의 인터뷰하기
② 실행 단계: 구술사 인터뷰 실행
③ 정리 단계: 녹취록 및 학습 결과물 작성: ppt, 전시회, 역할극, 영상물, 웹페이지 작성, 역사이야기 쓰기 등
④ 학습 결과 보고: 반성

강덕남은 실제 실행 사례로서 대전 모 초등학교 6학년 35명(남학생 21명, 여학생 14명)을 6명 씩 6조로 구성하여 구술사 프로젝트 수업을 실행하였다.101 조별 모둠은 학업 성취도, 학습태도, 성격 등을 반영하여 이질적으로 모둠을 구성하였다. 6학년 1학기 3단원 "분단을 딛고 일어선 대한민국"에서 6·25전쟁의 전개 과정과 결과를 조사하고 2주간 사회과 시간과 아침 활동, 재량활동 시간을 이용하였다.102 준비 단계에서 학습 주제에 대한 선행 학습으로는 학습동기를 유발시키기 위하여 "태극기 휘날리며"영화 포스터를 보여주었고, 6·25 전쟁에 대한 역할극을 제시하였다. 전쟁 피해를 조사하고 당시의 인물이 되어 상상의 글쓰기를 하였다. 그리고 학생들 스스로가 역사가가 되어 질문할 것을 생각하게 하여 개인별 질문을 만들게 하였다. 모둠 별로 10가지 정도 질문을 만들었으며 구술 채록 주제는 전쟁과정과 피난 과정, 전쟁 중의 생활 모습, 전쟁 후 피해 복구로 하였다. 면담자 사전 교육으로는 면담 계획을 세우고, 세부 역할을 정하고 녹음과 녹화 기술을 익히고 면담 계획서를 작성하게 하였다. 그리고 모의 인터뷰를 해 보고 가족 중 할머니, 할아버지 또는 노인정에서 구술자를 선정하였다. 실행단계에서는 모둠 별로 구술사 인터뷰를 1회 진행하게 하였다. 정리 단계에서는 녹취록 및 결과 보고서를 작성하게 하였고, 필수적으로는 포트폴리오 파일 작성과 녹취록 작성, 그리고 할머니, 할아버지 역사이야기 쓰기를 하였고, ppt, 동영상, 역할극은 선택할 수 있게 하였다. 마지막으로 학습결과를 보고하게 하였다.103

강덕남은 학습효과를 알아보기 위하여 설문조사를 하였는데 그 결과 역사적 사실에 대한 이해, 역사학습에 대한 흥미와 관심, 역사행위에 대한 감정이입이 드러났고, 소감문에서는 전쟁에 대한 인식 변화, 역사학습에 대한 흥미 증가, 주제 심화 학습이 보였다.104 그러나 학생들이 지적한 구술 채록 시 문제점들은 노인들의 언어 이해의 어려움, 녹취록 작성의 어려움, 녹화 촬영의 어려움, 직접 방문, 시간이 많이 소요되는 점, 모듬 구성원 간의 갈등, 약속 시간 정하기 어려움이 나타났다.[105]

이 구술사 교육 실행 사례를 보면 구술 채록에 충실하였으나 초등학생들에게는 주제의 범위가 너무 넓고 2주에 끝내기에는 너무 큰 주제로 생각된다. 구술 채록 주제가 학생들의 일상, 가족사와 학생들이 사는 지역과의 관련성도 필요하다고 생각된다. 녹취가 초등학생들에게는 너무 어려웠을 것으로 보인다. 그리고 모듬 별 발표만 있었지 구술 채록 내용에 대한 논의나 토론이 없다는 것이 아쉽다. 그 내용으로부터 구술사가 줄 수 있는 새로운 역사적 해석 도출에 대한 논의가 있었으면 한다.

2) 미국 중고등학교에서의 구술사 교육

미국에서 고등학교 구술사 교육의 목표는 학생들에게 역사가가 되는 것을 가르치는 것이다. 그래서 첫 번째 질문은 역사가는 무엇을 하는가 이다. 구술사 교육은 현재 사회의 쟁점들에 대한 역사적 맥락을 제공하고 동시에 미래의 역사가와 역사 교사를 훈련시키는 것 중간에 위치한다고 볼 수 있다.[106] 중학교 수준에서 구술사 프로젝트는 학생들로 하여금 자신들로부터 가족이나 지역사회로 초점을 돌리게 해 준다. 미국 중학교에서는 사회과목에서 종종 지방사를 강조하기 때문에 지방사 텍스트들은 학생들이 구술사로 지방사를 연구하는 데 기초가 될 수 있다. 그리고 지방사는 국가전체사와 비교될 수 있다. 미국 내 다수의 중학교에서는 구술사를 통해서 영어와 사회과목을 연결하는 학제적 접근을 취한다.[107]

이렇게 지방사를 구술사로 접근하는 프로젝트들은 학생들이 일차적 자료들을 사용하는 것을 배우고, 다양한 종류의 글쓰기를 경험하고 지역사회의 역사적 자료에 대한 호기심을 고양해준다. 그래서 학생들은

『지역사 프로젝트에서 구술사 이용하기』 표지

자신들이 현재의 부분이라고 적극적으로 느낄 뿐만 아니라 과거에 뿌리를 두고 있다고 느끼게 된다.108 구술사 프로젝트는 이렇게 교과서 중심의 암기 위주의 역사, 사회교육 보다는 가까이 있는 어른들, 특정한 주제에 대해 이야기를 해 줄 수 있는 사람들을 직접 찾아가서 구술을 통해서 생동감 있는 과거사를 듣도록 독려한다. 과거를 간접 체험하는 방식이기는 하지만, 실제 얼굴을 마주하고 구술언어를 통해서 옛이야기를 듣는 것은 정서가 풍부한 이들에게는 잊을 수 없는 역사·사회교육이 된다.

고등학교에서 구술사는 교과과목에서 가르쳐지는 주제와 연결되어 있다. 학생들은 지방사뿐만 아니라 국가전체사와 세계사에 연관된 주제들을 가지고 구술사 인터뷰를 하게 된다. 고등학생들을 위한 구술사 교육과정은 학생들이 인터뷰를 하기 전에 우선 학생들로 하여금 다른 구술사들을 읽게 하거나, 기존에 학생들이 해 놓은 구술사가 있다면 그것들을 읽어보게 한다. 이렇게 기존의 구술사 연구 결과들을 읽어보는 것은 토론을 자극하고 학생들의 관심을 불러일으키고 인터뷰에 대한 배경 지식을 제공해준다.109

기존의 구술사 연구 결과 외에도 교과서, 잡지, 신문, 비망록, 역사책들이 모두 구술사 연구의 주제를 위한 넓은 지식을 제공할 수 있다. 이 외에도 사진, 음악, 물질 자료 등도 모두 구술사 연구에 포함되는 자료들이다. 이러한 인터뷰 전의 사전 조사는 성공적인 구술사 인터뷰를 위해서 필수적이다.

학생들은 일반적으로 그들의 가족을 인터뷰하는 것으로 구술사 인터뷰를 시작한다. 학생들은 구술사 인터뷰를 통해서 자신의 가족사와 많은 이야기와 일화들을 조직적으로 짜 맞출 수 있게 된다. 학생들은 가족 중의 한 사람 또는 몇 사람을 인터뷰할 수 있고, 이러한 인터뷰는 몇 세대에 걸친 가족사를 알려준다.[110]

그러나 구술사 인터뷰는 학생들이 평상시 잘 모르는 사람들을 인터뷰할 때 더 많은 것을 배우게 해 준다.[111] 학생들은 지역사회에 관련된 조직, 예를 들면 문화원이나 시민회관, 지역신문, 시민단체 등을 찾아가서 인터뷰할 사람들을 구할 수도 있다. 가족을 인터뷰하건 지역사회 주민들을 인터뷰하건, 학생들은 역사적 사건들이 사람들에게 어떤 영향을 주었는지를 발견하게 된다. 이것은 그들의 역사의식을 확장시키고 수업을 더 의미 있게 만들어준다. 그래서 학교의 구술사 프로젝트는 학생들로 하여금 자신의 지역사회를 재검토하고 교실과 바깥세상 사이의 벽을 허물게 해 준다.[112]

학생들은 단독으로 혹은 집단으로 구술사 프로젝트를 수행할 수 있다. 학생들은 적극적으로 다양한 구술자를 찾기도 하지만, 몇몇 수줍은 학생들은 친숙한 사람들을 인터뷰하도록 유도한다. 집단으로 프로젝트를 할 경우에는 학생들이 인터뷰 준비, 인터뷰하기, 사진 찍기, 녹취하기, 보고서 쓰기 등을 분담해서 할 수 있다. 하지만, 여러 학생이 동시에 인터뷰를 하는 것은 서로 방해하지 않기 위한 협조와 기술이 필요하다.

고등학교에서 구술사 교과과정은 학생들에게 많은 것을 가르쳐준다. 첫째, 학생들은 어떻게 역사적 자료가 수집되고 해석되는지를 이해하기 시작하고, 혹은 그들 자신을 역사가처럼 여기기 시작한다. 둘째, 학생들은 지역사회 내에서 다양한 역사자료들과 사람들을 만나게 됨으로써 다양한 경험을 하게 된다. 셋째, 구술사는 학생들에게 인과 관계, 의사소통 기술 그리고 역사적 개념을 가르친다. 넷째, 학생들은 구술사 보고서를 씀으로써 분석적인 기술과 작문 기술을 향상시킨다.[113]

위트만 Glenn Witman은 워싱턴 D.C 근처 한 학교에서 "미국사 고급과정"(Advanceed Placement United States History Class)에서 1년간 교과 중 1차, 2차 사료를 접하게 하였고, 또한 구술사 프로젝트를 하게 하였다.114 학생들을 역사를 만들고 그것의 일부였던 사람들과 직접적으로 만남으로써 "역사하기"(do history) 기회를 통해 권력화 됨을 느꼈다고 한다. 우선 위트만은 여름방학 숙제로 학생들이 미리 터클 Studs Terkel의 『나의 미국 세기(My American Century)』를 읽게 하였고, 가을 학기에 20세기 미국사 고급과정에서 학생들은 대공황, 2차세계대전, 시민권운동에 터클을 적용시켰다.115 이에 다양한 구술사 연구서도 사용되었는데, 이 때 학생들은 구술 자료가 다른 사료들과 함께 증거로서 평가되어야 함을 배우게 되었다. 이 과정에서 학생들은 구술과 문헌 사이의 차이와 모순에 대해서 고민하게 되었다. 또한 구술사 프로젝트가 역사가와 그가 가지고 있는 사실들 사이의 대화라는 것을 알게 되었다. 구술 자료가 역사의 주 서사(master narrative)에 균형을 잡아주는 것임을 알게 되었다.

위트만은 "미국 세기 구술사 프로젝트"(American Century Oral History Project)를 8단계로 구성하여 수행하였다.116

① 구술사 연구방법 훈련
- 구술사를 역사연구방법으로 이해하는 것을 목표로 여름방학 동안 터클의 책을 읽고, 릿치 Donald Ritchie의 『구술사 하기』(Doing Oral History)를 읽게 하였다.
- 구술사 선정, 인터뷰 준비, 녹취에 대한 연구방법 워크숍을 하였다.
- 미니 인터뷰를 수행하기 위해 케네디 대통령 암살 사건 전후 며칠에 초점을 두어서 "당신은 그때 어디에 있었습니까?"(Where were you?)로 인터뷰를 해 보게 하였다.

② 구술자 선정

현대사의 특정 시기나 사건에 대한 인터뷰를 하기 위하여 자신과 관련이 없는 사람을 구술자로 선정하게 하였다. 학생들에게는 친근한 가족을 벗어나 구술자를 찾는 것은 어려운 일이었지만, 성취감을 주었다. 그리고 공개동의서를 써 주는 구술자를 찾게 하였다.

③ 전기 작성

학생들은 구술자의 사진과 함께 한 페이지의 전기(biography, 생애 연보)를 작성하게 하였다. 이것은 구술자의 배경을 제공하고 구술자의 삶에서 인터뷰의 위치를 이해하기 위한 맥락을 제공하기 위해서였다.

④ 역사적 맥락화

조사 보고서를 7-10쪽 정도로 작성하게 하고 1차, 2차 사료를 조사하도록 하였다. 인터뷰를 잘 이해하기 위하여 당시 신문 자료와 역사가의 연구 결과를 포함시켰다. 학생들이 그 시기, 사건에 대한 전문적인 지식을 가지게 하여 인터뷰 질문을 발전시키게 하였다. 인터뷰에 대한 충분한 사전 준비는 결코 완전할 수 없다고 주지시켰다.

⑤ 인터뷰와 녹취

인터뷰는 최소한 1시간 이상을 하게 하였고, 1시간 당 녹취는 6시간이 소요되었다. 인터뷰 전에 질문을 만들고 교사와의 논의를 통해 정교화하였다. 추후 질문도 준비하였고, 학생들은 전체 인터뷰를 녹취하고 상세목록이 표시된 음성과 영상 자료를 제출하게 하였다.

⑥ 역사적 분석

학생들이 수집한 구술 자료의 역사적 가치를 평가하는 것이 역사가로서의 훈련에 중요하다. 학생들이 역사연구 방법으로 구술 자료의 강점과 약점을 분석하게 하였다. 자신이 선택한 역사적 사건과 시기에 대해서 이미 연구된 성과에 이 구술 자료가 어떻게 들어맞는지, 그리고 미국 현대사 이해에 보충하는지, 벗어나는지를 결정하게 하였다. 학생들은 인터뷰 질문도 검토하였는데, 자신들이 가지고 있는 편견과 선입견에 대해서도 논의하게 되었다. 특히 자신들이 살고 있는 시기가 어떤 질문과 반응을 하게 하였는지도 검토하게 하였다. 미국국가기록원 NARA에서 제공하는 "문헌분석표"(Written Document Analysis Worksheet)를 완성하고 인터뷰를 분석하게 하였다.

⑦ 마지막 산물
프로젝트 보고서 2부와 음성 파일을 제출하게 하였고, 한 사본은 아카이브 용으로 한 사본은 평가용으로 하여 평가 후에는 되돌려 주었다. 또 한 사본은 구술자에게 주었다. 보고서는 연구계획서, 사진과 함께 생애연보, 역사적 맥락화, 녹취문, 역사적 분석으로 구성되었다.

⑧ 공공 발표
학생들은 연례 구술사 커피하우스 Annual Oral History Coffeehouse 에서 구술자를 포함하여 청중들에게 발표하였고, 수집한 자료를 포스터 전시, 연극, ppt 댄스로 발전시켜서 발표하였다. 구술 자료는 웹싸이트에 서면 공개 동의서와 함께 올려놓았다.

⑨ 평가
학기 시작 때 학생들에게 미리 결과물에 대한 평가 기준을 알려주었다. 평가 구성은 생애연보 5%, 역사적 맥락화 25%, 인터뷰와 녹취 30%, 분석 25%, 글쓰기의 명확성 10% 형식적 완성도, 5%로 하였다.

위트만은 이 구술사 교육은 고급과정 학생 외에도 보통 역사교실에서도 가능하다고 하면서 "20세기 미국사 교실"(The United States in the

Twentieth Century World Class)에서는 이주에 대해서 구술사 프로젝트를 실행했다고 하였다.117

3) 한국 중고등학교에서의 구술사 교육

중고등학교에서도 학생들의 인터뷰 주제는 지방자치제의 지역단위뿐만 아니라, 국가 전체로 확대되고, 또한 세계사적 맥락으로 확대될 수 있다. 예를 들면 일제강점기 징용을 갔다 온 할아버지들을 인터뷰하거나, 한국전쟁을 경험한 할머니를 인터뷰하는 것은 개인사를 통해서 지방사, 국가사와 세계사를 연결할 수 있는 좋은 교육방식이다. 이를 통해서 학생들은 주요한 역사적 사건들이 각 지역에서 어떠한 차별성을 가졌는지, 개인의 삶이 어떻게 주요한 사건과 연결되는지를 이해하게 되고, 따라서 자신의 역사적 정체성과 역사의식을 가질 수 있게 된다.

그런데 한국의 고질적인 대학 입시 위주의 교육은 지방자치에 걸맞는 교육을 실천하지 못하게 하고 있다. 중고등학교는 이미 입시 위주의 교육임은 말할 것도 없고, 초등학교 교육에서조차 인터뷰는커녕, 학생들이 살고 있는 지역에 대한 현지조사나 답사조차도 거의 이루어지지 않고 있다. 학생들은 사실상 이해하기 어려운 단어들로 가득 찬 사회 교과서를 통해서만 지방자치에 대해서 이해하도록 강요받고 있다. 지방자치시대에조차 학생들의 일상과 사회교과서는 분리되어 있어서, 학생들은 자신의 역사적·문화적 정체성에 대해서 알 기회를 박탈당하고 있다.

그래도 중학교에서 구술사 교육을 한 사례로는 김성진118이 보령의 한 중학교 3학년 남학생 33명을 대상으로 한 구술사 프로젝트가 있다. 김성진은 중학교 역사(하)의 6·25전쟁에 대한 부분을 분석하였는데, 6·25전쟁 서술에서 민간인 학살에 대한 설명이 부족함을 발견하였다.

그래서 구술사 프로젝트를 통하여 역사교과서에서 드러내지 못한 민간인들의 경험을 드러내고자 하였다. 구술사 프로젝트 수업은 6단계로 구성되었다.[119]

① 학습 주제에 대한 선행학습
보령지역에서의 6·25에 대한 사전 지식을 습득하게 하였다.

② 구술 인터뷰 준비
조를 편성하여 번호순으로 6-7명으로 5조 구성하여 각 조에서 임무를 분담하고 질문 방향을 정하였다. 인터뷰 매뉴얼을 제공하였고 한 달 동안 구술자를 선정하라고 하고 인터뷰 진행을 지도하였다.

③ 구술 인터뷰 하기
인터뷰는 30분 이상으로 준비한 질문 목록으로 질문하게 하였다

④ 보고서 작성하기
녹취한 내용을 바탕으로 ppt 작성, 동영상을 보여줄 수 있도록 하였고, 보고서 요약본을 교사에게 제출하고 교사는 다른 조에게 요약본을 주어 질문을 준비하게 하였다.

⑤ 발표 및 질문하기
각 조에서 인터뷰 결과에 대해서 발표하고 다른 조에서 질문하고 응답하게 하였다.

⑥ 정리하기
학생들에게 소감문을 쓰게 하였고 조별 발표에 대한 조언 및 역사적 특성을 설명하였다.[120] 구술 내용에서 사실과 명백히 틀린 부분을 지적하였고, 구술 자료와 역사 자료를 바탕으로 역사를 만들어내는 과정에서 역사의 진위여부에 대해 생각하게 하였다. 또한 역사교과서와 구술

내용의 모순을 지적하여 역사는 보는 시각에 따라 달라질 수 있다는 것을 깨닫게 하여 다양한 역사 인식을 이해시켰다.

김성진은 구술사 하기의 교육적 효과로서 학생들이 보령에서의 6·25전쟁에 대해서 배우게 되었고, 역사교과서와 지역사를 연결시키게 되었다고 보았다. 또한 학생들은 역사가의 일을 직접 체험했으며 구술을 통해서 내러티브 교육이 되었고, 프로젝트를 통해 협동심이 고양되었다. 그리고 학생들은 보고서 작성과 인터뷰를 통해서 작문 기술, 방언, 구어체에 대해 이해가 증가하였고, 촬영기술을 습득할 수 있었다고 보았다. 또한 사춘기 시절 감성 및 감정이입에 영향을 주어서 사회성이 고양되었고, 다양한 관점에서 역사를 바라보게 되었으며, 사료 생산과 역사 만들기 과정과 사실성 여부에 대해 고민하게 되었다고 지적하였다.[121] 그러나 문제점으로는 인터뷰 과정을 통해 교과서에서 배우지 않은 구술 인터뷰 내용이 청소년 시기에 적절한지 여부와 역사적 용어 (예를 들면 빨갱이) 사용 시 주의해야 하고, 질문 목록 작성 시 학생들이 스스로 찾아서 질문하는 과정이 필요하다고 하였다.[122]

위의 구술사 프로젝트는 인터뷰 매뉴얼을 교사가 제공하였고, 한국전쟁에 대한 지역사적 접근을 하였고, 결과에 대해 토론을 통하여 역사적 비판의식이 고양되었다고 생각된다. 그러나 민간인 학살에 대한 논의가 얼마나 이루어졌는지 궁금하고, 구술사 프로젝트 주제부터 학생들의 선택이 필요하지 않을까 한다. 또한 구술자 선정에 교사의 개입이 없어서 염려되고, 생애사적 인터뷰에 대한 고민이 없어서 사건 위주의 구술 증언 인터뷰로 보여진다. 또한 구술 자료 공개 동의서 여부와 녹취의 정도가 궁금하고, 결과 발표를 지역사회나 구술자와 공유하는 문제에 대한 인식이 없다는 점이 아쉽다.

김민수는 부산의 모 고등학교에서 구술사 교육을 시도하였다.[123]

교사는 역사 수업은 역사 속의 나를 돌아볼 기회를 가지는 것으로 보고 역사가의 작업 과정을 재연하기 위하여 구술사 인터뷰를 하고 그것을 바탕으로 역사를 써보는 교육을 시도했다. 그래서 김민수는 부산의 한 고등학교에서 구술사 자료를 수업에 끌어들이는 작업을 했다. 학생들에게 65세 이상 친척이나 경로당 노인을 대상으로 가장 기억에 남은 역사적 사건 1개를 조사해 오도록 하였다.124 그 결과 한국전쟁이 아니라 6·25라는 것이 드러나서 인터뷰 자료를 6·25 수업의 읽기 자료로 제시하였다. 그리고 우리에게 6·25는 무엇인가. 보통사람들이 느끼고 기억하는 6·25전쟁은 무엇인가를 토론하게 하였다.

두 번째로는 60-70년대 부모님의 이야기를 수집하게 하였다.125 부모님의 출생년도, 지역, 직장, 월급, 노동 조건에 대해서 인터뷰하게 하였다. 이렇게 부모님 인터뷰를 하고 나서 학생들의 소감은 부정적인 반응과 긍정적인 반응이 모두 있었다. 그러나 가족사 쓰기의 의의는 부모님의 역사를 소재로 역사쓰기의 기본적 과정을 체험하는 것이었고, 부산시 사상구에 살고 있는 사람들에 대한 이해가 확장되었다. 부모님의 삶을 통해 60-70년대 보통사람들의 삶을 이해하게 되었고, 더 인간에 대한 이해를 깊게 하게 되었다. 그러나 앞으로의 과제로는 학생들의 가족사를 계속 수집해서 부산에 대한 이해를 넓히는 것이고, 인터뷰 형식이 아니라 가족사를 서술해서 쓰는 작업으로 확장할 필요가 있다고 하였다.126

이 시도는 구술사와 가족사를 연결하는 시도이고 생애사적 관심을 가지고 부모들의 역사를 통해서 부산 사상구 지역사를 이해하고자 한다고 본다. 그러나 본격적인 구술사 인터뷰라고 보기에는 질문이 빈약하고 이주사적 성격의 질문이고 정작 생애사 인터뷰는 아니었다. 또한 사춘기 시절의 학생들이 부모를 인터뷰한다는 것에 대한 고민이 없었다. 학생들에게 자신들이 흥미 있게 생각하는 지역에 관련된 주제들을 도출할 필요가 있고, 그 주제에서 시작하여 지역사를 구술사로 접근하는 것이 어떨까 한다.

4) 미국 대학교 교육과 구술사

미국에서 대학교의 구술사 강의 또는 과정은 대개 구술 아카이브가 있는 곳에서 활발히 지속적으로 되어오고 있다. 구술 아카이브를 담당하고 있는 연구원들이 종종 강의를 개설하고 강의에서 이루어진 구술사 채록은 구술 아카이브에 저장되기도 한다. 구술사는 또한 성인을 위한 대학교육과 고등교육의 중간 형태인 지역사회 대학(community college)서도 가르쳐지고 있다.[127]

대학교에서 개설되는 구술사 강의는 개설하는 학과에 따라서 그 구조와 목적이 다르다. 문헌정보학과에서 개설되는 구술사 강의는 도서관과 아카이브에서 인터뷰의 사용, 구술사 자료의 수집, 보관에 필요한 기준 개발, 구술사 자료를 기존 도서관과 아카이브에 결합시키는 것, 인터뷰를 저장하고 목록화하는 자동 데이터베이스 사용 등에 초점을 두고 있다. 반면 다른 학과의 구술사 강의는 구술사에 관한 방법론적인 논의, 구술사 프로젝트를 구상하고 수행하는 것 또는 인터뷰 기술 그리고 인터뷰의 내용과 분석에 초점을 두고 있다.[128] 그래서 개설된 강의가 둘 중 어떤 목적을 향하고 있는지 학생들에게 알려주어서 학생들이 선택할 수 있도록 해야 한다.

구술사 수업은 프로젝트를 수행하고 토론할 수 있도록 작은 크기의 세미나의 형태가 좋다. 학생들이 어떻게 강의 과정을 이해하고 프로젝트를 수행하고 있는지 확인하기 위해서 일지를 쓰게 한다. 그리고 기본적인 인터뷰 기술과 다양한 분야에서 이루어지고 있는 인터뷰의 기준과 종류들을 소개해야 한다. 학생들은 TV와 같은 대중매체에서 이루어지는 인터뷰를 보고 모니터링을 할 수 있다.[129]

학생들이 인터뷰를 하기 전에 기존의 구술사 연구들을 읽도록 하고 나서 학생들이 다룰 주제를 선택하게 한다. 학생들이 인터뷰를 수행하기 전에 인터뷰 수행 계획서를 쓰게 하여 미리 할 수 있는 한 최대한의 준비를 하게 한다. 인터뷰는 너무 짧은 것이 좋지 않기 때문에 1~2시간의 최소한의 시간을 규정해 준다. 인터뷰를 하고 난 다음에는 학생들로 하여금 인터뷰 과정과 구술자에 대한 간단한 보고서를 쓰게 한다. 또한, 인터뷰한 녹음테이프 전체 또는 최소한 한 부분을 녹취하게 한다. 왜냐하면, 학생들은 녹취를 하면서 자신이 한 인터뷰를 다시 검토하면서 잘못된 점과 잘 된 점들을 발견하게 되기 때문에, 다음에 더 성공적인 인터뷰를 할 수 있게 된다. 마지막으로 학생들에게 결과보고서를 쓰면서 구술사, 면담자와 구술자 사이의 관계, 구술 자료와 문헌자료의 유용성 등에 대한 분석과 비판을 하도록 한다. 그리고 학생들은 자신들이 수집한 구술 자료가 더 넓은 역사적 주제들에 어떻게 결합하는지와 연구의 결과를 어떻게 쓸 것인지를 논의하게 한다.[130]

멕카시 Erin McCarthy는 대학 학부 학생들과 미국사 과목에서 구술사 교육을 실행하였다.[131] 멕카시는 학부 학생들의 시간과 노력을 절약하면서 보다 효과적으로 구술사 수업을 진행하기 위하여 기존의 구술채록기관과 연계하였다. 도서관이나 역사회, 문화원에서 진행했던 구술채록 관련 형식들(공개 동의서 등)과 구술자 명단을 받을 수 있어서 학생들은 구술자를 찾아야 하는 수고를 덜 수 있었다. 기관 쪽에서는 원하는 구술자들에 대한 인터뷰와 녹취문을 학생들로부터 얻을 수 있었다.[132]

다른 구술사 학부 수업과 달리 이 수업은 역사적 방법, 연구, 그리고 적용이 혼용된 것이었는데 세 가지 통합된 단계로 구성되었다. 첫 번째는 구술사 방법론 교습, 두 번째는 특정한 역사적 주제에 대한 강의, 독서와 토론, 세 번째는 구술사 연구방법의 적극적인 적용이었다.[133] 구술사 방법론 교습은 구술사 프로젝트와 인터뷰로 연구의 배경과 준비, 질문지 작성, 인터뷰 기술 등을 배우고, 인터뷰 결과물인 녹취와 편집, 그리고 구술사 연구에 있어서 윤리적·법적 쟁점들을 배우는 것이었다. 구술사 인터뷰를 할 역사적 주제를 찾기 위해서 학기가 시작하기 전에 1차, 2차 사료를 수집하여 제공하였고, 강의를 하고 학생들은 배경 지식을 위해 독서 과제가 주어졌다. 마지막으로 인터뷰에 대해서 배운 것을 학생들이 실행하였다. 학생들은 구술자와 만나서 주요한 생애사적 정보를 얻고 인터뷰 질문들을 만들었다. 학생들은 60분에서 90분 인터뷰를 하였고, 인터뷰의 형식은 전기적 자료(biographical data, 10-15분), 서사(narrative, 40-60분), 성찰(reflection, 15-20분)로 나누어져 있었다.134

학생들은 질문지를 만들기 전에 모의 인터뷰를 진행했고, 그전 학기 구술사 프로젝트에서 생산된 녹취록을 읽어보게 하여 질문을 어떻게 만들 것이고 인터뷰는 실상 어떻게 진행되는지를 알 수 있게 하였다. 인터뷰가 끝나고 나서 녹취는 학생들에게 매우 시간이 걸리고 지리한 작업이었지만 구술채록기관에게는 중요한 작업이라는 것을 학생들이 이해했다. 학기말 시험으로는 학생들에게 인터뷰의 요약본을 제출하게 하였고, 구술사 프로젝트 자체에 대해 성찰해볼 것을 요구하였다.135

5) 한국 대학에서의 구술사 교육

한국에서는 대학교육에서도 구술사를 전문적으로 가르치는 교과과정이 없고, 가르칠 전문가도 거의 없다. 인류학, 역사학, 사회학에서 부분적으로 교수의 재량에 의해서 행해지고 있는 형편이다. 김선정은 한국외국어대학교 문화콘텐츠학과 용인캠퍼스에서 구술사와 문화컨텐츠 기획 수업을 통해서 구술사 교육을 실시하였다.136 한국외국어대학교 용인캠퍼스에서는 용인학을 설립하였고, 연구자는 1학기에는 구술 채록을 실시하고 2학기에는 구술 자료를 바탕으로 생애사 쓰기, 용인사회문화 콘텐츠화를 실행하였다.137 김선정은 구술 자료의 생산은 기획, 수집 실행, 정리 단계로 나누어서 진행하였다. 기획 단계에서는 학생들의 조를 편성하여 정보를 수집하였는데 국회보고서, 신문기사, 블로그, 단행본, 학위논문, 관련기관 인터뷰 자료를 수집하였고, 조사내용을 기초하여 연표를 작성하고, 참고문헌을 정리하게 하였고, 예비질문지를 작성하게 하였다. 수집 주제는 지역사 복원을 위하여 용인사회문화의 중요하고 다양한 측면을 드러낼 수 있는 주제를 선정하였는데, 마을, 전통장, 향교와 서원, 새마을운동, 여성을 선정하였다.138 구술자 선정은 교수 및 지역인사를 통하거나 면담자가 직접 섭외하였다. 자료 수집을 위한 장비는 한국외국어대학교 문화콘텐츠학과와 연구소 장비를 대여하였고, 자문위원회는 구술사 전문가와 문화콘텐츠학과 교수들로 구성하였다. 구술 채록에 필요한 각종 서식은 한국학중앙연구원 현대한국구술자료관의 서식을 기초해 재구성하였다.

구술 채록을 실행하고 정리 단계에서는 면담일지를 작성하고 촬영한 영상을 저장하고 녹취록과 상세목록을 작성하였다. 완성된 녹취문과 영상을 구술자에게 전달하고 공개 동의서를 받았다. 이러한 구술 채록 결과물을 바탕으로 용인과 용인사람들 이야기로 『모현사람과 갈월마을』,139 『시장과 시장 사람들: 용인의 전통시장』,140 『향교.서원과 용인사람들』141이 출판되었다. 그리고 구술 자료를 이용하여 용인장 활성화를 위한 콘텐츠를 기획하였다. 용인중앙시장의 현황 조사를 하여 마케팅을 분석하여 구술 자료를 가지고 상점의 스토리가 표기된 스토리 파크 마켓와 핸드맵, 온라인 시장, 앱 만들기를 하였다.142

이 작업은 전문적인 구술 채록을 통해서 지역사와 구술사를 연결시키는 작업이고 결과물을 출판물로 제시하고 구술 자료를 지역사회 문화콘텐츠화하는 좋은 시도라고 보여진다. 학생들을 구술채록가에서 문화기획가로 성장하게 할 가능성이 보인다. 그러나 기관구술채록과 구술사 교육과의 차별성이 필요하고 두 학기에 걸친 1년 구술사 프로젝트라는 부담감이 있다. 그리고 학생들의 무보수 노동으로 출판물이 생산되었다고 보인다. 또한 주민들의 이야기라고 하지만 생애사적 관심보다는 콘텐츠화에 목표가 있어 보인다. 그리고 수집된 구술 자료는 어떻게 아카이빙되고 있는지, 구술 채록 결과 발표회를 통해서 지역민들과 소통이 되었는지도 궁금하다. 지역민들에게 학생들이 만든 문화 콘텐츠가 얼마나 실제적인 효용성이 있는지도 궁금하다.

역사학자 김영미는 k대학에서 역사(구술사)와 연극 융합수업을 진행하였다. 이 수업은 역사학과 수업과 연극학과 수업을 융합수업으로 설계하여 서울시 중구 중림동 염천교 수제화 거리에서 구술 생애사를 수집하여 연극으로 공연하였다. 이 수업의 이름은 "도시 마을 역사·문화극장으로 재현하기"였다.143 역사학과 학생과 연극학과 학생들이 수강한 이 수업은 1주일에 6시간으로 1/3은 현장 수업, 1/3은 발표, 1/3은 강의와 토론으로 진행되었다. 학생들은 〈구술 생애사팀〉, 〈서울 역사팀〉, 〈구두 역사팀〉, 〈다큐 영상팀〉으로 구성되었고144, 장인들의 생애사 구술 채록이 1차적으로 마무리되면서 〈공연팀〉이 추가되었다.145 염천교 수제구두 장인들의 구술 생애사 인터뷰는 2인 1조로 6명을 인터뷰했는데, 1차 인터뷰는 연구자가 진행했고, 2차 인터뷰를 학생들이 진행하였다. 학생들은 1, 2차 인터뷰에 대한 녹취록과 인터뷰 후기를 작성하였다. 이것은 『서울 염천교의 역사와 수제화 장인들』이라는 책으로 발간되었다.146 〈서울 역사팀〉, 〈구두 역사팀〉은 서울의 역사적 변천 속에서 염천교의 지역성을 조명하고, 구두의 역사를 한국 구두의 전래와 제화업의 발전에 대한 역사적 조명을 하였다. 〈다큐 영상팀〉은 수업의 모든 과정을 다큐멘터리로 제작하였다.

생애사 공연을 위하여 연극학과 학생들과 역사학과 학생들이 구술 생애사 녹취록을 연극대본이라 생각하고 함께 읽었다.147 그리고 〈서울 역사팀〉학생들은 뉴다큐멘터리 연극 "100%광주"의 형식을 구술 생애사 인터뷰에 적용시켜 장인 3명과 질문자를 시나리오에 등장시켜 시민참여극을 제작하였다.148 〈공연팀〉은 장인들의 구술 생애사를 기반으로 시나리오를 쓰고 공연을 준비하여 12월 19일 염천교 축제에서 생애사 구술에 참여했던 6명의 장인들과 학생들, 그리고 주민들을 관중으로 공연을 하였다.149 이 수업이 진행되는 동안 구술자들과 연극학과 이혜경 교수가 함께 협동조합을 만들었다. 김영미는 "이 수업은 염천교 수제화 장인들의 공동체를 기반으로 하면서 그 공동체를 하나로 묶은 집합적인 기억을 만듦으로써 공동체를 다시 성장시켰다고 생각된다."고 하였다.150

김영미는 이 수업을 통하여 생산된 "공동체 구술은 서울의 경우 도시 재생을 위한 역사문화적 자산으로, 지방의 경우 마을 만들기와 역사 문화적 콘텐츠로 활용될 수 있다."151고 주장하였다. 그리고 무엇보다도 이 수업은 새로운 교육 효과를 가져왔는데, 구술 생애사 인터뷰는 세대 간의 소통에 매우 효과적이었다. 또한 이 수업은 교수와 학생들이 함께 현장에서 배우는 작업이었다.152

이 작업은 김영미의 문제의식처럼153 구술이 재현되는 방식에서 연극과의 접목이 돋보인다. 그런데 이러한 협업은 K대학의 특성 상 가능했던 것 같아서 과연 다른 대학에서도 가능할 것인가에는 의구심이 있다. 또한 이러한 수업은 교수들의 시간과 노력의 투여가 크기 때문에 교수의 의지가 무엇보다도 중요하다는 생각이 든다. 이 수업의 성과는 교수가 일방적으로 교습을 하는 것이 아니라, 교수와 학생들이 함께 작업하고 만들어가는 수업이었고, 그 결과물을 구술자들과 공유했던 것은 매우 큰 의의가 있다고 생각된다.

부록 1

구술 자료의 이용 등에 관한 동의서

나는 국사편찬위원회 구술 자료 조사수집 사업의 취지를 이해하며, 다음 사항에 동의합니다.

주제명 :

1. 구술의 녹음·녹화, 구술 녹취록 제작에 동의한다. (녹음·녹화한 테이프와 그 파일, 녹취록과 그 파일, 구술자 사진 및 기타 기증자료를 '구술 자료'라고 통칭한다.)
2. 나는 구술 자료에 대한 제반권리를 국사편찬위원회에 이양하며, 구술 자료에 대한 복사·이용·출판에 대한 권리를 국사편찬위원회와 공유한다.
3. 구술 자료는 국사편찬위원회가 보존·관리하며, 국사편찬위원회의 사료의 보존과 이용에 관한 자체 규정에 따라 연구 및 학술 목적에 한하여, 연구자와 국민이 국사편찬위원회를 통해 열람·복사할 수 있다. 국사편찬위원회는 구술 자료를 책으로 출판할 수 있다. 구술 자료목록과 구술자가 동의한 편집된 구술 동영상은 국사편찬위원회 관련 홈페이지를 통해 온라인으로 제공할 수 있다.

【개인정보·민간정보 수집 및 이용 동의】
1. 개인정보를 제공받는 자 : 국사편찬위원회 / 구술 면담자
2. 개인정보 수집 및 이용 목적 : 구술 자료 수집 및 아카이브 구축, 구술 자료 활용을 위한 개인정보 수집
3. 개인정보 항목 : 구술 자료에 포함된 성명·주소·연락처·생년월일·기타 개인과 관련된 정보, 구술영상·음성자료에 포함된 개인정보
4. 개인정보 보유 및 이용기간 : 영구보존
5. 개인정보 수집 및 이용에 동의를 거부할 수 있으나, 거부할 경우 구술 자료 수집이 불가능합니다.

⊙ 본인은 국사편찬위원회 구술 자료 수집 사업의 취지를 이해하고 개인정보 수집 및 이용에 동의합니다.
  □ 동의함   □ 동의하지 않음
⊙ 본인은 구술에 포함된 법률상 민감 정보의 수집 및 이용에 동의합니다.
  □ 동의함   □ 동의하지 않음

작 성 일 :   년   월   일
구술자 성명 :   (인)
생년월일 :
연 락 처 :

구술 자료의 이용 등에 관한 동의서(비공개)

나는 국사편찬위원회 구술 자료 조사수집 사업의 취지를 이해하며, 다음 사항에 동의합니다.

주제명 :

1. 구술의 녹음·녹화, 구술 녹취록 제작에 동의한다. (녹음·녹화한 테이프와 그 파일, 녹취록과 그 파일, 구술자 사진 및 기타 기증자료를 '구술 자료'라고 통칭한다.)
2. 나는 구술 자료에 대한 제반권리를 국사편찬위원회에 이양하며, 구술 자료에 대한 복사·이용·출판에 대한 권리를 국사편찬위원회와 공유한다.
3. 구술 자료는 국사편찬위원회가 보존·관리하며, 국사편찬위원회의 사료의 보존과 이용에 관한 자체 규정에 따라 연구 및 학술 목적에 한하여, 연구자와 국민이 국사편찬위원회를 통해 열람·복사할 수 있다.
   단, _____ 까지,
4. 구술 자료의 (전부) 혹은 구술 자료의 다음 일부분(_____)을 비공개 하며, 비공개 부분을 이용하기 위해서는 나의 서면 동의를 받아야 한다.
   ※ 일부 비공개의 경우 비공개 부분을 별도의 쪽에 명시한다.

【개인정보·민감정보 수집 및 이용 동의】
1. 개인정보를 제공받는 자 : 국사편찬위원회 / 구술 면담자
2. 개인정보 수집 및 이용 목적 : 구술 자료 수집 및 아카이브 구축, 구술 자료 활용을 위한 개인정보 수집
3. 개인정보 항목 : 구술 자료에 포함된 성명·주소·연락처·생년월일·기타 개인과 관련된 정보, 구술영상·음성자료에 포함된 개인정보
4. 개인정보 보유 및 이용기간 : 영구보존
5. 개인정보 수집 및 이용에 동의를 거부할 수 있으나, 거부할 경우 구술 자료 수집이 불가능 합니다.
   ⊙ 본인은 국사편찬위원회 구술 자료 수집 사업의 취지를 이해하고 개인정보 수집 및 이용에 동의합니다.
            □ 동의함   □ 동의하지 않음
   ⊙ 본인은 구술에 포함된 법률상 민감 정보의 수집 및 이용에 동의합니다.
            □ 동의함   □ 동의하지 않음

작 성 일 :   년   월   일
구술자 성명 :   (인)
생년월일 :
연 락 처 :

부록 2

미국 구술사 학회의 원칙과 기준들
Principles and Standards of the Oral History Association*

구술사학회는 과거의 사건들과 생활양식에 참여한 사람들과의 인터뷰를 통해서 역사적 정보를 수집하고 보존하는 방법으로서 구술사를 장려한다. 학회는 고유하고 유용하고 신뢰할 수 있는 사료를 만들어내기 위해서 구술사를 만들어내고, 사용하는 사람들이 특정한 원칙, 권리, 의무들을 인정할 것을 촉구한다. 이것들은 구술자에 대한, 구술사라는 전문직업에 대한, 대중에 대한 의무뿐만 아니라 지원하는 기관과 면담자 사이의 상호 의무를 포함한다.

구술사 인터뷰는 다양한 목적을 위해서 다양한 소속과 지원을 가지고 있는 사람들이 수행하고 있다. 즉 구술 아카이브를 만들기 위해서, 개인적 연구를 위해서, 지역사회와 기관 프로젝트를 위하여, 출판과 미디어를 위하여 말이다. 이러한 원칙과 기준들이 전문적인 작업을 지도하는 일반적인 틀을 제공하지만, 그것들이 어떻게 적용되는가는 특정한 구술사 프로젝트의 성격에 따라 다를 것이다. 인터뷰의 목적과 관계없이 구술사는 구술사 연구의 상호 관계적이고 주관적인 성격을 인정하면서, 비판적인 탐구와 사회적 책임감의 정신 속에서 수행되어야 한다.

---

* 이 부분은 Donald Ritchie의 *Doing Oral History* (New York: Twayne, 1995)에 삽입되어 있는 것을 번역한 것임.

1. 구술자에 대한 책임

1) 구술자들은 일반적으로 구술사의 목적과 수행과정에 대해서, 그리고 면담자와 구술자가 기여하는 특정한 프로젝트의 사용에 대한 정보가 주어져야 한다.
2) 구술자들은 편집, 접근 제한 규정, 저작권, 사전 사용, 저작권 사용료 그리고 모든 형태의 기록의 처분과 배포와 같은 구술사 연구 과정에 있는 상호간의 권리에 대한 정보가 주어져야 한다.
3) 구술자들은 법적인 공개 동의서에 서명하도록 요청될 것에 대해서 알고 있어야 한다. 인터뷰는 구술자들이 사용을 허락할 때까지는 비밀이 유지되어야 한다.
4) 면담자들은 구술자에게 지킬 수 없는 약속들, 출판을 보장한다거나 인터뷰가 대중에게 공개된 후에 그것들을 사용하는데 대한 통제와 같은 것을 약속해서는 안된다.
5) 인터뷰는 구술자와 사전에 동의한 것에 따라서 수행되어야 하고, 그러한 우선권과 동의는 기록되어야 한다.
6) 면담자들은 프로젝트의 목적과 구술자의 시각 사이에 균형이 잡히도록 해야 한다. 면담자들은 사회적·문화적 경험의 다양성에, 인종, 젠더, 계급, 종족성, 나이, 종교와 성적 지향성이 암시하는 것들에 민감해야 한다. 면담자들은 자신의 스타일와 언어로 구술자들이 서술하도록, 자신의 관심을 반영하는 쟁점들을 다루도록 구술자들을 격려해야 한다. 그들은 구술자와 함께 조사할 수 있는 모든 적절한 영역들을 조사해야지, 피상적인 대답에 만족해서는 안된다.
7) 면담자들은 구술자를 이용하는 것에 대하여 가능한 경계해야하고, 인터뷰가 이용될 수 있는 방식들에 대해서 민감해야 한다. 면담자들은 특정 주제에 대해서 논의하길 거절하고, 인터뷰에 대한 접근을

제한하고 또는 극단적인 상황에서는 익명을 선택하는 구술자의 권리를 존중해야 한다. 면담자들은 명확하게 모든 구술자들에게 이러한 선택권에 대해서 설명해야 한다.

2. 대중과 직업에 대한 의무

1) 구술사가들은 작업 수행에 있어서 가장 높은 수준의 전문적 기준을 유지하고 그들이 속해있는 학문과 직업의 기준을 유지할 의무가 있다.
2) 과거를 이해하는데 있어서 구술사의 중요성과 그에 포함된 비용과 노력을 인식하여, 면담자들과 구술자들은 서로 지속될 수 있는 가치를 지닌 솔직한 정보를 기록하고 그 정보가 접근될 수 있도록 노력해야 한다.
3) 구술자들은 주어진 주제에 관련된 경험에 기초해서 선택되어야 한다.
4) 면담자들은 인터뷰 기술뿐만 아니라 전문적 자격 또는 주어진 주제에 대한 경험을 가지고 있어야 한다.
5) 프로젝트의 특정한 관심사에 관계없이 면담자들은 다른 이들을 위하여 가능한 완전한 기록을 만들기 위하여 프로젝트의 특정한 초점을 넘어서서 조사를 확대하도록 해야 한다.
6) 면담자들은 도발적이고 통찰력 있는 연구를 통해서 정보를 제공하는 대화를 촉발시키도록 노력해야 한다. 그들은 면접되고 있는 사람의 배경에 기초하고 가능한 한 조심스럽게 구술자가 말할 수 있는 주제에 관련된 적절한 문서나 이차적 자료들을 조사해야 한다.
7) 면담자들은 인터뷰를 기록하는데 모든 노력을 기우려야 한다. 그들은 인터뷰 상황을 포함해서 준비과정과 방법에 대한 완전한 기록을

제공해야 한다. 면담자들과 가능하면 구술자들은 인터뷰와 녹취문을 검토하고 평가해야 한다

8) 면담자들은 구술자들의 허락 하에 인터뷰를 보존하고 동시에 궁극적으로 일반적으로 사용할 수 있게 만들어주는 아카이브 서고에 인터뷰를 보관하도록 절차를 취해야 한다. 면담자들은 프로젝트 목적, 지원기관과 연구비를 포함하여 인터뷰에 대한 정보를 제공해야 한다. 더 좋은 것은 면담자들이 필요한 법적 절차를 결정하기 위하여 프로젝트 사전에 아카이브 서고와 함께 논의하는 것이 좋다. 면담자들이 인터뷰를 첫 번째로 사용하려고 한다면 대중 공개 전에 적당한 시간 동안 만이어야 한다.

9) 면담자들은 구술사를 수집해온 지역사회에 민감해야 해서, 생각 없이 그 지역사회의 정형성을 강화하거나 그 지역사회에 부당한 악명을 불러오지 않도록 조심해야 한다. 그들은 인터뷰가 지역사회에서 접근될 수 있도록 모든 노력을 해야 한다.

10) 구술사 인터뷰는 다른 역사적 기록에 적용되는 같은 조심성과 기준으로 사용되고 인용되어야 한다. 사용사들은 본래의 구술자 목소리를 보존할 의무가 있어서, 구술자의 말을 잘못 표기하거나 맥락에서 벗어나게 해서는 안된다.

11) 구술사 프로젝트의 연구비나 지원금을 주는 곳은 모든 전시회, 미디어 재현, 또는 프로젝트가 만들어내는 출판물에서 명시되어야 한다.

12) 면담자와 구술사 프로그램은 구술자들과 지역사화와 함께 구술사 작업으로부터 나온 보상과 인정을 어떻게 공유할 수 있는지 의식적으로 고려해야 한다.

3. 지원 기관과 아카이브 보존 기관의 의무

1) 구술사 아카이브를 지원하고 유지하는 기관들은 구술자, 면담자, 구술사라는 전문일과 대중에게 구술사 인터뷰를 만들어내고 아카이브로 보존하는데 있어서 가장 높은 수준의 전문성과 도덕적 기준을 유지해야 할 의무가 있다.
2) 구술자가 정한 조건에 따라서 지원 기관들(혹은 개인적 수집가들)은 쉽게 이용할 수 있는 기록물을 준비하고 보존하고, 각 인터뷰가 만들어지고 보존되는 것에 대한 정확한 기록을 보관하고, 인터뷰의 이름을 명기하고 인덱스를 만들고 목록을 만들고, 인터뷰가 연구를 위해서 공개될 때 인터뷰의 존재를 알려줄 의무가 있다.
3) 아카이브 기관들은 그들의 사명과 자원 한도 내에서 독립 연구자들이 만들어낸 인터뷰를 수집하고 필요한 법적 동의서로 면담자들을 지원해야 한다.
4) 지원 기관들은 프로그램의 목적을 면담자들에게 설명하고 인터뷰에 필요한 모든 윤리적·법적 고려들을 알려주고, 프로그램과 구술자에 대한 그들의 의무가 무엇인지를 명확하게 하여 면담자들을 교육시켜야 한다.
5) 면담자들과 구술자들은 모든 형태의 인용 또는 사용에서 그들의 작업에 대한 적절한 인정을 받아야 한다.

부록 3

존 뉴엔쉬웬더 John A. Neuenschwander, *Oral History and the Law* (1993)의 공개 동의서 예시

《계약 동의서》

_____ (면담자 또는 연구팀, 프로젝트 지원 기관 명)가 나의 구술사적 전기를 녹음테이프(비디오)로 기록하고 보존하는 것에 대해서,

나 _____(구술자의 이름), _____(주소)는 여기서 그들이 적절하다고 보는 그러한 역사적, 학문적 목적을 위해서 다음과 같은 권리를 포기하고 양도한다.

(1) 구술된 것에서 내가 가진 또는 가진 것을 간주되는 모든 법적 자격과 지적 재산 권리.

(2) 구술된 것에서 내가 가지고 또는 가진 것으로 간주되는 저작권에서 나의 권리, 자격, 이해, 그리고 특별히 구술된 것으로부터 나온 연구, 대중 공연과 전시에 대한 배타적인 권리 또는 재생산, 분배, 준비.

나는 여기서 나의 구술 전기에서 전술한 권리들의 어떤 것도 다른 이에게 양도하거나 어떤 방식으로든 지우거나 훼손시키지 않았음을 보장한다.

The _____(면담자 또는 연구팀, 프로젝트 지원 기관 명)은 따라서 다음에 동의한다:

(1) 내가 죽기 전에 또는 _____(특정 시기, 년도)까지 내 구술 전기의 일부분 또는 전체를 내가 복사하고 사용하고 출판할 것을 허락한다.
(2)
(3)

우리는 입회자 앞에서 약속을 하고 서명한다.

_____(날짜)

_____(구술자의 서명)

_____(법적 대리인의 서명)

부록 4 한국구술사학회 연구 윤리

『구술사연구』 연구윤리규정

2017. 8. 30. 개정본

제1조 (목적)

본 연구윤리규정은 한국구술사학회가 발간하는 학술지『구술사연구』(이하 학술지라 약함)에 기고하는 논문의 저자(이하 연구자 혹은 저자)가 준수해야 하는 연구 윤리의 원칙과 기준을 정하는 것을 목적으로 한다.

제2조 (연구 윤리의 준수서약)

한국구술사학회는 학술지의 원고 모집을 할 때 연구윤리규정을 공지하여야 하며, 연구자는 윤리규정 준수 서약서에 동의하고 이를 원고와 함께 제출하여야 한다.

제3조 (연구자의 연구 윤리)

학술지에 기고하는 논문은 다음의 윤리규정을 지켜 작성되어야 한다.
1. 게재를 희망하는 논문은 독창적인 연구내용을 담은 것으로, 다른 학술지 또는 간행물에 발표한 사실이 없는 것이어야 한다.
2. 인간을 연구 대상으로 하는 연구를 할 때에는 연구 참여자(연구대상)에게 정신적 육체적 고통을 수반하지 않는 범위 내에서 진행해야 한다.
3. 연구자는 구술 자료의 채록, 활용 및 보급에 관한 윤리원칙(제4조와 제5조)에 따라 연구해야 한다.

4. 다음과 같은 연구부정행위가 있는 논문은 게재하지 않는다.
   1) 존재하지 않는 자료 또는 연구결과 등을 허위로 만들어 내거나, 연구과정을 조작하거나, 자료를 임의로 변형하는 연구 위조 및 왜곡 행위.
   2) 타인의 아이디어, 연구내용 및 결과 등을 적절한 승인 또는 인용 없이 도용하는 표절 행위.
   3) 기타 학계에서 통상적으로 용인되는 범위를 심각하게 벗어난 행위.

제4조 (구술 채록 작업에 관한 윤리원칙)
1. 연구자는 구술 채록의 목적과 해당 구술사 프로젝트에 대한 정보를 구술자에게 알려주어야 한다.
2. 연구자는 구술 채록 전에 개인정보에 관하여 다음과 같은 사항들을 구술자에게 알려주어야 한다.
   1) 개인정보를 제공받는 자
   2) 개인정보 수집 및 이용 목적
   3) 개인정보 항목 (구술 자료 서식에 포함된 성명·주소·연락처·생년월일, 구술영상·음성 자료에 포함된 개인정보)
   4) 개인정보 보유 및 이용기간
3. 연구자는 구술자에게 편집, 접근 제한, 저작권을 비롯한 구술된 내용의 모든 형태의 활용과 처분에 관련된 관리에 대한 정보를 알려야 한다.
4. 연구자는 구술자가 법적 효력을 갖는 공개 동의서에 서명하도록 요청될 것에 대해서 알려 주어야 한다. 또한 구술된 내용을 비공개로 할 것을 요구하거나, 조건부 혹은 익명으로 공개하도록 요구할 수 있음을 구술자에게 알려주어야 한다.
5. 연구자는 구술자가 자유롭게 이야기하도록 격려해야 하며, 구술자가 특정 주제에 대해 이야기하는 것을 거부할 수 있음을 구술자에게 알려주어야 한다.

6. 구술 채록은 구술자와 사전에 동의한 내용에 따라서 수행해야 하며, 그러한 동의는 기록되어야 한다.
7. 연구자는 구술된 내용을 기록하는 데 모든 노력을 기울여야 하며, 구술 채록의 상황을 포함해서 구술 채록의 준비과정과 방법을 기록해야 한다.

제5조(구술 자료의 활용 및 보급에 관한 윤리원칙)
1. 모든 형태의 구술된 내용은 구술자가 사용을 허락할 때까지 비밀이 유지되어야 한다.
2. 구술된 내용의 녹취문은 가능한 한 구술자와 함께 검토하고 평가해야 한다.
3. 연구자는 구술된 내용을 원본대로 보존하려는 노력을 기울여야 한다.
4. 전시회 및 출판을 비롯한 각종 미디어에 구술 자료를 재현할 때에는 구술사 프로젝트의 지원기관을 밝혀야 한다.
5. 구술 자료의 이용자는 구술 자료의 생산자(구술자와 연구자)를 밝혀야 한다.

제6조 (연구업적의 인정 및 저자 표기)
1. 연구자는 자신이 실제로 행하거나 공헌한 연구에 대해서만 저자로서 책임을 지며, 또한 업적으로 인정받는다.
2. 공동연구의 경우 연구를 직접 행하거나 연구에 실질적인 공헌을 한 연구에 대해서만 논문의 공동저자로 참여해야 하며, 공동저자의 표기는 해당 연구에 기여한 정도에 따라 순서를 정한다.
3. 연구내용 또는 결과에 기여를 한 사람에게는 논문의 공동저자 자격을 부여하거나 혹은 적절한 방식의 감사의 표시가 명기되어야 한다.

제7조(연구윤리위원회의 구성)

1. 연구 윤리에 관한 제반사안을 심의·의결하기 위해 연구윤리위원회를 둔다.
2. 연구윤리위원회의 위원은 연구위원 2명, 편집위원 2명, 그리고 회장과 총무이사로 구성하며, 위원장은 학계의 원로 중에 위촉한다. 간사는 편집간사가 겸직한다.

제8조 (연구 윤리 심의와 의결)

1. 이 규정에서 정한 내용의 심의·의결은 연구윤리위원회에서 담당한다.
2. 동 위원회는 연구 윤리의 위반과 관련하여 신고를 받거나 자체적으로 인지한 내용에 대하여 규정에 의거하여 위반내용을 심의·의결한다.
3. 연구 윤리의 위반과 관련된 회의는 편집위원 또는 편집위원장의 요청에 의해 이루어진다.
4. 동 위원회는 위원 과반수의 출석과 출석위원 3분의 2 이상의 찬성으로 의결한다.
5. 동 위원회에서 필요하다고 인정될 때에는 관계자를 출석하게 하여 의견을 청취할 수 있다.

제9조 (연구 윤리 위반에 대한 조치 및 징계)

제7조에서 정한 절차에 따라 심의를 거쳐 연구자가 연구 윤리를 위반한 것으로 드러난 경우 연구윤리위원회는 아래와 같은 징계를 결정하며 징계 내용은 중복될 수 있다.

1. 해당 논문의 학술지 게재를 취소한다.
2. 한국구술사학회 홈페이지에 연구 윤리 위반 사실을 공지한다.
3. 한국연구재단에 연구위반 사실을 통보한다.

4. 해당 연구자에게 향후 5년간 논문투고를 금지한다.
5. 연구윤리위원회는 제7조에서 정한 심의와 의결 및 제8조의 조치와 징계 관련 회의내용을 회의록으로 작성하여 보관하고, 심사 결과를 한국구술사학회의 이사회에 보고한다. 보고서에는 심사의 위촉내용, 심사의 대상이 된 연구부정 행위, 심사위원의 명단과 심사절차, 심사 결정의 근거, 심사 대상자의 소명 및 처리 절차, 연구 윤리 위반에 따른 징계 내용이 포함되어야 한다.

제10조(기관연구윤리심의위원회 대체 가능)
1. 『구술사연구』에 투고하는 연구자들은 본 연구윤리규정으로 연구자가 소속된 기관이나 연구비를 지원하는 기관의 연구윤리심의위원회 규정을 대신할 수 있다.

부칙
1. (시행일) 이 규정은 2017년 8월 30일부터 시행한다.
2. 규정에 명시되지 않은 사항은 연구윤리위원회의 심의와 결정에 따른다.

부록 5 한국구술사네트워크 윤리 원칙

구술사 윤리 원칙

제1조(채록 작업)
1. 면담자는 구술 채록의 목적과 해당 구술사 프로젝트에 대한 정보를 구술자에게 알려주어야 한다.
2. 면담자는 구술자가 자유롭게 이야기하도록 격려해야 하며, 구술자가 특정 주제에 대해 이야기하는 것을 거부할 수 있음을 구술자에게 알려주어야 한다.
3. 면담자는 구술자가 구술된 내용을 비공개로 할 것을 요구하거나, 조건부 혹은 익명으로 공개하도록 요구할 수 있음을 구술자에게 알려주어야 한다.
4. 구술 채록은 구술자와 사전에 동의한 내용에 따라서 수행해야 하며, 그러한 동의는 기록되어야 한다.
5. 면담자는 구술된 내용을 기록하는데 모든 노력을 기울여야 하며, 구술 채록의 상황을 포함해서 구술 채록의 준비과정과 방법을 기록해야 한다.

제2조(구술 자료의 보존 및 이용)
1. 면담자 및 연구자는 구술된 내용을 원본대로 보존하려는 노력을 기울여야 한다.
2. 모든 형태의 구술된 내용은 구술자가 공개를 동의할 때까지 비밀이 유지되어야 하며, 그러한 동의는 기록되어야 한다.
3. 전시회 및 출판을 비롯한 각종 미디어에 구술 자료를 재현할 때에는

구술 자료의 생산자(구술자와 면담자 및 연구자, 생산기관 또는 단체)를 밝혀야 하며, 해당 구술사 프로젝트의 지원기관이 있는 경우에는 지원기관도 밝혀야 한다.
4. 공개된 구술 자료를 이용할 때에는 구술 자료의 생산사를 밝혀야 한다.

제3조(연구기관 및 아카이브 기관)

1. 구술사 연구기관 및 아카이브 기관은 구술 채록을 수행하고 이를 아카이브로 보존하는데 필요한 전문성과 도덕성을 갖추고 있어야 한다.
2. 구술사 연구기관 및 아카이브 기관은 면담자 및 연구자에게 해당 구술사 프로젝트의 목적을 설명하고, 구술 채록에 필요한 윤리적·법적 고려사항을 알려주어야 한다.
3. 구술사 연구기관 및 아카이브 기관은 구술 자료의 공개 및 이용에 관한 기준을 마련하고 이를 공지해야 한다.

2010년 11월 5일
구술사 연구기관 네트워크*

---

* 2010년 창립 당시의 명칭은 '구술사 연구기관네트워크'이었는데, 현재는 한국구술사네트워크가 되었다.

부록 6

한국구술사네트워크 회원 명단 (2017년 11월 현재)*

	기관명	홈페이지
1	(사)한국춤문화자료원	http://kdrc.or.kr
2	4.9인혁열사계승사업회	
3	4.9통일평화재단	http://www.49peace.org
4	5·18기념재단	http://www.518.org
5	강원대 체육구술사연구회	
6	공주학연구원	http://igs.kongju.kr
7	국가기록원 대통령기록관	http://www.archives.go.kr
8	국립무형유산원	http://www.nihc.go.kr
9	국립외교원 외교사연구센터	http://ifans.or.kr
10	국사편찬위원회	http://www.history.go.kr
11	국회도서관	http://www.nanet.go.kr
12	김대중도서관	http://www.kdjlibrary.org
13	남도춤문화연구소	
14	대한민국역사박물관	http://www.much.go.kr
15	독립기념관 한국독립운동사연구소	http://www.independdence.or.kr
16	두루연구공동체	
17	명지대 국제한국학연구소	http://coreana.or.kr
18	민족문제연구소	http://www.minjok.or.kr
19	민주주의사회연구소	http://www.minsayeon.org
20	민주화운동기념사업회	http://www.kdemocracy.or.kr
21	서울대 규장각 한국학연구원	http://e-kyujanggak.snu.ac.kr
22	서울대 미술대학 조형연구소	
23	서울대학교병원 의학역사문화원	
24	성공회대학교 민주주의연구소 민주자료관	http://www.demos-archives.or.kr

	기관명	홈페이지
25	여수지역사회연구소	http://yosuicc.com
26	전남대 5·18연구소	http://cnu518.jnu.ac.kr
27	전북대 무형문화연구소 민중생활사연구회	http://www.minjung20.org
28	전주문화재단	http://www.jjcf.or.kr
29	제주4·3연구소	http://www.jeju43.org
30	청명문화재단	http://www.chungmyung.org
31	청주시문화산업진흥재단	http://www.cjculture.org
32	태평양전쟁희생자유족회	http://www.victims.co.kr
33	한국영상자료원 영화사연구소	http://www.koreafilm.or.kr
34	한국구술사연구소	http://www.oralhistory.kr
35	한국구술사학회	http://www.koha2009.or.kr
36	한국문화예술위원회 예술자료원	http://www.daarts.or.kr/gusool-arist
37	한국외국어대학교 기록학연구센터	http://archivist.cafe24.com/2008asc
38	한국정신대연구소	http://www.truetruth.org
39	한국학중앙연구원 현대한국구술자료관	http://www.aks.ac.kr
40	한성대 전쟁과평화연구소	http://www.warandpeace.or.kr
41	현대사기록연구원	

---

* 2017년 한국구술사네트워크 워크숍 자료집, 98-99쪽.

미주

제1장

1 Vansina, Jan, 1985, *Oral Tradition as History*. Madison: University of Wisconsin Press. p.198. 저자 번역
2 Thompson, Paul, 2000, *The Voice of the Past: Oral History*, 3rd edition, Oxford University Press, p.25.
3 Ritchie, Donald, 1995, *Doing Oral History*. New York: Twayne. pp.1-2.
4 윗글, p.2.
5 윗글, p.3.
6 윤택림, 1995, 「탈식민 역사 쓰기: 비공식 역사와 다중적 주체」, 『한국문화인류학』 27집, 55쪽.
7 윗글, 57쪽.
8 윤택림, 2003, 『인류학자의 과거여행』, 역사비평사, 102쪽.
9 윤택림, 1994, 「기억에서 역사로: 구술사의 이론적, 방법론적 쟁점들에 대한 고찰」, 『한국문화인류학』, 25집, 274쪽.
10 윤택림, 2001, 「역사인류학자가 바라본 역사학: 구술사 연구를 중심으로」, 『역사문제연구』, 2호. 233쪽.

제2장

1 나탕 바슈텔, 2010, 「기억과 역사사이에서」, 윤택림 편역, 『구술사, 기억으로 역사쓰기』, 아르케, 98쪽.
2 Thompson, Paul, 2000, *The Voice of the Past: Oral History*. Oxford: Oxford University Press. p.77.
3 윗글, p.78.
4 Grele, Ronald, 1996, "Directions for Oral History in the United States" in David K. Dunnaway and Will K. Baum, eds., *Oral History: An Interdisciplinary Anthology*, Alta Mira Press, p.63.
5 윗글, p.64.
6 윗글, 같은 쪽.
7 윗글, 같은 쪽.
8 Perks, Robert and Alistair Thomson, eds., 1998, *The Oral History Reader*. London: Routledge. p.1.
9 Grele, Ronald. 1996. p.65.
10 남신동, 2004, 「미국 구술사의 발달과 연구 동향」, 『현황과 방법: 구술, 구술 자료, 구술사』, 한국사연구지원 보고자료집 8, 국사편찬위원회, 193쪽.
11 Grele, Ronald, 1996, p.67.
12 윗글, p.68.
13 윗글, 같은 쪽.

14 윗글, p.70.
15 남신동, 2004, 195쪽.
16 Andrea Fontana and James H. Frey, 2000, "The Interview: from Neutral Stance to Political Involvement," Denzin, Norman K. and Yvonna S. Lincoln, eds. *Handbook of Qualitative Research*(2nd edition), Sage Publications.
17 Thompson, 2000, p.72.
18 Thompson, Paul, 1996, "The Development of Oral History in Britain," in David K. Dunaway and Will K. Baum, eds. *Oral History: An Interdisciplinary Anthology*, AltaMira Press, p.354.
19 Thompson, 2000, p.74.
20 Thompson, 1996, pp.355-7.
21 Thompson, 2000, p.75.
22 Thompson, 1996, p.357.
23 윗글, p.358.
24 윗글, p.360.
25 Thompson, 2000, p.76.
26 Harewig, Karin, 1996, "Oral History in Germany," in David K. Dunaway and Will K. Baum, eds. *Oral History: An Interdisciplinary Anthology*, AltaMira Press. p.364.
27 윗글, p.365.
28 윗글, p.366.
29 윗글, p.367.
30 윗글, p.368.
31 윗글, p.370.
32 윗글, pp.370-371.
33 윗글, p.371.
34 윗글, p.374.
35 Thompson, 2000, pp.70-71.
36 Danièle Voldman, 1996, "Oral History in France," in David K. Dunaway and Will K. Baum, eds. *Oral History: An Interdisciplinary Anthology*, AltaMira Press. p.381.
37 윗글, p.385.
38 윗글, p.387.
39 Portelli, Alessandro, 1996, "Oral History in Italy," in David K. Dunaway and Will K. Baum, eds. *Oral History: An Interdisciplinary Anthology*, AltaMira Press. p.392.
40 윗글, p.393.
41 윗글, p.395.
42 윗글, p.396.
43 Passerini의 "Italian Working Class Culture Between the Wars: Consensus to Fascism and Work Ideology," (International Journal of Oral History 1, 1980)이 바로 그 유명한 논문이며, 이것은 애초에 "Work Ideology and Concensus under Italian Fascism"이라는 논문으로 *History workshop* (1979, no. 8)에 발표되었고, 그 축약된 것이 Perks, Robert and Alistair Thomson의 The *Oral History Reader* (Routledge, 1998)에 있다.
44 Thompson, 2000, p.69.

45 Portelli, Alessandro, 1996, p.399.
46 윗글, p.400.
47 윗글, p.403.
48 Portelli, Alessandro, 1996, p.405.
49 일본의 구술사는 김용의의 「일본 구술사 연구의 동향과 쟁점」(『일본어문학』, 12권, 2002)을 정리한 것이다.
50 윗글, 205쪽.
51 윗글, 208쪽.
52 윗글, 210쪽.
53 윗글, 212쪽.
54 윗글, 210쪽.
55 윗글, 206쪽.
56 윗글, 213쪽.
57 송연옥, 2015, 「재일조선인 여성의 삶에서 본 일본 구술사 연구 현황」, 『구술사연구』, 6권 2호. 201쪽.
58 윗글, 202쪽.
59 윗글, 203쪽.
60 윗글, 205-219쪽.
61 대만의 구술사는 대만 중앙연구원 대만사연구소 소속 증숙민의 「대만 구술역사의 성과 및 현황」(『구술사연구』, 6권 2호, 2015)을 정리한 것이다.
62 윗글, 181쪽.
63 윗글, 같은 쪽.
64 윗글, 182쪽.
65 윗글, 같은 쪽.
66 윗글, 같은 쪽.
67 윗글, 184쪽.
68 윗글, 183쪽.
69 윗글, 같은 쪽.
70 윗글, 같은 쪽.
71 윗글, 같은 쪽.
72 윗글, 184쪽.
73 윗글, 187쪽.
74 윗글, 같은 쪽.
75 윗글, 185쪽.
76 윗글, 같은 쪽.
77 윗글, 190-191쪽.
78 박기동, 강종학, 2011, 「중국 구술사의 연구동향: 체육구술사를 중심으로」, 『한국체육사학회지』. 16권 2호.
79 윗글, 86쪽.
80 윗글, 같은 쪽.
81 윗글, 같은 쪽.

82 윗글, 같은 쪽.
83 윗글, 87쪽.
84 윗글, 같은 쪽.
85 장신, 2015, 「중국 전매대학(傳媒大學) 최영원(崔永元) 구술역사연구센터와 항미원조(抗美援朝) 구술사」, 한국구술사학회 2015 국제학술대회 발표 자료집, 45쪽.
86 윗글, 46쪽.
87 윗글, 45쪽.
88 윗글, 47쪽.
89 윗글, 48쪽.
90 윗글, 49쪽.
91 윗글, 50쪽.
92 윗글, 51쪽.
93 인도의 구술사 연구는 김경학의 「인도 구술사 연구의 동향과 그 전망: 인도 서브얼턴 연구를 중심으로」, (『인도연구』, 6권 2호, 2001)를 정리한 것이다.
94 윗글, 157쪽.
95 윗글, 158쪽.
96 윗글, 162-3쪽.
97 윗글, 166쪽.
98 윗글, 167쪽.
99 윗글, 168-9쪽.
100 윗글, 170쪽.
101 윗글, 172쪽.
102 윗글, 175쪽.
103 윗글, 177쪽.
104 윗글, 180쪽.
105 남신동, 2004, 183쪽.
106 허영란, 2004, 「구술과 문헌의 경계를 넘어서」, 『현황과 방법: 구술, 구술 자료, 구술사』, 한국사연구지원 보고자료집 8, 국사편찬위원회. 18쪽.
107 김귀옥, 2014, 『구술사연구』, 한울, 41쪽.
108 윗글, 42쪽.
109 윗글, 47쪽. 그 결과물은 『서울대학교 사범대학 50년 구술사 자료집』, 『서울대학교 사범대학 교육학과 50년사』, 『나는 조선노동당원이오!』가 있다.
110 윤택림, 1997, 「구술사와 지방민의 역사적 경험 재현: 충남 예산 시양리의 박형호씨 구술 증언을 중심으로」, 『한국문화인류학』 30-2; 윤택림, 2003, 「인류학자의 과거여행」, 역사비평사.
111 함한희, 1996, 「어느 인류학자의 역사인식과 해석」. 『역사학보』 150집; 함한희. 2000. 「구술사와 문화연구」, 『한국문화인류학』 33집 1호.
112 김성례, 1991, 「한국 무속에 나타난 여성체험: 구술생애사의 서사분석」, 『한국여성학』 7집; 김성례, 2002, 「여성주의 구술사의 방법론적 성찰」, 『한국문화인류학』, 35집 2호; 유철인, 1996, 「어쩔 수 없이 미군과 결혼하게 되었다: 생애이야기의 주제와 서술 전략」, 『한국문화인류학』 29집 2호; 유철인, 1997, 「물질하는 것도 머리싸움 : 제주해녀의 생애이야기」, 『한국문화인류학』 31집 1호; 유철인, 2004, 「구술된 경험 읽기: 제주 4·3 관련 수형인 여성의 생애사」, 『한국문화인류학』 37집. 1호.

113 김귀옥, 2005, 「구술사 특집: 성과와 문제점: 사회학 분야」, 『교수신문』 3월 28일자.
114 허석렬, 1982, 『도시무허가정착지의 고용구조에 관한 일 고찰』, 서울대 석사학위논문; 조은, 조옥라, 1991, 『도시빈민의 사람과 공간: 사당동 재개발 지역 현장연구』, 서울대출판부; 박명규, 김필동 외, 1996, 『중앙아시아 한인의 의식과 생활』, 문학과 지성사: 권태환, 박명규, 김귀옥, 등, 2003, 『중국 조선족 사회의 변화:1990년 이후를 중심으로』, 서울대 사회발전연구소.
115 김귀옥, 2014, 51쪽.
116 윗글, 54쪽.
117 윗글, 55쪽.
118 그 예로는 유철인 외, 「해방 이후 충남 서산 지역의 지방사: 역사적 담론에 대한 인류학적 접근」(『한국문화인류학』 29-1, 1996)과 유철인 외, 『인류학과 지방의 역사』(아카넷, 2004)가 있다.
119 박현수 편, 2005, 『20세기 한국 민중의 구술자서전』, 소화, 1권: 짠물, 단물, 2권: 흙과 사람, 3권: 장삿길, 인생길, 4권: 굽은 어깨, 거칠어진 손, 5권: 고향이 어디신지요?, 6권: 징게맹갱외에밋들 사람들.
120 김귀옥, 2014, 65쪽.
121 피해자 여성으로서 일본군 위안부를 다룬 연구들과 달리, 성적 존재로서 위안부 할머니들의 구술을 다룬 것이 양현아의 「증언과 역사 쓰기」(『사회와 역사』 60, 2000)이다.
122 그 결과물로는 『여성주의 역사쓰기: 구술사 연구방법』(이재경, 윤택림, 이나영 외, 공저, 아르케, 2012), 『여성(들)이 기억하는 전쟁과 분단』(이재경, 윤택림, 조영주 외, 공저, 아르케, 2013), 『'조국근대화'의 젠더정치: 가족 노동 섹슈얼리티』(이재경, 유철인, 나성은 외, 공저, 아르케, 2014)가 있다.
123 윤택림, 2016, 「구술사와 역사학의 어색한 관계: 그 성과와 전망」, 『구술사연구』 7권 2호. 역사학계의 성과 부분은 위의 졸고의 일부(59-63쪽)에서 가져온 것이다.
124 이용기, 2001, 「마을에서의 한국전쟁 경험과 그 기억-경기도의 한 '모스크바' 마을 사례를 중심으로」, 『역사문제연구』, 6.
125 박찬승, 2010, 『마을로 간 한국전쟁: 한국전쟁기 마을에서 벌어진 작은 전쟁들』, 돌베개.
126 김태우, 2011, 「한국전쟁, 다르게 보기」, 『역사비평』, 봄호. 통권 94호.
127 김득중, 2009, 『'빨갱이'의 탄생-여순사건과 반공국가의 형성』, 선인.
128 김득중, 2010, 「구술을 통한 공식 역사의 균열과 새로운 역사쓰기의 가능성」, 『사학연구』, 100호.
129 김수자, 2009, 「한국전쟁과 월남여성들의 전쟁 경험과 인식」, 『여성과 역사』, 10집.
130 이임하, 2010, 『전쟁미망인, 한국현대사의 침묵을 깨다』, 책과함께.
131 김영미, 2010, 「수복지역 양양주민들의 한국전쟁 경험」, 『역사비평』, 겨울호, 통권 93호.
132 이용기, 2001, 「마을에서의 한국전쟁 경험과 그 기억-경기도의 한 '모스크바' 마을 사례를 중심으로」, 『역사문제연구』, 6.
133 김영미, 2010, 『그들의 새마을운동』, 푸른역사.
134 윗글, 340쪽.
135 허영란, 2014, 「집합기억의 재구성과 지역사의 모색」, 『역사문제연구』, 32호.
136 현재열, 김호연, 양상열, 2007, 「지역노동사 및 노동운동사 연구를 위한 구술사의 가능성」, 『역사와 경계』 62집.
137 원영미, 2006, 「1987년 노동자 대투쟁 이전 현대중공업 노동자의 노동세계」, 『역사와 경계』 59집.
138 오제연, 2014, 「1960년대 1970년대 대학 학생운동연구」, 서울대학교 사학과, 박사학위논문.
139 유경순, 2015, 『1980년대, 변혁의 시간 전환의 기록 1권: 학출활동가와 변혁운동』, 봄날의 박씨. 유경순, 2015, 『1980년대, 변혁의 시간 전환의 기록 2권: 학출운동가의 삶이야기』, 봄날의 박씨.
140 기계형, 2011, 「젠더의 시각에서 본 중앙아시아 고려인의 이주」, 『역사학보』, 212집.

141 임영상, 2005, 「시베리아의 고려인 과학자: 크라스노야르스크의 물리학자 김표트르」, 『국제지역연구』, 9권 1호.
142 이상록, 2015, 「디아스포라를 민족국가로 회수하지 않기」, 『구술사연구』, 6권 2호.
143 한봉석, 2011, 「Korean American 1.5세의 독도수호운동과 한인민족주의의 변화: 워싱턴 디씨 지역을 중심으로」, 『구술사연구』, 2권 2호.
144 엄찬호, 2011, 「역사와 치유」, 『인문과학연구』, 29집
145 차철욱, 2015, 「부산정착 한국전쟁 피란민의 상흔과 치유」, 『지역과 역사』, 제36호.
146 김귀옥, 2014, 61쪽.
147 윗글, 63쪽.
148 이용기, 2009, 「역사학, 구술사를 만나다」, 『역사와 현실』 71호, 305쪽.
149 한국정신문화연구원, 2001, 『내가 겪은 해방과 분단』, 선인; 한국정신문화연구원, 2001, 『내가 겪은 민주와 독재』, 선인; 한국정신문화연구원 편, 2004, 『내가 겪은 한국전쟁과 박정희정부』, 선인.
150 허영란, 2004, 20쪽.
151 윤택림, 2016, 「구술사와 역사학의 어색한 관계: 그 성과와 전망」, 『구술사연구』 7권 2호, 64쪽.
152 윗글, 77쪽.
153 윗글, 78쪽.
154 김귀옥, 2006, 「한국구술사 연구현황, 쟁점과 과제」, 『사회와 역사』 71, 가을호.
155 윤택림, 2015, 「기관구술채록의 진단과 과제: 국사편찬위원회 구술채록사업을 중심으로」, 『구술사연구』 6권 1호, 36쪽.
156 윗글, 37쪽.

제3장

1 대중기억연구회, 2010, 「대중기억의 이론, 정치학과 방법론」, 윤택림 편역, 『구술사, 기억으로 역사쓰기』, 아르케, 199쪽.
2 대중기억연구회, 2010, 「대중기억의 이론, 정치학과 방법론」, 윤택림 편역, 『구술사, 기억으로 역사쓰기』, 아르케, 199쪽.
3 Starr, Louis, 1996, "Oral History," Dunaway, David K. and Willa K. Baum. eds. *Oral History: An Interdisciplinary Anthology*. AltaMira Press. p.40.
4 Ritchie, Donald, 1995, *Doing Oral History*, Twayne Publisher, p.1.
5 Thompson, Paul, 2000, *The Voice of the Past: Oral History*(3rd edition), Oxford University Press. pp.23-4.
6 대중기억연구회, 2010, 199쪽.
7 Portelli, Alessandro, 1997, "Oral History as Genre," in *The Battle of Valle Giulla*. Madison: University of Wisconsin Press. p.3.
8 윗글, 같은 쪽.
9 윤택림, 2001, 「과거로부터의 목소리 재현하기: 구술 자료의 해석과 텍스트화」, 비간행 논문. 2쪽.
10 함한희, 2000, 「구술사와 문화연구」, 『한국문화인류학』 33집 1호. 5쪽.
11 김기석, 이향규, 1998, 「구술사: 무엇을, 왜, 어떻게 할 것인가」, 서울대학교사범대학 한국교육사고 연구노트 제9호(창립5주년 기념 연구노트 집성 합본호), 191쪽.
12 허영란, 2004, 「구술과 문헌의 경계를 넘어서」, 『현황과 방법, 구술, 구술 자료, 구술사』, 국사편찬위원회. 3쪽.

13 윗글, 8쪽.
14 이용기, 2002, 「구술사의 올바른 자리매김을 위한 제언」, 『역사비평』 58, 365쪽.
15 김귀옥, 2014, 『구술사연구』, 한울, 106쪽.
16 김성례, 1991, 「한국 무속에 나타난 여성 체험: 구술생애사의 서사 분석」, 『한국여성학』, 7집. 15쪽.
17 알레산드로 포르텔리, 2010, 「무엇이 구술사를 다르게 하는가」, 윤택림 편역, 『구술사, 기억으로 역사쓰기』, 아르케, 79쪽.
18 윗글, 81쪽.
19 나탕 바슈텔, 2010, 「기억과 역사사이에서」, 윤택림 편역, 『구술사, 기억으로 역사쓰기』, 아르케, 100쪽.
20 이용기, 2002, 366쪽.
21 알레산드로 포르텔리, 2010, 84쪽
22 이용기, 2002, 366쪽.
23 알레산드로 포르텔리, 2010, 84쪽.
24 윤택림, 1993, 「기억에서 역사로: 구술사의 이론적, 방법론적 쟁점들에 대한 고찰」, 『한국문화인류학』 25집, 290쪽.
25 알레산드로 포르텔리, 2010, 82쪽.
26 유철인, 1990, 「생애사와 신세타령: 자료와 텍스트의 문제」, 『한국문화인류학』, 22집.
27 김성례, 1991, 「한국 무속에 나타난 여성체험: 구술생애사의 서사분석」, 『한국여성학』 7집, 233쪽.
28 Catherine K. Riessman. 1991. "When Gender is not enough: Women Interviewing Women," Judith Lorber and Susan A. Farrell. eds. *The Social Construction of Gender*. Sage Publications.
29 Personal Narrative Group, 1989, *Interpreting Women's Lives: Feminist Theory and Personal Narratives*. Indiana University Press. pp.201-3.
30 알레산드로 포르텔리, 2010, 89쪽.
31 윗글, 85쪽.
32 Ong, Watter, 1982, *Orality and Literacy*. New York: Methuen.
33 한건수, 2002, 「경합하는 역사: 사회적 기억과 차이의 정치학」, 『한국문화인류학』 35집 2호, 71쪽.
34 신동흔 외, 2013, 『시집살이 이야기 집성 1-10』, 박이정.
35 폴 톰슨. 2010, 「구술사, 과거의 목소리」, 윤택림 편역, 『구술사, 기억으로 쓰는 역사』. 아르케, 41쪽.
36 윗글, 43쪽.
37 윗글, 44쪽.
38 윗글, 53쪽.
39 안 바시나, 2010, 「기억과 구전」, 윤택림 편역, 『구술사, 기억으로 역사쓰기』, 아르케, 75쪽.
40 Passerini, Luisa, 1979, "Work Ideology and Consensus under Italian Fascism," in *History Workshop*, no.8. p.84.
41 윗글, 같은 쪽.
42 윗글, p.85.
43 윗글, p.84.
44 윗글, p.85.
45 윗글, p.87.
46 윗글, p.92.

47 대중기억연구회, 2010, 「대중기억의 이론, 정치학과 방법론」, 윤택림 편역, 『구술사, 기억으로 역사쓰기』, 아르케, 180쪽.
48 윗글, 199쪽.
49 윗글, 213쪽.
50 윗글, 213-215쪽.
51 윗글, 216쪽.
52 윗글, 217쪽.
53 윗글, 218쪽.
54 윗글, 218-19쪽.
55 윗글, 220-221쪽.
56 윗글, 222쪽.
57 윗글, 229쪽.
58 윗글, 230쪽.
59 윗글, 235쪽.
60 Gramsci, Antonio, 1971, *Prison Notebooks*, trans. by Quintin Hoare and Geoffrey Nowell Smith. International Publishers. p.353.
61 대중기억연구회, 2010, 205쪽.
62 대중기억연구회, 2010, 191쪽.
63 윗글, 243쪽.
64 White, Hayden, 1978, "The Historical Text as Literary Artifact," in *Tropics of Discourse*, Johns Hopkins University Press, p.96.
65 대중기억연구회, 2010, 205-6쪽.
66 윗글, 257쪽.
67 윗글, 259쪽.
68 윗글, 259-260쪽.

제4장

1 알래산드로 포르텔리, 2010, 「키비텔라 발 디 키아나에서의 학살: 신화와 정치학, 애도와 상식」, 『구술사, 기억으로 쓰는 역사』, 윤택림 편역, 346쪽.
2 Erll, Astrid, 2011, "Introduction: Why Memory?", *Memory in Culture*. trans. by Sara B. Young. Palgrave MacMillan Memory Studies. p.3.
3 윗글, p.4.
4 윗글, 같은 쪽.
5 윗글, p.5.
6 윗글, 같은 쪽.
7 윗글, p.6.
8 윗글, p.8.
9 윗글, 같은 쪽.
10 윗글, 같은 쪽.
11 윗글, p.9.
12 윗글, 같은 쪽.

13 Abrams, Lynn, 2010, "5. Memory," in *Oral History Theory*, Routledge, p.78.
14 윗글, p.80.
15 윗글, 같은 쪽.
16 알래산드로 포르텔리, 2010, 「무엇이 구술사를 다르게 하는가」, 『구술사, 기억으로 쓰는 역사』, 윤택림 편역, 87쪽.
17 Portelli, Alessandro, 1991, "The Death of Luigi Trastuli: Memory and the Event," in *The Death of Luigi Trastuli and Other Stories: Form and Meaning in Oral History*. State University of New York Press.
18 Portelli, Alessandro, 2007, *The Order Has Been Carried Out: History, Memory ad Meaning of a Nazi Massacre in Rome*, Basingstoke, p.16.
19 Abrams, Lynn, 2010, "5. Memory," in *Oral History Theory*, Routledge, p.81.
20 윗글, 같은 쪽.
21 윗글, p.83.
22 이 부분은 아브람스 책의 p.83-85의 설명을 정리한 것이다.
23 윗글, p.84.
24 윗글, p.85.
25 윗글, p.86.
26 윗글, p.87.
27 윗글, p.88에서 재인용.
28 윗글, p.88.
29 윗글, p.89에서 재인용.
30 윗글, p.89.
31 윗글, p.100.
32 윗글, p102.
33 윗글, p.99.
34 윗글, 같은 쪽.
35 윗글, 같은 쪽.
36 윗글, p.105.
37 정근식, 2013, 「한국에서의 사회적 기억 연구의 궤적」, 『민주주의와 인권』, 제13집 2호. 352쪽.
38 윗글, 368-370쪽.
39 윗글, 370-372쪽.
40 윗글, 375쪽.
41 윗글, 377쪽.
42 윗글, 같은 쪽.
43 윗글, 379쪽.
44 윗글, 같은 쪽.
45 윗글, 380쪽.
46 윗글, 381쪽.
47 윗글, 382-4쪽.
48 전진성, 2006, 「기억의 정치학을 넘어 기억의 문화사로 : '기억' 연구의 방법론적 진전을 위한 제언」, 『역사비평』, 통권76호(2006 가을), 453쪽.

49 윗글, 454쪽.
50 윗글, 같은 쪽.
51 윗글, 455쪽.
52 윗글, 같은 쪽.
53 윗글, 456-7쪽.
54 윗글, 457-8쪽.
55 윗글, 463쪽.
56 윗글, 465-7쪽.
57 윗글, 468-471쪽.
58 윗글, 471쪽.
59 윗글, 472쪽.
60 윗글, 474쪽,
61 윗글, 478쪽.
62 박정석, 2013, 「산청 시천·삼장 민간인희생 사건 : 유족들의 사회적 고통과 기억의 장소를 중심으로」, 『지역과 역사』 제32호.
63 노용석, 2015, 「'장의'에서 '사회적 기념'으로의 전환」, 『역사와 경계』, 95권.
64 월터 옹, 1995, 『구술문화와 문자문화』, 이기우, 임명진 공역, 문예출판사.
65 천혜숙, 2012, 「동신당(洞神堂) 수난의 마을사와 민중적 기억의 재현」, 『역사민속학』, 제38호.
66 얀 바시나, 2010, 「기억과 구전」, 윤택림 편역, 『구술사, 기억으로 역사쓰기』, 아르케, 56쪽.
67 윗글, 57쪽.
68 윗글, 58쪽.
69 윗글, 59쪽.
70 윗글, 60쪽.
71 윗글, 69-70쪽.
72 윗글, 70쪽.
73 윗글, 72쪽.
74 윗글, 73쪽.
75 윗글, 75쪽.
76 Jack Goody, 2011, "Memory in Oral and Literate Traditions," in J.K. Olick, V,Vinitzky-Seroussi, & D. Levy, eds., *The Collective Memory Reader*. Oxford University Press. p. 321.
77 윗글, p.323.
78 윗글, 같은 쪽.
79 나탕 바슈텔, 2010, 「기억과 역사사이에서」, 윤택림 편역, 『구술사, 기억으로 역사쓰기』, 아르케, 104쪽.
80 윗글, 105쪽.
81 윗글, 106쪽.
82 윗글, 107쪽.
83 윗글 108쪽.
84 윗글, 109쪽.
85 윗글, 같은 쪽.

86 윗글, 110-1쪽.
87 윗글, 111-2쪽.
88 윗글, 113쪽.
89 윗글, 100쪽.
90 윗글, 102쪽.
91 윗글, 103쪽.
92 미셸 푸코와의 인터뷰, 2010, 「영화와 대중기억」, 윤택림 편역, 『구술사, 기억으로 역사쓰기』, 아르케, 160쪽.
93 Terdiman, Richard, 1985, "Deconstructing Memory: On Representing the Past and Theorizing Culture in France since the Revolution," in *Diacritics*. winter. p.34.
94 미셸 푸코와의 인터뷰, 2010, 161쪽.
95 윗글, 183쪽.
96 윗글, 188쪽.
97 윗글, 190쪽.
98 Alonso, Ana Maria, 1989, "Gender, Power and Historical Memory: Discourses of Serrano Resistance," J. Butler and J. W. Scott. eds. *Feminists Theorize the Political*. New York: Routledge. p.47.
99 윗글, p.49.
100 대중기억연구회, 2010, 191쪽.
101 윤택림, 1993, 「기억에서 역사로: 구술사의 이론적 방법론적 쟁점들에 대한 고찰」, 『한국문화인류학』 25집, 284쪽.
102 알렉산드로 포르텔리, 2010, 「키비텔라 발 디 키아나에서의 학살-신화의 정치학, 애도와 상식」, 윤택림 편역, 『구술사, 기억으로 역사쓰기』, 아르케.
103 윗글, 323쪽.
104 윗글, 346쪽.
105 윗글, 같은 쪽.
106 피에르 노라, 2010, 「기억의 장소들」, 윤택림 편역, 『구술사, 기억으로 역사쓰기』, 아르케.
107 윗글, 122쪽.
108 윗글, 129쪽.
109 윗글, 124쪽.
110 윗글, 128쪽.
111 윗글, 129쪽.
112 윗글, 131쪽.
113 윗글, 136쪽.
114 윗글, 129쪽.
115 윗글, 140쪽.
116 윗글, 149쪽.
117 루세트 발랑시, 2010, 「성스런 역사로부터 역사적 기억으로: 유대인의 역사와 기억」, 윤택림 편역, 『구술사, 기억으로 역사쓰기』, 아르케.
118 윗글, 268쪽.
119 윗글, 272쪽.

120 윗글, 276쪽.
121 윗글, 277쪽.
122 윗글, 299쪽.
123 윗글, 278쪽.
124 알라이다 아스만, 2011, 『기억의 공간: 문화적 기억의 형식과 변천』, 변학수, 채현숙 역, 그린비, 제1부 기능 6장 기능기억과 저장기억: 기억의 두 가지 유형.
125 Erll, Astrid, 2011, "introduction: Why Memory?", *Memory in Culture*. trans. by Sara B. Young. Palgrave MacMillan Memory Studies. Palgrave MacMillan, p.29.
126 윗글, p.36.
127 알라이다 아스만, 2011, 180쪽의 〈표 1〉에다 아스만의 추가 설명을 넣은 것이다.
128 윗글, 186쪽.
129 윗글, 같은 쪽.
130 윗글, 187쪽.
131 윗글, 188쪽.
132 윗글, 190쪽.
133 윗글, 192쪽.
134 Erll, Astrid, 2011, p.39.
135 피에르 노라 2010, 44쪽.
136 Erll, Astrid, 2011, p.44.
137 Perter Burke, 2011, "History as Social Memory", in J.K. Olick, V.Vinitzky-Seroussi, & D. Levy, eds., *The Collective Memory Reader*. Oxford University Press.
138 Erll, Astrid, 2011, p.41.
139 전진성, 2005, 『역사가 기억을 말하다』, 휴머니스트, 78쪽.
140 윤택림, 2014, 「미수복경기도 실향민들의 역사 만들기: 『개풍군지』 분석을 통한 기억 연구 논의」, 『구술사연구』, 5권 1호.

제5장

1 Thompson, Paul, 2000, *The Voice of the Past: Oral History*. Oxford: Oxford University Press.(3rd edition), pp.8-9. 저자 번역.
2 김귀옥, 2014, 『구술사연구』, 한울. 150쪽. [표 5-1] 참조.
3 김귀옥, 2000, 「지역 조사와 구술사 방법론: 경험과 성찰, 새로운 출발」, 『한국사회과학』, 서울대학교 사회과학연구원, 22집 2호.
4 Johnson, Jeffrey, 1990, *Selecting Ethnographic Informants*, A Sage University Paper, p.38.
5 윗글 같은 쪽.
6 윗글 같은 쪽.
7 윗글, p.39.
8 윤택림, 2004, 『문화와 역사 연구를 위한 질적연구방법론』, 아르케, 139-140쪽.
9 Ritchie, Donald. 1995. *Doing Oral History*. New York: Twayne. p.8.
10 윗글, p.178.
11 엘리트 구술채록에 대한 논문으로는 조동준의 「외교·안보분야 전직 고위관료를 대상으로 하는 구술증언 채록의 경험」(『구술사연구』, 5권 1호, 2014)와 김태우의 「엘리트 구술 자료의 성격과 수집방안」

(『구술사연구』, 5권 1호, 2014)을 참조.

12 Sherna Gluck 1977, "What's So Special About Women: Women's Oral History," in *Frontiers*, vol.II. no. 2. p.9.

13 이 부분은 윤택림의 『문화와 역사 연구를 위한 질적연구방법론』(개정판, 2014, 아르케)의 제7장 인터뷰 부분에 기초한 것이다.

14 Sherna Gluck, 1977, "What's So Special About Women: Women's Oral History" in *Frontiers*, vol.II. no. 2. p.5.

15 스프래들리, 1988, 『문화탐구를 위한 참여관찰방법』, 이희봉 역, 대한교과서 주식회사. 자세한 것은 제7장 기록 부분을 참조.

16 Sherna Gluck, 1977, p.11.

17 Jackson, Bruce, 1987, *Fieldwork*, University of Illinois press. p.69.

18 Kathryn Anderson and Dana C. Jack, 1991, "Learning to Listen: Interview Technique and Analyses," in S. Gluck and D. Patai, eds. *Women's Words: The Feminist Practice of Oral History*, Routledge. p.15.

19 윗글, p.23.

제6장

1 Mintz, Sydney, 1996, "The Anthropological Interview and the Life History," in David K. Duaway and Willa K. Baum. eds., *Oral History: An Interdisciplinary Anthology*. Altamira Press. p.302, 저자 번역.

2 Portelli, Alessandro, 1991, ""The Time of My Life": Functions of Time in Oral History," in *The Death of Luigi Trastulli and Other Stories*. State Universitty of New York Press. p.61.

3 Sherna Gluck, 1977, "What's So Special About Women: Women's Oral History" in *Frontiers*, vol.II. no. 2. p.5.

4 Crapanzano, Vicent, Yasmine Ergas and Judith Modell, 1986, "Personal Testimony: Narrative of the Self in the Social Sciences and the Humanities," in *Items of Social Science Research Council* 40(2).

5 Personal Narrative Group, 1989, *Interpreting Women's Lives: Feminist Theory and Personal Narratives*. Indiana University Press. p.4.

6 윤택림, 2010, 「구술 생애사를 통한 1930년대 생들의 청소년기에 대한 심성사적 접근」, 『구술사연구』 창간호.

7 이들의 사대문안 기억은 『서울토박이의 사대문안 기억』, (오유석 공저. 서울시사편찬위원회, 2010)으로 출판되었다.

8 윤택림, 2016, 『구술로 쓰는 역사: 미수복경기도민의 분단과 이산의 삶』, 아르케.

9 윤택림, 2013, 「분단과 여성의 다중적 근대적 정체성」, 『한국여성학』 29권 1호.

10 윤택림, 2011, 「여성은 어떻게 이야기하는가: 시집살이 이야기를 통한 여성 서사 분석」, 『구비문학연구』, 32집.

11 Geiger, Susan. N. G., 1986, "Women's Life Histories: Method and Content," Review Essay. *Signs* winter.

12 Freeman, James M. and David L. Krantz, 1979, "The Unfulfilled Promise of Life Histories," in *Biography* 3.

13 Geiger, 1986, p.338.

14 Patai, Daphne, 1988, "Constructing a Self: A Brazilian Life Story," in *Feminist Studies* 14(1). p.147.

15 그 결과물은 『주민생애사를 통해 본 20세기 서울 현대사』(송도영, 진양교, 윤택림, 오유석 공저, 서울시립대학교 서울학연구소, 2000)로 출판되었다.

제7장

1 Portelli, Alessandro, 1991, ""The Time of My Life": Functions of Time in Oral History." in *The Death of Luigi Trastulli and Other Stories*. State Universitty of New York Press. p.75.

2 Ritchie, Donald. 1995. *Doing Oral History*. New York: Twayne. p.6.

3 이호신, 2017, 「구술사 연구와 기록관리, 녹취문을 넘어서」, 『구술사연구』 8권 2호, 102쪽.

4 알레산드로 포르텔리, 2010, 「무엇이 구술사를 다르게 하는가」, 윤택림 편역, 『구술사, 기억으로 역사쓰기』, 아르케, 79쪽.

5 윗글, 같은 쪽.

6 정혜경, 2015, 「구술사: 기록에서 역사로」, 『한일민족문제연구』 28권.

7 이호신, 2017, 108쪽.

8 윗글, 119쪽.

9 Thompson, Paul. 2000. *The Voice of the Past: Oral History*. Oxford: Oxford University Press. p.265.

10 유철인, 2004, 「구술된 경험읽기: 제주 4·3 관련 수형인 여성의 생애사」, 『한국문화인류학』 37집 1호.

11 Thompson, Paul. 2000. *The Voice of the Past: Oral History*. Oxford: Oxford University Press. p.266.

12 윗글, 같은 쪽.

13 윗글, p.269.

14 윗글, p.272.

15 함한희, 1992, 「조선말 일제시대 궁삼면 농민의 사회경제적 지위와 그 변화」, 『한국학보』 66집.

16 Thompson, Paul, 2000, p.270.

17 이용기, 2009, 「역사학, 구술사를 만나다」, 『역사와 현실』 71호.

18 윤택림, 2016, 「구술사와 역사학의 어색한 관계: 그 성과와 전망」, 『구술사연구』 7권 2호 참조.

19 이용기, 2009, 「구술 자료를 통한 역사의 서술」, 『구술자료 만들기: 수집, 정리, 활용』, 국사편찬위원회. 구술사 매뉴얼 2, 120쪽.

20 윗글, 121쪽.

21 윗글, 122쪽.

22 유철인, 1996, 「어쩔 수 없이 미군과 결혼하게 되었다: 생애이야기의 주제와 서술 전략」, 『한국문화인류학』 29-2, 302쪽.

23 Personal Narrative Group, 1989, *Interpreting Women's Lives: Feminist Theory and Personal Narratives*. Indiana University Press.p.99.

24 Mary Chamberlain and Paul Thompson, eds., 1993, *Narrative and Genre*, Routledge; Elizabeth Tonkin, 1992, *Narrating Our Pasts*, Cambridge University Press.

25 William Labov, 1972, *Language in the Inner City: Studies in the Black English Vernacular, Philaelphia*. Oxford University Press.

26 Thompson, 2000, p.280.
27 김정경, 2009, 「자기서사의 구술시학적 연구」, 『한국문학이론과 비평학회』 44집 13권 3호.
28 Riessman, Catherine, 1990, *Divorce Talk: Women and Men Make Sense of Personal Relationships*, Transaction Publications.
29 Thompson, 2000, p.284-5.
30 이희영, 2005, 「사회학 방법론으로서의 생애사 재구성: 행위이론의 관점에서 본 이론적 의의와 방법론적 원칙」, 『한국사회학』 39집 3호.
31 천혜숙, 2007, "농촌여성 생애담의 문화담론적 특성", 『한국고전여성문학연구』 15집.
32 천혜숙, 2012, 「동신당(洞神堂) 수난의 마을사와 민중적 기억의 재현」, 『역사민속학』 제38호.
33 윤택림, 2011, 「여성은 어떻게 이야기 하는가: 시집살이 이야기를 통해서 본 여성 서사 분석」, 『구비문학연구』 32집.
34 김성례, 2013, 「여성주의 구술사의 방법론적 성찰」, 이재경, 윤택림, 이나영 외 지음, 『여성주의 역사쓰기: 구술사 연구방법』, 아르케.
35 이재인, 2005, 「서사유형과 내면세계」, 『한국사회학』 39집 3호.
36 이희영, 2007, 「여성주의 연구에서의 구술자료 재구성: 탈성매매 여성의 생애 체험과 서사구조에 대한 사례연구를 중심으로」, 『한국사회학』 41집 5호.
37 신경아, 2013, 「여성노동자의 생애이야기에 나타난 '개인'의 인식」, 『젠더와 문화』 6권 2호.
38 Personal Narrative Group, 1989, p.19.
39 이용기, 2009, 「구술 자료를 통한 역사의 서술」, 『구술자료 만들기: 수집, 정리, 활용』, 국사편찬위원회. 구술사 매뉴얼 2.
40 윗글, 123쪽.
41 함한희, 1996, 「어느 인류학자의 역사인식과 해석」, 『역사학보』 150집.
42 이용기, 2009, 「구술 자료를 통한 역사의 서술」, 『구술자료 만들기: 수집, 정리, 활용』, 국사편찬위원회. 구술사 매뉴얼 2, 126쪽.
43 윗글, 128쪽.
44 윗글, 130쪽.
45 Scott, Joan W., 1988, *Gender and the Politics of History*. New York: Columbia University Press. p.33.
46 윗글, p.34.
47 한국정신대문제대책협의회, 2001, 『강제로 끌려간 조선인 군위안부들 4』, 한울, 31쪽; 박현수 편, 2005, 『20세기 한국 민중의 구술자서전』, 소화.
48 윤택림, 2016, 『구술로 쓰는 역사: 미수복경기도민의 분단과 이산의 삶』, 아르케.
49 윤택림, 2000, 「신현경 할머니의 생애사」, 『주민 생애사를 통해 본 20세기 서울 현대사』, 서울학연구소.
50 Borland, Katherine, 1991, "That's Not What I Said: Interpretive Conflict in Oral Narrative Research," in S. Gluck and D. Patai. eds., *Women's Words: The Feminist Practice of Oral History*. Routledge.
51 윗글, p.70.
52 윤택림, 2005, 「생활역사와 구술사의 만남」, 『녹색평론』 11-12월. 참조.
53 영국에서 에드워드 시기란 현재 엘리자베스 여왕의 아버지인 조지 5세의 아버지인 에드워드 7세 시기로서 제1차 세계대전이 끝나고 제2차 세계대전이 시작되기 전에 interwar period를 말한다.
54 Davies, Carole B., 1992, "Collaboration and the Ordering Imperatives in Life Story Production," in S. Smith and J. Watson. eds., *De/colonizing the Subject*. University of Minnesota Press. Davies,

p.13.

제8장

1 Portelli, Alessandro, 1997, "Tryin to Gather a Little Knowledge: Some Thought on the Ethics of Oral History," *The Battle of Valle Giulia: Oral History and the Art of Dialogue*. The University of Wisconsin Press. p.55.
2 Clifford G. Christians, 2005, "Ethics and Politics in Qualitative Research," in Norman K. Denzen and Yvonnas S. Lincoln, eds., *Qualitative Research*. 3rd edition. Sage Publications. p.146.
3 윗글, 같은 쪽.
4 윗글, 같은 쪽.
5 윗글, 같은 쪽.
6 윗글, p.147.
7 윗글, 같은 쪽.
8 윗글, p.157.
9 N.K. Denzen, 2003, *Performance ethnography: Critical pedagogy and the politics of culture*. Thousand Oaks. p.249. 재인용.
10 윗글, 같은 쪽. 재인용
11 박준규, 2016, 「IRB와 구술사 연구윤리」, 『구술사연구』 7권 2호, 137쪽.
12 윗글, 139쪽.
13 윗글, 140쪽.
14 윗글, 141쪽.
15 윗글, 142쪽.
16 Lee, White, 2017, "Oral History Research Excluded from IRB Oversight," in AHA Today, Jan. 19. http://blog.historians.org/2017/01/oral-history-excluded-irb-oversight/
17 박준규, 2016, 136쪽.
18 Lee, White, 2017, "Oral History Research Excluded from IRB Oversight," in AHA Today, Jan. 19. http://blog.historians.org/2017/01/oral-history-excluded-irb-oversight/
19 박준규, 2016, 154쪽.
20 부록 5 참조.
21 Yow, Valerie, 1995, "Ethics and Interpersonal Relationships in Oral History Research," in *Oral History Review* 22(1). p.52.
22 박준규, 2016, 143쪽.
23 Yow, 1995, p.58.
24 윗글, p.61.
25 Ryant, Carl, 1990, "The Public Historian and Business History: A Question of Ethics," in Theodore J. Karamanski, ed., *Ethics and Public History: An Anthology*, pp.54-64.
26 Yow, 1995, pp.65-66.
27 이호신, 2010, 「구술자료의 저작권 문제에 관한 연구」, 『구술사연구』 창간호, 51쪽.
28 윗글, 52쪽.
29 윗글, 같은 쪽.
30 윗글, 60-61쪽.

31 윗글, 62쪽.
32 윗글, 64쪽.
33 윗글, 68-69쪽.
34 윗글, 70-71쪽.
35 윤택림, 2011, 「구술사와 교육: 실험과 가능성의 모색」, 제2차 한국구술사네트워크 워크숍 자료집, 5-6쪽.
36 이호신, 2011, 「구술사와 교육: 실험과 가능성의 모색」, 제2차 한국구술사네트워크 워크숍 자료집, 9쪽.
37 윗글, 10쪽.
38 이철남, 2011, 「구술사와 교육: 실험과 가능성의 모색」, 제2차 한국구술사네트워크 워크숍 자료집, 13쪽.
39 윗글, 14쪽.
40 배선화, 2011, 「구술사와 교육: 실험과 가능성의 모색」, 제2차 한국구술사네트워크 워크숍 자료집, 17쪽.
41 윗글, 18쪽.
42 이대희, 2016, 「구술 자료의 윤리적 법적 문제에 대한 이해」, 제7차 한국구술사에트워크 워크숍 자료집, 3쪽.
43 이호신, 2016, 「구술 자료의 윤리적 법적 문제에 대한 이해」, 제7차 한국구술사에트워크 워크숍 자료집, 29쪽.
44 윗글, 31쪽.
45 윗글, 33쪽.
46 윗글, 39쪽.
47 윗글, 같은 쪽.
48 윗글, 41쪽.
49 윗글, 41-42쪽.

제9장

1 Burton, Antoinette. ed., 2005, *Archive Stories: Facts, Fictions, and The Writing of History*. Duke University Press, p.3, 저자 번역.
2 현재 민중생활사연구단의 구술 아카이브는 디지털 아카이브인 이치피디아에서 서비스되고 있다. www.ichpeida.org
3 권미현, 2017, 「구술 아카이브(oral history archive) 구축 방안: 경험과 기억의 블록 쌓기」, 한국구술사연구회 편, 『구술사: 아카이브 구축의 길라잡이 II』, 선인, 65쪽
4 김은영, 2009, 「구술자료의 논리적·물리적 정리」, 『구술 자료 만들기: 수집, 정리, 활용』, 66쪽.
5 윗글, 67쪽.
6 권미현, 2017, 77쪽,
7 윗글, 86-89쪽,
8 이정연, 2009, 「구술사 기록물 아카이브 구축을 위한 메타데이터 모델링 및 표준 요소 개발에 관한 연구」, 『정보관리학회지』, 26(1).
9 김주관, 2005, 「생활사 아카이브 구축의 의미와 방법: 20세기 민중생활사 아카이브 사례를 중심으로」, 『지방사와 지방문화』 8권 1호, 236쪽.

10 구술 자료의 물리적 정리 부분은 김은영의 윗글, 83쪽-98쪽을 참조.
11 권미현의 윗글 46쪽에서 재인용. 서은경, 2004, 「디지털 아카이브의 영구적 보존을 위한 개념적 모형 설계에 관한 연구」, 『한국문헌정보학회지』 38권 1호, 15쪽.
12 박순철, 함한희, 이정송, 정성미, 2018, 『인문학자를 위한 디지털 아카이브즈』, 민속원, 26-28쪽.
13 윗글, 30쪽.
14 윗글, 31쪽.
15 한동현, 2017, 「구술 자료를 활용한 웹 콘텐츠 개발」, 한국구술사연구회 편, 『구술사: 아카이브 구축의 길라잡이 II』, 선인, 246쪽
16 박순철, 함한희, 이정송, 정성미, 2018, 31쪽.
17 윗글, 32-33쪽.
18 윗글, 57쪽.
19 윗글, 99쪽 더블린코어 표준안에 따른 데이터베이스 속성 항목 참조.
20 윗글, 98쪽.
21 윗글, 99쪽
22 윗글, 100쪽.
23 윗글, 같은 쪽.
24 윗글, 35쪽.
25 윗글, 37쪽.
26 김주관, 2005, 「생활사 아카이브 구축의 의미와 방법: 20세기 민중생활사 아카이브 사례를 중심으로」, 『지방사와 지방문화』 8권 1호.
27 이 부분은 2017년 한국구술사네트워크 워크숍 자료집 "구술자료의 공개와 활용"을 참조하였다.
28 이 부분은 윤택림, 2015, 「기관구술채록의 진단과 과제: 국사편찬위원회 구술채록사업을 중심으로」, 『구술사연구』 6권 1호 참조.
29 2017년 한국구술사네트워크 워크숍 자료집 16쪽.
30 자료집, 17쪽.
31 자료집, 41쪽.
32 자료집 45쪽.
33 자료집 46쪽.
34 자료집 53쪽
35 자료집 56쪽.
36 http://www.ichpedia.org/ichpedia_info/
37 정혜경, 2017, 「구술사 연구를 위한 활용방안: 도구서와 자료집 발간」, 한국구술사연구회 편, 『구술사: 아카이브 구축의 길라잡이 II』, 선인.
38 한동현, 2017, 「구술 자료를 활용한 웹 콘텐츠 개발」, 한국구술사연구회 편, 『구술사: 아카이브 구축의 길라잡이 II』, 선인, 231쪽.
39 윗글, 239쪽.
40 윗글, 241쪽.
41 윗글, 243쪽.
42 윗글, 같은 쪽.
43 한국구술사네트워크, 2012, 「구술사와 전시」, 워크숍 자료집 참조.
44 조성실, 2017, 「박물관 전시와 구술사: 서술의 주체와 전시재현」, 『구술자료의 공개와 활용』, 한국구술

사네트워크 워크숍 자료집. 83쪽.
45 윗글, 84쪽.
46 조성실, 2015, 「구술사를 활용한 민속전시 연구: '촌로의 한평생'에서부터 '나의 출산이야기'까지, 국립민속박물관 특별전시를 중심으로」, 『구술사연구』 6권 2호. 152쪽.
47 윗글, 156쪽.
48 윗글, 159쪽.
49 조성실, 2017, 84쪽.
50 조성실, 2015, 160-165쪽.
51 조성실, 2017, 90쪽.
52 윗글, 91쪽.
53 윗글, 같은 쪽.

제10장

1 N. Chaudhuri, S.J. Katz and M. E. Perry, eds., 2010, "Introduction," in *Contesting Archives: Finding Women in the Sources*. University of Illinois Press. p.xiv, 저자 번역.
2 윤택림, 2012, 「지방지와 구술사: 경기남부 지방지를 중심으로」, 『구술사연구』 3권.
3 윤은하. 2012. 「공동체와 공동체 아카이브에 대한 고찰」, 『기록학연구』 제33호. 7쪽.
4 윗글, 8쪽.
5 윗글, 같은 쪽.
6 윗글, 같은 쪽. 설문원. 2012. 「로컬리티 기록화를 위한 참여형 아카이브 구축에 관한 연구」, 『기록학연구』, 32, 103-112쪽. 재인용.
7 윤은하, 2012, 8쪽.
8 윗글, 9쪽.
9 윗글, 10쪽.
10 윗글, 같은 쪽. 최정은, 2011, 「사회적 기억과 구술 기록화 그리고 아키비스트」, 『기록학연구』 30호.
11 윗글, 11쪽.
12 윤은하, 2011, 「북미 기록학의 동향과 전망: 패러다임 변화를 중심으로」, 『한국기록관리학회지』 11권 2호.
13 윤은하, 2012, 13쪽.
14 윗글, 15쪽.
15 윗글, 15-16쪽.
16 윗글, 17쪽.
17 윗글, 17-18쪽.
18 윗글, 19쪽.
19 윗글, 22쪽.
20 윗글, 27쪽.
21 윗글, 28쪽.
22 윗글, 29쪽.
23 윗글, 29-30쪽.
24 윗글, 30쪽.

25 윗글, 31쪽.
26 윗글, 같은 쪽.
27 윗글, 31-32쪽.
28 윗글, 33쪽.
29 윗글, 34쪽.
30 윗글, 35쪽.
31 설문원. 2012. 「로컬리티 기록화를 위한 참여형 아카이브 구축에 관한 연구」, 『기록학연구』 32, 17쪽.
32 윗글, 같은 쪽.
33 윗글, 19쪽.
34 윗글, 10쪽.
35 윗글, 21-26쪽.
36 윗글, 26-32쪽.
37 김유승, 2010, 「아카이브 2.0 구축을 위한 이론적 고찰」, 『한국기록관리학회지』 10, 2.
38 Duff, Wendy and Verne Harris, "Stories and Names: Archival Description as Narrating Records and Constructing Meanings," Archival Science 2(3), 2002, pp. 263-285 ; 김유승, 앞의 글, 42쪽에서 재인용.
39 설문원, 2012, 39-42쪽.
40 이영남, 2012, 「공동체 아카이브, 몇 가지 단상」, 『기록학연구』 제31호.
41 윤은하, 2011, 「북미 기록학의 동향과 전망: 패러다임 변화를 중심으로」, 『한국기록관리학회지』 11권 2호.
42 이경래, 이광석, 2013, 「영국 공동체 아카이브 운동의 전개와 실천적 함의」, 『기록학연구』 37.
43 손동유, 이경준, 2013, 「마을공동체 아카이브 활성화 방안」, 『기록학연구』 35; 이경래, 2015, 「마을공동체 아카이브의 거버넌스 모델 연구」, 『기록학연구』 45.
44 손동유, 이경준, 2013, 181쪽.
45 윗글, 184쪽.
46 윗글, 192쪽.
47 윗글, 195쪽.
48 이영남, 2012, 24-31쪽.
49 윗글, 39쪽.
50 이경래, 2015, 61-63쪽.
51 엄수진, 박소현, 2010, 「마을아카이브를 통해 본 마을단위 문화유산 기록화 연구 - 인천 차이나타운 마을 아카이브 시범 구축을 중심으로」, 한국도시설계학회 춘계학술대회 자료집.
52 김화경, 2012, 「마을 아카이브 구축을 위한 수집 전략; 부산 산복도로 아카이브 사례를 중심으로」, 『한국기록관리학회지』 12권 2호; 문건주, 2016, 「마을재생사업의 추진과정과 주민참여 실태 연구 : 부산광역시 산복도로 르네상스 사업지구를 중심으로」, 동아대학교 건축학과 석사학위논문; 주용국, 2016, 「마을공동체 아카이브의 평가모형탐색과 적용 - 부산동구산복도로아카이브 사례를 중심으로」, 『인문학논총』 40.
53 엄수진, 박소현, 2010.
54 설문원, 2012, 「지역 기록화를 위한 도큐멘테이션 전략의 적용」, 명지대 인간과 기록연구단 편, 『일상 아카이브의 발견』, 선인, 175쪽.

55 윗글, 같은 쪽.
56 윗글, 같은 쪽.
57 설문원, 2012, 176-7쪽.
58 오정희, 정연경, 2015,「대통령기록물 수집을 위한 도큐멘테이션 전략 활용 방안에 관한 연구」,『한국기록관리학회지』15(1), 94쪽.
59 설문원 2012, 183쪽. [표1] 참조.
60 설문원, 2012, 188쪽.
61 윗글, 205-6쪽.
62 윗글, 195쪽.
63 윗글, 203쪽.
64 주혁, 2012,「근현대 지역자료(문헌과 구술자료)를 보는 시각과 현장조사 방법론」,『구술사연구』3권 1호.
65 윗글, 55-56쪽.
66 윗글, 57-59쪽.
67 윗글, 60쪽.
68 윗글, 61-65쪽.
69 박순철, 2008,「디지털아카이브시스템의 구축과 활동」,『영남학』14권.; 김주관, 2005,「생활사아카이브 구축의 의미와 방법」,『지방사와지방문화』제8권 1호.; 조은성, 2012,「기록학의 패러다임 전환에 따른 기술에 관한 연구」, 한신대학교 기록관리학대학원 석사학위 논문.
70 지수걸, 2003,「한국 근현대 향토사(자료)를 활용한 사회과 통합교육'구현 방안」,『역사와역사교육』, 제8호.
71 지수걸, 2010,「'구술사 하기'와 지역문화운동: 공주지역의 '이야기가게' 프로젝트 사례」,『역사연구』, 제19호.
72 김선정, 2017,「마을이야기 만들기」, 한국구술사연구회 편,『구술사: 아카이브 구축의 길라잡이 II』, 선인, 267쪽.
73 윗글, 263쪽.
74 윗글, 273쪽.
75 윗글, 같은 쪽.

제11장

1 폴 톰슨, 2010,「구술사, 과거의 목소리」, 윤택림, 편역,『구술사, 기억으로 쓰는 역사』, 52-3쪽.
2 이 부분은 졸고「여성을 스스로 말할 수 있는가: 여성 구술 생애사 연구의 이론적 방법론적 쟁점」(『여성학논집』27집 2호, 2010)의 일부를 정리한 것이다.
3 김점호, 1990,『안동포 "길쌈아낙" 김점호의 한평생: 베도 숱한 베 짜고 밭도 숱한 밭 매고』, 민중자서전, 6권, 뿌리깊은나무; 성춘식, 1990,『영남 반가 며느리 성춘식의 한평생: 이부자리 피이 놓고 암만 바래도 안 와』, 민중자서전 8권, 뿌리깊은나무; 이규숙, 1984,『반가 며느리 이규숙의 한평생: 이 계동마님이 먹은 여든살』, 민중자서전, 4권, 뿌리깊은나무; 채정례, 1991,『진도 단골 채정례의 한평생: "에이 짠한 사람!" 내가 나보고 그라요』, 민중자서전 20권, 뿌리깊은나무; 최소심, 1990,『진도 강강술래 앞소리꾼 최소심의 한평생: 시방은 안해, 강강술래critical 안해』, 민중자서전 9권, 뿌리깊은나무; 한상숙, 1991,『서울토박이 부인 한상숙의 한평생: 밥해 먹으믄 바느질허랴, 바느질 아니믄 빨래허랴』, 민중자서전 18권, 뿌리깊은나무.
4 유철인, 1990,「생애사와 신세타령: 자료와 텍스트의 문제」,『한국문화인류학』22권 1호.

5 한국정신대문제대책협의회 편, 1993, 『강제로 끌려간 조선인 군위안부들』, 한울.
6 Kendall, Laurel, 1988, *The Life and Hard Times of a Korean Shaman*. University of Hawaii Press.
7 유철인, 1996, 「어쩔 수 없이 미군과 결혼하게 되었다 : 생애 이야기의 주제와 서술 전략」, 『한국문화인류학』 29집 2호.
8 유철인, 1997, 「물질하는 것도 머리 싸움 : 제주 해녀의 생애 이야기」, 『한국문화인류학』 31집 1호.
9 천혜숙, 1997, 「여성생애담의 구술 사례와 그 의미 분석」, 『구비문학연구』 4집.
10 양현아, 2002, 「증언과 역사쓰기」, 『사회와 역사』 60집.
11 유철인, 2004, 「구술된 경험 읽기: 제주 4·3 관련 수형인 여성의 생애사」, 『한국문화인류학』 37집. 1호.
12 숙명여자대학교 아시아여성연구소 편, 2004, 『한국여성인물사 1』; 숙명여자대학교 아시아여성연구소 편, 2005, 『한국여성인물사 2』; 숙명여자대학교 아시아여성연구소 편, 2006, 『한국여성인물사 3』.
13 김성례, 2002, 「여성주의 구술사의 방법론적 성찰」, 『한국문화인류학』 35집 2호.
14 이재인, 2005, 「서사유형과 내면세계」, 『한국사회학』 39집 3호.
15 이희영, 2007, 「여성주의 연구에서 구술 자료 재구성: 탈성매매 여성의 생애체험과 서사구조에 대한 사례연구를 중심으로」, 『한국사회학』 41집 5호.
16 이재경, 윤택림, 이나영 외, 2012, 『여성주의 역사쓰기: 구술사 연구방법』, 아르케; 이재경, 윤택림, 조영주 외, 2013, 『여성(들)이 기억하는 전쟁과 분단』, 아르케; 이재경, 유철인, 나성은 외, 2015, 『'조국 근대화'의 젠더정치:가족· 노동· 섹슈얼리티』, 아르케; 정연경, 최윤견 공저, 2017, 『구술 아카이브 시스템 구축과 활용』, 아르케.
17 조영주, 2013, 「구술자와 면담자 사이 '권력'의 긴장」, 이재경, 윤택림, 이나영 외 지음, 『여성주의 역사쓰기: 구술사 연구방법』, 아르케; 김연주, 2013, 「페미니스트 참여관찰 연구과정에서의 윤리적 딜레마」, 이재경, 윤택림, 이나영 외 지음, 『여성주의 역사쓰기: 구술사 연구방법』, 아르케; 김보화, 지승경, 2013, 「'여성'연구자는 누구인가?」, 이재경, 윤택림, 이나영 외 지음, 『여성주의 역사쓰기: 구술사 연구방법』, 아르케.
18 허민숙, 2015, 「여성구술생애사로 본 개발 시기 도시이주 여성의 근대 경험과 가치변화」, 『가족과 문화』 제26집 3호; 윤택림, 2013, 「분단과 여성의 다중적 근대적 정체성: 1930년대 초 출생한 두 실향민 여성의 구술 생애사를 중심으로」, 『한국여성학』 29권 1호; 안연선, 2015, 「경제개발시기 젠더화된 이주: 독일의 한국간호사」, 이재경, 유철인, 나성은 외 지음, 『'조국의 근대화'의 젠더정치』, 아르케; 나성은, 2015, 「유자녀 '전쟁미망인'의 재혼과 모성: 1920년대 출생 여성의 구술생애사를 중심으로」, 『한국여성학』 제31집 1호; 김민정, 2015, 「복 없으니 고생이지: 한국사회의 변화와 '피난민' 장씨의 생애이야기」, 『가족과 문화』 제26집 3호.
19 이임하, 2010, 『전쟁미망인, 한국현대사의 침묵을 깨다』, 책과함께.
20 국립민속박물관, 2013, 『20세기 어머니: 이석희의 삶과 근대이야기』.
21 청현문화재단, 2015, 『우리가 이래서 사는가 보다: 연극인 이병복 구술채록』, 청강문화산업대학.
22 사단법인 100인의 여성체육인, 2015, 『한국여성체육 100년 구술 생애사』 1-6권.
23 윤택림, 2015, 「기관구술채록의 진단과 과제: 국사편찬위원회 구술채록사업을 중심으로」, 『구술사연구』 6권 1호. 참조.
24 윤택림, 2012, 「지방지와 구술사: 경기남부 지방지를 중심으로」, 『구술사연구』 3권 2호. 참조.
25 유철인 외, 2004, 『인류학과 지방의 역사』, 아카넷.
26 김귀옥, 1999, 『월남민의 생활경험과 정체성: 밑으로부터의 월남민 연구』, 서울대학교 출판부.
27 김경학 외, 2005, 『전쟁과 기억: 마을공동체의 생애사』, 한울; 표인주 외, 2003, 『전쟁과 사람들: 아래로부터의 한국전쟁연구』, 한울.

28 장성수 외, 2005, 『징게맹갱외에밋들 사람들』, 소화.
29 박찬승, 2004, 「20세기 전반 예산의 정치사회적 동향과 지역엘리트」, 『지방사와지방문화』 제7권 1호.
30 이용기, 2001, 「마을에서의 한국전쟁 경험과 그 기억」, 『역사문제연구』 6호.
31 이용기, 2010, 「일제시기 모범부락의 내면과 그 기억: 전남 강진군 성전면 수양리 사례를 중심으로」, 『한국사학보』 제38호.
32 김영미, 2009, 『그들의 새마을운동』, 푸른역사.
33 김영미, 2010, 「수복지역 양양 주민들의 한국전쟁 경험: 어느 한약방 주인의 생애와 선택」, 『역사비평』, 통권 93호.
34 허영란, 2012, 『장생포 이야기』, 울산광역시 남구 고래과.
35 김태웅, 2008, 「해방 이후 地方誌 편찬의 추이와 시기별 특징」, 『역사연구』 제18호.
36 윗글, 176.
37 과천시에서는 1981, 2년도 과천신도시 형성 초기에 입주해서 현재까지 살고 있는 이주민들이 자신들을 "아파트 원주민"이라고 부른다. 윤택림, 2008, 「과천신도시의 주민되기: 구술생애사를 통한 지역정체성의 형성 분석」, 『지방사와 지방문화』 제11권 2호. 참조.
38 염미경, 2006, 「지방사연구에서 구술사의 활용현황과 과제」, 『歷史敎育』 98권, 249쪽.
39 윤택림, 2011, 「구술사 인터뷰와 역사적 상흔: 진실 찾기와 치유의 가능성」, 강원대학교 『인문과학연구』 30집. 참조.
40 White, Naomi Rosh, 1996, "Marking absences: Holocaust testimony and history," in Dunaway, David K. and Willa K. Baum. eds., *Oral History: An Interdisciplinary Anthology*. Walnut Creek: AltaMira Press. p.178.
41 윗글, p.179.
42 윗글, 같은 쪽.
43 윗글, p.174.
44 Burchardt, Natasha, 2001, "Transgenerational Transmission in the Families of Holocaust Survivors in England," *Between Generations: Family Models, Myths and Memories*, London: Transaction Publishers, p.127.
45 윗글, p.126-131.
46 윗글, p.132.
47 Leydesdorff, Selma, 2005, "A Shattered Silence: The Life Stories of Survivors of the Jewish Proletariat of Amsterdam," *Memory and Totalitarianism*, London: Transaction Publishers, p.161.
48 양현아, 2001, 「증언과 역사쓰기」, 『사회와 역사』 60집.
49 한국정신대문제대책협의회, 1993, 『강제로 끌려간 조선인 군위안부들 1』, 서울: 한울.
50 윗글, 44쪽.
51 한국정신대문제대책협의회, 2001, 『강제로 끌려간 조선인 군위안부들 4』, 서울: 한울.
52 윗글, 17쪽.
53 김귀옥, 2013, 「구술사와 치유: 트라우마 치유의 가능성을 모색하며」, 『통일인문학』, 55집.
54 윗글, 140쪽.
55 윗글, 141쪽.
56 윗글, 같은 쪽.
57 윗글, 142쪽.

58 윗글, 145-148쪽.
59 윗글, 149쪽.
60 윗글, 150쪽.
61 윗글, 157-8쪽.
62 윗글, 159-160쪽.
63 윤택림, 2016, 『구술로 쓰는 역사: 미수복경기도민의 분단과 이산의 삶』, 아르케, 12장 참조.
64 정근식 편, 진주 채록, 2005, 『고통의 역사: 원폭의 기억과 증언』, 선인, 42쪽; 김호연, 유강하, 2009, 「기억과 역사적 상흔의 치유: 프리모 레비의 『이것이 인간인가』를 중심으로」, 『인문치료학의 정립을 위한 시론적 연구』, 인문치료학총서 4, 강원대학교 출판부, 98-118쪽, 117-118쪽; 김호연, 엄찬호, 2010, 「구술사를 활용한 인문치료의 모색: 기억, 트라우마 그리고 역사치료」, 『인문과학연구』 24집, 강원대학교 인문과학연구소.
65 인문치료는 "인문학적 정신과 방법으로 마음의 건강과 행복한 삶을 위해 인문학 각 분야 및 연계 학문들의 치료적 내용과 기능을 학제적으로 새롭게 통합하여 사람들의 정신적, 정서적, 신체적 문제들을 예방하고 치유하는 이론적, 실천적 활동이다". 강원대학교 인문과학연구소 편, 2009, 『인문치료』, 강원대학교 출판부, 인문자료총서 1. 29쪽.
66 이민용, 2009, 「이야기와 스토리텔링의 치유적 기능」, 『독일언어문학』 제40집, 331쪽.
67 이민용, 2010, 「서사와 서사학의 치유적 활용: 인문치료 방법론의 관점에서」, 『독일언어문학』 제47집, 247-268쪽.
68 박현숙, 2014, 「여성 전쟁체험단의 역사적 트라우마 양상과 대응방식」, 『통일인문학』 57.
69 Lanman, Barry A. and Laura M. Wendling, eds., 2006, "Introduction," *Preparing Next Generation of Oral Historians: An Anthology of Oral History Education*. Altamira, p.xviii.
70 윗글, p.xix.
71 윗글, p.xx.
72 Ritchie, Donald, 1995, *Doing Oral History*, New York: Twayne, p.160.
73 Lanman, Barry A. and Laura M. Wendling, eds., 2006, "Foxfire and the Foxfire Approach: Excepts from the Publications of the Foxfire Fund, Ind.," *Preparing Next Generation of Oral Historians: An Anthology of Oral History Education*. Altamira, p.9.
74 윗글, p.11.
75 윗글, p.13.
76 윗글, pp.11-12.
77 Walbert, Kathryn, 2006, "Oral History Projects in the Elementary Social Studies Classroom," in *Preparing Next Generation of Oral Historians: An Anthology of Oral History Education*. Altamira, p.147.
78 윗글, p.148.
79 윗글, p.149.
80 윗글, p.150.
81 Ritchie, Donald, 1995, *Doing Oral History*, New York: Twayne, p.164.
82 윗글, p.165.
83 Walbert, Kathryn, 2006, p.150.
84 윗글, p.151.
85 윗글, p.152.
86 윗글, p.153.

87 윗글, pp.154-156.
88 윗글, pp.156-160.
89 조상연, 2012, 「초등교육학 연구 방법으로서의 구술사 연구」, 『초등교육학연구』 19집 2호, 193쪽.
90 최용규, 2004, 「사회과에서의 생활사 학습지도 및 교재구성 방안」, 『사회과학교육연구』 제7호.
91 윗글, 2쪽.
92 윗글, 4쪽.
93 윗날, 9쪽의 〈표 1〉 참조.
94 윗글, 15쪽.
95 윗글, 16쪽.
96 윗글, 17쪽.
97 윗글, 18쪽.
98 윗글, 19쪽.
99 강덕남, 2007, 「초등 사회과 현대사 학습에서의 구술사 프로젝트 활용 방안」, 한국교원대 교육대학원, 석사학위논문. 3장 구술사프로젝트 활용방안 참조. 36쪽.
100 윗글, 38쪽.
101 윗글, 44쪽.
102 윗글, 45쪽.
103 윗글, 47-48쪽.
104 윗글 57-63쪽.
105 윗글 66쪽.
106 Whitman, Glenn, 2006, "Teaching Students How to Be Historians: An Oral History Project for the Secondary School Classroom," in *Preparing Next Generation of Oral Historians: An Anthology of Oral History Education*. Altamira, p.239.
107 Ritchie, Donald, 1995, p.165.
108 윗글, 같은 쪽.
109 윗글, p.166.
110 윗글 같은 쪽.
111 윗글, p.167.
112 윗글, 같은 쪽.
113 윗글, p.168-9.
114 Whitman, Glenn, 2006, p.239.
115 윗글, p.240
116 윗글, pp.241-2.
117 윗글, p.244.
118 김성진, 2012, 「구술사 방법을 활용한 교수·학습 방안 : 보령지역 6·25전쟁을 중심으로」, 『역사와 역사교육』 제25호.
119 윗글, 127-131쪽.
120 윗글, 131쪽.
121 윗글, 135쪽.
122 윗글, 134쪽.
123 김민수, 2011, "역사수업에서 구술사 적용: 가족사를 중심으로 한 수업사례", 제2회 구술사연구기관

네트워크 워크숍 자료집.
124 윗글, 56쪽.
125 윗글, 57-60쪽.
126 윗글, 60쪽.
127 Ritchie, Donald, 1995, p.177.
128 윗글, p.179.
129 윗글, 같은 쪽.
130 윗글, p.180.
131 McCarthy, Erin, 2006, "Oral History in the Undergraduate Classroom: Getting Students into History," in *Preparing Next Generation of Oral Historians: An Anthology of Oral History Education*. Altamira.
132 윗글, p.315.
133 윗글, p.316.
134 윗글, p.318.
135 윗글, p.320.
136 김선정, 2017, 「마을이야기 만들기」, 한국구술사연구회 편, 『구술사, 아카이브 구축 길라잡이 II: 관리와 활용』, 선인.
137 윗글, 251쪽.
138 윗글, 254-5쪽.
139 임영상 외, 2010, 『모현사람과 갈월마을』, 한국외국어대학교 출판부.
140 임영상 외, 2013, 『시장과 시장 사람들: 용인의 전통시장』, 선인.
141 임영상 외, 2014, 『향교·서원과 용인사람들』, 선인.
142 김선정, 2017, 267-283쪽.
143 김영미, 2018, 「구술사와 연극, "마을"에서 만나다: K대학에서 진행한 역사(구술사)·연극 융합수업의 경험 분석」, 『구술사연구』 9권 1호, 21쪽.
144 윗글, 22쪽.
145 윗글, 25쪽.
146 윗글, 23쪽.
147 윗글, 33쪽.
148 윗글, 36쪽.
149 윗글 40쪽.
150 윗글, 42쪽.
151 윗글, 44쪽.
152 윗글, 46쪽.
153 윗글, 10쪽.

참고문헌

한국

강덕남, 2007, 「초등 사회과 현대사 학습에서의 구술사 프로젝트 활용 방안」, 한국교원대 교육대학원 석사학위논문.
강원대학교 인문과학연구소 편, 2009, 『인문치료』, 강원대학교 출판부, 인문자료총서 1.
국립민속박물관 편, 2013, 『20세기 어머니: 이석희의 삶과 근대이야기』.
권미현, 2017, 「구술 아카이브(oral history archive) 구축 방안: 경험과 기억의 블록 쌓기」, 한국구술사연구회 편, 『구술사: 아카이브 구축의 길라잡이 II』 선인.
권윤경, 2015, 「기억의 경쟁에서 기억의 연대로?」, 『역사비평』, 겨울호..
권태환·박명규·김귀옥, 등. 2003.『중국 조선족 사회의 변화: 1990년 이후를 중심으로』, 서울대 사회발전연구소.
기계형, 2011, 「젠더의 시각에서 본 중앙아시아 고려인의 이주」, 『역사학보』 212집.
김경학, 2001, 「인도 구술사 연구의 동향과 그 전망: 인도 서브얼턴 연구를 중심으로」, 『인도연구』, 6권 2호.
김경학 외, 2005, 『전쟁과 기억: 마을공동체의 생애사』, 한울.
김광억, 2000, 「지방연구 방법론 개발을 위한 시론」, 『지방사와 지방문화』 제2권.
김귀옥, 1999, 『월남민의 생활경험과 정체성: 밑으로부터의 월남민 연구』, 서울대학교 출판부.
_____. 2000.「지역 조사와 구술사 방법론: 경험과 성찰, 새로운 출발」, 『한국사회과학』, 서울대학교 사회과학연구원, 22집 2호.
_____, 2006, 「지역의 한국전쟁 경험과 지역사회의 변화: 강화도 교동 섬 주민의 한국전쟁 기억을 중심으로」, 『경제와 사회』 가을호, 통권 제71호.
_____, 2006, 「한국구술사 연구현황, 쟁점과 과제」, 『사회와 역사』 71, 가을호.
_____, 2013, 「구술사와 치유: 트라우마 치유의 가능성을 모색하며」, 『통일인문학』 55집.
_____, 2014, 『구술사연구』, 한울.
김기석·이향규, 1998, 「구술사: 무엇을, 왜, 어떻게 할 것인가」, 서울대학교사범대학 한국교육사고 연구노트 제9호(창립5주년 기념 연구노트 집성 합본호).
김득중, 2009, 『'빨갱이'의 탄생 — 여순사건과 반공국가의 형성』, 선인.
_____, 2010, 「구술을 통한 공식 역사의 균열과 새로운 역사쓰기의 가능성」, 『사학연구』 100호.
김민수, 2011, "역사수업에서 구술사 적용: 가족사를 중심으로 한 수업사례", 제2회 구술사연구기관 네트워크 워크숍 자료집.
김민정, 1998, 「여성무당의 서사행위를 통해 본 여성성의 재구성: 여성구술생애사를 중심으로」, 계명대 여성학 석사논문.
_____, 2015, 「복 없으니 고생이지: 한국사회의 변화와 '피난민' 장씨의 생애이야기」, 『가족과 문화』 제26집 3호.

김보화·지승경, 2013, 「'여성'연구자는 누구인가?」, 이재경·윤택림·이나영 외 지음, 『여성주의 역사쓰기: 구술사 연구방법』, 아르케.

김선정, 2017, 「마을이야기 만들기」, 한국구술사연구회 편, 『구술사: 아카이브 구축의 길라잡이 Ⅱ』, 선인.

김성례, 1991, 「한국 무속에 나타난 여성체험: 구술생애사의 서사분석」, 『한국여성학』 7집.

＿＿＿, 2002, 「여성주의 구술사의 방법론적 성찰」, 『한국문화인류학』 35집 2호.

김성진, 2012, 「구술사 방법을 활용한 교수·학습 방안 : 보령지역 6·25전쟁을 중심으로」, 『역사와 역사교육』 제25호.

김수자, 2009, 「한국전쟁과 월남여성들의 전쟁 경험과 인식」, 『여성과 역사』 10집

김수진, 2013, 「트라우마의 재현과 구술사: 군위안부 증언의 아포리아」, 『여성학논집』 30집 1호.

김아람, 2015, 「가족이 짊어진 구호와 자활: 1950-60년대 합동결혼과 그 주인공」, 『역사문제연구』 33호.

김연주, 2013, 「페미니스트 참여관찰 연구과정에서의 윤리적 딜레마」, 이재경·윤택림·이나영 외 지음, 『여성주의 역사쓰기: 구술사 연구방법』, 아르케.

김영범, 1998, 「집합기억의 사회사적 지평과 동학」, 『사회사연구의 이론과 실제』, 한국정신문화연구원 편.

김영미, 2010, 「수복지역 양양주민들의 한국전쟁 경험」, 『역사비평』 겨울호, 통권 93호.

＿＿＿, 2010, 『그들의 새마을운동』, 푸른역사.

＿＿＿, 2018, 「구술사와 연극, "마을"에서 만나다: K대학에서 진행한 역사(구술사)·연극 융합수업의 경험 분석」, 『구술사연구』 9권 1호.

김용의, 2002, 「일본 구술사 연구의 동향과 쟁점」, 『일본어문학』 12권.

김유경, 2009, 「구술생애사를 통해 본 서미 마을 여성의 삶과 민속」, 안동대학교 민속학 석사논문.

김유승, 2010, 「아카이브 2.0 구축을 위한 이론적 고찰」, 『한국기록관리학회지』 10, 2.

김원, 2015, 「80년대에 대한 '기억'과 '장기 80년대'」, 『한국학연구』 36.

김은영, 2009, 「구술자료의 논리적·물리적 정리」, 『구술 자료 만들기: 수집, 정리, 활용』, 국사편찬위원회.

김은혜, 2011, 「난임 경험 기독교 여성의 생애사 연구」, 계명대학교 여성학 석사논문.

김응종, 2011, 「피에르 노라의 『기억의 장소』에 나타난 '기억'의 개념」, 『프랑스사연구』 제24호.

김점호, 1990, 『안동포 "길쌈아낙" 김점호의 한평생: 베도 숱한 베 짜고 밭도 숱한 밭 매고』, 민중자서전, 6권, 뿌리깊은나무.

김정경, 2009, 「자기서사의 구술시학적 연구」, 『한국문학이론과 비평학회』 44집 13권 3호.

김주관, 2005, 「생활사 아카이브 구축의 의미와 방법 20세기 민중생활사 아카이브 사례를 중심으로」, 『지방사와 지방문화』 8권 1호.

＿＿＿, 2012, 「공동체의 기억을 담는 아카이브를 지향하며: 20세기민중생활사연구단 아카이브의 성과와 과제」, 『기록학연구』 33권.

김창민, 2005, 「민족지로서의 지방지」, 『지방사와지방문화』 제8권 2호.

김태우, 2011, 「한국전쟁, 다르게 보기」, 『역사비평』 봄호. 통권 94호.

_____, 2014, 「엘리트 구술 자료의 성격과 수집방안」, 『구술사연구』 5권 1호.

김태웅, 2008, 「해방 이후 地方誌 편찬의 추이와 시기별 특징」, 『역사연구』 제18호.

김호연·유강하, 2009, 「기억과 역사적 상흔의 치유: 프리모 레비의『이것이 인간인가』를 중심으로」, 『인문치료학의 정립을 위한 시론적 연구』, 인문치료학총서 4, 강원대학교 출판부.

김호연·엄찬호, 2010, 「구술사를 활용한 인문치료의 모색: 기억, 트라우마 그리고 역사치료」, 『인문과학연구』 24집, 강원대학교 인문과학연구소.

김화경, 2012,「마을아카이브 구축을 위한 수집 전략: 부산 산복도로 아카이브 수집 사례를 중심으로」, 『한국기록관리학회지』 12권 2호.

남신동, 2004. 「미국 구술사의 발달과 연구 동향」, 『현황과 방법: 구술, 구술 자료, 구술사』, 한국사연구지원 보고자료집 8,

노용석, 2015, 「'장의'에서 '사회적 기념'으로의 전환」, 『역사와 경계』 95.

마궈쩡, 2015. 「구술사와 대만에 온 한국전쟁지원군 포로」, 한국구술사학회 동계 국제학술대회 자료집.

문건주, 2016, 「마을재생사업의 추진과정과 주민참여 실태 연구 : 부산광역시 산복도로 르네상스 사업지구를 중심으로」, 동아대학교 건축학과 석사학위논문.

박명규·김필동 외, 1996, 『중앙아시아 한인의 의식과 생활』, 문학과 지성사.

박순철, 2008, 「디지털아카이브시스템의 구축과 활동」, 『영남학』 14권.

박순철·함한희·이정송·정성미, 2018, 『인문학자를 위한 디지털 아카이브즈』, 민속원.

박정석, 2013, 「산청 시천·삼장 민간인희생 사건 : 유족들의 사회적 고통과 기억의 장소를 중심으로」, 『지역과 역사』 제32호.

박준규, 2016, 「IRB와 구술사 연구윤리」, 『구술사연구』 7권 2호,

박찬승, 2000, 「외국의 지방기록관과 한국의 지방기록자료관 설립 방향」, 『기록학연구』, 제1권.

_____, 2004, 「20세기 전반 예산의 정치사회적 동향과 지역엘리트」, 『지방사와지방문화』 제7권 1호.

_____, 2010, 『마을로 간 한국전쟁: 한국전쟁기 마을에서 벌어진 작은 전쟁들』, 돌베개.

박현수 편, 2005, 『20세기 한국 민중의 구술자서전』. 소화.

박현숙, 2014, 「여성 전쟁체험담의 역사적 트라우마 양상과 대응방식」, 『통일인문학』 57.

사단법인 100인의 여성체육인, 2015, 『한국여성체육 100년 구술 생애사』 1-6권.

선영란 評, 2003, 「'새로운 역사학과 '새로 쓰는 지방지:「利川市誌」, 이천시지편찬위원회 編著 <書評>」, 『지방사와지방문화』 제5권 제1호.

설문원, 2012, 「로컬리티 기록화를 위한 참여형 아카이브 구축에 관한 연구」. 『기록학연구』 32권.

_____, 2012, 「지역 기록화를 위한 도큐멘테이션 전략의 적용」, 명지대 인간과 기록연구단 편, 『일상 아카이브의 발견』, 선인.

_____, 2015, 「로컬리티와 지방기록관리」, 『한국기록관리학회지』 제15권 4호.

성정숙, 2010, 「레즈비언 생애사 연구 : 사회복지 이론과 실천의 비판적 확장」, 중앙대학교 대학원

사회복지학 박사논문.
성춘식, 1990, 『영남 반가 며느리 성춘식의 한평생: 이부자리 피이 놓고 암만 바래도 안 와』, 민중자서전 8권, 뿌리깊은나무.
손동유·이경준, 2013, 「마을공동체 아카이브 활성화 방안」, 『기록학연구』 35권.
송도영, 1995, 「시하라로 들어가는 문」, 『유목민에서 도시민으로: 북아프리카의 이민과 정체성의 위기』, 서울대학교 지역연구 총서 7.
송도영·윤택림·진양교·오유석, 2000, 『주민 생애사를 통해 본 20세기 서울 현대사』, 서울시립대학교 부설, 서울학연구소.
송상민, 2013, 「대구역 인근 지역 성매매경험여성 생애사 연구」, 계명대학교 정책대학원 석사논문.
송연옥, 2015, 「재일조선인 여성의 삶에서 본 일본 구술사 연구 현황」, 『구술사연구』 6권 2호.
숙명여자대학교 아시아여성연구소 편, 2004, 『한국여성인물사 1』.
____ 편, 2005, 『한국여성인물사 2』.
____ 편, 2006, 『한국여성인물사 3』.
스프래들리, 1998, 『문화탐구를 위한 참여관찰방법』, 이희봉 역, 대한교과서주식회사.
신경아, 2011, 「여성 노인의 구술생애사를 통해 본 돌봄 윤리의 재구성」, 『젠더와 문화』 4권 2호.
____, 2013, 「여성노동자의 생애이야기에 나타난 '개인'의 인식」, 『젠더와 문화』 6권 2호.
신동흔 외, 2013, 『시집살이 이야기 집성 1-10』, 박이정.
신스니라, 2013, 「고령 성매매여성들의 생애사 연구 : 가족, 일, 나이듦의 의미를 중심으로」, 서울대학교 대학원 석사논문.
안연선, 2015, 「경제개발시기 젠더화된 이주: 독일의 한국간호사」, 이재경·유철인·나성은 외 지음, 『'조국의 근대화'의 젠더정치』, 아르케.
알라이다 아스만, 2011, 『기억의 공간: 문화적 기억의 형식과 변천』, 변학수·채현숙, 역, 그린비.
엄수진·박소현, 2010, 「마을아카이브를 통해 본 마을단위 문화유산 기록화 연구—인천 차이나타운 마을 아카이브 시범 구축을 중심으로」, 한국도시설계학회 춘계학술대회 자료집.
엄찬호, 2011, 「역사와 치유」, 『인문과학연구』 29집.
양정필, 2007, 「근현대 지역사 연구의 현황과 전망」, 『역사문제연구』 제17호.
양현아, 2000, 「증언과 역사 쓰기」, 『사회와 역사』 60.
염미경, 2002, 「근현대 지방사자료의 정리현황과 활용방향」, 『호남문화연구』 31권.
____, 2006, 「지방사연구에서 구술사의 활용현황과 과제」, 『역사교육』 98권.
오정희·정연경, 2015, 「대통령기록물 수집을 위한 도큐멘테이션 전략 활용 방안에 관한 연구」, 『한국기록관리학회지』 15(1).
오제연, 2014, 「1960년대 1970년대 대학 학생운동연구」, 서울대학교 사학과 박사학위논문.
유경순, 2015, 『1980년대, 변혁의 시간 전환의 기록 1권: 학술활동가와 변혁운동』, 봄날의 박씨.
____, 2015, 『1980년대, 변혁의 시간 전환의 기록 2권: 학출운동가의 삶이야기』, 봄날의 박씨.
유철인, 1990, 「생애사와 신세타령: 자료와 텍스트의 문제」, 『한국문화인류학』 22집.
____, 1996, 「어쩔 수 없이 미군과 결혼하게 되었다: 생애이야기의 주제와 서술 전략」, 『한국문화인

류학』 29집 2호.

_____ 外著, 1996, 「해방 이후 충남 서산 지역의 지방사 : 역사적 담론에 대한 인류학적 접근」, 『한국문화인류학』 제29집 1호.

_____, 1997, 「물질하는 것도 머리싸움: 제주해녀의 생애이야기」, 『한국문화인류학』 31집 1호.

_____, 2004. 「구술된 경험 읽기: 제주 4·3 관련 수형인 여성의 생애사」, 『한국문화인류학』 37집 1호.

유철인 외, 2004, 『인류학과 지방의 역사』, 아카넷.

윤은하, 2011, 「북미 기록학의 동향과 전망: 패러다임 변화를 중심으로」, 『한국기록관리학회지』 11권 2호.

_____, 2012, 「공동체와 공동체 아카이브에 대한 고찰」, 『기록학연구』 제33호.

윤충로, 2010, 「한국의 베트남전쟁 기념과 기억의 정치」, 『사회와역사』 통권 86호.

윤택림, 1994, 「기억에서 역사로: 구술사의 이론적, 방법론적 쟁점들에 대한 고찰」, 『한국문화인류학』 25집,

_____, 1995, 「탈식민 역사 쓰기: 비공식 역사와 다중적 주체」, 『한국문화인류학』 27집,

_____, 1997, 「구술사와 지방민의 역사적 경험 재현: 충남 예산 시양리의 박형호씨 구술 증언을 중심으로」, 『한국문화인류학』 30권 2호.

_____, 2001, 「역사인류학자가 바라본 역사학: 구술사 연구를 중심으로」, 『역사문제연구』 2호.

_____, 2002, 「질적 연구 방법과 젠더」, 『한국여성학』 18권 2호.

_____, 2003, 『인류학자의 과거여행: 한 빨갱이 마을의 역사를 찾아서』, 역사비평사.

_____, 2008, 「과천신도시의 주민되기: 구술생애사를 통한 지역정체성의 형성 분석」, 『지방사와 지방문화』 11권 2호.

_____, 2010, 「여성을 스스로 말할 수 있는가: 여성 구술 생애사 연구의 이론적 방법론적 쟁점」, 『여성학논집』 27집 2호.

_____ 편역, 2010, 『구술사, 기억으로 역사쓰기』, 아르케.

_____, 2010, 「구술 생애사를 통한 1930년대 생들의 청소년기에 대한 심성사적 접근」, 『구술사연구』 창간호.

_____, 2011, 「여성은 어떻게 이야기하는가: 시집살이 이야기를 통한 여성 서사 분석」, 『구비문학연구』 32집.

_____, 2011, 「구술사 인터뷰와 역사적 상흔: 진실 찾기와 치유의 가능성」, 강원대학교 『인문과학연구』 30집.

_____, 2012, 「지방지와 구술사: 경기남부지방지를 중심으로」, 『구술사연구』 3권 2호.

윤택림·최정은, 2012, 「문화기술지적 자료의 연구기록 관리 방안 연구」, 『한국기록관리학회지』 제12권 2호.

윤택림, 2013, 「여성 구술사 누가, 왜, 어떻게 하는가?」, 토대연구: 여성 구술 생애사로 본 한국의 근대, 제1차 학술대회 발표문.

_____, 2013, 「분단과 여성의 다중적 근대적 정체성: 1930년대 초 출생한 두 실향민 여성의 구술 생애사를 중심으로」, 『한국여성학』 29권 1호.

_____, 2013, 『문화와 역사연구를 위한 질적연구방법론』 개정판, 아르케, 4장.
_____, 2014, 「미수복경기도 실향민들의 역사 만들기: 『개풍군지』 분석을 통한 기억 연구 논의」, 『구술사연구』 5권 1호.
_____, 2015, 「기관구술채록의 진단과 과제: 국사편찬위원회 구술채록사업을 중심으로」, 『구술사연구』 6권 1호.
_____, 2016, 「구술사와 역사학의 어색한 관계: 그 성과와 전망」, 『구술사연구』 7권 2호.
_____, 2016, 『구술로 쓰는 역사: 미수복경기도민의 분단과 이산의 삶』, 아르케.
윤형숙, 1994, 「생애사 연구의 발달과 방법론적 쟁점들」, 『배종무총장 퇴임기념 사학논총』, 목포대학교.
_____, 1996, 「그들과 우리사이에서: 인류학 연구하기, 인류학자 되기」, 『한국문화인류학』 29집, 1호.
원영미, 2006, 「1987년 노동자 대투쟁 이전 현대중공업 노동자의 노동세계」, 『역사와 경계』 59집.
이경래·이광석, 2013, 「영국 공동체 아카이브 운동의 전개와 실천적 함의」, 『기록학연구』 37권.
이경래, 2015, 「마을공동체 아카이브의 거버넌스 모델 연구」, 『기록학연구』 45권.
이규숙, 1984, 『반가 며느리 이규숙의 한평생: 이 계동마님이 먹은 여든살』, 민중자서전 4권, 뿌리깊은나무.
이나영, 2013, 「기지촌 여성의 경험과 윤리적 재현의 불/가능성」, 이재경·윤택림·이나영 외 지음, 『여성주의 역사쓰기: 구술사 연구방법』, 아르케.
이민용, 2009, 「이야기와 스토리텔링의 치유적 기능」, 『독일언어문학』 제40집.
_____, 2010, 「서사와 서사학의 치유적 활용: 인문치료 방법론의 관점에서」, 『독일언어문학』 제47집.
이상록, 2015, 「디아스포라를 민족국가로 회수하지 않기」, 『구술사연구』 6권 2호.
이선형, 2013, 「한국 결혼이주여성의 모성과 정체성: 구술생애사 분석을 중심으로」, 서울대학교 여성학 박사논문.
이성숙, 2007, 「한국전쟁에 대한 젠더별 기억과 망각」, 한국여성사학회, 『여성과 역사』 제7집.
이영남, 2012, 「공동체 아카이브, 몇 가지 단상」, 『기록학연구』 제31호.
이용기, 2001, 「마을에서의 한국전쟁 경험과 그 기억: 경기도의 한 '모스크바' 마을 사례를 중심으로」, 『역사문제연구』 6.
_____, 2009, 「구술 자료를 통한 역사의 서술」, 국사편찬위원회 편, 『구술자료 만들기』, 국사편찬위원회.
_____, 2009, 「역사학, 구술사를 만나다」, 『역사와 현실』 71호.
_____, 2010, 「일제시기 모범부락의 내면과 그 기억: 전남 강진군 성전면 수양리 사례를 중심으로」, 『한국사학보』 제38호.
이윤갑, 2001, 「생활세계로서의 지방사회와 지방사 연구」, 『대구사학』 제64집.
이원실, 2005, 「구술생애사를 통해 본 지역여성의 역사: 경북 영양군 한티리의 세 여성을 중심으로」, 계명대 여성학 석사논문.

이임하, 2010, 『전쟁미망인, 한국현대사의 침묵을 깨다』, 책과함께.
_____, 2015, 「출산에서의 여성전문직 조산사의 기능과 쇠퇴에 관한 연구」, 『구술사연구』 제6권 1호.
이재경·윤택림·이나영 외 공저, 2012, 『여성주의 역사쓰기: 구술사 연구방법』, 아르케.
이재경·윤택림·조영주 외 공저, 2013, 『여성(들)이 기억하는 전쟁과 분단』, 아르케.
이재경·유철인·나성은 외 공저, 2014, 『조국 근대화의 젠더정치: 가족·노동·섹슈얼리티』, 아르케.
이재인, 2005, 「서사유형과 내면세계」, 『한국사회학』 39집 3호.
이정연, 2009, 「구술사 기록물 아카이브 구축을 위한 메타데이터 모델링 및 표준 요소 개발에 관한 연구」, 『정보관리학회지』 26(1)
이정주, 1998, 「제주 '호미마을' 여성들의 생애사에 대한 여성학적 고찰 – '4·3' 경험을 중심으로」, 이화여대 여성학과 석사학위 논문
이주홍, 2015, 「국립민속박물관의 '민속아카이브' 현황 및 개선 방향에 대한 연구」, 『민속학연구』 37권.
이해준, 1994, 「지방사 자료와 향토사 연구」, 『향토사연구』 제6집.
이호신, 2010, 「구술자료의 저작권 문제에 관한 연구」, 『구술사연구』, 창간호.
_____, 2017, 「구술사 연구와 기록관리, 녹취문을 넘어서」, 『구술사연구』 8권 2호.
이희영, 2005, 「사회학 방법론으로서의 생애사 재구성: 행위이론의 관점에서 본 이론적 의의와 방법론적 원칙」, 『한국사회학』 39집 3호.
_____, 2007, 「여성주의 연구에서의 구술자료 재구성: 탈성매매 여성의 생애 체험과 서사구조에 대한 사례연구를 중심으로」, 『한국사회학』 41집 5호.
_____, 2016, 「국제 인권장치와 비극의 서사 : 탈북 난민들의 독일 이주에 대한 사례 연구를 중심으로」, 『경제와 사회』 통권109호.
임수정, 2014, 「탈성매매 여성의 생애사 연구」, 전남대학교 대학원 석사논문.
임영상, 2005, 「시베리아의 고려인 과학자: 크라스노야르스크의 물리학자 김표트르」, 『국제지역연구』 9권 1호.
장성수 외, 2005, 『징계맹갱외에밋들 사람들』, 소화.
장신, 2015, 「중국 傳媒대학 崔永元 구술역사연구센터와 抗美援朝 구술사」, 한국구술사학회 동계 국제학술대회 자료집.
전진성, 2005, 『역사가 기억을 말하다』, 휴머니스트
_____, 2006, 「기억의 정치학을 넘어 기억의 문화사로: '기억' 연구의 방법론적 진전을 위한 제언」, 『역사비평』 통권 76호.
정근식 편, 진주 채록, 2005, 『고통의 역사: 원폭의 기억과 증언』, 선인.
_____, 2013, 「한국에서의 사회적 기억 연구의 궤적」, 『민주주의와 인권』 제13집 2호.
정선영, 2014, 「여성주의자 딸이 쓰는 '나의 어머니' 구술 생애사 연구」, 성공회대학교 NGO대학원 석사논문.
정연경·최윤경 공저, 2017, 『구술 아카이브 시스템 구축과 활용』, 아르케.
정혜경, 2015, 「구술사: 기록에서 역사로」, 『한일민족문제연구』 28권.

_____, 2017, 「구술사 연구를 위한 활용방안: 도구서와 자료집 발간」, 한국구술사연구회 편, 『구술사: 아카이브 구축의 길라잡이 II』, 선인.
정호기, 2009, 「전쟁 상흔의 사회적 치유를 위한 시선의 전환과 공간의 변화: 한국에서 전쟁기념물을 중심으로」, 『기억과 전쟁』, 휴머니스트.
조동준, 2014, 「외교안보분야 전직 고위관료를 대상으로 하는 구술 증언 채록의 경험」, 『구술사연구』 5권 1호.
조상연, 2012, 「초등교육학 연구 방법으로서의 구술사 연구」, 『초등교육학연구』 19집 2호.
조성실, 2012, 「장인의 삶과 구술의 재현: 전시와 맥락의 문제」, 제3회 한국구술사네트워크숍 "구술사와 전시" 자료집.
_____, 2015, 「구술사를 활용한 민속전시 연구: '촌로의 한평생'에서부터 '나의 출산이야기'까지, 국립민속박물관 특별전시를 중심으로」, 『구술사연구』 6권 2호.
조영삼, 2016, 「공동체 아카이브 활성화를 위한 공공기관의 역할」, 『한국기록관리학회 학술발표논문집』.
조영주, 2013, 「구술자와 면담자 사이 '권력의 긴장'」, 이재경·윤택림·이나영 외 지음, 『여성주의 역사쓰기: 구술사 연구방법』, 아르케.
조은·조옥라, 1991, 『도시빈민의 사람과 공간: 사당동 재개발 지역 현장연구』, 서울대출판부.
조은성, 2012, 「기록학의 패러다임 전환에 따른 기술에 관한 연구」, 한신대학교 기록관리학대학원 석사학위 논문.
조항례, 2015, 「내생애 최고였던 빨치산 시절 변숙현의 생애구술사」, 성공회대학교 NGO대학원 석사학위논문.
주용국, 2016, 「마을공동체 아카이브의 평가모형탐색과 적용 — 부산동구산복도로아카이브 사례를 중심으로」, 『인문학논총』 40.
주혁, 2012, 「근현대 지역자료(문헌과 구술자료)를 보는 시각과 현장조사 방법론」, 『구술사연구』 3권 1호.
증숙민, 2015, 「대만 구술역사의 성과 및 현황」, 『구술사연구』 6권 2호.
지수걸, 2003, 「한국 근현대 향토사(자료)를 활용한 사회과 통합교육 '구현 방안'」, 『역사와역사교육』 제8호.
_____, 2009, 「지방기록물관리기관 설립의 방향과 방법」, 『기록학연구』 제21호.
_____, 2010, 「구술사 하기와 지역문화운동: 공주지역의 '이야기가게' 프로젝트 사례」, 『역사연구』 제19호.
_____, 2015, 「국가의 역사독점과 민중기억의 유실」, 『역사비평』 봄호.
차경희, 2017, 「구술생애사를 통해 본 여성활동가들의 여성주의 정체성 형성과정」, 전남대학교 석사논문.
차철욱, 2009, 「지방성 연구의 이론적 검토: 지방사 연구를 중심으로」, 『인문과학연구』 제21집.
_____, 2015, 「부산정착 한국전쟁 피란민의 상흔과 치유」, 『지역과 역사』 제36호.
채정례, 1991, 『진도 단골 채정례의 한평생: "에이 짠한 사람!" 내가 나보고 그라요』, 민중자서전 20권, 뿌리깊은나무.

천혜숙, 2007, 「농촌여성 생애담의 문화담론적 특성」, 『한국고전여성문학연구』 15집.
_____, 2012, 「동신당(洞神堂) 수난의 마을사와 민중적 기억의 재현」, 『역사민속학』 제38호.
청헌문화재단, 2015, 『우리가 이래서 사는가 보다: 연극인 이병복 구술채록』, 청간문화산업대학.
최기자, 2002, 「여성주의 역사 쓰기를 위한 여성 '빨치산' 구술생애사 연구」, 한양대 여성학 석사논문.
최란주, 2010, 「결혼이주여성의 생애사 연구」, 계명대학교 여성학 석사논문.
최소심, 1990, 『진도 강강술래 앞소리꾼 최소심의 한평생: 시방은 안해, 강강술래럴 안해』, 민중자서전 9권, 뿌리깊은나무.
최용규, 2004, 「사회과에서의 생활사 학습지도 및 교재구성 방안」, 『사회과학교육연구』 제7호.
최정은, 2011, 「사회적 기억과 구술 기록화 그리고 아키비스트」, 『기록학연구』 30호.
클리퍼드 기어츠, 1998, 『문화의 해석』, 문옥표 역, 까치.
태지호·정헌주, 2014, 「공적 기억의 문화적 실천으로서 <대한민국역사박물관>」, 『아세아연구』 57(3).
표인주 외, 2003, 『전쟁과 사람들: 아래로부터의 한국전쟁연구』, 한울.
한건수, 2002, 「경합하는 역사: 사회적 기억과 차이의 정치학」, 『한국문화인류학』 35집 2호, 71쪽.
한국구술사연구회 편, 2014, 『구술사: 기획과 수집』, 선인.
_____ 편, 2017, 『구술사: 아카이브 구축의 길라잡이 II』, 선인.
한국정신대문제대책협의회, 2001, 『강제로 끌려간 조선인 군위안부들 4』, 한울.
한국정신문화연구원, 2001, 『내가 겪은 해방과 분단』, 선인.
_____, 2001, 『내가 겪은 민주와 독재』, 선인.
_____ 편, 2004, 『내가 겪은 한국전쟁과 박정희정부』, 선인.
한동현, 2017, 「구술 자료를 활용한 웹 콘텐츠 개발」, 한국구술사연구회 편, 『구술사: 아카이브 구축의 길라잡이 II』, 선인.
한봉석, 2011, 「Korean American 1.5세의 독도수호운동과 한인민족주의의 변화: 워싱턴 디씨 지역을 중심으로」, 『구술사연구』 2권 2호.
한상숙, 1991, 『서울토박이 부인 한상숙의 한평생: 밥해 먹으믄 바느질허랴, 바느질 아니믄 빨래허랴』, 민중자서전 18권, 뿌리깊은나무.
한성훈, 2008, 「기념물을 둘러싼 기억의 정치와 집단 정체성: 거창사건의 위령비를 중심으로」, 『사회와역사』 통권 78호.
함한희, 1992, 「조선말 일제시대 궁삼면 농민의 사회경제적 지위와 그 변화」, 『한국학보』 66집.
_____, 1996, 「어느 인류학자의 역사인식과 해석」, 『역사학보』 150집.
_____, 2000, 「구술사와 문화연구」, 『한국문화인류학』 33집 1호.
함한희·박혜령·오세미나, 2013, 『20세기 어머니 이석희의 삶과 근대이야기 I, II』, 국립민속박물관.
허민숙, 2015, 「여성구술생애사로 본 개발 시기 도시이주 여성의 근대 경험과 가치변화」, 『가족과 문화』 제26집 3호.
허석렬, 1982, 『도시무허가정착지의 고용구조에 관한 일 고찰』, 서울대 석사학위논문.

허영란, 2004, 「구술과 문헌의 경계를 넘어서」, 『현황과 방법, 구술, 구술 자료, 구술사』, 한국사연구지원 보고자료집 8, 국사편찬위원회.
_____, 2012, 『장생포 이야기』, 울산광역시 남구 고래과.
_____, 2014, 「집합기억의 재구성과 지역사의 모색」, 『역사문제연구』 32.
허흥범, 2003, 「지역사 연구와 지방지 편찬: 경기 지역을 중심으로」, 『역사와 현실』. 통권 48호.
현재열·김호연·양상열, 2007, 「지역노동사 및 노동운동사 연구를 위한 구술사의 가능성」, 『역사와 경계』 62집.
홍성덕, 2004, 「'지방기록보존소'와 지방사연구」, 『영남학』 제6호.

외국

Abrams, Lynn, 2010, *Oral History Theory*, Routledge.

Alonso, Ana Maria, 1989, "Gender, Power and Historical Memory: Discourses of Serrano Resistance," J. Butler and J. W. Scott. eds. *Feminists Theorize the Political*. New York: Routledge.

Anderson, Kathryn and Dana C. Jack, 1991, "Learning to Listen: Interview Techniques and Analyses," S. Gluck and D. Patai. eds. *Women's Words: The Feminist Practice of Oral History*. Routledge.

Armitage, Susan H., 1983, "The Next Step," in *Frontiers*, 7(1).

Berger, Stefan and Bill Niven, 2014, "Introduction." *Writing the History of Memory*. eds. by Stefan Berger and Bill Niven, Bloombury.

Borland, Katherine, 1991, "That's Not What I Said: Interpretive Conflict in Oral Narrative Research." in S. Gluck and D. Patai. eds. *Women's Words: The Feminist Practice of Oral History*. Routledge.

Burchardt, Natasha, 2001, "Transgenerational Transmission in the Families of Holocaust Survivors in England." in *Between Generations: Family Models, Myths and Memories*, eds. by Daniel Bertaux and Paul Thompson, London: Transaction Publishers.

Burton, Antoinette. ed., 2005, *Archive Stories; Facts, Fictions, and The Writing of History*. Duke University Press.

Chamberlain, Mary and Paul Thompson eds., 1993, *Narrative and Genre*, Routledge.

Chase, Susan E., 2000, "Narrative Inquiry: Multiple Lenses, Approaches, Voices," in *Qualitative Methodology*. Sage Publications.

Chaudhuri, N., S.J. Katz and M. E. Perry, eds., 2010, "Introduction," in *Contesting Archives: Finding Women in the Sources*. University of Illinois Press

Christians, Clifford G., 2005, "Ethics and Politics in Qualitative Research," in Norman K. Denzen and Yvonnas S. Lincoln, eds., *Qualitative Research*. 3rd edition. Sage Publications.

Crapanzano, Vicent, Yasmine Ergas and Judith Modell, 1986, "Personal Testimony: Narrative of the Self in the Social Sciences and the Humanities," in *Items of Social Science Research*

Council 40(2).

Daniel, Gwyn and Paul Thompson, 1996, "Stepchildren's Memories of Love and Loss: Men's and Women's Narratives," *Gender and Memory, International Yearbook of Oral History and Life Stories.* edited by Selma Leydesdorff, Luisa Passerini and Paul Thompson, London: Oxford University Press, Vol. IV.

Davies, Carole Boyce, 1992, "Collaboration and the Ordering Imperative in Life Story Production," in Sidonie Smith and Julia Watson, eds., *De/Colonizing the Subject: The Politics of Gender in Women's Autobiography*, University of Minnesota Press.

Ely, Richard and Allyssa McCabe, 1996, "Gender Differences in Memories for Speech," *Gender and Memory, International Yearbook of Oral History and Life Stories.* edited by Selma Leydesdorff, Luisa Passerini and Paul Thompson, London: Oxford University Press, Vol. IV.

Emerson, Robert M., Rachael I. Fretz and Linda L. Shaw, 1995, "Writing an Ethnography," in *Writing Ethnographic Fieldnotes.* The University of Chicago Press.

Erll, Astrid, 2011, "Introduction: Why memory?" in *Memory in Culture*, trans. by S.B. Young, Palgrave Macmillan Memory Studies.

Fontana, Andrea and James H. Frey, 2005, "The Interview: From Neutral Stance to Political Involvement," in Norman K. Denzin and Yvonna S. Lincoln, eds., *The Sage Handbook of Qualitative Research*, 3rd edition, Sage Publications.

Freeman, James M and David L. Krantz, 1979, "The Unfulfilled Promise of Life Histories," in *Biography* 3.

Geiger, Susan. N. G., 1986, "Women's Life Histories; Method and Content," Review Essay, in *Signs* winter.

Gluck, Sherna, 1977, "What's So Special About Women: Women's Oral History," in *Frontiers*, 2(2)

Gluck, Sherna, 2011, "Has feminist oral history lost its radical/subversive edge?" in *Oral History*, Autumn.

Goody, Jack, 2011, "Memory in Oral and Literate Traditions," in J.K. Olick, V, Vinitzky-Seroussi, & D. Levy, eds., *The Collective Memory Reader.* Oxford University Press.

Gramsci, Antonio, 1971, *Prison Notebooks*, trans. by Quintin Hoare and Geoffrey Nowell Smith. International Publishers.

Grele, Ronald, 1996, "Directions for Oral History in the United States," in David K. Dunaway and Will K. Baum, eds., *Oral History: An Interdisciplinary Anthology*, AltaMira Press.

Harewig, Karin, 1996, "Oral History in Germany," in David K. Dunaway and Will K. Baum, eds., *Oral History: An Interdisciplinary Anthology*, AltaMira Press.

Jackson, Bruce, 1987, *Fieldwork*, University of Illinois press.

Johnson, Jeffrey, 1990, *Selecting Ethnographic Informants*, A Sage University Paper.

Kamberelis, George and Greg Dimitriadis, 2000, "Focus Groups: Strategic Articulations of

Pedagogy, Politics and Inquiry," in *Qualitative Methodology*. Sage Publications.
Kendall, Laurel, 1988, *The Life and Hard Times of a Korean Shaman*. University of Hawaii Press.
Knowles, Caroline, 2000, "Here and there: doing transnational fieldwork," in Vered Amit, ed., *Constructing the Field*. Routledge.
Lanman, Barry A. and Laura M. Wendling, eds., 2006, "Introduction," in *Preparing Next Generation of Oral Historians: An Anthology of Oral History Education*. Altamira.
Lanman, Barry A. and Laura M. Wendling, eds., 2006, "Foxfire and the Foxfire Approach: Excepts from the Publications of the Foxfire Fund, Ind.," in *Preparing Next Generation of Oral Historians: An Anthology of Oral History Education*. Altamira,
Leydesdorff, Selma, 2005, "A Shattered Silence: The Life Stories of Survivors of the Jewish Proletariat of Amsterdam," in *Memory and Totalitarianism*, ed. by Luisa Passerini. London: Transaction Publishers.
McCarthy, Erin, 2006, "Oral History in the Undergraduate Classroom: Getting Students into History," in *Preparing Next Generation of Oral Historians: An Anthology of Oral History Education*. eds. by Lanman, Barry A. and Laura M. Wendling, Altamira,
Minister, Kristina, 1991, "A Feminist Frame for the Oral History Interview," in S. Gluck and D. Patai. eds., *Women's Words: The Feminist Practice of Oral History*. Routledge.
Mintz, Sydney, 1996, "The Anthropological Interview and the Life History," in David K. Duaway and Willa K. Baum. eds., *Oral History: An Interdisciplinary Anthology*. Altamira Press.
Ong, Watter, 1982, *Orality and Literacy*. New York: Methuen.
Passerini, Luisa, 1979, "Work Ideology and Consensus under Italian Fascism," in *History Workshop*, no.8.
Patai, Daphne, 1988, "Constructing a Self: A Brazilian Life Story," in *Feminist Studies* 14(1).
Perks, Robert and Alistair Thomson, 1998, *The Oral History Reader*. London: Routledge.
Personal Narrative Group, 1989, *Interpreting Women's Lives: Feminist Theory and Personal Narratives*. Indiana University Press.
Portelli, Alessandro, 1991, "'The Time of My Life': Functions of Time in Oral History," in *The Death of Luigi Trastulli and Other Stories*. State Universitty of New York Press.
Portelli, Alessandro, 1991, "The Death of Luigi Trastuli: Memory and the Event," in *The Death of Luigi Trastuli and Other Stories: Form and Meaning in Oral History*. State University of New York Press.
Portelli, Alessandro, 1996, "Oral History in Italy," in David K. Dunaway and Will K. Baum, eds., *Oral History: An Interdisciplinary Anthology*, AltaMira Press.
Portelli, Alessandro, 1997, "Oral History as Genre," in *The Battle of Valle Giulla: Oral History and the Art of Dialogue*, Madison: University of Wisconsin Press.
Portelli, Alessandro, 1997, "Tryin' to Gather a Little Knowledge: Some Thought on the

Ethics of Oral History," in *The Battle of Valle Giulia: Oral History and the Art of Dialogue*. The University of Wisconsin Press.

Portelli, Alessandro, 2007, *The Order Has Been Carried Out: History, Memory ad Meaning of a Nazi Massacre in Rome*, Basingstoke.

Ryant, Carl, 1990, "The Public Historian and Business History: A Question of Ethics," in Theodore J. Karamanski, ed., *Ethics and Public History: An Anthology*, Robert E. Kreiger.

Riessman, Catherine. 1990. *Divorce Talk: Women and Men Make Sense of Personal Relationships*, Transaction Publications.

Riessman, Catherine, 1991, "When Gender is not enough: Women Interviewing Women," *The Social Construction of Gender*. Edited by Judith Lorber and Susan A. Farrell, Sage Publications.

Ritchie, Donald, 1995, *Doing Oral History*. New York: Twayne.

Sangster, Joan, 2000, "Telling our stories: feminist debates and the use of oral history," in Robert Perks and Alistair Thomson eds., *The Oral History Reader*. New York: Routledge.

Scott, Joan W., 1988, *Gender and the Politics of History*. New York: Columbia University Press.

Starr, Louis, 1996, "Oral History," Dunaway, David K. and Willa K. Baum. eds., *Oral History: An Interdisciplinary Anthology*. AltaMira Press

Terdiman, Richard, 1985, "Deconstructing Memory: On Representing the Past and Theorizing Culture in France since the Revolution," in *Diacritics*, winter.

Thompson, Paul, 2000, *The Voice of the Past: Oral History*, 3rd edition, Oxford University Press.

Thompson, Paul, 1996, "The Development of Oral History in Britain," in David K. Dunaway and Will K. Baum, eds., *Oral History: An Interdisciplinary Anthology*, AltaMira Press.

Vansin, Jan, 1980, "Memory and Oral Tradition" in Joseph Miller, ed., *The African Past Speaks*, Dawson.

Vansina, Jan, 1985, *Oral Tradition as History*. Madison: University of Wisconsin Press.

Voldman, Danièle, 1996, "Oral History in France," in David K. Dunaway and Will K. Baum, eds., *Oral History: An Interdisciplinary Anthology*, AltaMira Press.

Walbert, Kathryn, 2006, "Oral History Projects in the Elementary Social Studies Classroom," in *Preparing Next Generation of Oral Historians: An Anthology of Oral History Education*. eds. by Lanman, Barry A. and Laura M. Wendling. Altamira.

Whitman, Glenn, 2006, "Teaching Students How to Be Historians: An Oral History Project for the Secondary School Classroom," in *Preparing Next Generation of Oral Historians: An Anthology of Oral History Education*. eds. by Lanman, Barry A. and Laura M. Wendling. Altamira.

William Labov, 1972, *Language in the Inner City: Studies in the Black English Vernacular*, Philadelphia. Oxford University Press.

White, Hayden, 1978, "The Historical Text as Literary Artifact," in *Tropics of Discourse*, Johns Hopkins University Press.

White, Naomi Rosh, 1996, "Marking absences: Holocaust testimony and history," in Dunaway, David K. and Willa K. Baum. eds., *Oral History: An Interdisciplinary Anthology*. Walnut Creek: AltaMira Press.

Yow, Valerie, 1995, "Ethics and Interpersonal Relationships in Oral History Research," in *Oral History Review* 22(1).

찾아보기

(ㄱ)

개방적 질문(open question) 162, 165

개인적 서술(personal narrative) 89, 98, 175, 207

개인적 서술 연구회(Personal Narrative Group) 413, 419-421

개인정보보호법 262-265

객관성 36, 77, 83, 90, 91, 94, 183, 309, 366

경험의 구성성(constructedness) 220, 223

고문서(archives) 29, 31, 97, 98, 108, 127, 267, 304, 332

공개동의서(release form) 149, 172, 199, 201, 256, 261, 282, 376

공공기록물관리법 269, 336

공공 기억(public memory) 110

공공 역사(public history) 103, 125, 136, 208

공동작업 78, 89, 90, 103, 146, 228, 236, 322, 341

공동저자 90, 208, 226, 234, 256, 399

공동 편집자 208

공동체 아카이브(community archives) 8, 9, 17, 75, 205, 309, 310, 312, 314-318, 320-323, 325, 326, 329, 330, 334-339

공동체 아카이브 위원회 326, 329, 330

공공 재현(public representation) 103

구술 문화(oral culture) 92, 118, 120

구술 증언(oral testimony) 16, 19, 23, 31, 34, 36, 44, 47, 49-55, 58, 66-68, 70, 71, 77, 91-93, 95, 101, 109, 112, 114, 117, 146, 168-170, 176, 193, 194, 209, 217-219, 221, 229, 230, 232, 233, 235, 240, 277-330, 333, 339, 342-349, 357, 358, 380

구술 채록 9, 25, 38, 39, 43, 46, 49, 52, 56, 64, 66-74, 78, 81, 103, 113, 145-147, 165, 168, 169, 171, 172, 194, 198, 259, 263, 282, 283, 286, 300-302, 326, 330, 342, 343-348, 366, 371, 372, 383, 385, 386, 399, 400, 403, 404

구술사(oral history) 11-174, 243-266, 341-388

구술사 교육(oral history education) 64, 75, 341, 361-387

구술사 프로젝트 21, 26, 102, 142, 208, 232, 363-386, 391, 394, 398, 399, 402, 403

구술 생애사 8, 16, 52, 55, 57, 58, 62, 68, 69, 72, 81, 89, 92, 93, 139, 158, 175-192, 199, 207, 208, 212, 213, 215-217, 221, 222, 226-236, 252, 281, 286, 298, 306, 341-349, 353, 386, 387

구술사 연구 윤리 66, 245

구술사 윤리 원칙 402

구술사 인터뷰 8, 9, 16, 36, 38, 41, 43, 44, 47, 49, 57, 60, 61, 63, 74, 89, 86, 109, 137-173, 370, 379, 380

구술성(orality) 81-83, 138, 193-198, 213, 220, 223, 224, 228, 236, 255

구술 아카이브(oral archives) 19, 24, 25, 31, 43, 49, 58, 66-74, 89, 103, 123, 149, 171, 193, 194, 204, 241, 267-307, 382, 391

구술자(narrator) 14, 23, 32, 35, 38, 42, 43, 57, 66, 68-71, 74, 79-94, 98, 99, 100, 102, 107, 109-111, 115, 118, 138-165, 169-300, 306, 330, 341, 344, 347, 348, 353-355, 358-360, 366-371, 374, 376-380, 383-403

구술 자서전 42, 224, 232

구술 자료(oral source) 11, 12, 14-16, 19, 21, 22, 24-27, 32-34, 43, 47, 50, 51, 57,

62, 66-74, 77-103, 108, 138, 139, 142, 143, 145, 147, 156, 165, 171, 172, 177, 178, 183, 193-199, 204-242, 246, 248, 252, 254, 257-265, 271-307, 310, 330, 333, 335, 338, 339, 346, 350, 352, 364, 366-368, 375-390, 397-403
구술 저자(oral author) 146
구술 증거(oral evidence) 137, 193, 206-209, 214, 233, 235, 239
국사편찬위원회 9, 54, 67, 68, 70, 191, 194, 199, 202, 258, 260, 261, 283, 298, 345, 347, 389, 390, 404
구전(oral tradition) 11, 25, 77, 92, 93, 118-120, 216, 272, 337
구조적 읽기(structural reading) 98, 99
국가기록원 72, 268, 377, 404
국제표준기술(ISAD(G)) 311, 333-335
구체적 질문(specific question) 162
그람시(Antonio Gramsci) 33, 100
그레일(Ronald J. Grele) 23
글럭(Sherna Gluck) 149, 155, 157
기관구술채록 9, 49, 54, 64-67, 71-74, 103, 176, 195, 199, 201, 257, 258, 271, 298, 347, 385
기관연구윤리심의위원회(IRB) 16, 243-250, 264, 401
기능기억(functional memory) 130-132
기록공동체 314
기록학 31, 264, 267, 271, 281, 287, 310, 311, 313, 315, 320-322, 326, 333, 334, 405
기록화 316, 320, 324, 326-334
기록관리학 7, 8, 78, 194, 195, 198, 258, 260, 281, 311, 316, 328, 332
기록관리사(archivist) 195, 267, 271, 273, 274, 282, 283, 287, 309-314, 318, 322-329, 334

기억(memory) 105-136
기억공동체 235
기억 연구(memory studies) 16, 31, 32, 97, 105-136
기억의 장소들(sites of memory) 126-128, 133
기억의 정치학(politics of memory) 103, 115, 116, 123, 131, 133, 135, 136, 222, 234
기억의 문화사(cultural history of memory) 116, 135
기억의 역사(history of memory) 134-136
기억 투쟁 111-116
김귀옥 53, 56, 73, 81, 137, 140, 234, 237, 349, 358, 359, 361
김기석 52, 81
김선정 338, 384, 385
김성례 52, 89, 215-217, 342, 345, 346
김영미 61, 235, 286, 287

(ㄴ)

네빈스(Allan Nevins) 12, 21
노라(Pierre Nora) 126-128, 131, 133
노용석 416
녹음 82, 149, 156-159, 194, 195, 197, 198, 202, 204, 252, 259, 260, 270-276, 280, 287, 289-291, 364, 367, 368, 371, 383, 389, 390
녹음기 156-159, 194, 197, 198, 201, 271, 272, 275
녹음테이프 82, 143, 195, 197, 208, 231, 249, 272, 274, 275, 287, 289, 383, 296
녹취(transcribe) 43, 55, 138, 158, 193-205, 215, 216, 221, 222, 224, 226, 229-232, 254, 255, 271, 273, 274, 276, 279, 364, 367, 372, 374-377, 379, 380, 383, 384
녹취문(transcript) 82, 138, 143, 158, 177, 194-199, 201, 208, 215, 216, 231, 240,

241, 254, 255, 259, 260, 272, 275, 276, 282, 283, 295, 301, 304, 305, 346, 377, 383, 385, 394, 399

(ㄷ)

다큐멘터리 117, 208, 259, 338, 386, 387
대중기억 77, 97, 101, 116, 117, 123, 124, 134
대중기억연구회(Popular Memory Group) 27, 79, 80, 97, 98, 100, 101, 103, 117, 123-125, 134, 136, 205
대표성 34, 83, 98, 99, 101, 140, 175, 182, 324
대항기억(counter memory) 59, 63, 116, 117, 123-125, 133, 134, 136, 314
더블린코어(Dublin Core) 284, 285, 287, 295, 297, 304, 334, 335, 336
데이터베이스(DB) 293-297, 304, 336, 382
도큐멘테이션 310, 324, 325-310
동영상 자료 276, 283, 287, 295, 297, 330, 337
뒤르켐(E. Durkheim) 30
디지털 아카이브 57, 71, 285, 286, 288-304, 316, 322-324, 330, 331, 336, 339

(ㄹ)

라포(rapport) 82, 84, 138, 139, 142, 144, 145, 185, 196, 236, 239, 240, 250, 252, 253, 329, 358
로컬리티(locality) 316, 320, 329
루이기 트라스툴리 108
리스만(C. Reissman) 89, 214
릿치(Donald Ritchie) 78, 193, 375

(ㅁ)

마을 만들기 321, 387
마을 아카이브 324, 325

망각(forgetting) 19, 98, 106, 107, 111, 115, 117, 134, 222, 358
맥락(context) 27, 29, 30, 51, 52, 67, 78, 82, 99, 100, 106, 111, 143, 151, 169-171, 176, 178, 179, 181, 184, 186, 199, 204, 209, 210, 212-214, 216-218, 220-223, 226, 232, 237-240, 243, 271, 276, 285, 291, 301, 306, 307, 313-316, 320, 324, 325, 331, 333, 355, 370, 372, 376-378, 394
멀티미디어 270, 293, 295, 297, 304
면담자(interviewer) 23, 80, 82, 84, 88, 89, 93, 102, 109, 142-160, 163-165, 168-171, 175, 179, 183, 186, 192, 196, 199-201, 204, 208, 209, 213, 214, 230-232, 251-261, 275-280, 356, 365, 370, 371, 383, 385, 389-396, 402, 403
무형문화연구소 69, 70, 303, 405
문자문화(literate culture) 416
문화사(cultural history) 110, 115, 116, 135, 139, 206, 232, 353, 269
문화적 기억(cultural memory) 105, 129, 130, 132, 133, 135, 136
문화적 읽기(cultural reading) 98, 99
문화콘텐츠 305, 338, 384-386
물증(material artifacts) 138, 148, 203, 267, 270, 276, 291, 292, 309, 330, 333, 369
미시사(micro history) 13, 351, 369
민주화운동기념사업회 54, 67, 69, 70, 261, 298, 300, 302, 303, 404
민중자서전 50, 51, 229, 230, 341
밑으로부터의 역사(history from below) 24, 30, 45, 57, 78, 80, 133

(ㅂ)

바슈텔(Nathan Wachtel) 123, 126, 134

찾아보기 449

바스티드(Roger Bastide)　121-123
반시나(Jan Vansina)　25, 77, 118-120, 183
박순철　290, 292, 294, 296, 297, 303
박정석　222
박준규　245, 246
발랑시(Lucette Valensi)　128, 129, 134
볼랜드(Kartherine Borland)　227
부산 산복도로 마을아카이브　322-324
분류　34, 69, 70, 72, 74, 212, 230, 267, 273, 274, 283, 300, 304, 319, 330, 334, 347, 369
비교검토(cross-checking)　165, 210
비언어적 행위　159
비지시적 인터뷰(indirective interview)　162, 165
비평적 질문하기(critical questioning)　171

(ㅅ)
사서(librarian)　273, 309
사실적 진실(factual truth)　91
사적 기억(private memory)　63, 110, 124, 128, 130, 134, 136
설문원　316, 318-320, 328, 329
성미산마을아카이브　322, 323
사회적 위치(social positioning)　93, 140, 145, 170, 181, 214, 218, 235
생애연보(personal chronology)　110, 191, 199, 240, 377
생애이야기(life story)　31, 89, 93, 175-177, 213, 215-217, 245
생애사(life history)　8, 16, 21, 27, 29, 31, 41, 46, 52, 57, 58, 62, 66, 68-72, 81, 89, 92-94, 99, 109, 110, 119, 129, 139, 158, 170, 175-192, 207-209, 212, 213, 215-218, 221, 222, 226-236, 240, 245, 252, 278-281, 286, 299, 301, 307, 330, 331, 341-348, 351, 353, 361, 380, 381, 384, 386, 387

생애사 인터뷰(life history interview)　16, 29, 55, 62, 110, 149, 150, 155, 156, 165, 170, 176-178, 183-192, 199, 207, 215, 218, 228, 234, 252, 281, 298, 306, 307, 330, 333, 381, 386, 387
심층면접(indepth interview)　137, 149
생애단계(life stage)　86
생애담　216, 343
생애주기(life cycle)　179
생활문화사(history of life culture)　139, 353
생활사 아카이브　298, 324, 335
서사분석(narrative analysis)　178, 212-216, 239, 342, 346, 348
서사적 진실(narrative truth)　91, 207
서술성(narrativity)　85-89, 207
서술의 형식(narrative form)　34, 86, 88, 89, 179, 181, 182, 207, 214, 217, 221, 226, 359
쇼스탁(Marjorie Shostack)　228
스컷(Joan Scott)　220
신뢰성(reliability)　34, 83, 90, 91, 94, 95, 140, 210, 218, 219, 239, 250, 291, 311, 320, 359
신세타령　88, 215, 342

(ㅇ)
아스만(Aleida Assmann)　105, 116, 129-132, 135
알브바크스(Maurice Halbwachs)　30, 121-123
약탈적 인터뷰　169, 253
언어적 행위　82, 83, 159
에피소드적 인터뷰　155
엘(Astrid Erll)　105, 106, 133, 134
여성 구술 생애사(women's oral history)　52, 58, 207, 216, 217, 221, 341-348
여성(woman's history)　17, 24, 27, 30, 33, 34, 36, 37, 56, 60, 61, 94, 235, 342,

343, 345, 348
연대기적 인터뷰   86, 87, 89, 164, 165, 185, 189, 191, 215, 226, 228, 369
역사인류학   52, 57, 80, 115, 213, 220, 221, 349
역사의식   94, 369, 374, 378
역사작업소(History Workshop)   27
역사적 상흔   63, 118,341, 354, 355-361
역사적 정체성   378
역사 치료   63, 118, 360, 361
연구 윤리   16, 66, 243-266, 278, 346, 359, 397
연행적(performance)   82, 224, 229, 245
염미경   222
예비질문지   165, 253, 385
온라인 서비스   264, 288, 299-302, 304, 326, 336
오프라인 서비스   194, 300, 302, 326, 336
오픈아카이브즈(open archives)   67, 298, 300
옹(Walter Ong)   92, 118
요(Valerie Yow)   254
유철인   52, 88, 207, 215, 216, 342-344
윤은하   315, 321, 326
윤택림   56, 199
윤형숙   222
외부인의 이점(stranger's value)   160
의사소통적 기억(communicative memory)   129, 130, 132
음성파일   82, 172, 195, 202, 208, 240, 241, 275, 305
이미지 자료   202, 330
이론적 대표성(theoretical representativeness)   140
이야기꾼(storyteller)   87, 139, 158, 184, 185, 189-191, 228

이용기   58-60, 72, 81, 83, 84, 95, 115, 212, 218-220, 222, 240
이호신   194, 198, 258, 260, 264
이희영   216, 217, 346
이치피디아(ichpedia)   296, 297, 303, 304
일본군 위안부 생존자   49, 51, 54, 58, 91, 112, 342-344, 348, 357, 358
일상사(history of everyday life)   69, 70, 369
인천 동구 배다리골   322, 323
5·18연구소   55, 56, 405
5·18기념재단   55, 404
20세기민중생활사연구단   8, 232, 298, 304, 349

(ㅈ)
자전적 인터뷰(autobiographical interview)   149, 155
재구성적 교차분석(reconstructive cross analysis)   99, 212, 213, 218, 220, 239
저장기억(stored memory)   130-132
전기적 인터뷰(biographical interview)   149, 175
제보자(informant)   84, 86, 146, 221, 285, 286, 329
제주 4·3연구소   51, 113, 405
주관성(subjecitivity)   33, 34, 73, 77, 83-85, 95, 96, 108, 120, 179, 182, 183, 207, 322
주체의 자리매김(subject positioning)   221
주제적 인터뷰(topical interview)   149, 155, 175
지방기록관   336, 337
지방사/지역사(local history)   17, 26, 29, 34, 39, 47, 56, 57, 60-62, 67-69, 94, 108, 143, 178, 180, 235, 253, 299, 310, 317, 331, 341, 348-353, 372, 373, 378, 380-382, 385

찾아보기 451

지방지(local records)　9,　309,　310,　331,
　　350-352
지배적 기억(dominant memory)　124, 125,
　　134
지시적 인터뷰(directive interview)　162,
　　165
지역 자료　332
지역성(locality)　60, 61, 323, 324, 332, 339,
　　353, 386
지역정체성(local identity)　324, 353
전진성　114-116, 134, 135
정근식　111, 112, 115, 116
정혜경　198, 304, 305
조성실　306, 307
지수걸　337

(ㅊ)
추후면접(follow-up interview)　155
추후질문(follow-up questions)　159, 164,
　　191
치유(healing)　17, 63, 132, 246, 252, 338,
　　354, 355, 358-361
침묵(silence)　14, 15, 35, 50, 60, 82, 96,
　　111, 117, 124, 136, 154, 254, 355, 358

(ㅋ)
큐레이터(curator)　307

(ㅌ)
타당성(validity)　239, 282
터클(Studs Terkel)　23, 375
텍스트화　16, 50, 55, 72, 193, 212, 216,
　　221, 223-232, 235, 236, 280
톰슨(Paul Thompson)　11, 19, 22, 24, 43,
　　61, 78, 79, 94, 95, 98-100, 118, 123,
　　133, 205-209, 212, 213, 218, 220, 232,
　　235, 239

(ㅍ)
파스리니(Luisa Passerini)　27, 33, 95-97
파타이(Daphnne Patai)　184, 230
페미니스트 역사(feminist history)　46, 220
포르텔리(Alessandro Portelli)　33, 34, 79,
　　80, 82, 84, 86, 87, 90, 91, 95, 107,
　　108, 125, 126, 197, 233, 234
푸코(Michel Foucault)　123
풀무학교　321, 322, 334

(ㅎ)
한국구술사연구소　7, 49, 64, 199, 241,
　　405
한국구술사학회　7, 49, 63, 65, 66, 194,
　　198, 240, 247, 248, 250, 265, 397, 400,
　　401, 405
한국구술사네트워크　49, 65, 66, 68, 71,
　　194, 198, 248, 258, 260, 265, 288, 298,
　　402, 404, 405
한국문화예술위원회　54, 68, 70, 194,
　　298, 301, 302, 405
한국정신대문제대책협의회　51, 53, 55,
　　224, 230, 342, 357
한국학중앙연구원　54, 68-71, 261, 272,
　　298, 299, 385, 405
한동현　292, 305
함한희　8, 52, 65, 80, 210, 211, 218, 219,
　　290, 296, 303
해석　11, 16, 27, 29, 33, 34, 42, 52, 57-59,
　　61, 63, 85, 86, 89, 90, 95, 99-102, 106,
　　110, 115, 124, 131, 132, 138, 140, 143,
　　144, 147, 169-171, 176, 178, 179, 181,
　　184, 193, 197, 205-242, 244, 255, 259,
　　280, 316, 318, 331, 344, 348, 354, 355,
　　358, 368, 372, 374
현대사 증언　50, 51, 72
현대한국구술자료관　68-71,　298-300,
　　385, 405

현지조사　8, 9, 15, 19, 23, 32, 34, 40, 47, 52, 57, 60, 61, 137-144, 148, 151, 162, 170, 198, 204, 210, 215, 218-222, 228, 229, 233-235, 237, 239, 240, 250, 253, 273, 306, 307, 309, 314, 322, 323, 326, 329-332, 351, 353, 378

현지조사 노트　204, 273

호남문화연구소　56, 349

홀로코스트　30, 105, 110, 118, 129, 249, 270, 277, 354-357

홀로코스트 생존자　110, 118, 270, 354-357

활용　8, 12, 16, 24, 54, 57, 60-62, 64, 71, 72, 74, 95, 160, 194, 198, 208, 213, 246, 251, 252, 261, 264, 271, 275-277, 281, 282, 288-290, 293-295, 302-307, 316-319, 321, 324, 326, 328-331, 334, 336-339, 349, 350, 352, 361, 366, 369, 370, 387, 389, 390, 397-399

회상의 사회사(social history of remembering)　134, 135